泸县年鉴

2017

LUXIAN YEARBOOK

泸县人民政府 主办
泸县地方志办公室 编

方志出版社

图书在版编目（CIP）数据

泸县年鉴.2017 / 泸县地方志办公室编. --北京：方志出版社，2017.11

ISBN 978-7-5144-2675-5

Ⅰ.①泸… Ⅱ.①泸… Ⅲ.①泸县—2017—年鉴 Ⅳ.①Z527.14

中国版本图书馆CIP数据核字（2017）第281809号

泸县年鉴（2017）

编　　者：泸县地方志办公室
责任编辑：罗　滔
出 版 人：冀祥德
出 版 者：方志出版社
地址　北京市朝阳区潘家园东里9号（国家方志馆4层）
邮编　100021
网址　http：www.fzph.org
发　　行：方志出版社图书经销中心
电话（010）67110500
装帧设计：四川志鉴文化传播有限公司
经　　销：各地新华书店
印　　刷：成都市金雅迪彩色印刷有限公司
开　　本：889×1194　1/16
印　　张：25
字　　数：590千字
版　　次：2017年11月第1版　2017年11月第1次印刷
印　　数：001~500册
ISBN 978-7-5144-2675-5　　定价：180.00元

7 月 22 日，中央农村工作办公室主任唐仁健（前排左三）到泸县调研

10 月 20 日，全国政协常委、全国政协人口资源环境委员会主任张维庆（左二）调研泸县全民预防保健工作

9 月 26 日，国土资源部副部长王广华（右三）到泸县调研农村宅基地改革工作

9 月 22 日，市委书记蒋辅义到喻寺镇田坝村调研泸县壮大集体经济工作　（曾佐然　摄）

5月3日，市委副书记、市长刘强（前排右二）率队到泸县调研

5月11日，市委常委、常务副市长曹俊杰（左二）调研泸县应急救援工作　（简丹　摄）

10 月 20 日，市委常委、组织部部长谭红杰（中）到泸县调研农村新型集体经济发展工作

8 月 9 日，市委常委、市总工会主席刘云（前排左二）到泸县云龙镇考察调研 （王涛 摄）

10 月 15 日，市委常委、副市长许先春（左二）指导泸县农产品电商发展工作

11 月 17 日，市委常委、纪委书记杨晓（左三）到泸县调研

3 月 30 日，副市长丁湘（左三）调研泸县污水处理情况　（冯晞雨　摄）

3 月 28 日，副市长熊启权（前排左三）到泸县玉蟾街道指导“四好”村建设工作　（曾利　摄）

11 月 21 日，副市长陈日（右一）到泸县调研

1 月 23 日，市长助理于江泳（左三）到泸县百和镇调研

3月18日，县委书记郭庆（右一）到太伏镇调研镇域发展和党建工作 （李昌浩 摄）

12月31日，县委书记薛学深（中）与参加选举的村民交谈（谢锦涵 摄）

10月6日，县委副书记、代理县长肖刚（右三）到云龙镇检查安全工作 （王涛 摄）

9月7日，县人大常委会主任罗永华（中）到天兴镇志城村校慰问教师

4月8日，政协主席李镇（前排中）到福集镇视察脱贫攻坚工作　（王琦　摄）

3月8日，县委副书记张兵（右三）出席优秀女企业家座谈会　（赵丽娜　摄）

8月29日，县委副书记张学彬（左三）到太伏镇调研经济民生工作　（李昌浩　摄）

6月15日，县委常委、宣传部部长颜习林（右二）到潮河镇开展脱贫攻坚工作　（陈传敏　摄）

8月10日，县委常委、纪委书记喻斌（右一）到毗卢镇调研产业发展（阿木石布　摄）

6月7日，县委常委、副县长张文杰（左一）慰问建筑工人。（邹雯　摄）

2月2日，县委常委、县人武部政委金林松（左二）开展扶贫慰问工作

11月7日，县委常委、泸州医药产业园党工委书记李高和（前排中）到云龙镇调研经济工作　（向锐　摄）

12 月 21 日，县委常委、组织部部长张国华（左二）到云锦镇调研

6 月 14 日，县委常委、政法委书记李胜春（左三）到立石镇检查安全生产工作　（李晟　摄）

12 月 9 日，县委常委、统战部部长、县委办主任、总工会主席杨双全（前排中）到石桥镇督导重点建设项目（何建　摄）

10月8日，县委常委、宣传部部长陈佳（左三）调研文体新广和文旅融合工作

11月15日，副县长余静（前排左一）陪同凉山州普格县客人考察泸县农村新经济发展

12月7日，副县长杜作文（左一）到远大煤矿检查安全工作

12月30日，副县长、公安局局长宋军（右二）参加“迎新年”健步走活动

（周丽娟　摄）

副县长张福荣（左一）在甘孜藏族自治州乡城县援助藏区工作

12月17日，副县长叶仕良（左二）到云龙镇检查春节期间交通防堵缓疏工作　（向锐　摄）

推动科技创新产业转型 加快建设 创新泸县

6 月 29 日，县委副书记、县长薛学深率队赴广州参加中国酒城·泸州—广州投资推介会

（罗杰　摄）

5 月 27 日，泸县人民政府与中国联通泸州分公司举行“互联网 +”发展战略合作协议签约仪式　（朱璐　摄）

7月26日，泸县购买社会服务项目创意大赛启动

3月30日，泸县互联网协会成立 （朱璐 摄）

9月14日，泸县举办青年电商培训班

5月12日，吉林省供销社考察学习泸县电子商务进农村工作 （宁顺光 摄）

10月14日，泸县召开智慧城市项目建设推进会

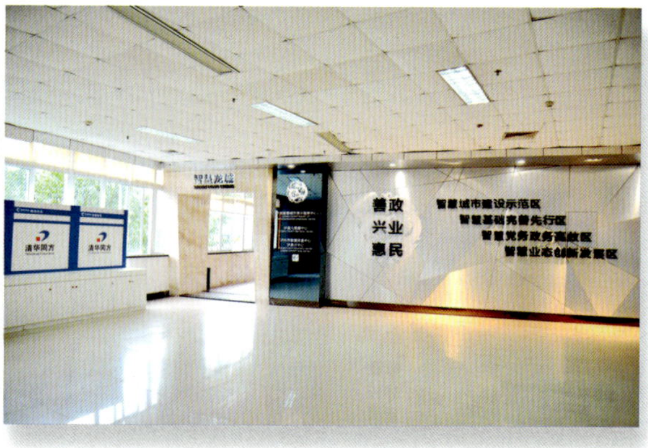

智慧龙城建设 （黄祖泉 摄）

12月26日，泸县县城迁建20周年经济社会发展座谈会

11月7日，泸县2015—2016年度科技进步奖专家评审会

6月8日，泸县2016年大学生服务西部计划工作会

7月15日，泸县宅基地有偿退出补偿款发放现场

11月23日，泸县举行全民终身学习活动周启动仪式

2016年，泸县国地税联合办税窗口（陈林锋　摄）

优质金融服务（杜亮　摄）

5月6日，泸县农民住房财产权抵押贷款首笔签字仪式举行

远眺宅基地制度改革试点村——天兴镇田坝村聚居点（任志国　摄）

推动产业结构优化升级 加快建设 产业泸县

6月16日，泸州步长制药项目奠基

（曾佐然　摄）

10月31日，四川省2016年第四季度重大项目集中开工仪式泸州分会场在泸州高新区医药产业园举行

4月2日，县政府与九州通医药集团签约川南现代医药物流中心项目

4月11日，泸县召开酒类行业协会座谈会

7月27日，泸州天植中药枳壳枳实国家GAP项目签约落地泸县太伏镇 （李昌浩 摄）

水稻百里长廊 （张云飞 摄）

12月14日，省委农工委到泸县考评验收，通过泸县创建四川省农民增收新产业新业态示范县工作（宁顺光　摄）

12月22日，市委副书记、市长刘强（右一）品鉴泸县名优水果（杜开强　摄）

福集镇利农葡萄专业合作社葡萄种植基地

果农采摘桂圆 （曾佐然 摄）

刘氏泡菜基地豇豆丰收 （张云飞 摄）

云锦镇花农采摘菊花

太伏镇沿江生态蔬菜 （李昌浩 摄）

泸县现代农业园 （夏廷贵 摄）

方洞镇稻鳅养殖基地 （黄祖泉 摄）

城北110千伏输变电工程 （黄祖泉 摄）▲

4月26日，临港园区众邦制药重点项目建设现场 （李昌浩 摄）▲

得胜镇仁和曲药 ▲

12月6日，四川宴美农产品冷链物流项目施工现场 （陈传敏 摄）▲

12 月 20 日，城西商务综合体建设现场 （黄祖泉　摄）

新康意彩印生产车间 （黄祖泉　摄）

兆雅镇蜀光酒业储酒区 （赵煜璐　摄）

兆雅酿味香酒厂窖池 （赵煜璐　摄）

玉蟾温泉特色商业街 （黄祖泉　摄）

推动道路交通综合治理 加快建设 畅达泸县

5月24日，泸县至成自泸高速快速通道福瓦路开工

9月2日，玄（滩）云（锦）公路建设现场（陈茂　摄）

4月28日，省交通厅副厅长张晓燕带队到奇峰镇调研《四川省农村公路条例》立法工作　（宋丹　摄）

11月16日，泸县召开全县“社社通”水泥路建设工作电视电话会　（万建敏　摄）

12月23日，泸县第一条“社社通”水泥路在喻寺镇完工　（万建敏　摄）

“以树养路”成效显著，泸县农村公路美丽又整洁　（万建敏　摄）

11 月 10 日，省国资委调研泸县酒香大道、龙城大道建设
（陈言平　摄）

7 月 19 日，泸县交通运输局紧急处置公路滑坡险情　（王程　摄）

9 月 13 日，泸县海事处中秋节前开展水上大检查　（李鹏　摄）

泸县公交车站

县城东西干道

县城南北干道　（周科良　摄）

福清路 （曾佐然　摄）

6 月 30 日，纳福港城大道建成通车
（万建敏　摄）

云（锦）百（和）路

成自泸赤高速与泸隆高速在仰天窝交汇

成自泸赤高速龙贯山隧道

推动城乡建设提档升级
加快建设 **宜居泸县**

泸县城乡规划展览馆 （杨倩 摄）

泸县城乡规划展览馆总规沙盘 （杨倩 摄）

玉蟾街道龙桥新村

泸县人民医院全景图

大王山坡耕地水土流失综合治理工程局部　（李继平　摄）

康桥半岛一角　（周科良　摄）

喻寺镇公共卫生服务中心　（李旭东　摄）

泸州市电子机械学校

玄滩镇万福商城　（陈茂　摄）

11 月 29 日，全省第一个家风馆——泸县“德馨馆”正式开馆

得胜镇白象村居民将家风石刻立在门前

泸县二中林德兴家庭获 2016 年度“四川省最美家庭”称号

7 月 6 日，泸县举行“法娃”源文化广场揭幕仪式暨“七五”法律进园区主题活动

（李国华　摄）

12 月 2 日，泸县法院首批员额法官宣誓　（舒敏　摄）

12 月 8 日，泸县首批员额检察官宣誓

（陈华忠　摄）

3 月 21 日，县公安局在玄滩镇新屋村抓获贩毒嫌疑人

5 月 10 日，泸县应急大队完成全市地质灾害演练　（简丹　摄）

10 月 18 日，县公安局开展安全知识进校园活动　（周丽娟　摄）

泸县特殊学校师生参加四川省第二届残疾人艺术节

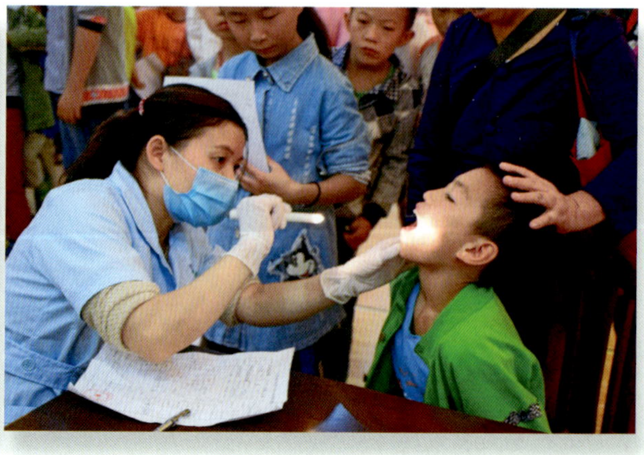

社区医院为残疾学生免费体检

4月14日，泸县召开2016年环境保护工作会

12月7日，创建食品安全城市动员会

3月15日，工商干部向消费者讲解识假辨假知识

9月4日，泸州市第一个农村社工项目落地喻寺镇谭坝村

10 月 26—27 日，龙桥文化生态园创 AAAA 景区验收演出 （肖鹏 摄）

玉蟾温泉二期泡池 （曾佐然 摄）

1 月 25 日，群众攀登雪后玉蟾山 （周凤丹 摄）

6 月 16 日，《乡约》栏目走进泸县海选现场

四川省非物质文化保护名录得胜花灯

2 月 4 日，春节联欢会在人民广场举行 （肖鹏 摄）

2016 年春节期间，泸县在人民广场举行农民演艺大舞台活动 （肖鹏 摄）

12 月 31 日，大型跨界舞台剧《龙城宋韵》在泸州大剧院首演 （肖鹏 摄）

《泸县年鉴（2017）》编纂委员会

《泸县年鉴（2017）》编辑部

主　　编　高　翔

编　　辑　高　翔　曾锡海　余勋远

封面题字　黄永康

《泸县年鉴（2017）》供稿单位、责任人、撰稿人

（排名不分先后）

供稿单位	责任人	撰稿人
中共泸县县委办公室	杨双全	梁　杰
泸县人民代表大会常务委员会办公室	颜习林	熊方永、蒋列艳
泸县人民政府办公室	启　富	胡烨桦
中国人民政治协商会议泸县委员会办公室	李　镇	王　琦
中共泸县纪律检查委员会、监察局	张国华	雷　阳
泸县人民法院	谢　杰	杨　娟
泸县人民检察院	张胜春	魏邦焱
中共泸县县委组织部	张国华	熊　超
中共泸县县委宣传部	艾　斌	秦　操、刘　勇
中共泸县县委政法委员会	李盛春	赵兴梅
泸县人民武装部	金林松	陈世伟
中共泸县县委统战部	罗庶卿	李士波
中共泸县县委直属机关工作委员会	徐明琴	杨　军
中共泸县县委群众工作局	杜学洪	吴　倩
中共泸县县委机构编制委员会办公室	李　庆	熊铭炜
泸县县委农村工作领导小组办公室	田　伟	李祖菊
中共泸县县委党校	王　湘	张碧萍
中共泸县县委政策研究室	殷洪勇	王锡蓉
中共泸县县委目标绩效督查管理办公室	陈正军	陈正军
中共泸县县委保密局委员会、泸县保密局	陶金福	陈永涛
中共泸县县委台湾工作办公室	张明均	张明均
泸县外事侨务办公室	薛　源	薛　源
泸县党政网管中心	张朝阳	张朝阳
泸县机关事务管理办公室	陈巧玲	刘昌坪
中共泸县县委党史研究室（地方志办公室）	熊　敏	熊　敏
中共泸县县委老干局	罗　芩	赵婧汐
泸县人民政府法制办公室	李泉怡	李泉怡
泸县人民政府扶贫办公室	黄晓冰	陈　良
泸县人民政府应急管理办公室	熊科俊	戴福德

泸县人民政府防空办公室	罗国忠	罗良志
泸县人民政府信息公开办公室	敖昌蓉	敖昌蓉
泸县电子政务办	董俊松	董俊松
泸县总工会	周　勇	吴冬梅
共青团泸县委员会	薛　莉	李　梅
泸县妇女联合会	熊　霞	赵丽娜
泸县科学技术协会	王先碧	陈学兵
泸县残疾人联合会	杜然华	言　婷
泸县工商联合会	郑尚贵	周　军
泸县经济开发区	蒲云贵	周　涛
泸州国家高新区医药产业园	李高和	沈遇洁
泸县发展和改革局	邝小波	蒋超俊
泸县经济和信息化局	童执全	周宗润
泸县商务局	杨凤英	李　梅
泸县投资促进局	梅　燕	艾光照
泸县教育局	朱大清	莫道江
泸县公安局	李祥建	周丽娟
武警泸县中队	张　翔	张　翔
泸县人民政府专职消防队（综合应急救援大队）	熊科俊	黄　春
泸县公安局消防大队	高　峰	任小红
泸县民政局	秦治军	刘朝俊
泸县司法局	李清华	吴晓敏
泸县财政局	陈　进	张晓东
泸县人力资源和社会保障局	罗晓玲	罗　江
泸县国土资源局	张怀华	苏永海
泸县住房和城乡规划建设局	冉安建	罗月强
泸县交通运输局	黄修中	张继锋、万建敏
泸县水务局	唐永宏	夏廷贵
泸县农林局	曾一泙	任怀富
泸县文化体育新闻出版广电局	冯秋兰	杜作正
泸县旅游局	陈　琴	贺兵才
泸县卫计局	龙维平	秦　晋
泸县审计局	王小兵	钟守卫
泸县环境保护局	沈中良	陈晓琳
泸县统计局	周　宇	赵　婷
泸县安全生产监督管理局	杨　成	严　肃
泸县食品药品监督管理局	徐泽刚	骆小梅、刘泉江
泸县市场质量监管局	刘光会	黄　荣

泸县城乡环境管理局	李祖春	郑盛霞
泸县国家税务局	王　平	曹莞路
泸县地方税务局	冯　毅	殷　锐
泸县粮食局	陈　江	李　筱
泸县档案局	段　波	刘小燕
泸县人民政府政务服务中心	薛　颖	罗纪芬
泸县公共资源交易中心	周　洪	陈小平
泸县政府投资建设工程管理中心	谭松柏	刘　欣
泸县供销合作联社	赵　军	洪代富、宁顺光、谢冬冬
泸县科学技术与知识产权局	吴雪红	游富坤
泸县气象局	先开华	徐　强
泸县邮政局	陈帝勇	朱茂瑶
泸县烟草专卖局	刘　磊	杨　帆
泸县国有资产经营有限公司	李小梅	于　星
泸县汇兴公司	黄　坚	张小容
国网泸县供电公司	唐　刚	范　敏
国网四川泸县供电分公司	李子核	梅永丽
四川省林科院川南林业研究所	刘　屹	刘　屹、叶伟平
工商银行泸县支行	曹　邓	周　燕
建设银行泸县支行	许宏图	许宏图
农业银行泸县支行	石华清	岳　源、李　霞
农业发展银行泸县支行	王建华	熊　娟
交通银行泸县支行	施云川	秦　莹
泸县农村信用合作联社	靳　学	杜　亮
邮储银行泸县支行	许　勇	汪　玲
泸州市商业银行泸县支行	胡　珊	江　梅
中国人保泸县支公司	李　勇	王小洪
中国财保泸县支公司	黄祖麟	张江兰
泸县公共交通有限公司	雷　军	蒋　东
中国移动泸县分公司	朱开银	沈昭利
中国电信泸县分公司	孙　云	宋　焱
中国联通泸县分公司	李宗友	呙莉萍
泸县人民医院	李东霞	何莉红、杜永丹
泸县教师进修学校	张天虎	办公室
泸县第一中学	陶道彬	张雪平、曾伟国
泸县第二中学	张连奇	傅启毅、付六全
泸县第四中学	何淑清	石半丁
泸县第五中学	罗　江	蒲　鹏

泸县第六中学	温光荣	陈文华
泸县第九中学	唐　刚	徐泽燕
泸县建筑职业中专学校	张永鸿	魏祥群
泸县中宏特殊教育学校	卓书明	张小丹
泸县二中城北分校	刘大连	胡远朋
泸县实验学校	邓志礼	曾　艳
泸县二中外国语学校	唐国成	王乾平、廖远华、周　娇
泸县梁才学校	熊兴权	许　刚
泸州市电子机械学校	朱国良	林能志
泸州天宇职业中专学校	魏光琴	唐明芳
泸县玉蟾街道办事处	朱海斌	谢丽娜、蒲若楠
泸县福集镇人民政府	郑光明	曹　原
泸县嘉明镇人民政府	王先奎	支　露
泸县喻寺镇人民政府	赵德伦	李旭东
泸县方洞镇人民政府	王学良	陈路生
泸县潮河镇人民政府	徐友群	余虹江、陈　松、王孝荣
泸县天兴镇人民政府	钟成贵	杨蒲渊
泸县牛滩镇人民政府	施小莉	夏利君
泸县海潮镇人民政府	张明燕	吕懿容
泸县得胜镇人民政府	黄　梅	杜　勇
泸县云龙镇人民政府	詹定敏	龚书梅
泸县奇峰镇人民政府	吕由剑	宋　丹
泸县玄滩镇人民政府	先泽平	吴　洋
泸县石桥镇人民政府	杜良仲	廖远清
泸县毗卢镇人民政府	鲁焕奎	阿木石布
泸县兆雅镇人民政府	杜向峰	赵煜璐
泸县太伏镇人民政府	雷鑫平	罗　昊
泸县云锦镇人民政府	郭武灿	赵　鹃
泸县立石镇人民政府	曾　奎	秦小军
泸县百和镇人民政府	卫德远	李远霞

编辑说明

一、《泸县年鉴（2017）》（以下简称本年鉴）是在中共泸县县委、泸县人民政府领导下，由泸县人民政府主办，泸县地方志办公室主编，全面、系统反映泸县情况的综合性、实用性资料书，是泸县政治、经济、社会发展情况的总汇和缩影。每年出版一卷，2017年出版的是第12卷。

二、本年鉴以党的十八大精神为指导，高举中国特色社会主义伟大旗帜，坚持实事求是原则，全面、客观、系统地记述2016年泸县以深度融入泸州主城区一体发展为主线，深入实施“创新驱动、产城融合、文旅联动、富民强县”战略，建成创新新区、畅达新区、产业新区、宜居新区，率先实现全面小康的新进展、新成就、新经验，为泸县各级领导决策和制定发展规划提供依据，也为县内外各界人士了解和研究泸县提供准确、翔实的资料，并为将来编修地方志书积累和储备资料。

三、本年鉴记述时限为2016年1月1日至2016年12月31日。为确保重要事项起始、终结的完整，时限依实际情况作相应的上溯或下延。

四、本年鉴设置篇目、分目、条目3个层次，条目为记述内容的主要形式。篇目设特载、大事记、县情概述、中国共产党泸县委员会、泸县人民代表大会常务委员会、泸县人民政府、中国人民政治协商会议泸县委员会、工商联与群众团体、法治、军事、经济管理与监督、农业、工业、城乡建设与环境保护、交通 邮电、商业贸易与招商引资、财税 金融、教育 科技、文化 体育 传媒 旅游、居民生活与社会保障、镇与街道、附录、索引，共收条目1206条，计约59万字。

五、本年鉴由泸县各单位供稿，泸县地方志办公室编辑，泸县人民政府审定。主要统计数字以《泸县统计年鉴（2016）》为准，其余数据以各供稿单位提供资料为据。

六、本年鉴是集体智慧的结晶，在编纂过程中，得到了泸县各有关单位领导与作者、图文宣传单位的大力支持，在此谨一并表示衷心的感谢！由于编纂者水平有限，疏漏、错误和不足之处在所难免，恳请广大读者对《泸县年鉴（2017）》的编纂工作提出批评和建议。

目 录
CONTENTS

特 载
FEATURED ARTICLES

大事记
CHRONICLE OF EVENTS

县情概述
SUMMARY OF LUXIAN COUNTY

建制沿革
Organization System Evolution

自然资源
Natural Resources

旅游景点
Tourist Attractions

经济社会发展
Economic and Social Development

中国共产党泸县委员会
CHINA COMMUNIST PARTY OF LUXIAN COUNTY COMMITTEE

重要会议
Important Meetings

工作综述
Work Summarize

办公室工作
Office′s work

目标督查
Target Inspector

泸县人民代表大会常务委员会
STANDING COMMITTEE OF PEOPLE'S CONGRESS OF LUXIAN COUNTY

重要会议
Important Meetings

代表与监督
Representative and Supervision

自身建设
Self Construction

泸县人民政府
LUXIAN PEOPLE'S GOVERNMENT

重要会议
Important Meetings

工作综述
Work Summarize

办公室工作
Office's work

电子政务建设
E-government Construction

应急管理
Emergency Management

公共资源交易
Public Resource Transaction

自身建设

Self Construction

工商联与群众团体
ASSOCIATION OF INDUSTRY AND COMMERCE & MASS ORGANIZATIONS

工商联合会

Association of Industry And commerce

工会

Trade Union

共青团

Communist Youth League

妇女联合会

Women's Federation

科学技术协会

Association of Science and Technology

司法行政
Judicial Administration

军　事
MILITARY

人民武装
People's armed Forces

武警
Armed Police

消防
Fire Control

综合应急救援
Integrated Emergency Rescue

人民防空
Civil Air Defense

经济管理与监督
ECONOMIC MANAGEMENT AND SUPERVISION

发展和改革
Development and Reform

国土资源管理
Land and Resources Administration

国有资产管理
State Asset Management

审计
Audit

统计
Statistics

安全生产监督管理
Security Production Supervision and Management

城乡建设与环境保护
URBAN AND RURAL DEVELOPMENT & ENVIRONMENTAL PROTECTION

交通　邮电
TRAFFIC & POSTS AND TELECOMMUNICATIONS

邮政
Post Office

电信
Telecom

移动
Mobile Communication

联通
Unicom

商业贸易与招商引资
COMMERCIAL TRADE & INVESTMENT PROMOTION AND CAPITAL INTRODUCTION

商贸综述
Business Review

粮油
Grain and Oil

烟草专卖
Tobacco Monopoly

供销合作经济
The Supply and Marketing Cooperation Economy

财税　金融
FINANCE AND TAXATION

科技工作
Science and Technology work

文化 体育 传媒 旅游
CULTURAL AND SPORTS & MEDIA TOURISM

文化管理
Cultural Management

群众文化
The Mass Culture

文物工作
Archaeological work

图书事业
The Book Business

体育工作
Sports work

新闻出版
press and publications

广播电影电视
Telecast

旅游工作
Travel to work

居民生活与社会保障
RESIDENTS LIVING AND SOCIAL SECURITY

卫生与计划生育
Health and Family Planning

泸县人民医院
Luxian People's Hospital

人力资源
Human Resources

社会保障
Social Insurance

民政工作
Civil Affairs work

镇与街道
TOWN AND SUBDISTRICT

附　录
APPENDIX

索　引
INDEXES

自加压力勇争一流 攻坚克难砥砺奋进 为“建成四个新区率先全面小康”而努力奋斗

——在中国共产党泸县第十三次代表大会上的报告

县委书记 薛学深

（2016 年 9 月 21 日）

各位代表、同志们：

在全县上下深入贯彻落实中央“四个全面”战略布局、全力推进融入泸州主城区一体化发展的关键时期，我们在这里隆重召开中国共产党泸县第十三次代表大会。大会的主题是：全面贯彻落实党的十八大和十八届三中、四中、五中全会，省委十届八次全会和市委七届十二次全会精神，总结过去五年工作，研判当前形势，谋划未来发展，动员全县上下再接再厉、砥砺奋进，为“建成四个新区、率先全面小康”而努力奋斗！

下面，我代表中共泸县第十二届委员会向大会报告工作，请予审议。

过去五年工作回顾

过去五年，是我们直面挑战，抢抓机遇，全力建设川南经济强县、文化旅游新县的五年。在国际国内经济持续下行情况下，我们顶住压力、保持定力，团结带领全县干部群众，锐意改革，扎实工作，各项事业取得了显著成绩。

这五年，我们坚持稳增长、调结构，谱写了科学发展新篇章。综合实力进一步提升。预计（下同），2016 年全县实现国内生产总值 275 亿元、一般公共预算收入 12.8 亿元、固定资产投资 305 亿元、社会消费品零售总额 107 亿元，均在 2011 年基础上翻了一番；五年来全县 GDP 增速年均 11.8%，保持全市前 3 位。发展质量进一步提升。医药产业园成功创建泸州国家高新区主体园区，“一区一园”建成区面积 7.8 平方公里，入驻企业从 137 户增加到

261户；“1+3”产业实现产值230亿元，占全县工业产值的48%；文化旅游、电子商务、房地产等八大服务业长足发展，龙桥文化生态园、玉蟾温泉度假区形成接待能力，成功创建全省首批电子商务进农村综合示范县；嘉明、方洞现代农业万亩示范园初具规模。五年来，三次产业结构由20.8∶58∶21.2优化为16.7∶58.4∶24.9。

这五年，我们坚持强统筹、重建管，绘就了城乡一体新面貌。县城品质大幅提升。20平方公里城市骨架初步形成，市政道路“白+黑”建设、路灯节能改造、绿化景观塑造成效显著，公园、医院、学校等服务设施不断完善，成功创建国家卫生县城、省级园林县城、全省环境优美示范县城。集镇建设稳步推进。完成全省首批多规合一全域规划，“一主一副五极多点”城镇体系基本形成，玄滩、云龙、兆雅跻身全省百镇建设试点示范镇；城镇建成区面积从42平方公里扩展到57平方公里，城镇化率从30.4%提高到38%。全域新村基本建成。以水、电、路、气等为重点的农村基础设施加快建设，“龙脑”“两港”“川渝”省级新农村示范片顺利建成；龙桥文化生态园被评为“中国美丽乡村”“全国乡村旅游示范点”，太伏镇被认定为全国“一村一品”示范村镇。生态环境更加优美。煤矿、非煤矿山等落后产能加快淘汰；工业污染治理、生活污水处理设施不断完善；水源还清工程、农村环境连片整治项目大力实施；退耕还林、天然林管护工程巩固提升，成功创建全国绿化模范县。

这五年，我们坚持推改革、促开放，激活了区域协作新动力。深化改革持续推进。全国不动产统一登记、农村宅基地制度改革、农民住房财产权抵押贷款、全省增加农民财产性收入等改革试点加快实施，农村活力进一步激发。全面深化行政审批制度改革，整合县级部门3个，玉蟾街道办事处挂牌运行，政府职能持续转变；撤县设区正式启动，融入泸州主城区一体化发展步伐加快；和益公司改制顺利完成，投融资体制、商事制度、供销社综合改革等试点取得重要进展，住房保障、医疗卫生、教育等领域改革扎实推进。对外开放不断深化。大力开展招商引资，投资40亿元的步长生物制药成功落户，实现了重大产业项目零的突破；成功承办中国医药企业家年会，举办渝西川东八区县（8+3）经济社会发展协作会；五年来，累计到位国内市外资金674.6亿元。

这五年，我们坚持惠民生、促和谐，营造了共建共享新局面。“4+1”基础设施显著提升。“四线供水工程”竣工投用，镇村安全饮水问题有效解决；城市输变电站改造加速推进，农村电网低压台区改造完成1147个，城乡用电质量不断提升；“四横八纵”骨干路网基本建成，全县水泥路“村村通”全面实现，全域“一小时交通圈”已经形成；建成污水处理厂35座，在全市率先实现一级场镇生活污水处理设施全覆盖；“百万安居工程”建成17151户，其中农村危房改造完成13640户，农村D级危房实现动态消除；光纤、通信、燃气网络向农村快速延伸，城乡设施全面改善。民生福祉不断增进。五年来，累计民生支出128.2亿元，占财政支出的比例保持在75%以上；积极推进教育、医疗、科技、社保等公共服务均等化，成功创建全国义务教育基本均衡县、全国科普示范县、全国疾病防控先进单位、全国文化先进县。社会治理能力不断增强。法律“八进”全面实施，司法体制改革顺利启动，法治示范县创建工作跻身全国先进；桃子沟煤矿“5·11”重大瓦斯爆炸事故三年来，安全生产责任制全面落实，全省安全生产重点监控县、煤矿重点监控县成功摘帽；创新社会矛盾纠纷化解机制，社会风险评估体系基本建成；在全市率先实施网格化社会治理，立体化社会治安防控体系初步构建，社会总体和谐稳定。

这五年，我们坚持夯基础、转作风，呈现了管党治党新气象。思想政治建设务实有效。以学习习总书记系列重要讲话和各级重要会议精神为主线，理论武装、社会主义核心价值体系建设不断深入，全县党员干部理想信念更加坚定、党性修养进一步提高。基层组织建设成效明显。党的群众路线教育、“三严三实”“两学一做”学习教育深入开展，党建扶贫攻坚扎实推进，整顿软弱涣散基层党组织120个，投入3200万元建设村（社区）党群活动中心206个，村（社区）工作经费及干部待遇稳步提升，党在基层的战斗力和凝聚力明显增强。干部队伍建设扎实推进。紧扣改革发展大局，注重在基层一线、经济发展主战场、重大任务考验中选拔干部，注重优秀年轻干部递进培养，从严从实加强干部管理，干部队伍建设进一步加强；大力招引紧缺人才，形成了尊重人才的浓厚氛围。民主政治建设全面推进。积极支持人大、政协发挥作用，巩固壮大最广泛的统一战线，工会、共青团、妇联等人民团体的桥梁纽带作用进一步增强，双拥、老龄、宗教、对台等工作成绩显著。党风廉政建设和反腐败工作持续深化。坚决落实党风廉政建设“两个责任”；严格贯彻落实中央“八项规定”精神，正风肃纪成效明显；省委对我县巡视工作完成；始终保持惩治腐败高压态势，坚决整治发生在群众身边的“四风”和腐败问题，严肃查处了一批违纪违法案件，营造了风清气正的社会氛围。

各位代表、同志们！五年的实践弥足珍贵，创造的经验影响深远。回顾五年来的工作，我们深深体会到：必须坚持咬定发展不放松，突出规划引领、项目带动，为推动泸县发展指明方向；必须坚持改革开放不停步，突出创新驱动、区域协同，为推动泸县发展形成强大合力；必须坚持从严治党不懈怠，突出制度为先、夯基固本，为推动泸县发展提供坚强保证；必须坚持实干为民不动摇，突出县镇互动、上下同心，让全县人民共享发展成果。

各位代表、同志们！奋斗充满艰辛，成就令人振奋。这些成绩的取得，是上级党委正确领导的结果，是在历届县委打下的良好基础上，全县各级党组织、广大党员干部和人民群众团结拼搏的结果，是社会各界关心支持的结果。在此，我代表中共泸县第十二届县委，向所有关心支持泸县发展的同志们和朋友们，表示最衷心的感谢，并致以最崇高的敬意！

总结过去，激励我们推进跨越发展的豪情壮志；面向未来，要求我们清醒认识存在的困难挑战。我们一定要看到，前进道路中还存在着不少问题，主要表现在：经济总量仍然不大，园区集聚能力仍然不高，重大产业项目仍然不多，支柱产业带动效果仍然不强；社会转型时期各类矛盾进一步凸显，新型城镇化进程中新矛盾和遗留问题相互交织，配套公共服务发展较慢，远远不能满足广大群众日益增长的需求，融入主城区一体化发展任重道远；党的建设仍然存在薄弱环节，一些党员干部思想守成，谋改革、促发展的能力有待提高；一些基层党组织引领发展、服务群众能力不强，不正之风和腐败现象依然存在。我们必须牢固树立使命感、增强紧迫感、强化责任感，以新理念新思路，切实解决问题，积极应对挑战，在新起点上寻求新突破。

未来五年发展谋划

未来五年，我国经济社会将进入以转型促发展的新阶段，新一轮科技革命和产业变革蓄势待发，党中央提出了一系列经济发展的新思想新论断新要求，明确提出推进供给侧结构性改革，加快发展动能转换，为我们指明了方向。国家“一带一路”倡议全面铺开，西部大开发“十三五”规划已经编制，成渝城市群发展规划已获国务院批复，泸州建设“双两百”区域中心城市战略正在推进，为我县创新驱动、产城融合发展提供了新机遇。泸州（云龙）机场、渝昆高铁、川南城际铁路、南渝泸高速、泸永高速等骨干通道的陆续建设投用，为我县扩大对外开放、加强区域合作奠定了坚实基础。我们必须紧紧抓住各种稍纵即逝的重大机遇，解放思想、一鼓作气，在融入泸州主城区一体化发展中再创新辉煌。

今后五年，全县工作的指导思想和奋斗目标是：高举中国特色社会主义伟大旗帜，全面贯彻党的十八大和十八届三中、四中、五中全会精神，深入贯彻习近平总书记系列重要讲话精神，按照“五位一体”总体布局和“四个全面”战略布局，准确把握省委

“三大发展战略”、市委“决胜全面小康、建成区域中心”战略内涵，秉承自加压力、勇争一流的精神，以深度融入泸州主城区一体化发展为主线，深入实施“创新驱动、产城融合、文旅联动、富民强县”战略，建成创新新区、畅达新区、产业新区、宜居新区，率先实现全面小康。

——综合实力迈上新台阶。主要经济指标增幅全面高于省、市平均水平，综合排位保持全市前三，以医药、食品、建筑为支柱，文旅、航空为重点的“3+2”产业体系基本建成，到2021年，全县地区生产总值突破500亿元，全省183个区县综合实力排位进入前40，实现“跨越五百亿，挺进四十强”。

——城乡建设展现新面貌。县城建成区面积达25平方公里，人口达25万人；巩固国家卫生县城创建成果，同步创建全国文明城市、国家健康城市、国家园林县城和省级宜居县城，城镇化率达到50%以上，建成泸州都市北部新门户。

——群众生活达到新水平。城乡居民收入比2016年翻一番以上，在全市率先实现全面小康。覆盖全民的社会保障体系更加完善，就业、上学、看病、养老等民生问题不断改善，人民生活更有保障、更有品质、更有尊严。

——党建水平得到新提升。思想政治建设不断增强，各级党组织领导科学发展、和谐发展的能力不断增强，社会大局基本稳定，勇于拼搏、风清气正的政治生态全面形成。

实现上述目标，必须重点把握好以下几个方面：

一、深化改革开放，不断聚集创新发展新优势。创新发展是融入主城区发展的基本动力。我们必须坚持把创新摆在泸县发展全局的核心位置，深入推进深化改革、对外开放、自主创新，破解制约瓶颈，增强发展动力，把握发展主动权。

（一）坚持深化改革，激发转型活力。把握改革正确方向，积极争取国省级改革试点，扎实推进重点领域和关键环节改革，确保国家、省、市部署的各项改革任务落地见效。继续深化农村改革，全力推进农村宅基地制度、农民住房财产权抵押贷款、供销社综合改革、农田水利设施产权制度等国省级改革试点，推进农业经营体制机制和经营方式创新，为国家改革提供泸县经验。深化社会领域体制改革，建立健全要素市场，提高资源配置效率，实现水电气等资源性产品与主城区同网同价，促进基本公共服务均等化。推进投融资体制改革，合理控制政府性债务，支持地方金融组织做大做强，引导符合条件的企业走资本市场道路；优化金融生态环境，推进社会信用体系建设，强化金融风险防范。深化行政管理体制改革，加快简政放权，稳妥推进户籍管理制度改革，有序引导符合条件的农民工进城落户；深入推进“放管服”改革，推动管理型政府向服务型政府转变。有序推进撤县设区、撤镇设街。

（二）坚持开放合作，打造投资洼地。进一步优化投资环境，聚集更多优质生产要素。建设外畅通道，加快推进“两路两桥”、川南城际铁路、泸永高速、泸州（云龙）机场等建设，构建泸州北部交通环线，建成泸州北部“铁空水陆”多式联运核心区。深化区域协作，积极对接成渝城市群、长江经济带发展规划，立足对接重庆、服务重庆、配套重庆，重点突出基础设施、产业发展、人才交流等，加强与荣昌、永川、江津等地区深度合作，推动区域互联互通、产业互补互促。加强与全国行业性协会、学会等在产业发展方面同步协调，推进产业更多更好地在泸县集聚。强化招商引资，按照“长短结合”“大小结合”原则，发挥泸州异地商会优势，紧扣重大产业、主导产业，紧盯世界、国内、民营“三个500强”，有针对性地引进行业龙头，实现引进一个企业、带来一个团队、激活一条产业链、带动一方就业。

（三）坚持自主创新，推进动能转换。深入推进大众创业、万众创新，打造新引擎、增强新动力，实现创新驱动发展。提高科技创新能力。充分发挥创投基金撬动作用，加快创新创业孵化器、大学科技园等平台建设；培育和引进创新型人才、领军人才和创新团队，强化企业创新主体作用，大力实施重大科技成果转化工程，推动一批重点科技成果转化落地，支持科技型中小企业健康发展，形成一批具有较强竞争力的创新型领军企业。营造公平竞争环境。全面清理和废除妨碍公平竞争的各项规定，建立鼓励创新的市场环境；优化扶持政策机制，积极培育网络经济、信用经济、信息经济等新经济形态，创新财政科技投入方式，构建开放共享的政府创新服务体系。

二、优化产业结构，着力提升县域经济竞争力。加快产业转型升级是融入主城区发展的首要任务。我们必须坚持四化联动，不断完善现代产业体系，继续做强做大镇域经济，全面增强产业核心竞争力和区域综合竞争力。

（一）持之以恒做强工业。深入贯彻落实“中国制造2025”，推进信息化与工业化深度融合，抢占以“智慧产业”为龙头的竞争制高点。坚持“布局合理、主业突出、功能完善”，加快园区基础设施建设，完善园区配套功能，提升园区综合承载能力，推动医药产业园建成西南一流的生物医药产业基地，县经开区创建省级经济技术开发区。坚持把医药产业作为主攻方向，加快建设步长生物制药基地、台湾医疗器械产业园等项目，发展医药、医疗、医养多头并进的大健康产业，打造百亿医药产业集群；统筹推进以白酒为核心的食品产业，全力建设绿色食品产业基地，打造百亿食品产业集群；落实供给侧结构性改革要求，推动建筑企业理念创新、技术创新、管理创新，进一步做大总量、做响品牌，培育建筑业总部经济，打造百亿建筑产业集群。加快建设空港产业园，积极发展航空装备、航空材料、航空物流等产业，努力将航空产业培育成为县域经济发展的新支柱。坚持“锦上添花”“雪中送炭”并举，做大增量、做优存量，瞄准竞争力强、发展前景好的骨干企业，持续实施扶优扶强，培育一批上市企业、亿元以上税源企业。

（二）坚持不懈做大服务业。围绕特色化、市场化，加快推动服务业与工业化、城镇化、农业现代化融合发展。把文化旅游业作为战略性支柱产业来培育，优化全域旅游规划，深挖文化内涵，提高创意水平，体现人文特质，重点打造大玉蟾山、龙桥文化生态园、道林沟、玉龙湖等景点，建成一批国家AAAA级景区，做强做实“千年泸县，宋韵龙城”旅游品牌；坚持“唤得起记忆，留得住乡愁”，整合地域文化、特色建筑、人文景观、田园风光等资源要素，丰富乡村旅游内涵，打造一批精品旅游线路，加快形成覆盖全域的乡村旅游格局；推进旅游发展体制改革，促进旅游资源资产化、资本化、证券化，加快形成以休闲观光、养生度假为主，景区旅游和乡村旅游相互促进的全域旅游产业体系，成为成渝文化旅游休闲新高地。按照塑造品牌、个性化服务理念，做大做强社区服务、家庭医疗、养生度假等健康服务业；按照功能互补、优质化服务理念，大力发展电子商务、现代物流、金融保险、商贸流通、信息服务、教育培训等服务业，为工业加快发展、农业加速转型、城镇品质提升、居民生活质量提高创造有利条件。

（三）因地制宜做优农业。大力发展科技农业、生态农业、观光农业和特色农业，推进农业集约化生产、规模化发展。稳定粮食生产，巩固全国粮食生产先进县地位。推进中药材、果蔬、水产、畜禽、花木等特色产业提质增效。加快推进土地流转、农业招商，推动农旅结合、一三互动，通过引进、培植农业龙头企业，实现“产加销”一条龙、“农工商”一体化。加大对种养大户、家庭农场、专合社、龙头企业、农产品经纪人等新型经营主体的资金扶持和项目支持力度，培育一批省级以上示范家庭农场、重点龙头企业，打造一批现代农业产业示范园，创建一批全国知名的特色农产品品牌、地理标志品牌。

三、建设宜居泸县，加快推进城乡发展一体化。建设宜居城市是融入泸州主城区发展的核心内容。我们必须坚持“一尊重五统筹”，突出宜居、宜业、宜游，加快建设“都市副中心、人文生态县、绿色产业城、休闲目的地”。

（一）建设旅游园林城市。以建设“智慧城市”为引领，按照“景城一体、城旅一体”发展理念，坚持高起点规划、高标准建设，加快推动城区变景区。实施“四城同创”工程，按照泸川新城建设规划，重点推进城西片区、城南片区建设，打造生态型、智慧型城市。积极吸引社会资本参与，实施城市重大功能设施建设改造，优化学校、医院、商场、停车场、邻里中心等服务设施空间布局，实施城市立体交通、城市公园、街头绿地等建设行动，完善城市功能；围绕“亲山近水、生态宜居”，推进玉蟾山景区、城西湿地公园、龙桥文化生态园、九曲河中心公园等建设，加强“两河四岸”景观整治，高标准建设城市综合体、标志性建筑等亮点工程，提高精细化城管水平，增强城市吸引力和竞争力。

（二）打造特色风情小镇。突出“一乡一特色、一镇一风情”，分类打造具有历史遗存、地域特色、民俗文化的风情小镇。临近主城区8个镇按照“整体融入、重点突破、串珠成线、以线带面”理念，中部以空港产业为主建成城镇集中发展带，西部以休闲农业为主建成现代农业经济带，东部以工贸为主建成现代工业经济带；支持各镇依托区位优势、资源禀赋，组团发展，打造一批旅游型、商贸型、物流型特色集镇。

（三）建设全域幸福新村。按照“连点成线、连线成片、全面覆盖”思路，围绕“五片八带多点”全域新村建设规划，加强农村基础设施建设，完善公共服务功能，创新农村社会管理，发展新型农村集体经济，推动“农业+旅游”深度融合，实现新村向新型农村社区转变，打造一批彰显田园风情、农家风味、山水特色的精品乡村。

（四）构建绿色生态屏障。坚持“生态优先、绿色发展”，实施生态治理、生态屏障、生态保障三大工程，促进经济与环境、人与自然协调发展。加快三星桥、土公庙等水库建设，积极开展“两江三河”流域污染共防共治；大力推进节能减排，发展绿色循环经济。实施天然林保护、长江防护林体系建设、退耕还林巩固、生态涵养区建设等工程，形成“一底三廊”生态屏障。严格落实环境保护制度，划定生态保护区；推进生态文明体制改革，加强生态保护制度建设，形成政府、企业、社会共治的生态治理体系。

四、增进民生福祉，切实提升人民群众幸福获得感。改善民生是融入泸州主城区发展的最终目标。我们必须坚持统筹规划、有序推进，促进基础设施向农村延伸、公共服务向农村覆盖、城市文明向农村辐射，真正共建共享美好生活。

（一）实施“4+1”工程升级版，全面改善基础设施。实施农村道路建设工程，继续加大农村路网改造，力争3年内实现水泥路“社社通”，支持有条件的镇村实现“户户通”；深入推进城乡交通一体化，实现农村公交“村村通”。实施农村电网改造工程，年度投资保持2亿元以上，力争2018年全面完成农网改造。实施农村饮水安全工程，加快供水管网延伸，加大饮用水源保护区建设，提升饮水质量，到2021年，所有村社聚居点自来水覆盖率达80%以上，确保家家户户饮水安全。实施农村环境治理工程，深入开展城乡环境综合治理，提升垃圾处理能力，加强面源污染治理，改善空气质量，确保污水处理设施二级场镇、新村聚居点全覆盖，持续提高人居环境质量。实施农村住房改善工程，结合农村宅基地制度改革和脱贫攻坚，分片分类推进农村住房风貌塑造、内部提升，动态消除C级危房，让群众生活更有品质、更加舒适。

（二）加快发展社会事业，促进基本公共服务均等化。加大财政投入，确保每年民生支出占财政总支出80%以上，进一步推进成果共享。坚持优先发展教育。支持民办教育与公办教育结合，推动学前教育优质发展，巩固义务教育均衡发展成果，加快普及高中阶段教育，大力发展职业教育、成人教育和社区教育，完善终身教育体系，打造教育名县。加快医疗卫生事业发展。深入推进医药卫生体制改革，健全医疗卫生服务体系，创建三级医院；完善公共卫生服务体系，全面推进全民预防保健，推动基本公共卫生服务均等化；加强基层医疗人员队伍建设，大力培育全科医生、家庭医生，建成三级应急医疗救援服务网络。实施文体惠民行动。加快市民中心、体育中心、文化广场等文体设施建设，支持农民文化演艺事业发展，提高公共文化产品和服务供给能力。健全社会保障体系。继续实施保障性安居工程建设；健全覆盖城乡居民的社会保障体系和社会救助体系；深入实施就业优先战略，推动创业带动就业；统筹发展其他各项社会事业。到2021年，基本实现城乡公共服务均等化。

（三）巩固脱贫攻坚成果，加快实现全面小康。按照“两不愁三保障四个好”标准，全面落实“五个一批”“六个精准”要求，最大限度地将各项惠民政策向贫困村倾斜、惠民项目向贫困村汇合、惠民资金向贫困人口聚集，确保2016年年底全面完成脱贫攻坚任务。坚持“高一格要求、提一线用力”，提高低保线和脱贫线标准，保底线、补短板；坚持“脱贫不脱政策”，继续整合资源帮扶后进村，不松劲、不掉链，确保每一个低收入家庭住上更好的房子，享受更好的公共服务，生活得更加幸福，真正实现“断穷根、富长久”，与全县人民同步过上小康生活。

（四）深入推进依法治县，保持社会和谐稳定。正确处理改革、发展、稳定的关系，推动保稳定向促和谐转变。创新社会治理。完善党委领导、政府负责、社会协同、公众参与、法治保障的社会治理格局，推动基层管理创新，实现镇（街道）工作重心向社会管理服务转移；推动司法体制改革，全面实施“七五”普法，建立完善公共法律服务体系；健全多元化调解机制，深化社会稳定风险评估，着力加强信访制度化建设，维护群众合法权益。加强安全体系建设。完善突发事件应急管理机制，深化“平安泸县”建设，依法打击各类违法犯罪，增强公共安全和社会治安保障能力；加强食品药品安全监督管理，确保食品药品安全；加强安全生产工作，严格落实“五级五覆盖”“五落实五到位”安全责任体系，坚决遏制重特大事故发生，营造良好的安全生产环境。

五、坚持从严治党，推动党建工作全面进步。坚持敢管敢严、真管真严、长管长严，推动全面从严治党迈上新台阶，为“建成四个新区、率先全面小康”提供政治保障。

（一）突出“思想引领”，全面加强思想政治建设。把专题教育融入经常性教育之中，打牢思想之基、筑牢党性之魂，以思想上的与时俱进推动发展上的突破创新。进一步强化理论武装。抓好经常性思想政治教育，实施“8+4”宣讲工程，突出习近平总书记系列讲话精神宣讲主线，引导各级党员干部树牢“四种意识”；深化学习型党组织建设，发挥中心组学习示范作用，突出党校教育培训主阵地作用，积极运用新媒体拓展学习平台，实现学习制度化、常态化、全覆盖。进一步推动思想解放。建立正向激励和容错纠错机制，旗帜鲜明地为实干者加油、为创新者鼓劲、为担当者撑腰，激励广大干部市内争一流、省内争位次、行业争先进，推动各项工作干在实处、走在前列。进一步凝聚思想共识。深入实施核心价值观人人知晓工程，持续开展“泸县道德模范”等典型塑造，打造时时“看得见”、人人“记得牢”的泸县模式；突出“五重一典型”，强化舆论引导，把控意识形态安全，凝聚内外共识，传播泸县好声音。

（二）突出“选贤任能”，全面加强领导班子和干部队伍建设。实现全面建成小康社会目标，关键在党，关键在人。我们要紧扣融入主城、建成四个新区，培养一支忠诚、干净、担当的干部队伍。“选人用人”要明导向。坚持好干部标准，鲜明重品行、重公认、重实干、重基层的用人导向，加大从脱贫攻坚、招商引资、项目建设等一线培养选拔干部，探索从高校、国企、社会组织等选拔优秀人才，选准班长、配强班子、建强梯队，切实增强干部队伍活力和领导班子战斗力。“识人育人”要下真功。坚持以事择人、人岗相适，综合运用领导班子巡查、干部日常考核等手段，强化领导班子和领导干部综合分析研判；深入推进优秀干部人才递进培养，做好年轻干部双向互派，更加注重在关键岗位、艰苦环境的扎实历练，让更多优秀干部脱颖而出。“管人察人”要严要求。严格落实领导干部个人事项报告制度，不断强化各级干部的规矩意识、纪律意识；进一步完善干部考核评价体系，着力形成能者上、庸者下、劣者汰的有效机制。

（三）突出“强基固本”，全面加强基层组织建设。坚持抓基层、打基础，努力将党的基层组织打造为推动发展、服务群众、凝聚人心、促进和谐的坚强战斗堡垒。扩大组织覆盖。统筹抓好农村、社区、机关和“两新”组织等领域党建工作，推行基层支部分类设置、党员分类管理模式，探索建立功能性党组织；充分发挥先进典型的示范带动作用，在脱贫攻坚、新村建设等实践中挖掘典型、总结经验，形成一批泸县特色党建品牌。增强引领发展能力。持续整顿软弱涣散党组织，选优配强村（社区）党组织书记，更好地发挥党组织领导核心作用；深入开展“联镇驻村蹲点”“走进群众、服务群众、引导群众”等主题活动，切实增强基层党组织的整体服务功能。提升保障水平。进一步强化党建工作保障，加大人财物向基层倾斜力度，深入推进村（社区）党群服务中心规范化建设，提高基层干部待遇保障水平。

（四）突出“从严从实”，驰而不息深化作风建设。继承和发扬党的优良传统和作风，确保和群众同呼吸、共命运、心连心。推动“四风”整治常态化。健全改进作风长效机制，持续深化落实中央“八项规定”精神，持之以恒正风肃纪；围绕“六大纪律”，紧盯作风领域问题新动向，查找隐形变异“四风”，严肃查处扶贫领域、民生事业等方面侵害群众利益的不正之风，确保高压从严贯穿始终。推动服务群众机制化。坚持领导干部带头，创新工作方法，扎实做好新形势下的群众工作；进一步完善领导和机关联系项目、企业、学校、镇村、困难群众等制度，拓宽联系群众渠道；进一步完善为民服务全程代理和首问责任制，联通县镇村三级便民服务网络，实现村级便民服务中心全覆盖，打造长效便民服务平台。推动效能建设长效化。大兴求真务实之风，切实加大“庸懒散”整治力度，弘扬“马上就办”“事不过夜”精神；加强督查督办、紧抓快办，推动各项决策部署落地见效。

（五）突出“挺纪在前”，深入推进反腐倡廉建设。坚持全面从严治党、依规治党，营造风清气正的政治生态。着力筑牢“不想腐”的思想防线。加强理想信念教育，常补精神之“钙”，提高党员干部党性修养；深入学习党规党纪，形成尊崇党章、遵规守纪的思想自觉和行动自觉；强化廉洁文化建设，让廉洁理念内化于心，外化于行。着力扎紧“不能腐”的制度笼子。强化反腐倡廉制度建设，完善民主决策程序，构建决策科学、监督有力的权力运行体系；开展县委巡察工作，实现党内监督全覆盖；加强廉政风险防控，确保依法用权、公正用权、廉洁用权。着力形成“不敢腐”的高压态势。严明政治纪律和政治规矩，全面落实党风廉政建设“两个责任”；坚持有腐必反、有贪必肃，加大对贪污贿赂、失职渎职和侵害群众利益等案件的查办力度，让腐败分子永无藏身之地。

（六）突出“凝心聚力”，全面加强民主政治建设。继续加强和改进党对人大工作的领导，充分发挥人大及人大代表作用。坚持党领导的多党合作和政治协商制度，不断提高政治协商、民主监督、参政议政工作实效。充分发挥统一战线各领域代表作用，最大限度地凝聚共识、凝聚力量。充分发挥工会、共青团、妇联、科协、残联、商会等群团组织在服务科学发展、促进社会和谐中的积极作用，着力构建县镇村三级“大群团”格局。持续加强党管武装工作，大力开展国防教育、国防动员和双拥共建。积极做好新形势下老干部工作，进一步发挥老同志的政治优势、经验优势、威望优势。继续做好关心下一代工作，促进青少年健康成长。进一步做好民族、宗教、侨务、对台和港澳工作。

同志们，蓝图已经绘就，目标催人奋进。新时代赋予新使命，新征程昭示新希望。让我们紧密团结在以习近平同志为总书记的党中央周围，同心同德，锐意进取，自加压力，勇争一流，为实现“建成四个新区、率先全面小康”而努力奋斗，创造出无愧于泸县人民、无愧于伟大时代的新辉煌！

名词解释

建成四个新区、率先全面小康：即建成创新新区、畅达新区、产业新区、宜居新区，率先实现全面小康。

“一主一副五极多点”城镇体系：“一主”指泸县县城；“一副”指神仙桥产业新城；“五极”指潮河、喻寺、立石、玄滩、云龙五镇；“多点”指其余建制镇。

“4+1”基础改善工程：农村道路交通工程、农村电网建设工程、农村安全饮水工程、农村污水处理工程、农村危房改造工程。

“4+1”工程升级版：农村道路建设工程、农村电网改造工程、农村饮水安全工程、农村环境治理工程、农村住房改善工程。

两路两桥：即进港路、瓦子到胡市一级公路、新路口长江大桥、海潮沱江大桥。

一尊重五统筹：即尊重城市发展规律；统筹空间、规模、产业三大结构，提高城市工作全局性；统筹规划、建设、管理三大环节，提高城市工作系统性；统筹改革、科技、文化三大动力，提高城市发展持续性；统筹生产、生活、生态三大布局，提高城市发展宜居性；统筹政府、社会、市民三大主体，提高各方推动城市发展积极性。

四城同创：指同步创建全国文明城市、国家健康城市、国家园林县城和省级宜居县城。

两河四岸：特指县城周边九曲河、濑溪河及沿岸。

两江三河：长江、沱江、濑溪河、大鹿溪河、龙溪河。

一底三廊：“一底”指基本农田及林地形成的绿色生态基底；“三廊”指以龙贯山脉为主的山地生态廊道、以玉蟾山脉及濑溪河为主的山水生态廊道、以龙溪河为主的山湖生态廊道。

五片八带多点：“五片”指“龙脑”“两港”“环渝”“泸龙”“泸荣”5个新村示范片，“八带”指港城大道、福清路、福瓦路、牛潮路、嘉喻路、泸永路、泸荣路、玄毗路8条公路沿线新村示范带，“多点”指新建、改造、保护新村聚居点40个。

法律“八进”：进机关、进学校、进农村、进社区、进寺庙、进企业、进单位、进军营。

“五级五覆盖”“五落实五到位”安全责任体系：“五级”指省、市、县、镇、村五级；“五覆盖”指“党政同责”全覆盖，“一岗双责”全覆盖，“三个必须”（管行业必须管安全、管业务必须管安全、管生产经营必须管安全）全覆盖，政府主要负责人担任安委会主任全覆盖，各级安委会办公室定期向本级纪检、组织部门报送安全生产情况全覆盖。“五落实”指明确企业董事长、党委书记、总经理对本单位安全生产同时担责；企业安委会主任由董事长或总经理担任；企业领导班子成员承担相应的安全生产工作职责，做到一岗双责；企业安全生产情况定期向董事会、业绩考核部门报告、向社会公示；企业内部配齐专门的安全生产机构及专业人员；“五到位”即安全责任到位、安全投入到位、安全培训到位、安全管理到位、应急救援到位。

五重一典型：重大决策、重大部署、重大工程、重点工作、重大成就、典型人物。

“8+4”宣讲工程：即龙城讲坛、高端论坛、书记镇长论坛、农民讲坛、大学生村干部论坛、机关青年干部论坛、远程专家讲坛、道德讲堂8个平台，老年宣讲团、关心下一代义务宣讲队、法宣讲师团、妇女维权宣讲队4个宣讲队。

两条例一准则：“一准则”指《中国共产党廉洁自律准则》；“两条例”指《中国共产党纪律处分条例》和《中国共产党问责条例》。

泸县人大常委会工作报告

——在泸县第十六届人民代表大会第一次会议上

县人大常委会主任　罗永华

（2016 年 12 月 14 日）

各位代表：

受泸县十五届人民代表大会常务委员会委托，向大会报告本届人大常委会的主要工作，请予审查。

县十五届人大常委会自 2011 年 12 月选举产生以来，在中共泸县县委的正确领导下，在“一府两院”的配合支持下，高举中国特色社会主义伟大旗帜，坚持以邓小平理论和“三个代表”重要思想为指导，深入学习实践科学发展观，积极开展党的群众路线和“两学一做”教育活动，紧紧围绕市委“六个突破、两个率先”总体目标，和县委“两化互动强县，文化旅游兴城，产业新村富民”的发展战略，以“三抓三主动”为重点，紧扣发展、紧贴群众、改革创新、主动作为、依法履职，确保了人大工作与党同心，与民同意。

过去五年主要工作回顾

五年来，共召开 6 次代表大会、40 次常委会议、51 次主任会议，听取和审议“一府两院”有关工作报告 176 项，对 14 部法律法规实施情况进行了执法检查，先后作出决议决定 71 项。

一、树立科学发展理念，依法决定重大事项

依法讨论关系国计民生的重大事项，是宪法和法律赋予人大及其常委会的一项重要职权。五年来，常委会牢固树立全面协调可持续发展的理念，围绕县委中心工作，坚持“议大事、重民生、求实效、促发展”的原则，对“一府两院”提出的事关全县政治、经济、文化和社会发展全局的重大事项认真进行审议决定。先后作出了泸县城乡规划修编的决定，福集镇行政区划调整及增设玉蟾街道办事处的决定，泸县农村宅基地制度改革“两意见两办法”的决定，关于撤销泸县设立泸州市泸川区的决议，关于泸县多规合一规划（2015—2030）的决议，关于泸县农村集体经营建设用地入市管理试行办法的决定，关于泸县农村土地征收管理试行办法的决定。这些重大事项的决议、决定，代表人民利益、体现人民意志，有效地推进了重大决策科学化、民主化、法制化，促进了全县经济社会协调发展。

二、围绕经济社会发展，切实履行监督职能

县人大常委会牢固树立大局意识，自觉服从和服务于全县中心工作，紧紧围绕县委的总体部署和一系列重大决策履行职责，努力把监督制约、支持促进融为一体，为促进经济社会发展做出了不懈努力。

始终坚持定期审查，跟踪检查，保障财政良性运行开展监督。定期听取和审议财政预算和计划执行情况的报告，加强财政预、决算审查监督，督促政府强化预算资金的管理、使用。定期听取和审议县政府审计工作和审计查出问题处理结果的报告，加强对审计查出的问题进行跟踪督办，督促整改到位。

始终坚持围绕中心，服务大

局，维护经济有序发展开展监督。人大常委会围绕全县经济发展开展视察调研和专题审议，督促、建议政府及其相关部门克服困难、创新工作，努力推进全县经济社会持续稳定发展。一是高度关注园区建设。组织人大代表视察、调研一园一区，积极推动园区建设，使医药产业园成功升格泸州国家高新区主体园区，临港、空港产业园整体列入泸州长江经济开发区，建成区面积达8平方公里、入驻企业274户。二是高度关注城乡统筹发展。组织人大代表视察、调研城乡统筹发展，通过全县人民齐心协力，共同努力，“一主一副五极多点”城镇体系基本形成，城市服务设施不断完善，县城建成区面积达到16平方公里，成功创建国家卫生县城、省级园林县城、全省环境优美示范县城，新农村建设全域推进，现代农业规模化和农业招商取得突破性发展，农村环境综合治理成效显著。三是高度关注第三产业发展。组织人大代表围绕第三产业发展开展视察、调研，谏言献策，促进我县成功创建为省级电子商务进农村综合示范县、四川省现代服务业集聚区。四是高度关注农村改革。针对我县开展的农村产权制度改革和确权颁证工作，特别是结合我县成功争取到国家批准的农村宅基地制度改革试点，县人大常委会主动作为，全力支持，对农村改革工作推进强化监督检查，对发现的问题及时提出合理建议，促进我县农村各项改革工作有序推进。

始终坚持关注民意，改善民生，提升“4+1”基础设施开展监督。县人大常委会深入基层、深入农村调查研究，听取和审议了县政府事关民生方面的工作报告，并向县政府及相关部门提出相应的意见和建议，进行跟踪监督，为全县各项事业健康发展和全面脱贫攻坚提供了有力保障。一是持续关注农村饮用水安全。2012年5月，县人大常委会开展了为期一个月的调研，通过有效论证，向县政府提出“四线”供水方案，督促县政府分三年实施，建成了中、东、西、北“四线”和中部供水工程，彻底解决了45万农村居民的饮用水安全；二是持续关注水污染防治和水环境改善。2013年全县水域实施还清工程，人大常委会专题调研玉龙湖水资源保护，督促提前解除《三溪口水库水产养殖经营权转让合同》，玉龙湖水质得到较大改善。2014年底县人大常委会组织市县代表视察调研乡镇污水处理厂建设，促进各镇街污水处理厂加快建设并有序运行。2015年听取县政府专题汇报，加快出台了《泸县城镇生活污水处理设施运行管理办法》，确保了乡镇污水处理达标排放，率先在全市实现县域内一级场镇生活污水处理设施全覆盖和重点流域（濑溪河流域）一、二级场镇生活污水处理设施全覆盖；三是持续关注道路基础设施建设。组织人大代表视察、调研道路基础设施建设5次，深入一线协调解决具体工作中的困难和问题，全县农村公路新建700公里，道路安保工程新增438.6公里，全面实现村村通水泥路；四是持续关注文化教育卫生发展。县人大常委会通过听取和审议教育、文化、卫生工作，促进我县成功创建为全国义务教育基本均衡县、全国科普示范县、全国文化先进县、“中国曲艺之乡”。五是持续关注精准扶贫。通过听取和审议县政府全面脱贫攻坚工作报告，及时开展监督检查，有力推进了脱贫攻坚工作。

始终坚持点面结合，统筹兼顾，规范重点行业开展执法检查。五年来，县人大常委会对《中华人民共和国安全生产法》等七部法律法规的贯彻实施开展了执法检查，有效促进了城乡居民生存环境根本好转，“五级五覆盖”“五落实五到位”安全生产责任体系全面落实，防灾减灾、应急处突能力大幅提高，有力推动了《中华人民共和国安全生产法》《中华人民共和国消费者权益保护法》《中华人民共和国消防法》《中华人民共和国建筑法》《中华人民共和国防洪法》等法律的贯彻落实。

始终坚持依法治县，依法行政，创建优良法制环境开展监督。通过审议法院民事调解、执行工作、“三型”法庭建设、行政诉讼法的贯彻实施，督促法院公正司法，化解执行难；通过审议检察院公诉工作、未成年人刑事案件、职务犯罪预防和打击，督促检察院强化法律监督；通过审议县政府行政权力规范运行、法律援助、社区矫正、“六五”普法等工作，督促县政府依法行政，提高全民法律意识，维护公平正义。为全县经济健康发展、社会稳定有序提供了法律保障，有力促进了我县民主与法治进程。

三、坚持党管干部原则，做好选举、任免和评议工作

换届选举，是我县政治生活的一件大事，县人大常委会结合今年中央、省、市和县委对选举县镇人大代表的要求，认真吃透上级精神，严把代表入口关，所有提名候选人按相关组织程序进行政审、公示和选举。充分发扬民主，严格依法办事，周密部署、精心组织、合理安排县镇两级人大代表换届选举工作。通过县镇两级广大干部的共同努力，全体选民的积极参与，确保了县镇人大代表选举工作的圆满完成，保证了严格依法，风清气正。选出县十六届人大代表324名，镇人大代表1390名。指导各镇召开了新一届人大第一次会议，依法选举产生了新一届人大和政府领导班子，顺利实现了县委人事格局。坚持党管干部与人大依法任免的原则，准确把握党管干部与人大依法任免的关系，努力实现党内工作程序与常委会法定工作程序有机结合。常委会在群众推荐和县委考察考核提名的基础上，以德才兼备为重点，充分发扬民主，严格依法办事，坚持任前法律考试、供职发言和向宪法宣誓等制度，加大了任后监督力度，增强了国家机关工作人员的法制观念和公仆意识。五年来，依法任免国家机关工作人员、人民陪审员383人，其中：任职269人，免职114人，从组织上保证了国家机关工作有序进行，有效提高了被任命人员的法律意识和人大意识，工作积极性和履行职责的责任感、使命感明显增强。

坚持公平正义，公开透明，依法开展专项工作评议。县人大常委会于2015年4月至11月，对县公安局依法行政工作进行了评议。评议调查组分别到20个镇（街）、12个县级机关单位、8个企事业单位开展调查，采取听报告、查资料、看现场、走访、座谈及问卷调查等方式，全方位了解公安局依法行政工作情况。召开评议大会进行民主评议和测评，要求公安局对存在的问题进行全面整改落实，将整改结果向常委会报告，2016年又开展跟踪整改落实情况督查。通过工作评议，增强了公安机关依法行政、执法为民意识，完善了管理体制、提升了服务水平。

四、搭建履职平台，提升代表参政能力

人大代表是国家权力机关的组成人员，代表人民管理国家事务，发挥好人大代表的作用，是坚持人民代表大会制度的基本要求。五年来，常委会始终以创新的理念抓代表工作，不断提升代表的履职能力。

积极搭建履职平台。每年定期开展代表履职能力提升培训；坚持邀请代表列席常委会会议；认真组织代表开展执法检查和视察调研，代表知情参政渠道不断拓宽。5年共邀请120名代表列席常委会会议，356名代表参加执法检查和视察调研活动。

创新代表履职方式。建立主任接待日制度。一是常委会领导每月定期在人大机关接待代表一次，二是每季度到镇（街）接待人大代表一次，听取县镇人大代表反映群众生产生活上的困难和问题。5年共接待代表48次，275人，收集建议、批评、意见543条，当场作解释说明470条，转交政府办理73条，已办理完结73条。对群众反映强烈的热点难点问题，常委会组织县政府相关部门召开集中办理座谈会，由县政府相关部门和人大代表面对面交流，并承诺逐一解决代表提出的意见建议。5年共召开集中办理座谈会13次，集中解决相关问题22个。如得胜镇荞子坝等三个村用电特别难的问题得以解决。这种创新的做法为代表更好地履行监督职权提供了平台。

创新开展“六要”活动。在全县代表中创新开展了“六要”活动（即：要做政策法规的宣传员，要做群众致富的好帮手，要做人民群众的贴心人，要做社会和谐的协调员，要做党委政府的建言人，要做勤勉尽职的带头人）。规范了代表活动程序，建立了代表履职台账和履职档案，代表参加集体活动或个人履职后，

由代表自己填写活动手册，报各镇（街）人大主席团（工委）备案。将“六要”活动纳入县委政府年终综合目标考核。

5年共有市、县、镇三级人大代表2000余人次参加了“六要”活动。通过开展“六要”活动，提高了代表的政治素质，提升了代表的履职能力，激发了代表参政议政的热情，发挥了代表的模范作用。通过参加“六要”活动，促进了基层经济建设，群众致富，密切了党群、干群关系，为泸县经济社会发展尽力尽责。

加强意见建议督办。5年来共收到代表建议、批评、意见549件。县人大常委会加大办理工作力度，强化跟踪督办，注重协调承办单位与代表的关系。每年6月底，办理工作全部结束，实现办理、反馈、满意三个百分之百。

五、适应新形势新要求，不断加强自身建设

搞好自身建设，不断提高自身理论素质和业务水平，是做好人大工作的基本要求。

加强镇（街）人大建设。乡镇人大对于贯彻国家各项法律法规，推进基层民主法制和经济社会建设有着重要意义。5年来，组织人大干部10批，265人次参加全国、省人大的理论、业务培训学习；按照省委、市委要求配齐了镇人大主席团副主席；组织指导了镇（街）人大代表活动；指导各镇人代会召开，特别是届中有选举任务的镇人代会。通过常委会的指导、联系及服务等工作，全县各镇人大工作更加制度化、规范化、法治化，整体水平不断提高，有力地推进了我县基层民主政治建设。

不断完善组织机构。为达到进一步与上级人大常委会机关的有机对接，按照上级要求，完善了常委会组织机构。将原有的六委一室，改设为6个专门委员会、1个工作委员会和2个办公室，即：泸县人民代表大会内务司法委员会、财政经济委员会、教育科学文化卫生委员会、农业与农村委员会、城乡建设环境资源保护委员会、外事侨务民族宗教委员会和人代工委、办公室、研究室。

认真组织教育活动。按照中央、省委、市委、县委的要求，认真组织开展了党的群众路线教育、“三严三实”“两学一做”活动。人大常委会机关突出教育，强化学习；深入调查研究，广泛听取意见，深刻剖析问题，切实转变作风；建立了改进作风、密切联系群众、做合格党员的长效机制。通过活动开展，县人大常委会机关把“为民务实清廉”贯穿于各项工作始终，工作有了新变化、新气象、新突破，县人大常委会机关工作水平和效率得到提升。

着力强化作风建设。县人大常委会严格执行中央“八项规定”，认真践行开短会、发短文、讲短话、简办事的工作方式，推行厉行节约，反对铺张浪费。不断修订完善了机关学习、接待等制度。着力解决干部职工在思想、作风、纪律方面存在的不足，机关干部精神面貌焕然一新。

各位代表，五年来，县人大常委会在中共泸县县委的领导下依法履职，创新工作，成效明显，取得了显著成绩。成绩的取得是县委正确领导的结果！是全县各级人大代表积极履职的结果！是县人民政府、县人民法院、县人民检察院大力支持密切配合的结果！在此，我代表县十五届人大常委会，向大家表示衷心的感谢！回顾过去五年的工作，我们也清醒地看到，县人大常委会工作还存在差距和不足，主要是：监督实效有待进一步提高，代表履职保障机制有待进一步完善，常委会自身建设有待进一步加强。

今后五年工作建议

各位代表，今后五年是我县实施“创新驱动、产城融合、文旅联动、富民强县”战略，完成“十三五”规划的重要时期，发展机遇更佳、发展基础更好、发展条件更优。新形势、新任务对人大工作提出了新的更高要求。县人大常委会要高举中国特色社会主义伟大旗帜，全面贯彻党的十八大和十八届四中、五中、六中全会精神，深入学习贯彻习近平总书记系列重要讲话精神，按照“五位一体”总体布局和“四个全面”战略布局，准确把握市委“决胜全面小康、建成区域中心”战略内涵，秉承自加压力、勇争一流的精神，紧紧围绕县委深度

融入泸州主城区一体化发展的工作格局，为建成创新新区、畅达新区、产业新区、宜居新区，率先实现全面小康目标而努力奋斗。进一步加强民主法制建设，提高全民法律素质。要充分发挥人大的作用，全面推进依法治县，为促进我县经济社会全面发展营造良好的法治环境。要通过依法履行监督、选举和任免干部、讨论决定重大事项等职责，加强我县的民主法制建设，保证宪法和法律的正确实施，促进“一府两院”及其工作人员依法行政、公正司法、廉洁自律。要继续督促做好依法治县基础工作，抓好“七五”普法规划的实施，提高全民的法律素质。

进一步加强监督工作，促进法律法规贯彻实施。要紧紧围绕我县奋力建成四个新区、率先全面小康，以及人民群众关心的热点难点问题，依法行使职权。进一步强化对实施“十三五”规划纲要、预算执行以及财政资金投资建设重大事项的监督。进一步加大对依法行政、公正司法的监督力度，确保宪法和法律得到正确实施，确保公民、法人和其他组织的合法权益得到尊重和保护。要积极探索监督工作的新途径和新方式，把法律监督与工作监督结合起来，把人大监督与舆论监督、群众监督、社会监督结合起来，拓宽监督渠道，提高监督水平。

进一步加强代表工作，发挥代表参政议政作用。把加强代表工作，发挥代表作用，作为坚持和完善人民代表大会制度的重要工作来抓。要继续开展代表“六要”活动，拓宽代表知情知政的渠道，提高向代表提供信息服务的质量，使代表及时、全面、准确地了解经济、政治、文化等方面的情况。邀请代表参与县人大常委会组织的执法检查、视察、调研等活动。进一步规范和完善议案、建议的提出、交办、承办和督办工作，提高办理质量。要通过各种形式加大对代表的培训力度，提高代表综合素质和履职水平，更好地参与管理国家和社会事务。

进一步加强自身建设，提高人大机关工作水平。县人大常委会组成人员及机关工作人员要加强理论学习，牢固树立政治观念、法制观念、大局观念、群众观念，增强做好人大工作的责任感和光荣感。要扎实推进县人大常委会工作的制度化、规范化、程序化，完善各项规章制度，提高工作质量和效率。要大兴调查研究之风，深入实际，了解实情，讲求实效。要加强党风廉政建设，不断提高拒腐防变的能力，树立地方国家权力机关的良好形象。同时，要继续加强对镇（街）人大工作的指导，共同提高县镇两级人大履职能力。

各位代表，本届县人大常委会在县委的坚强领导下，在“一府两院”、社会各界的支持配合以及全体代表的共同努力下，已完成历史使命，人大工作的接力棒将传递给县十六届人大及其常委会。我们坚信，新一届人大及其常委会，一定会在中共泸县县委的坚强领导下，按照“五位一体”总体布局和“四个全面”战略布局，忠实履行宪法和法律赋予的职责，不负人民重托，求真务实，开拓创新，为建成“四个新区”，率先实现全面小康做出更大贡献！

政府工作报告

——在泸县第十六届人民代表大会第一次会议上

代理县长 肖 刚

（2016 年 12 月 13 日）

各位代表：

现在，我代表泸县第十五届人民政府向大会报告工作，请予审议，并请政协委员和其他列席人员提出意见。

本届政府工作回顾

过去五年，是经济发展进入新常态、各项工作充满挑战的五年，也是全县上下攻坚克难、各项事业全面发展的五年。五年来，我们在市委、市政府和县委的坚强领导下，围绕建设“川南经济强县、文化旅游新县”，开拓创新、扎实工作，综合实力显著提升。2016 年，预计（下同）实现地区生产总值 275 亿元，五年实现百亿增长；地方一般公共预算收入 13 亿元、社会消费品零售总额 107 亿元、农村居民人均可支配收入 13956 元，均在 2011 年基础上实现翻番；城镇居民人均可支配收入 28530 元，五年实现万元增收；全社会固定资产投资完成 300 亿元，是 2011 年的 3.4 倍。五年来，主要经济指标增速保持全市领先，综合目标绩效考核连续三年走在全市前列。

在此，我向大会报告，本届政府及 2016 年目标任务完成！向全县人民承诺的民生实事全部兑现！

——过去五年，我们保持发展定力，全力以赴稳增长，经济发展实现新跨越。

坚持以项目建设为抓手、以投资拉动为引擎，大抓项目、抓大项目，累计实施重点项目 544 个，完成投资 476 亿元，有效带动产业提质增效。工业高速发展。“一园一区”建成区面积达 8 平方公里、入驻企业 274 户；医药产业园成功升格为泸州国家高新区主体园区，获批省级药品上市许可持有人制度试点；经开区入围国家开发区审核目录，临港、空港产业园整体列入泸州长江经济开发区。白酒、机械、化工等传统产业加快转型，医药、精细化工、新材料等新兴产业持续壮大，“1+3”主导产业增加值占年度工业增加值 50%以上。建筑业蓬勃发展。落实扶持激励政策，促进企业提档升级，累计发展建筑企业 170 家，其中一级资质企业 15 家，实现建筑业产值 260 亿元。服务业长足发展。玉蟾温泉度假区形成规模接待能力，龙桥文化生态园创成国家 AAAA 级景区，玉龙湖、道林沟景区建设有序推进，云龙百年荔枝园、太伏沙田坝等乡村旅游成效初显，龙文化活动周、潮河金秋龙眼节、玉龙湖放生节等文旅活动形成特色。农村电子商务实现村级全覆盖，建成四川省首批电子商务进农村综合示范县。累计培育限额以上商贸企业 111 户、A 级以上物流企业 5 户。健康养老、教育培训、金融保险、网络信息、房地产等服务业稳步发展，成功创建四川省现代服务业集聚区。现代农业规模发展。30 万头生猪寄养工程、20 万亩水稻高产创建项目成功实施，龙眼、花木、水产等产业持续巩固，得胜、嘉明、方洞现代农业万亩示范园初具规模，“三主导三特色”农业产业体系不断完善；新大地、刘氏泡菜等一批重点农业龙头企业不断壮大，新增省市农业龙头企业18家。2016年，一、二、三产业分别实现增加值46亿元、158亿元、71亿元，年均增长4.2%、13.4%、11.7%，产业结构由2011年的20.8：58：21.2优化为16.7：57.5：25.8。

——过去五年，我们统筹城乡发展，主动作为强功能，城乡面貌得到新提升。

"多规合一"全域规划成功编制，"一主一副五极多点"城镇体系基本形成。城市建设扩容提质。20平方公里城市骨架初步形成，城西样板新区启动建设，城区道路实现全域"白+黑"，玉蟾大道、花园路等城市干道绿化、亮化工程全面升级，城乡规划展览馆、九曲河中心公园、全民健身中心等城市配套设施建成开放。城镇管理持续加强，城乡环境综合治理、建筑立面整治、"两违"治理等专项行动深入开展，成功创建国家卫生县城、省级园林县城、全省环境优美示范县城。集镇建设亮点突出。改造棚户区1385户、建成公租房1407套；玄滩、奇峰等镇精品小区有序开发；喻寺、立石等镇主干道"白+黑"完成建设；云龙、嘉明等镇完成河道治理；太伏、石桥等特色小城镇建设加快推进；福集、玄滩、云龙、兆雅等镇跻身全国小城镇建设重点镇和全省百镇建设试点示范镇，云锦、百和两镇分别创成全国、全省卫生镇。城镇建成区面积从42平方公里扩展到57平方公里，城镇化率从30.4%提高到40%。新农村建设全域推进。107个幸福美丽新村顺利建成，"龙脑""两港""川渝"省级新农村示范片成功打造，农村环境综合治理成效显著；艾大桥、朱梅滩等49座病险水库整治完成，建成高标准农田22.3万亩，光纤、通信、天然气、网络等向农村快速延伸，农村基础设施全面改善。

——过去五年，我们推进改革创新，全面开放聚活力，县域发展增添新动能。

重点改革全面推进。农村改革试点有序开展，农村土地征收、集体经营性建设用地入市改革启动实施，农村宅基地制度改革通过中期评估，增加农民财产性收入改革全面完成，农村综合配套改革走在全国前列，不动产统一登记试点经验全国推广。行政机构改革稳妥推进，19个部门实现优化重组和职能调整，玉蟾街道挂牌运行，"撤县设区"加快推进；"放管服"改革卓有成效，非行政许可审批全面取消，"先照后证""五证合一"等商事制度改革落地见效。投融资体制改革加快实施，汇兴公司信用等级提升为2A级，经投、医投等投融资平台组建运行，县域金融生态环境评定为A级，投融资环境进一步优化。社会保障、卫生计生、教育文化等领域综合改革取得重大进展。开放合作更加深入。融入泸州一体化发展上升为市级战略，基础设施、产业发展、城镇建设、公共服务、生态保护与主城区同步规划同步发展。渝西川东八区县协作会、中国医药企业家年会成功举办，污染联治、警务联动、旅游联盟等协作机制加速形成，医药产业园知名度进一步提升。组织参与"川货全国行"、西博会、酒博会等重大推介活动，"泸县造"产品市场持续拓展。招引方式不断创新，合作领域不断扩大，成功引进步长制药、众邦制药等投资上5亿元项目36个，五年累计到位国内市外资金674.6亿元。

——过去五年，我们践行为民宗旨，全心全意惠民生，人民生活再上新台阶。

年度民生支出占财政支出比例均达75%以上，五年累计民生支出128.2亿元。"4+1"基础设施显著提升。成自泸赤高速、港城大道、云百路、福清路等交通干线建成通车，农村公路新建700公里，道路安保工程新增438.6公里，水泥路全面实现村村通，内畅外快的交通运输体系加快形成；城北110千伏、得胜220千伏等输变电工程竣工投运，低压台区改造完成1147个，整村农网改造完成191个，城乡供电质量大幅改善；建成污水处理厂35座、新村聚居点生活污水处理设施16处，率先在全市实现一级场镇生活污水处理设施全覆盖；"四线"供水工程建成投用，分散打井3924口，53.5万城乡居民饮水安全问题有效解决；"百万安居工程"建成17151户，农村危房改造完成12795户，农村D级危房实现动态消除。脱贫攻坚全力推进。脱贫责任层层落实，脱贫政策精准落地，“五个一批”“八大扶贫攻坚行动”“18个扶贫专项计划”全面实施；贫困户易地搬迁完成882户，工作经验省市推广；建档立卡贫困户实现“两不愁、三保障”，增收渠道不断拓展；贫困村公路、网络、文化室、卫生室等设施全面达标，村集体经济不断壮大。全县贫困人口和贫困村全部达到脱贫摘帽标准。社会保障体系不断完善。城镇年均新增就业6000人以上，登记失业率控制在4%以内，就业形势总体稳定；社会保险、社会救助、养老服务、优抚安置水平全面提升，特困群体实现“应保尽保”。教育发展成绩斐然。办学条件不断改善，新（改）建幼儿园、中小学校129所，村级学校“五有”工程全面完成，成功创建全国义务教育基本均衡县，高考本科上线人数蝉联泸州市26连冠。科技文化成效明显。建成省市技术中心、重点实验室5个，国家级发明专利获奖项目填补全市空白，电商孵化园创成国家级众创空间，成功创建全国科普示范县、国家知识产权强县工程试点县；新增全国重点文物保护单位5个，农民演艺网建成首批国家级公共文化示范项目，“中国曲艺之乡”成功授牌，成功创建全国文化先进县。卫计事业全面发展。县中医院、“120”急救中心建成投用，新（改）建卫生院13所，全民预防保健累计体检39.5万人，两孩政策全面落地，成功创建国家级慢性病综合防治示范区、省级基本公共卫生服务项目示范县。生态环境持续改善。58家煤矿、非煤矿山有序关闭，平板玻璃、小火电、小砖窑等落后产能加快淘汰，主要污染物总量减排任务提前完成，万元GDP综合能耗下降17%；土地整理、工矿废弃地复垦利用、濑溪河流域连片整治、中小河流防洪治理等项目扎实推进，毗卢、方洞、牛滩等8个镇成功创建省级生态镇；退耕还林、天然林管护工程巩固提升，森林覆盖率提高到40.9%，成功创建全国绿化模范县。

——过去五年，我们加强社会治理，履职尽责转作风，政府形象呈现新面貌。

法治政府加快建设，自觉接受人大、政协和社会监督，科学决策、民主决策、依法决策机制不断完善，依法治理扎实推进。党风廉政建设责任层层落实，反腐败斗争始终保持高压态势；“八项规定”精神贯彻落实，工作作风持续改进。政府职能加快转变，权责清单实现动态完善和实时公布，三级政务服务体系全面覆盖。“六五”普法全省领先，“七五”普法顺利启动。“五级五覆盖”“五落实五到位”安全生产责任体系全面落实，防灾减灾、应急处突能力大幅提高，石桥、嘉明等8个镇创成省级安全社区；桃子沟“5·11”事故、海潮“6·11”事件妥善处置，全省安全生产重点监控县、煤矿重点监控县成功摘帽。交通、消防等警力下沉一线，社会治安防控体系不断完善；矛盾纠纷有效化解，法律援助不断加强，群众合法诉求妥善解决，社会保持平安稳定。精神文明、社区建设等工作卓有成效。

机关事务管理、公共资源交易、工程招投标、政府投资工程管理进一步规范。政府信息公开、目标绩效管理、督查督办、信息调研工作进一步加强。国防动员、民兵预备役、人民防空、双拥和老龄工作取得新进步。人才队伍建设、干部培训、妇女儿童工作、慈善福利、残疾人事业取得新成效。统一战线、外事侨务、台湾事务、工商联、民族宗教、审计、统计、档案、气象、保密、外宣、县志、财税、援藏等工作取得新进展。

各位代表，回顾过去五年，我们深刻认识到，加快发展是第一要务，通过加快发展破解发展难题，必须跳起摸高、追赶跨越；我们深刻认识到，改革创新是第一动力，通过改革创新激发发展活力，必须突破藩篱、创新驱动；我们深刻认识到，改善民生是第一追求，通过改善民生夯实发展基础，必须共享成果、和谐共进；我们深刻认识到，提升效能是第一要求，通过提升效能优化发展环境，必须敢于担当、高效服务。

各位代表，过去五年，我们取得了来之不易的成绩。这些成绩得益于县委的坚强领导，得益于县人大、县政协的监督支持，是社会各界共同努力的结果，是全县人民勤劳智慧的结晶。在此，我代表泸县人民政府，向给予政府工作大力支持的人大代表、政协委员、各民主党派和工商联人士、驻泸县部队和武警官兵，向所有关心、支持和参与泸县发展的各界朋友，表示衷心感谢！

各位代表，在看到成绩的同时，我们也清醒地认识到面临的困难和问题，主要表现在：经济总量不大、产业结构不优，加快发展压力较大；基础设施薄弱、公共服务不均，民生改善任重道远；社会矛盾凸显、安全形势复杂，促进和谐仍需加强；创新氛围不浓、主动作为不够，创业激情有待提高。对此，我们将直面问题，攻坚克难、砥砺前行，推动经济社会跨越发展。

新一届政府工作构想

未来五年，是泸县大有可为的战略机遇期，也是我们负重奋进的赶超发展期。纵向比，经过多年的较快发展，泸县综合实力显著提升，“一园一区”奠定产业发展坚实基础，畅达交通愈发凸显区位优势，国省改革不断释放发展活力，正逢融入泸州主城区一体化发展新机遇，泸县已经为跨越发展积蓄了充足能量。横向比，市委市政府要求，江阳区要挺进全省前十强，龙马潭区要挺进全省前十五强，其他区县要努力走在全省同类型地区前列。县域经济竞争激烈，形势逼人。泸县作为跨越发展的第一梯队，要“能快则快”“争先进位”。因此，我们必须打破常规思维，厚植优势、高位求进、勇争一流。

新一届政府工作指导思想是：高举中国特色社会主义伟大旗帜，全面贯彻党的十八大和十八届三中、四中、五中、六中全会精神，深入贯彻习近平总书记系列重要讲话精神，按照“五位一体”总体布局和“四个全面”战略布局，全面贯彻“五大发展理念”，以深度融入泸州主城区一体化发展为主线，深入实施“创新驱动、产城融合、文旅联动、富民强县”战略，全面推进“五大建设”，主动作为、勇挑重担，建成四个新区，率先实现全面小康。

预期目标是：到2021年，地区生产总值突破500亿元，县域综合实力挺进全省40强，改革开放、项目投资、产业发展、城市建设、民生改善五大领域走在全市前列。

未来五年，我们要着力抓好五大工作：

一、建设创新新区，打造改革开放新高地

解放思想、开拓创新，汇聚先行先试发展优势，为实现新一轮跨越发展注入强大动力。

推动改革落地。继续争取国省改革试点。全面推进供给侧结构性改革，优化资源要素配置。继续深化农村综合配套改革，探索农村土地“三权分置”，完成农村土地制度改革三项试点，形成一批可复制、可推广的“泸县经验”。深化“放管服”改革，全面放宽市场准入，促进市场健康发展。创新推进金融改革，做大做强三大国有投融资平台，构建多元化投融资体系。适时推进县镇财政体制改革，优化财政收支结构。稳妥推进教育、卫计、文化等领域综合改革。

强化创新支撑。全方位拓展“互联网+”，发展总部经济等新型经济业态。加快创新创业孵化载体建设，设立新兴产业创投基金、产业发展基金，发展众创、众包、众扶、众筹等新模式；提升全民科学素质，持续推动大众创业、万众创新。加强政产学研合作，强化科技成果转化，培育一批高新技术企业，创成国家知识产权强县工程示范县。

深化开放合作。深入对接长江经济带、成渝城市群建设，加强沿江城市合作，优化承接产业转移，拓展白酒、建筑、医药等产业市场，建设川渝开放合作先行县。加快融入泸州主城区一体化发展，有序推进“撤县设区”，实现与主城区基础设施互联、产业发展互动、城镇空间相融、城市发展共生、区域资源共享。大力招商引资，创新招引方式、扩展招商领域，突出京津冀、长三角等重点区域，紧盯世界、国内500强和央企、国企、知名民企，力争新引进5亿元以上项目50个、到位资金1200亿元以上。

二、建设畅达新区，打造全域半小时交通圈

建设对外通道、域内骨干路网，打造“铁、空、水、陆”多式联运核心区，建成泸州北部综合交通枢纽。

构建外联外快大通道。加快建设南渝泸、泸永高速公路，形成四大对外高速通道体系。建成川南城际铁路，加快渝昆高铁、沿江铁路建设，推进隆黄铁路扩能改造，形成“两纵一横”铁路网络。完成神仙桥码头二期扩建，有效提升货运吞吐能力。完成泸州（云龙）机场建设，建成川内第三大航空港。

打造泸州北部交通环线。主动对接泸州主城区交通网络规划，新路口长江大桥力争开工建设，城市轨道交通、海潮沱江大桥建成通车；延伸港城大道至隆昌界，升级改造泸荣路、泸永路、合牛路；加快建设胡瓦路、龙城大道、酒香大道，连接港城大道、福清路等骨干路网，形成泸州北部环线。建设福集—奇峰—云锦等干线公路，提升农村路网密度和等级，构建“四横八纵一环”交通网络。

三、建设产业新区，打造千亿产业大县

以园区为载体、项目为抓手，重点发展“3+2”产业，做强工业、做大服务业、做优农业，构建产业发展大格局。

突出发展工业。坚持工业为先、工业为大、工业为重。打造百亿医药产业园，加快生产生活配套，发挥生物医药基础优势，大力发展中药、生物药、化学药、医疗器械四大产业，园区新入驻企业50户以上，建成区面积达6平方公里，实现产值300亿元。打造百亿食品产业园，鼓励酒类企业盘活存量，抱团拓展市场；融合发展绿色食品精深加工，建设绿色食品产业基地。打造百亿临港产业园，完善基础设施，突出发展医药化工、仓储物流，推动多资源循环利用等重大项目落地见效。建设空港产业园，建成通用航空基地，大力发展航空配套产业，形成新的经济增长极。打造千亿建筑产业集群，组建泸县建工集团，抱团晋升特级资质，做响“泸县建工”品牌，建成全省建筑产业强县、全国建筑产业大县。继续实施扶优扶强工程，帮助企业解危渡困，鼓励企业提档升级，新培育上市企业5户以上、5000万元税源企业10户以上、亿元税源企业2户以上。第二产业实现增加值300亿元以上。

加快发展服务业。深入实施“文旅联动”战略，深度挖掘“千年泸县·宋韵龙城”内涵。成立“龙文化”研究院，打造龙文化、石刻文化、民俗文化精品，做响“农民演艺”“中国曲艺之乡”品牌，发展特色鲜明、底蕴深厚的文化产业；重点开发大玉蟾山、龙桥文化生态园、玉龙湖、道林沟等景区，大力发展潮河龙江峡、云锦隆庆寨等乡村旅游，力争建成国家AAAAA级景区1个、AAAA级景区2个，形成“一核四区”旅游发展空间格局，旅游收入突破100亿元。大力发展商贸物流业，集聚人气商气，繁荣城乡市场，鼓励商贸型、物流型企业落户泸县，新培育限额以上商贸企业100户、A级以上物流企业10户，争创全省商贸流通示范县；扩大电商覆盖面，争创国家级电子商务进农村综合示范县。大力发展健康养老服务业，建成覆盖城乡的新型养老服务体系，争创川南社会化养老服务示范县。推进金融、信息、房地产、教育培训等产业蓬勃发展。第三产业实现增加值150亿元以上。

优化发展农业。转变农业发展方式，优化农业产业结构，加快土地有序流转，发展新型经营主体，培育新型职业农民。积极探索“三产融合”“三权分置”“三资管理”新模式，形成农业新业态。大力实施并村联动、整村开发、集群发展，形成农业新产业。加快推进河、库、塘还清，道路、水系、山体绿化，实施农村污水处理、面源污染治理、环境综合整治“三大工程”，实现农村新面貌。强化农业招商、科技推广、农机普及，实现农业新跨越。整合农业项目，引入社会资金，改变项目建设方式，实现资产量化共建共享。严守耕地红线，稳定粮食生产，放活农村经营权，壮大村集体经济，增加农民收入。建设高标准农田10万亩，发展现代特色农业10万亩，扩展生猪寄养30万头，培育农业新型经营主体300户，实现全域新农村。第一产业实现增加值60亿元以上。

四、建设宜居新区，打造幸福人文生态城

坚持城乡统筹和民生优先，提升功能、优化服务，增强人民群众的获得感和幸福感。

推进城镇发展。坚持高端规划，建设海绵城市、智慧城市，打造宜居新城。建成城西湿地公园、九曲河公园二期，完成“两河四岸”景观打造，加快建设产城一体的城西新区、景城一体的城南片区。实施“四创一巩固”工程，不断完善教育、医疗、商贸等城市配套功能，提升城市管理水平，大力改善人居环境。县城建成区面积达25平方公里、人口达25万人。加快集镇建设，推进环泸州中心城区8个镇先期融入主城区发展，以全国小城镇建设重点镇和全省百镇建设试点示范镇为带动，突出打造中部城镇集中发展带、西部现代农业经济带、东部工业经济带，鼓励发展一批特色精品小镇。城镇化率达50%以上。

实施“4+1”升级工程。实施农村道路建设工程，修建通村水泥路2142公里，实现水泥路“社社通”、有条件的村社“户户通”；深入推进城乡交通一体化，实现农村公交“村村通”。实施农村电网改造工程，建成泸州东500千伏、清平110千伏等输变电工程，全面完成农网改造。实施农村饮水安全巩固提升工程，加强里程滩、桐子林等饮用水源保护，推进“四线”供水工程并网，实现共饮长江水、同享城区价，农村自来水普及率达75%以上。实施农村环境治理工程，新建二级场镇生活污水处理厂17座，实现场镇和农村聚居点污水处理全覆盖；全面普及垃圾压缩中转站，实现城乡生活垃圾有效处理。实施农村住房改善工程，实现农村危房动态消除。

巩固脱贫成果。完善扶贫工作长效机制，坚持“输血式”“造血式”扶贫并举，构建政府、市场、社会“三位一体”的大扶贫格局，突出精准、补齐短板，防止返贫，动态消除贫困，确保小康路上不漏一人、不落一户。

发展社会事业。实施教育强县工程，新改扩建幼儿园10所、义务教育法人学校35所、高中阶段学校6所，每镇高标准打造优质幼儿园、小学、初中各一所，全面解决大班额、入学难问题；鼓励普通高中竞相发展，支持泸县二中优先发展，支持职业教育和社区教育加快发展，扩大泸县教育品牌效应。实施卫生提质工程，县人医创成三级甲等医院、县中医院创成三级乙等医院，新增二级医院5所，卫生院标准化建设实现全覆盖，县域内就诊率达90%以上。加强妇幼保健计生服务，落实计生奖特扶政策，提高人口综合素质。加快构建现代公共文化服务体系，建成体育中心、文化广场，实施农村演艺惠民工程，推动公共文化体育资源向基层延伸。继续实施全民参保计划，实现“五险”全覆盖。优化就业服务，城镇登记失业率控制在4%以内。全面落实救助救济政策，兜底保障特困群体。

优化生态环境。严守生态红线，严格环境影响评价，大力开展水、大气、土壤污染防治和节能减排，确保濑溪河流域水质达到地表水Ⅲ类标准，PM10年均浓度下降6%以上，工业固废实现规范处置，县城生活垃圾无害化处理率97%以上，万元GDP综合能耗下降12%。加快生态修复，加强土壤治理和水土保持，实施濑溪河流域、沱江流域生态综合治理，巩固退耕还林、天保工程成果，森林覆盖率达42%以上。

建设平安泸县。完善立体化社会治安防控体系，强化风险预测和矛盾化解，依法打击各类违法犯罪行为。严格落实安全生产责任，加强重点领域和关键环节安全监管，预防和遏制较大以上安全生产事故。严格食品药品监管，确保人民群众饮食用药安全。完善应急管理体系，提高防灾减灾救灾能力。加强普法依法治理，加快法治泸县进程。

五、建设服务政府，打造最优发展环境

加强政府自身建设，增强执行力和公信力，加快管理型政府向服务型政府转变，切实提高施政能力和服务水平。

强化依法行政。加快法治政府建设，完善科学决策机制，规范决策程序，严格落实重大决策终身追究制和责任倒查制。严格公正文明执法，全面落实行政执法责任制。自觉接受县人大工作监督、法律监督和县政协民主监督，广泛接受群众、媒体和社会监督。

强化廉洁从政。加快廉洁政府建设，坚定不移推进党风廉政

建设和反腐败斗争，严格执行“两条例一准则”，加强权力运行监督制约，强化“三公”经费预算管理和公开，加大审计监督、财政监督和行政监察力度，加大违纪案件查处力度，把权力关进制度“笼子”。

强化高效勤政。加快效能政府建设，深化行政审批制度改革，进一步简政放权。创新智慧政务，优化办事流程。强化执行能力建设，加大跟踪督办和效能问责力度，切实提高行政效率，形成全县上下齐心协力抓落实的强大合力。

2017年工作建议

2017年，是新一届政府工作的开局之年，做好全年工作，意义十分重大。全县经济社会发展的预期目标是：地区生产总值比2016年（下同）增长9%；全社会固定资产投资增长16%；规模以上工业增加值增长11%；社会消费品零售总额增长12.5%；地方一般公共预算收入增长9%；城镇居民人均可支配收入增长9%；农村居民人均可支配收入增长10%。城镇登记失业率控制在4%以内，社会事业全面进步，人民生活水平稳步提高。

围绕上述目标，我们将重点抓好以下工作：

一、推进项目建设，稳定投资增长

加快项目落地。围绕“项目投资攻坚年”工作部署，严格落实县级领导组团负责制，挂图推进项目建设，努力扩大有效投资。开工建设智联新康、沱江液压搬迁等项目59个，加快推进步长制药、奇格曼等项目20个，竣工投用刘氏泡菜、瓦楞纸等项目20个，启动泸州—泸县城市轨道交通建设，继续做好渝昆高铁、泸永高速、胡瓦路、合牛路等项目前期工作。全年实施重点项目118个，完成投资246.2亿元以上。

加大项目争取。围绕国省政策导向，主动对接国家专项债券、专项建设基金等重点投向，精心策划包装项目，向上使力；力争在产业转型升级、基础设施建设、民生事业发展、生态建设等领域获得更大支持。全年争取重大项目30个以上、专项转移支付10亿元以上。

加强要素保障。建立要素保障协调机制，提高要素供给效率。多渠道储备建设用地指标，精准供给项目用地；提升汇兴、经投、医投投融资能力，强化政银企合作，推广PPP合作模式，有效破解项目建设资金瓶颈；完善水、电、气等基础设施配套，提升人才、通讯、能源、环境容量等供给能力，全力保障项目建设需要。

二、推进产业发展，做大经济总量

做实做强工业。持续推进医药产业园建设，加快建设生物工程公共平台、医疗器械产业（孵化）园、青龙综合体一期等配套设施，建设标准厂房，延伸园区4号、13号线等骨干路网，产业承载区达4平方公里；建成投用维思达、西蜀九锦等项目，加快构建医药、医疗、医养大健康产业体系。持续推进经开区建设，城西工业园建成园区骨干道路6.8公里，力争新引进企业10户以上，支持发展绿色食品产业，鼓励白酒企业依托“龙窖源”商标拓展销售市场；完善临港工业园污水处理厂、工业配气站等配套设施，加快众邦二期、升华制药等重点项目建设；编制空港园区规划，科学布局通用机场，启动园区基础设施建设；积极争创省级经济开发区。力争“一园一区”主营业务收入突破300亿元。持续做强建筑产业，建设建筑业总部基地及产业园，鼓励企业并购重组、提档升级。扶优扶强存量企业，引导科瑞德制药、众邦制药加快上市；加强企业升规培育，新增规模以上工业企业5户以上。确保第二产业增加值增速10%以上。

做活做大服务业。提升龙桥文化生态园AAAA级景区品牌效应，启动大玉蟾山国家AAAA级景区创建工作，大力开发玉龙湖、道林沟、屈氏庄园、百年龙眼长廊等旅游项目，打造跨区域精品旅游线路，构建全域旅游环线，力争旅游综合收入增长25.5%以上。加快汽贸产业园建设，竣工投运电子商务产业园、龙城冷链物流等重点项目，争创一批省市商贸流通示范镇，力争培育限额以上商贸企业20户、A级以上物流企业2户。完善城乡商业网点布局，打造龙城怡康、温泉步行街等核心商圈，推进农贸市场标准化建设，鼓励发展餐饮、健身、家政等社区便民服务业。继续办好“荷花节”“梨花节”“采茶节”等节庆活动，繁荣活跃消费市场。确保第三产业增加值增速10%以上。

做特做优农业。稳定粮食、龙眼、花木生产，扩展蔬菜种植面积、生猪寄养规模，改造残次林、低效田土、低丘缓坡，创建循环高效农业示范区。推进集体资产股权量化、农村产权流转、土地托管，创建农村综合改革先行区。探索“三产融合”、新型社区建设、农村社会化服务，创建“三农”转型发展先导区。加大“双争一汇”，促进“土公庙”中型水库、九曲河连通、中小河流治理等一批大中型项目落地建设。整合项目，加大基础设施投入，发展节水型农业1万亩，培育农业新型经营主体50户，扩展生猪寄养10万头，发展经果林2万亩。确保第一产业增加值增速3.3%以上。

三、推进改革开放，集聚发展动力

攻坚重点领域改革。统筹推进农村土地制度改革三项试点，力争农村宅基地退出复垦1万亩以上，加快推进农民住房财产权抵押贷款、农村产权“三权分置”等改革，完成农村小型水利产权制度改革任务。加大“放管服”改革力度，完善“双随机一公开”监管机制。深化商事制度改革，实现个体工商户“三证整合”。推进金融领域改革，全面完成信用社改制。继续实施教科文卫、司法行政等领域综合改革。

提高开放合作水平。大力招商引资，实施组团招商、条块招商、定制招商，跟踪对接上药集团、扬子江集团等医药百强企业，加快台湾产业园、健康生活馆等项目招引，促进独墅联盟、天圣制药等项目签约落地，力争引进项目100个、到位国内市外资金238亿元。积极组织企业参与“名企四川行”、糖酒会等重大活动，做响“泸县造”品牌。加强区域合作，加快与泸州主城区一体化发展，深度对接天府新区、两江新区，积极融入成渝经济带。

四、推进城乡建设，打造宜居家园

夯实城乡发展基础。优化泸川新城空间布局，启动打造“两河四岸”，升级改造港城大道，建成龙城大道、酒香大道。加快建设玉蟾温泉国际度假区、城西商务综合体等重点项目，竣工投运城西农贸市场、万福时代广场，力争完成建设街、老食品厂棚户区改造600户。加快国省重点示范镇建设，推进太伏、兆雅、立石等8个小城镇特色发展，建成玄滩万福商业城、汇金农贸市场。重点打造港城大道、龙城大道、南渝泸、合牛路沿线新村示范带，建成“四好”新村34个。

提升城乡服务水平。同步开展全国文明城市、国家健康城市、国家园林县城、省级宜居县城创建工作，巩固国家卫生县城成果。继续实施城市绿化、亮化、美化工程，打造湿地公园等城市景观。建成大数据资源中心，推广公共WiFi，全面推进智慧城市建设。完善公共厕所、垃圾中转站等环卫设施，持续推进城乡环境综合治理，切实提升城乡服务功能和水平。

强化生态环境保护。划定生态保护红线，做好第二次全国污染源普查。大力开展污染治理，关停并转高污染企业，强化秸秆禁烧，实施土壤修复，建成泸州城东污水处理厂—县城截污干管工程。加快实施艾大桥水库渠系配套工程、濑溪河牛滩段堤防工程，整治病险水库8座，大力推进节水型社会重点县建设。实施“大规模绿化全县行动”，完成大王山水土流失治理工程，巩固退耕还林成果7.2万亩，完成天保工程管护10.9万亩，建设山清水秀美好泸县。

五、推进民生改善，提升人民福祉

完成脱贫攻坚。坚持“高一格要求、提一线用力”，精准落地扶贫政策，进一步健全扶贫投入机制。继续实施产业富民、就业创业、教育扶贫、医疗保障、社会救助“五大行动”，坚持基础设施建设、基本公共服务向贫困薄弱区域倾斜，进一步帮扶贫困对象稳定脱贫、持续增收、致富奔小康。

推进“4+1”升级工程。改善提升县乡道路38公里，新建“社社通”公路842公里，建设农村公路便民桥20座，增设农村公路安保工程50公里；建成海潮、直滩、先坝等三座大桥，提前一年完成渡改桥任务。开工建设城北110千伏变电站配套工程、天洋35千伏输变电工程，整村农网改造完成20个。完成泸州—泸县供水管网复线工程，彻底改善县城及沿线供水紧张现状；延伸农村供水管网110公里，新解决10.4万人饮水安全问题。开展区域连片整治，建成二级场镇污水处理厂8个、新村聚居点污水处理设施30个。改善农村住房条件，完成危房改造2700户。

促进就业和社会保障。大力推进创业带动就业，新增城镇就业5500人以上。开展全民参保登记，推行“五险”统征，加快机关事业单位社保改革，提高社保参保率；全面推广大病医疗统筹，城乡医保参保率达98%以上。健全城乡救助体系，改善困难群体集中供养条件，强化特困人员兜底保障。

全面发展社会事业。加快县城幼儿园和义务教育学校增点扩容，推进城东学校建设，新（改）建天兴、潮河等镇幼儿园，迁建青龙中学、牛滩小学，统筹资源、集中力量，加快打造镇级标杆学校；改善高中学校办学条件，优质发展普高教育。常态化开展全民预防保健，加快县人医创建三级乙等医院，建成中医院住院大楼、公共卫生中心，推进卫生院（室）标准化建设，启动福集、兆雅等6个卫生院新（改）建工程；继续实施全面两孩政策，符合政策生育率达96%以上。启动建设档案馆综合体，加快建设公共体育场，建成投用宋代石刻博物馆、龙城文化艺术中心，创建四川省现代公共文化服务体系示范县。

切实维护安全稳定。严格落实安全生产责任，制定安全生产权力清单和责任清单，加强重点行业领域安全监管，推进企业安全生产标准化建设。强化应急管理和灾害预警防范，建成应急指挥调度中心，增强应急处突能力。深入实施“七五”普法，全面推行法治信访。强化社会治安综合治理，健全立体化社会治安防控体系，保持打击黑恶势力、黄赌毒、两抢一盗、涉众型经济犯罪的高压态势。

各位代表，回顾过去，我们拼搏奋进，取得显著成就；展望未来，我们任重道远，必须不懈努力！让我们紧密团结在以习近平同志为核心的党中央周围，在市委、市政府和县委的坚强领导下，团结和依靠全县广大干部群众，勇立潮头、铿锵前行，为“建成四个新区、率先全面小康”而努力奋斗！

内容说明及名词解释

工业经济内容归类说明：第二产业包括工业和建筑业，为便于叙述，《政府工作报告》把建筑业放进了工业部分。

“三主导三特色”农业产业体系：“三主导”指水稻、生猪和龙眼产业；“三特色”指花木、蔬菜和山地鸡产业。

一园一区：“一园”指泸州国家高新区医药产业园，“一区”指包含城西工业园、临港产业业园、空港产业园在内的泸县经济开发区。

“1+3”主导产业：指白酒+医药、精细化工、新材料产业。

“一主一副五极多点”城镇体系：“一主”指泸县县城；“一副”指神仙桥产业新城，“五极”指潮河、喻寺、立石、玄滩、云龙五镇，“多点”指其余建制镇。

“4+1”基础设施：指“4+1”基础改善工程，包括农村道路交通工程、农村电网建设工程、农村安全饮水工程、农村污水处理工程及农村危房改造工程。

五证合一： 指整合工商营业执照、组织机构代码证、税务登记证、社会保险登记证和统计登记证。

五个一批： 指扶持生产和就业发展一批、发展教育脱贫一批、移民搬迁安置和危房改造扶持一批、低保政策兜底一批、医疗救助扶持一批。

八大扶贫攻坚行动： 指基础设施、新村建设、特色产业、能力提升、思想转化、社会保障、社会参与、基层组织建设等八大扶贫攻坚行动。

18个扶贫专项计划： 指基础设施建设扶贫、农业产业扶贫、工业产业扶贫、旅游扶贫、商务扶贫、农村土地整治扶贫、科技扶贫、新村建设扶贫、教育扶贫、贫困家庭技能培训和就业促进扶贫、生态建设扶贫、易地扶贫搬迁、医疗卫生计生扶贫、文化惠民扶贫、社会保障扶贫、社会扶贫、财政金融扶贫、基层组织建设扶贫等18个专项计划。

两不愁、三保障： 指扶贫对象不愁吃、不愁穿，保障扶贫对象义务教育、基本医疗和住房安全。

“五有”工程： 指农村学校有电脑、有网络、有伙房、有教师午休室、有天然气。

“五级五覆盖”“五落实五到位”安全生产责任体系： “五级”指省、市、县、镇、村五级；“五覆盖”指“党政同责”全覆盖，“一岗双责”全覆盖，“三个必须”（管行业必须管安全、管业务必须管安全、管生产经营必须管安全）全覆盖，政府主要负责人担任安委会主任全覆盖，各级安委会办公室定期向本级纪检、组织部门报送安全生产情况全覆盖。“五落实”指明确企业董事长、党委书记、总经理对本单位安全生产同时担责；企业安委会主任由董事长或总经理担任；企业领导班子成员承担相应的安全生产工作职责，做到一岗双责；企业安全生产情况定期向董事会、业绩考核部门报告、向社会公示；企业内部配齐专门的安全生产机构及专业人员；“五到位”即安全责任到位、安全投入到位、安全培训到位、安全管理到位、应急救援到位。

农村土地“三权分置”： 指在原有集体土地所有权和农民家庭承包经营权二权分离的基础上，将农民家庭承包经营权分解为承包权和经营权，从而实行所有权、承包权、经营权三权分置并行。

农村土地制度改革三项试点： 指农村土地征收、集体经营性建设用地入市以及宅基地制度改革试点。

“放管服”改革： 指简政放权、放管结合、优化服务系列改革。

“3+2”产业： 指医药、建筑、食品+文旅、航空。

一核四区： 指宋韵龙城核心景区；北部文化生态旅游区、西部休闲养生旅游区、南部商务观光旅游区、东部水乡古镇旅游区。

“三资管理”： 指资产、资源、资金管理。

两河四岸： 指县城区域九曲河、濑溪河及沿岸。

四创一巩固： 指同步创建全国文明城市、国家健康城市、国家园林城市和省级宜居县城，巩固国家卫生县城成果。

双随机一公开： 指在监管过程中随机抽取检查对象、随机选派执法检查人员；抽查情况及查处结果及时向社会公开。

“四好”： 指住上好房子、过上好日子、养成好习惯、形成好风气。

中国人民政治协商会议
泸县第九届委员会常务委员会
工作报告

——在政协泸县第十届委员会第一次会议上

县政协主席　李　镇

（2016年12月12日）

各位委员、同志们：

我受政协泸县第九届委员会常务委员会委托，向大会报告工作，请各位委员审议，并请列席的同志提出意见。

过去五年工作回顾

过去五年，在中共泸县县委的坚强领导下，在省、市政协的关心指导下，县政协高举中国特色社会主义伟大旗帜，深入贯彻中共十八大，十八届三中、四中、五中、六中全会和习近平总书记系列重要讲话精神，紧紧围绕县第十二次党代会决策部署和全县工作大局，牢牢把握团结民主两大主题，认真履行政治协商、民主监督、参政议政职能，扎实推进政协协商民主建设，围绕中心、突出重点，服务大局、发挥优势，探索创新、提升质效，为建设“川南经济强县、文化旅游新县”做出了积极贡献。

一、加强学习引导，凝聚政治共识

注重在加强学习中凝聚共识。坚持县政协党组和主席会每月集体学习制度，坚持委员集中培训制度，选派县政协机关干部参加全国政协调学培训22人次，印发《关于加强委员队伍建设意见》，认真学习贯彻习近平总书记系列重要讲话精神和中央、省委、市委、县委重要会议精神。通过学习，县政协自觉坚持“五位一体”总体布局和“四个全面”战略布局，不断增强“四个自信”，不断凝聚坚持和发展中国特色社会主义的强大思想共识。

注重在开展活动中增进共识。抓住中国共产党建党95周年、红军长征胜利80周年、抗日战争胜利70周年、人民政协成立65周年、省政协成立60周年、县政协成立35周年纪念活动等重大契机，举办系列具有政协特色的庆祝纪念活动，深入开展实践科学发展观、实现中华民族伟大复兴中国梦、党的群众路线教育活动、“三严三实”专题教育、“两学一做”学习教育等。

注重在履职过程中深化共识。把增进共识贯穿于经常性履职之中，开展多层次协商，畅所欲言、求同存异。注重在谋划部署工作中增进共识，协助县委召开政协工作会议，出台《新形势下进一步加强人民政协工作的实施意见》等工作文件，进一步把全县上下思想行动统一到加快推进政协协商民主进程上来。重视政协理论研究工作，推出了多篇在全市、全省乃至全国有影响的理论研究成果，其中县政协研究室报送的《浅议依法治国背景下的人民政协民主监督》在全国政协理论征文活动中实现突破，首次喜获“优秀论文”开创了历史先河。

二、围绕中心大局，助推科学发展

协商议政谋发展大计。五年来，县政协充分发挥会议协商主渠道作用，围绕全县经济社会发展中的重大问题和重要事务开展协商讨论，形成了全体会议整体协商、常委会议专题协商、专门委员会协商的工作格局。五年间共召开全体会议5次，常委会议27次，主席会议47次，对口协商活动30余次。创新并充分运用大会联组发言这一协商平台，与县委、县政府领导面对面协商议事，共谋发展大计。

咨政建言献发展实策。先后围绕“文化旅游”规划及重点景区景点的打造课题，围绕城市建设专题，围绕协调发展问题，开展重点调研或专项视察，共组织召开议政性常委会议19次，提出了82个方面620余条针对性意见建议。其中，“关于泸县县城市政建设”“关于泸县‘双创’工作”“泸县主干道停车位设置”“关于我县农村食品药品监督管理”“关于我县科学规划引领城乡统筹发展”“关于对我县脱贫攻坚工作”“关于城区公共场所消防工作”等调研或视察报告，得到县委、县政府等主要领导同志的批示。

真抓实干助发展之力。五年来，县政协班子成员参与并协调40多项全县重大项目实施或重点工作推进，积极参与实施精准扶贫脱贫攻坚工作，认真参与“县级领导蹲点帮扶镇街、村、企业”活动，主动为嘉明镇、方洞镇、罗桥村（嘉明镇）、庆丰村（方洞镇）、玉蟾温泉国际度假区、泸州（云龙）机场、万福时代广场、县重点工程截污干管项目、四川巨星公司等提供服务，帮助协调解决相关问题60余个，共协调争取帮扶资金800余万元，为推动泸县发展倾尽所能，形成了“同唱一台戏”的发展合力。

三、心系群众福祉，促进民生改善

积极建言，多谋民生之利。五年来，努力为破解农村民用天然气问题鼓与呼；努力为破解精神病患者管理难题探新路；努力为推动教育文化惠民政策落实想办法；努力为推进依法治县建设献良言；努力为加强小流域水资源保护谋实策。对县政协这些为民履职建言，党政主要领导多次作出批示，要求部门认真研究办理，丰富和拓展了党政部门推进工作的思路。

反映民意，多解民生之忧。充分发挥社情民意“直通车”作用，通过充实信息员队伍、加强相关业务培训、完善目标工作考核、纳入党政督办反馈等工作机制，快捷反映群众呼声，使政协社情民意信息成为党委、政府掌握社会舆情的重要途径。2014年至今，共编发《泸县政协信息》182期，向县委、县政府主要领导报送《社情与民意》48期。其中今年编报的《对农村不动产登记试点中问题的建议》得到省政协批示和省国土资源厅采纳并报全国政协。

发挥优势，多为民生之举。充分发挥人民政协联系广泛的优势，引导组织广大委员开展“五个一”活动，竭力为群众做好事、办实事、解难事。深入开展“我为扶贫攻坚做件事”活动，引导政协委员结合自身优势，创办产业助力脱贫、捐款捐物推进脱贫、建言献策服务脱贫，全方位投身脱贫攻坚主战场。五年来，全县各级政协委员以开展为民活动作为履职尽责的主线，打造“委员之家”活动平台1个，建立镇街政协委员联络组20个，290余名政协委员进社区、入园区、下乡村，广泛开展捐资助学、名师送教、送医赠药、法律援助、抗洪救灾等惠民服务活动，帮助群众办实事1400余件，反映群众意见建议逾2000条，为各级提供招商信息900余条，共捐款捐物100万余元。其中“我为扶贫攻坚做件事”活动开展以来，捐款捐物计5余万元，开展视察调研50余次，为各级党委政府建言献策300余条。

四、突出团结民主，汇聚发展活力

积极促进党派合作共事。坚持以政协例会为平台、调研视察为载体、界别活动为纽带，加强与各民主党派、工商联和无党派人士的团结合作，努力营造民主和谐的履职环境。坚持定期召开党派团体座谈会制度；坚持重点安排民主党派、工商联成员在政协例会上发表意见；坚持不定期召开人民团体负责人座谈会；坚持加强与社会新兴阶层的联谊。

加强毗邻区县政协联系。利用泸县、大足、荣昌三区县保护濑溪河流域生态环境助推会平台，扩大团结合作，每年对濑溪河保护工作经验进行总结，对下一步工作的深入开展形成共识，建立政协统筹各方工作机制、完善联合视察工作机制、建立网格化生态治理机制、逐步形成板块生态区域经济等建议，为持续推进濑溪河流域生态环境保护做出积极贡献。

密切政协系统协同交流。注重加强与上级政协的联系，主动接受工作指导，积极配合、参与省市政协在我县开展的视察、调研，赢得了上级对我县政协工作的肯定和好评。注重加强与镇街政协委员联络组的互动，增强了全县各级政协工作的协调性和互动性。支持各镇街设立镇街政协联络工作机构，推进政协工作向基层延伸。注重加强与省内各兄弟县（市、区）政协的协作，促进对外交流合作，接待了福建、贵州、云南、重庆等外省政协来泸县学习考察。

五、坚持改革创新，增进履职实效

完善民主监督方式。坚持在党的领导下将民主监督工作列入履职重点，完善了《政协委员特约监督员管理办法》。聘请22名政协委员担任特约监督员、特约监察员、特约审计员等，对具有行政审批、执法、服务职能的部门及工作人员进行不同形式的监督，对意见较为集中的部门开展委员现场测评，进一步增强了民主监督工作的组织化程度。

创新提案工作机制。县委、县政府高度重视政协提案工作，转发中办、国办《关于进一步加强人民政协提案办理工作的意见》。县委对完善提案工作机制、提高办理质量等方面提出明确要求；县政府把办理工作纳入部门绩效管理，督查部门加强督办促进办理工作落实；各承办单位把提案办理工作列入议事日程，认真落实主要领导负总责、分管领导直接抓、承办人员具体办的三级责任制，健全制度，规范程序，讲求实效，多措并举提高办理质量。县政协常委会、主席办公会坚持把提案工作摆在政协全局性工作重要位置，切实加强领导，建立完善工作机制，不断扩大提案工作的委员参与度和社会影响力。五年来，县政协共收到各类提案829件，立案798件，提案办复率为100%，提案满意率为99.6%。

加强文史宣传工作。发挥文史工作存史资政育人作用，主动策应“文化旅游新县”发展目标，启动编纂《泸县政协志》，恢复县政协诗书画院，编辑出版《千年泸县·宋韵龙城》文史丛书（泸县文史·第十三至十六辑）4集，即：《泸县龙桥》《泸县龙舞》《泸县宋代石刻》《泸县传统民居》；高度重视政协宣传工作，印发《关于进一步加强新闻宣传和反映社情民意信息工作的意见（试行）》，完善宣传工作激励机制，定期召开宣传工作会，建立泸县政协编委会，编印《泸县政协》（季刊），多媒体、广角度、全方位宣传政协工作成效和委员履职风采。五年来，在《人民政协报》、人民政协网、《四川政协报》等国家、省、市、县主流媒体上稿1000余篇，编发《泸县政协》（季刊）10期、《龙城翰苑》（季刊）2期，营造了推动政协事业发展的良好氛围。

六、围绕专题教育，增强履职动力

强化思想引领。扎实开展党的群众路线教育实践活动、“三严三实”专题教育和“两学一做”学习教育，组织召开党组专题民主生活会，贯彻落实加强领导班子思想政治建设各项规定，抓班子、带队伍、转作风成效明显。

强化纪律约束。落实“两个责任”，坚持“一岗双责”，召开党风廉政建设工作会，学习贯彻“一准则两条例”，加强正面宣传和反面警示教育。严格执行中央八项规定和省委、市委、县委的相关规定，促进了党员干部和政协委员遵章守纪、依法履职。

强化制度建设。协助县委出台《关于新形势下进一步加强和改进人民政协工作的意见》等相关文件，制定完善政协机关《工作制度手册》《政协委员特约监督员管理办法》、“对口”联系制度、政协会议通报制度、信息宣传制度与提案表扬实施办法，健全政协党组及主席会议成员联系民主党派、工商联、无党派人士等各种联系制度，建立完善政协党组会、主席会、常委会学习制度等相关制度。

强化综合保障。开展县政协委员培训5次，组织政协委员和政协工作者赴全国、省、市政协培训班学习交流，不断提升综合素质，为履职提供了能力保障。加强干部培养交流，优化政协干部年龄结构，为履职提供了人才保障。严格“三公”经费管理，加强机关内务建设，为履职提供了服务保障。

七、着眼事业发展，加强自身建设

着力强化委员主体作用。围绕发挥委员主体作用，建立完善领导班子成员、机关委室联系委员、走访委员工作机制，进一步完善县政协委员调整机制，严格按照“委员管理办法”进行考核，加强委员动态管理，共撤销10名县政协委员资格。成立了“委员之家”，建立委员履职文档，开展优秀提案和委员评选表扬活动。

着力发挥界别独特优势。坚持把重视界别建设、活跃界别活动作为履职重要工作来抓，制定《关于进一步发挥界别作用的意见》，建立主席会议成员和工作委员会分工联系界别、镇街制度，坚持“界别+镇街”的委员活动组设置模式，提升了界别活动组织化水平。

着力激发各工作委员会活力。加强工作委员会建设，推进政协履职规范，充实工作委员会力量，增设社会法制工作委员会和研究室，使工作委员会的设置更加符合县政协履职工作的需要。积极探索总结工作规律，建立定期向常委会报告工作制度，更好地发挥工作委员会基础作用。

着力提升机关服务水平。加强了机关党组织建设、干部队伍建设、机关制度建设和工作作风建设，机关工作质量、效率和综合服务能力不断提升，团结协作、令行禁止、节俭高效、风清气正的良好氛围更加浓厚。

过去五年取得的成绩，是中共泸县县委正确领导的结果，是县人大、县政府大力支持的结果，是上级政协、县政协历届老领导关心指导的结果，是社会各界、人民团体、全体政协委员和政协工作者团结奋斗、共同努力的结果！在此，我代表政协泸县第九届常委会向一直关心支持政协工作的各级领导、各部门和社会各界人士，向认真履职、辛勤工作的各位委员，表示衷心的感谢和崇高的敬意！

过去五年的工作体会

各位委员，各位同志，回首五年履职历程，我们深切体会到：

一、党委重视、政府支持，是做好政协工作的根本保证

坚持中国共产党的领导，是人民政协履职尽责、发挥作用的根本保证。五年来，县政协坚决贯彻党的路线方针政策，自觉接受中共泸县县委的领导，坚持重大工作主动报告，重要事情及时反映，充分发挥政协党组在政协组织中的领导核心作用，坚持围绕党委的重大决策和部署来研究谋划政协工作，始终与县委同心同德、同向同行，使全县政协工作呈现了党委重视、政府支持、政协主动、各界配合的良好局面。这是县政协履职尽责、发挥作用的重要政治基础。

二、围绕中心、服务大局，是做好政协工作的基本原则

人民政协事业是中国特色社会主义事业的重要组成部分，只有紧扣党政中心，才能发挥应有作用。人民政协的独特优势在于人才荟萃、智力密集，社会联系广泛、民主氛围浓厚，主要目标在于推动科学发展、促进社会和谐，基本方式在于协商议政、献计出力。在推进“四个新区”建设进程中，人民政协必须坚持“党政工作推进到哪里，政协工作就跟进到哪里”，始终围绕中心、服务大局，注重从宏观上献计、从微观上出力，努力把政协职能履行好、优势作用发挥好，为率先全面小康贡献智慧和力量。

三、发挥优势、主动作为，是做好政协工作的重要基础

充分发挥联系广泛、人才荟萃、位置超脱的优势和“人才库、智囊团”的作用，将全体政协委员组织起来，为他们调研视察创

造条件，为他们资政建言搭建平台，为他们创新创业优化环境，努力增强当好委员的荣誉感和责任感。

四、关注民生、履职为民，是做好政协工作的力量源泉

民生联结民心，民心凝聚民力。坚持把以人为本、履职为民作为政协工作的出发点和落脚点，必须自觉践行党的群众路线，把群众利益放在第一位置，把群众呼声作为第一信号，把群众满意作为第一追求，树立“人民政协为人民”理念，常想“群众需要政协做什么、政协能够为群众做什么、政协为群众做了什么”，切实做到政为民所议、言为民所建、策为民所献、力为民所出。

五、与时俱进、开拓创新，是做好政协工作的不竭动力

必须在继承历届县政协积累的好经验好做法基础上，大胆探索符合时代特征、泸县特色、政协特点的新方法新载体；必须坚持以履职实践为基础，不断实现从感性经验到理性认识的飞跃，深化对政协事业发展规律的把握；必须坚持以理论研究为先导，用创新的理论思维打开创新的工作思路，用发展的理论指导发展着的实践，推动我县政协事业在新的历史起点上实现新发展。

总结过去的五年，政协泸县第九届常委会做了大量工作，取得了显著成绩，但与党和人民的要求相比，与人民政协肩负的使命相比，与广大政协委员的期望相比，我们的工作还有一定差距。比如，重大事项协商需要更加规范，民主监督形式需要更加丰富，界别参政议政作用需要更加突出，多党合作领域还有待进一步拓宽，委员主体作用还有待进一步加强，等等。这些问题，我们要采取有力措施切实加以解决。

未来五年工作建议

各位委员，今后五年是泸县全面建成小康社会的决胜期，也是人民政协事业创新发展的关键期。前不久闭幕的县第十三次党代会，明确了今后五年全县工作的总体要求，提出了“创新驱动、产城融合、文旅联动、富民强县”的发展战略，确立了“建成四个新区、率先全面小康”的目标定位。十届县政协肩负着时代赋予的光荣使命，务必不忘初心，砥砺前行，始终高举中国特色社会主义伟大旗帜，深入贯彻以习近平同志为核心的党中央治国理政新理念新思想新战略，全面落实县第十三次党代会各项决策部署，按照中央和省委、市委、县委有关加强人民政协工作的精神要求，坚决维护核心、紧紧围绕中心、广泛凝聚民心，把推动泸县融入泸州主城区一体化发展作为第一要务，把促进社会和谐作为重要责任，认真履行政治协商、民主监督、参政议政职能，充分发挥人民政协协商民主重要渠道作用，为泸县深度融入泸州主城区一体化发展、提高人民群众幸福感和获得感贡献智慧力量。

一、深入实际、调查研究，在建言献策上有新建树

进一步发挥人民政协“人才库”和“智囊团”的作用，紧紧围绕县第十三次党代会作出的各项战略部署，精心选择党政所需、群众所盼、政协所能的课题，认真开展专题调研，积极为党委政府献计出力。建议紧紧围绕“十三五”规划实施、“四个新区”建设、“一主一副五极多点”城镇体系、“4+1”工程升级版、“一尊重五统筹”“四城同创”等方面，有计划、有步骤地组织委员开展调查研究和视察活动，全方位、多角度、深层次地提出富有前瞻性、操作性的意见和建议，促进县委、县政府部署的各项工作落实到位。

二、协政亲民、履职为民，在服务民生上有新作为

进一步转变作风，深入基层，走近群众，倾听民声民意，关注民生民计。重点围绕涉及人民群众切身利益的问题，深入调查研究，推进实际工作。不断拓展民主监督的深度和广度，寓支持于监督之中，以监督促进经济社会又好又快发展。充分利用提案、社情民意、民主评议等形式，推进民生实事工程。继续组织工作委员会、界别活动，送政策、送科技、送卫生、送文化、送法律，下乡村、入企业、进社区。积极参与扶危济困、爱心救助等社会公益活动，努力为基层群众办实事、解难事、做好事。

三、加强团结、发扬民主，在凝心聚力上有新举措

继续高举大团结、大联合旗帜，充分发挥人民政协广泛代表性和巨大包容性的优势，正确处理好政党关系、民族关系、宗教关系、阶层关系和海内外同胞关系，团结各方力量，汇聚发展智慧。坚持民主协商、平等议事、求同存异、体谅包容的原则，搞好中国共产党同各民主党派人士在人民政协的合作共事。加强同新的社会阶层的联系，引导他们爱国、敬业、诚信、守法，义利兼顾。密切与港澳台同胞、海外侨胞的联系和交流，进一步拓展人脉资源，为招商引资、聚才引智牵线搭桥和跟踪服务。

四、增强素质、提高效能，在自身建设上有新进展

适应新形势新任务新要求，认真贯彻落实省委、市委、县委政协工作会议精神，不断提高工作的科学化水平。充分发挥政协党组领导核心作用，保证党的路线方针政策贯穿于政协履职工作全过程。更加注重发挥界别特色和优势，扩大社会各界有序政治参与。充分发挥委员主体作用，强化委员学习教育，继续开展“五个一”活动，激励委员在本职工作岗位上建功立业、在履行政协职责上创先争优。进一步加强政协机关建设，着力增强政治意识、大局意识、核心意识和看齐意识，努力打造学习型、创新型、服务型、效能型、廉洁型政协机关。

各位委员、同志们，伟大的事业鼓舞我们，宏伟的蓝图激励我们，崇高的使命召唤我们。让我们更加紧密地团结在以习近平同志为核心的党中央周围，在中共泸县县委的坚强领导下，提振精神、满怀信心，同心同德、群策群力，开拓进取、扎实履职，最大限度地调动社会各界的积极性和创造性，最大限度地凝聚各方面的智慧和力量，为“建成四个新区、率先全面小康”而努力奋斗！

大事记

CHRONICLE OF EVENTS

1月 January

3日　县委副书记、县长薛学深主持研究脱贫攻坚工作。

5日　市政府副秘书长、市府办主任刘光明率队考核泸县依法治县工作。

6日　泸县2016年安全生产工作会、第一次安委会暨第七次县长督办会在县会议中心三楼会议室召开。

11日　泸州市2015年流动现场会走进泸县。市委书记蒋辅义率市委、市人大、市政府、市政协有关领导参加考察。县委副书记、县长薛学深，县人大常委会主任罗永华，县政协主席李镇，县委副书记张兵等县领导陪同。

12日　泸县2016年科技文化卫生“三下乡”活动暨新春扶贫惠民巡演启动仪式在天兴镇板栗村举行。

13日　泸县召开2016年春运工作会。

14日　泸县召开酒类行业协会2015年年会。

是日　泸县第十五届人民政府第六次全体成员暨镇长会在县会议中心三楼会议室召开。县委副书记、县长薛学深主持会议并讲话。

15日　市委常委、市总工会主席刘云率队督查2015年泸县扶贫攻坚工作。县委副书记张兵，县委常委、县纪委书记喻斌陪同。

18日　泸县召开基层党建工作专项述职评议会。

是日　泸县召开党政领导班子和领导干部2015年度考核述职测评暨干部选拔任用“一报告两评议”会议。

19日　县委书记郭庆主持召开整改落实省委巡视组反馈问题工作推进会。

是日　中国人民政治协商会议泸县第九届委员会第五次会议开幕。

20日　泸县第十五届人民代表大会第六次会议在县会议中心开幕。

21日　泸县召开县委人大工作会议。县委书记郭庆出席会议并作重要讲话。

是日　泸县召开第十五届人民代表大会第六次会议第二次大会。县委书记郭庆主持会议。县人大常委会主任罗永华受县第十五届人大常委会委托向大会作工作报告。会上，听取县法院院长谢杰作泸县人民法院工作报告，县人民检察院检察长易从中作泸县人民检察院工作报告；表决通过大会选举办法（草案）和县人大专委会人选办法（草案）。

是日 中国人民政治协商会议泸县第九届委员会第五次会议完成各项议程，在县会议中心闭幕。会上，听取政协泸县第九届委员会第五次会议提案征集情况的通报，表决通过政协泸县第九届委员会第五次会议决议（草案）。县委书记郭庆作重要讲话，县政协主席李镇安排部署2016年县政协工作。

22日 泸县召开农村工作暨脱贫攻坚誓师大会。县委书记郭庆出席会议并作重要讲话。会议由县委副书记张兵主持。

是日 泸州市电子商务进农村工作现场会在泸县召开。

25日 泸县召开纪检监察干部述责述廉测评会。

是日 县经开区组织召开“顺应新常态 迎接新挑战”暨企业合作交流座谈会。

27日 泸州市副市长丁湘率队到泸县调研城镇建设、环境保护、旅游开发等工作，并对泸县公共设施、在建工程、燃气管理进行了安全检查。

28日 泸县召开2015年驻村第一书记述职评议工作会。

29日 市委常委、常务副市长曹俊杰到泸县调研农村宅基地制度改革试点工作。

30—31日 以成都航空职业技术学院副书记、副院长陈玉华为组长的专家团队一行莅临泸县建筑职业中专学校，对“国家中等职业教育改革发展示范学校”项目建设进行评估验收。

2月 February

1日 泸县被农业部、国家安监总局授予2014—2015年度“全国平安渔业示范县”荣誉称号。

4日 泸县2016年“花开龙城”春节联欢会在县人民广场举行。

5日 泸县召开全县安全生产工作会。

15日 市委书记蒋辅义出席市委农村工作暨农村基础设施建设泸县现场会。市领导刘强、陈雁、喻双、李晓宇、王波、张文军、巫俊明，县领导郭庆、张兵、肖刚、杜作文参加。

17日 县委书记郭庆主持召开泸县脱贫攻坚领导小组第二次联席会。

22日 2016年龙舞闹元宵活动在县人民广场举行。

23日 泸县召开纪委十二届六次全体会议第一次大会。会上，县委常委、纪委书记喻斌传达中央、省、市纪委全会精神。县委书记郭庆作重要讲话：一要全面压实“两个责任”。二要全面落实“三个在前”。三要全面推进正风反腐。四要全面扎紧制度笼子，严格制度执行，抓好制度建设。五要全面抓好巡视整改，全县各级党组织要把推动巡视整改工作作为落实党风廉政建设“两个责任”的具体内容，要严格按照巡视组的要求整改到位。

是日 泸县召开镇（街道）、部门党政主要负责人向县纪委全会述责述廉会。

24日 县委书记郭庆，县委副书记、县长薛学深出席四川发展纯粮原酒股权投资基金·泸县酒类企业座谈会。

是日 中国证监会四川监管局副局长李永春一行调研四川众邦制药有限公司。

25日 泸县召开2016年党建工作会。

是日 泸县召开2016年经济暨重点项目建设工作会。县委书记郭庆出席会议并作重要讲话，县委副书记、县长薛学深主持会议。

3月 March

2日 泸县召开农村宅基地制度改革试点工作研讨座谈会。

是日 农工党泸州市泸县支部举行成立暨第一次党员大会。

3日 县召开国家卫生县城复审迎检推进会。会后，在县人民广场举行国家卫生县城复审迎检启动仪式，县委书记、县国卫复审迎检指挥部总指挥长郭庆宣布国家卫生县城复审迎检正式启动。随后进行集中宣传活动、万人清洁大型活动、执法车辆宣传活动、集中专项整治行动。

4日 泸县召开2016年交通运输工作暨脱贫攻坚交通建设会。

7日 省农业厅副厅长杨朝波率省农业厅第三督查组到泸县对春耕生产、农村土地承包经营权确权登记颁证、春季重大动物疫病防控和生猪定点屠宰资格审核清理工作开展督查。

9日 县委书记郭庆出席四川发展酒业投资有限公司·泸县酒类企业座谈会。县委常委、常务副县长肖刚主持会议。

10日 泸县召开非公有制企业家座谈会。县委书记郭庆，县委副书记张兵，县委常委、副县长张文杰，县人大常委会副主任尹朝勇，县政协副主席、统战部部长蔡辉等出席会议，会议由县政协副主席、工商联主席杨开春主持，各镇分会、各行业商会代表、全县非公有制企业家参加座谈会。

11日 泸县开展以“倡导绿色文明，建设生态宜居泸县”为主题的义务植树活动。

23日 泸县召开2016年党政系统办公室主任会。

24日 泸县召开2016年机关党的建设工作会。

25日 四川省市长协会2016年度联络信息工作会在泸县召开。

30日 泸县第四届老年人运动会在县城音乐广场开幕。运动会历时6个月，设置秧歌、钓鱼、自行车、太极、大贰、象棋等15个比赛项目，采取预赛、决赛和单项依次赛的方式进行，分别设立团体和个人奖。

4月 April

1日 泸县召开2016年第二次安委（扩大）会暨安全生产基层基础现场会。

是日 泸州市农村精神文明建设现场推进会在泸县召开。市委常委、宣传部部长鞠丽参加现场会。

7日 泸县召开2016年全县卫生和计划生育工作会。

8日 泸县召开2016年应急管理工作会暨县应急委员会第一次全体会。

8—11日 四川省林业调查规划院有关专家代表省林业厅对泸县2014年巩固退耕还林成果专项建设进行复查，各项指标达100%，顺利通过省级复查。

11日 泸县召开农村宅基地制度改革工作专题研究会。

12日 泸县县委书记郭庆代表泸县人民政府与四川九州通医药有限公司总经理吴海波签订九州通川南现代医药物流中心项目投资协议。该项目占地面积45亩，主要建设现代物流分拣中心、中药储存中心、电子商务中心、配套服务中心等。

14日 泸县召开“两学一做”学习教育工作动员会。

是日 泸县召开低保精准识别工作会。

15日 空港经济园区党工委第一次会议在云龙镇召开。

19日 泸县召开2016年防汛抗旱和地质灾害防治工作会议。

20日 泸县召开2016年行政事业单位国有资产清查核实工作会。

21日 泸县召开脱贫攻坚工作推进暨业务培训会。

22日 泸县“书香龙城 悦读经典”全民阅读推广活动启动仪式在泸县音乐广场举行。

25日 泸县2016年庆“五一”暨第三届职工羽毛球赛开幕。

29日 泸县召开2016年第四次党政联席会。

5月 May

3日 市委副书记、市长刘强率队到泸县调研指导工作。

4日 泸县召开国卫复审迎检现场工作会。

5日 省农产品质量安全中心专家组到泸县就农产品质量安全

开展专项检查。

是日　市政协主席喻双率队到泸县视察调研环境保护工作。

是日　省推进办主任、省住建厅厅长何健率队到泸县调研新型城镇化综合试点工作。

6日　县委副书记张兵主持召开第二季度农口部门联席会。

9日　市委常委、市总工会主席刘云率市专项督导组到泸县督导脱贫攻坚工作。

是日　县委常委、宣传部部长颜习林主持召开龙桥文化生态园创建国家AAAA级景区推进会。

10日　县人大常委会主任罗永华率队到天兴镇板栗村督导精准扶贫工作。

是日　泸县召开安全生产第九次县长督办会。

是日　泸县召开2016年安全生产警示教育暨书记、县长宣讲安全专题工作会。

11日　泸州市2016年地质灾害应急演练在泸县奇峰镇共和村举行。

12日　泸县举行2016年防灾避险常识集中宣传活动周启动仪式。

是日　泸县召开防范通信网络诈骗专题培训会。

13日　泸县召开农村宅基地制度改革试点工作推进会。

是日　泸县被四川省人民政府确定为2016—2018年现代畜牧业建设重点县。

17日　泸县召开推进法治信访工作联席会议。

19日　泸县召开农村宅基地制度改革工作推进会。

是日　云校（北京）科技智慧教育云平台捐赠仪式在泸县举行。云校（北京）科技有限公司向泸县捐赠20套“云校智慧教育平台”，总价值676万元。

是日　中华全国供销合作总社经济发展与改革部副部长马继红一行到泸县调研农村电子商务工作。

24日　泸县福（集）瓦（子）路建设工程在天兴镇动工。福瓦路建设工程是市县重点建设项目，起于泸县县城，经天兴，止于成自泸赤高速潮河互通，全长9.68千米，路基宽度21.5米，双向四车道，设计时速80千米/小时，全线采用一级公路标准设计，沥青路面，建设期24个月，总投资3.42亿元。

25日　“向党95周年华诞献礼——曲艺名家新秀走进泸县”示范演出暨泸县“中国曲艺之乡”授牌仪式在县会议中心举行。县委副书记、县长薛学深代表泸县接收中国艺术家协会副主席、上海市文联副主席、上海市曲艺家协会主席王汝刚为泸县“中国曲艺之乡”的授牌。2014年年底，泸县成功创建为“四川省曲艺之乡”，2016年，成功创建为“中国曲艺之乡”。

27日　泸县人民政府与中国联通泸州分公司举行“互联网+”发展战略合作协议签约仪式。

是日　泸县召开“泸县向南”融入泸州一体化发展务虚交办会。

30日　水利部水土保持监测中心副主任张长印率队到泸县调研2013—2015年坡耕地水土流失综合治理工作。

31日　泸县召开2016年水稻高产创建观摩培训会。

是日　全市应急广播“村村响”工作推进现场会暨歌舞娱乐场所专项整治三年攻坚工作会在泸县召开。

6月 June

1日　由县妇联、团县委共同主办，县群团组织社会服务中心和泸县实验校共同承办的“龙飞凤舞·童心飞扬”泸县庆祝“六一”国际儿童节主题活动在泸县实验学校操场举行。

2日　泸县召开安全生产工作会。

是日　泸县召开2016年半年工作推进会。

3日　泸县在县人民广场举办以“强化安全发展观念、提升全民安全素质”为主题的2016年“安全生产月”活动启动仪式。

是日　泸州市2016年栋梁工程工作座谈会在玉蟾街道召开。

6日 首届“万步有约”职业人群健走激励大奖赛四川泸县赛区在县城音乐广场正式启动。

7日 泸县召开专项建设基金项目实施方案评审会。

8日 省国土资源厅厅长杨冬生率队到泸县调研农村宅基地制度改革试点工作。

是日 市委书记蒋辅义在泸县会议中心三楼会议室主持召开泸县融入泸州主城区工作推进会。

14日 泸州市人民政府举办“6·14”世界献血者日颁奖晚会。泸县人民政府被授予“全市无偿献血先进区县”荣誉称号。泸县有1671人获无偿献血奉献奖，其中一等奖22人、二等奖236人、三等奖1413人；有26人荣获无偿献血促进奖；县卫计局等19个单位获无偿献血先进单位奖。2011—2015年，泸县在全市率先建成固定爱心献血屋，全县无偿献血累计达32053毫升，临床用血100%来自自愿无偿献血，位居全市第一。

15日 泸县举办纪检监察干部业务培训会。

16日 泸州步长生物制药基地及新药产业化基地项目举行开工奠基仪式。

是日 省文化厅厅长郑晓幸调研泸县文化工作。

20日 全市法院调研工作会议在泸县召开。

21—22日 县政协主席李镇率队到重庆荣昌区参加2016年大足区、泸县、荣昌区川渝三区县保护濑溪河流域助推会。县政协主席李镇以《合力共护濑溪河，同享和谐生态美》为题作交流发言。

22日 县委副书记张兵召开信访积案化解研讨会。

23日 县委书记郭庆，县委副书记、县长薛学深，县政协主席李镇参加泸县2016年栋梁工程扶贫助学捐款活动并带头捐款。县领导张兵、肖刚、颜习林、喻斌、张文杰、金林松、胡万国、李高和、张国华、李盛春、蔡辉参加捐款活动。

27日 县委书记郭庆专题调研全县信访维稳工作。

是日 县委书记郭庆到泸县二中慰问高三教师代表，祝贺泸县二中高考取得泸州27连冠。

是日 泸县召开2016年农村危房改造工作推进会。

28日 泸县隆重召开庆祝中国共产党成立95周年大会，会议以电视电话会议形式召开，各镇（街道）设分会场。县委书记郭庆出席大会并作重要讲话。

是日 县委书记郭庆主持召开泸县融入泸州主城区发展重点工作会。

29日 泸县举行“道德力量”第二届道德模范颁奖活动。

30日 港城大道建成通车。港城大道按一级公路标准建设，是泸州市主城区至泸县最便捷的快速通道。

7月 July

1日 泸县政协与稻城县政协举行缔结友好政协签约仪式。

4日 泸县召开脱贫攻坚领导小组第四次联席会。

5日 泸县召开推进简政放权放管结合优化服务改革工作会。

是日 县委副书记张兵主持召开依法治县工作专题会。县委常委、政法委书记李盛春出席会议。

是日 泸县召开2016年第三次安委会暨安全生产第十次县长督办会。

6日 泸县举行“法娃”源文化广场揭幕仪式暨“七五”法律进园区主题活动。“法娃”源文化广场占地3000多平方米，主要由法娃雕塑、法治石刻和法治宣传栏等法治景观构成。

9日 县委副书记、县长薛学深对港城大道通车路段交通安全隐患进行实地考察。

12日 泸县召开煤矿安全生产工作紧急会。

是日 县政协主席李镇率县政协社会法制委、提案委联系的政协委员视察泸县城区公共场所消防设施建设管理情况。

13日 省国土资源厅副厅长王平率省防汛检查第四工作组到

泸县督查主汛期防汛重点工作。

是日 泸县召开汛期水利工程安全度汛工作会。

14日 泸州市2016年半年现场流动考查会走进泸县。

15日 泸县举办2016年残疾人文化艺术活动周文艺展演。

19日 泸县召开全县信访维稳工作会议。

21日 2016年泸州高新区医药产业园知识产权运用培训班在泸县举办。

22日 泸县召开城市突出问题专项整治工作推进会。

是日 中央农村工作领导小组副组长、中央农办主任、中央财办副主任唐仁健率队到泸县调研农村土地制度改革试点和乡村旅游等第三产业融合发展情况。

23日 省委第八巡视组巡视泸县"回头看"工作汇报会在县会议中心二楼会议室召开。

25日 泸县召开金融工作座谈会。

26日 泸县召开2016年征兵工作会。

是日 泸县群团组织购买社会服务项目创意大赛暨社会服务项目展示交流会启动仪式在泸县公益组织培育发展中心隆重举行。

27日 泸县领导干部大会在县会议中心三楼会议室召开。市委组织部部务委员、干部一科科长陈棋楠宣布市委关于薛学深、郭庆职务的任免决定：薛学深任中共泸县县委书记，免去郭庆中共泸县县委书记、常委、委员职务。

是日 中央国家机关青年干部调研团到泸州医药产业园调研。

是日 泸县召开公务用车制度改革工作会。

28日 泸县召开县委十二届十二次全体（扩大）会。会议审议并表决通过《关于召开中国共产党泸县第十三次代表大会的决议（草案）》，审议并分组讨论表决通过《关于加快融入泸州一体化发展的决定（草案）》；总结上半年工作，安排部署加快融入泸州一体化发展和下半年重点工作。县委书记、县长薛学深主持会议。

是日 副县长余静在四川农业大学成都校区与川农大新农村发展研究院院长张敏签署泸县—川农大博士工作站建设协议。

29日 泸县拥军慰问团分组看望慰问县人武部、武警、消防、雷达等部队官兵，送去慰问金和慰问品，代表全县人民和县四套班子向子弟兵致以诚挚的问候和节日的祝贺。

8月 August

1日 泸县召开2016年安全生产工作会。

是日 泸县开展2016年国防教育暨军事日活动。活动以接受国防教育、体验军事生活的方式庆祝八一建军节。

2日 市委常委、市总工会主席刘云率市总工会、市安监局、市规划局到泸县调研防汛减灾及泸县融入泸州主城区发展工作。

8日 泸县召开县委十二届十三次全体（扩大）会，安排部署当前脱贫攻坚工作。

9日 泸县承担的农业部整县推进水稻高产创建项目中稻测产通过验收。

11日 泸县召开2016年政府安排工作退役士兵选岗会。

是日 泸县召开易地扶贫搬迁现场推进会。

是日 全市易地扶贫搬迁工作现场会在泸县嘉明镇狮子村召开。

是日 县委书记、县长薛学深主持召开泸县融入泸州主城区一体化发展工作推进会。

12日 泸县召开农村宅基地制度改革工作推进会。

13日 2016年泸州医药产业园区年度工作会暨专家座谈会在泸县召开。

15日 市委常委、市总工会主席刘云率队到泸县开展脱贫攻坚蹲点督导工作。县委副书记张学彬，县委常委、纪委书记喻斌，副县长杜作文参加汇报会。

是日 由泸州市人民政府主办、泸州市食药监局和泸县人民政府共同承办的2016年省级药品安全示范性演练暨泸州市较大药品安全突发事件应急演练在泸县举行。

16日 国家禁毒办副主任、中国禁毒基金会秘书长李宪辉一行到泸县督导学校毒品预防教育工作。

17日 泸县召开2016年城乡居民收入暨农业普查工作推进会。

是日 泸县召开第十五届人大常委会第三十七次会议。会议表决通过，接受薛学深辞去泸县人民政府县长职务的请求，推选肖刚代理泸县人民政府县长职务。

18日 全市道路交通安全综合治理工作半年推进会在泸县召开。

23日 泸县召开2016年交通建设工作推进会。

24日 泸县召开易地扶贫搬迁和危房改造工作督导会。

是日 泸县召开易地扶贫搬迁工作专题会。

26日 泸县2016年栋梁工程扶贫助学金发放仪式在玉蟾街道会议室举行，表彰捐资助学先进单位和个人，458名家庭困难学生得到资助，圆梦大学。

是日 泸县召开2016年秋期教育工作会议。

31日 新蓝现代农业泸县产业园项目签约仪式在成都锦江宾馆举行。

是日 泸县村集体资产经营管理有限责任公司集中授牌仪式在天兴镇田坝村举行。

9月 September

1日 泸县龙眼品种展示评优会举行。泸县是全国龙眼分布最北缘、最晚熟地区，有内陆龙眼种质基因库和“中国晚熟龙眼之乡”的美称，被列入农业部2012—2016年龙眼优势产业规划区。

2日 泸县召开依法治县工作推进会。

3日 市委书记蒋辅义，市委副书记、市长刘强率队调研泸州空港产业园。

6日 泸县召开正风肃纪工作会。

8日 泸县2016年教师节庆祝大会在县会议中心举行。

9日 泸县召开老干部座谈会。

11日 泸县人民武装部举行2016年泸县新兵交接仪式。

12日 市委书记蒋辅义率市目督办、市国土资源局、市卫生计生等部门负责人督导泸县“稳增长”工作。

14日 泸县召开易地扶贫搬迁现场会。

19日 中国共产党泸县县委十二届十四次全体会议召开，会议审议中国共产党泸县第十三次代表大会有关事项。

20日 泸县召开2016年国庆节前安全生产工作部署会。

21日 中国共产党泸县第十三次代表大会开幕。

23日 中国共产党泸县第十三次代表大会召开选举大会。

是日 中国共产党泸县第十三次代表大会闭幕。

24日 泸县召开脱贫攻坚工作推进会。

27日 泸县第十二届龙城金秋职工篮球赛在泸县全民健身中心篮球馆开幕。

29日 泸州鑫福矿业集团有限公司向泸县扶贫基金会捐赠扶贫款1000万元。

是日 泸县在烈士陵园举行烈士纪念日公祭活动。

10月 October

8日 泸县召开安全生产专项督查工作部署会。

9日 泸县召开退二线干部管理工作会。

是日 泸县召开县镇人大换届选举工作会。

是日 泸县开展2016年“扶贫日”捐款活动。

11日 泸县召开县委常委（扩大）会议，专题研究脱贫攻坚工作。市委常委、市总工会主席、市直机关工委书记刘云率市脱贫攻坚督导组到会指导。

12日 泸县总工会召开第十

一届委员会第四次全委会，县委常委、县委统战部部长、县委办主任杨双全参加会议。会议补选杨双全为泸县总工会第十一届委员会委员、常委、主席。

14日　泸县召开智慧城市项目建设推进会。

是日　泸县召开中共泸县县委十三届二次全会。县委书记薛学深出席并主持会议。县委副书记、代理县长肖刚就调整县政府工作部门方案作说明。会议以举手表决的方式通过该方案。调整后，县政府设置工作部门24个，挂牌机构8个。

17日　泸县举行“携手扶贫决胜小康”脱贫攻坚捐赠暨义演活动。截至10月16日，泸县募集到机关、企事业单位、爱心企业和爱心人士的扶贫捐款2808.4万元，这些资金将全部用于改善贫困村的基础设施和贫困户的生产生活状况。

是日　省发改委副巡视员黄正章率省煤炭行业化解过剩产能督查组到泸县督查煤矿关闭工作。

18日　泸县召开2016年第四次安委（扩大）会暨安全生产百日攻坚行动工作部署会。

19日　泸县2016年建筑行业装饰镶嵌工技能大赛在泸县建校举行。

20日　国家人口计生委原主任张维庆、国家卫计委离退局副调研员刘连亮、中国生殖健康示范项目部部长刘艳春到泸县调研全民预防保健工作。

25日　全省发展农村集体经济助推脱贫攻坚现场推进会走进泸县。

是日　省总工会党组书记、常务副主席胥纯带队调研泸县群团工作。

26—27日　省专家组对泸县龙桥文化生态园创建国家AAAA级旅游景区进行省检现场评定。专家组一致认为龙桥文化生态园已具备AAAA级旅游景区的基本条件，同意通过省级现场检查，报省级相关机构审定。

27日　全省“传家风、立家规、树新风”现场交流会在泸县召开。

31日　四川省2016年第四季度重大项目集中开工仪式泸州分会场在泸州高新区医药产业园举行。

是日　全市易地扶贫搬迁现场会暨工作推进会在泸县召开。

11月 November

1日　泸县召开脱贫攻坚暨第三季度经济运行分析会。

2日　泸县与华西证券股份有限公司签订战略合作协议。

是日　第十六届中国西部国际博览会泸县投资推介会暨重点项目签约仪式在成都环球国际中心洲际酒店举行。

3日　泸县召开川南城际铁路泸县段征地动员暨重点项目推进会。

4日　泸县召开依法治县暨政法工作推进会。

是日　泸县召开安全生产百日攻坚暨工贸企业安全生产标准化建设推进会。

是日　县委书记薛学深主持召开泸县农村“4+1”基础设施改善工程汇报会。

7日　泸县召开2015—2016年度科技进步奖评审会。

8日　泸县召开2016年酒类行业协会座谈会。

10日　2016泸州市“教育局长县区行”活动走进泸县。

15日　中国共产党泸县代表会议在县会议中心三楼会议室举行，选举产生54名泸县出席泸州市第八次党代表大会代表。

是日　泸县召开深入整治公路货车违法超限超载行为专项行动工作会。

16日　泸县召开社社通水泥路建设工作电视电话会。

是日　泸县召开脱贫攻坚退出验收考核工作会。

17日　省住建厅传统村落专家驻村技术指导组到泸县调研中国传统村落——方洞镇石牌坊村。

24日　省对外友好协会会长赵平、副会长陈敏一行到泸县调研考察“非遗”项目。

12月 December

1日 泸县召开住建系统安全生产工作会。

2日 泸县召开村（社区）“两委”换届工作动员会。

是日 泸县法院举行首批入额法官宣誓仪式。

7日 泸县召开民主党派、工商联、知联会集中学习会。

8日 泸县检察院举行首批员额检察官宣誓仪式。

9日 泸县召开安全生产第十二次县长督办会暨岁末年初安全生产工作会。

是日 泸县召开县政府第七次全体成员暨镇长会议，审议《2017年政府工作报告》，书面审议《泸县2016年国民经济和社会发展计划执行情况和2017年发展计划安排（草案）的报告》以及《2016年财政预算执行情况及2017年财政预算（草案）的报告》。

12—15日 中国人民政治协商会议泸县第十届委员会第一次会议在县会议中心召开。

13—16日 泸县第十六届人民代表大会在县会议中心召开。

16日 泸县第十六届人民代表大会第一次会议选举肖刚为泸县人民政府县长。

是日 泸县召开全县脱贫攻坚迎检工作会。

17日 县委副书记、县长肖刚组织新一届县政府班子成员开展安全生产督导检查。

20日 县公安局组织召开集中打击“盗抢骗”犯罪专项行动动员部署会议。

是日 泸县交易中心举行农村集体经营性建设用地使用权出让拍卖会，以拍卖方式出让集体经营性建设用地使用权，泸县的集体经营性建设用地入市进入实质实施阶段。

22日 泸县召开道路交通安全工作紧急会议。

是日 泸州市2016年年终流动现场会首站走进泸县。

26日 泸县召开县城迁建二十周年经济社会发展座谈会。市委常委、市总工会主席、市直机关工委书记刘云，1996年6月前泸县历任“四大班子”主要领导，1996年县城迁建以来担任泸县各实职副县级领导出席会议。

27日 泸县召开党政领导班子和领导干部2016年度考核述职测评会。

是日 泸县召开“化解信访矛盾、规范信访秩序”专项治理和安全生产工作会。

28日 省专家组对泸县2016年爱国卫生工作进行目标考核。

是日 泸县召开法学会成立暨第一次会员代表大会。

28—29日 泸县2016年流动现场会走进各镇（街）。

29日 泸县首部大型原创舞台剧《龙城宋韵》在泸州大剧院首演，并举行“中国东方文化研究会龙文化研究院”授牌仪式。

30日 泸县召开2016年财税金融工作座谈会。

县情概述

SUMMARY OF LUXIAN COUNTY

建制沿革

Organization System Evolution

【行政建置】 泸县古称江阳，从西汉武帝建元六年时（公元前135年）设县治起，已有2100多年的历史。泸县在清代时称泸州。清光绪三十四年（1908年）时改称川南永宁道为下川南道，县境为四川省下川南道泸州直隶州本属。民国元年（1912年），北京政府撤销道制，泸州直隶四川军政府。1913年恢复道制撤销泸州直隶州，本属改称泸县，隶属四川省下川南道。1914年，下川南道改称永宁道，泸县隶属永宁道。1935年，南京国民政府分四川省为18个行政督察区。泸县隶属第七行政专员公署。1949年12月3日，泸县解放，中央人民政府决定将原四川省划分为川东、川南、川西、川北4个行署区，隶属西南军政委员会领导。川南人民行政公署驻泸县，下辖泸县、内江、乐山、宜宾4个行政督察专员公署区及自贡市。泸县、富顺、隆昌、合江、纳溪、叙永、古蔺、古宋8县隶属泸县行政督察专员公署管辖。1951年11月9日，泸县行政督察专员公署迁往隆昌县城。1952年2月25日改称隆昌区专员公署。1952年9月24日，隆昌区专员公署迁回泸州市。1953年1月，隆昌区专员公署改称四川省人民政府泸州区专员公署，辖8县1区。1960年7月1日，泸州专署与宜宾专署合并，称四川省宜宾专员公署，仍驻宜宾市，泸县隶属宜宾专署管辖。1983年12月，经国务院批准，泸州市改为省辖市，实行市带县新体制，自此泸县隶属泸州市管辖至今。1996年6月经国务院批准，泸州实施区划调整，划出通滩、弥陀、分水岭、石寨、况场、黄舣6个乡镇给江阳区所辖，石洞、胡市、金龙、安宁、特兴5个乡镇给龙马潭区所辖，12月26日泸县县城迁福集镇。

【行政区划】 2016年，全县有19个镇（福集镇、嘉明镇、喻寺镇、方洞镇、得胜镇、天兴镇、海潮镇、潮河镇、牛滩镇、毗卢镇、石桥镇、玄滩镇、云龙镇、奇峰镇、百和镇、立石镇、兆雅镇、云锦镇、太伏镇），1个街道办事处（玉蟾街道办事处）、50个城镇社区居民委员会、224个居民小组、251个村民委员会、2381个村民小组，人口109.5万人。

（撰稿人：张先超）

自然资源
Natural Resources

【气候状况】 2016年泸县气温正常略偏高，降水显著偏多，日照正常略偏多。年内高温、干旱、连阴雨、风雹、雷暴等气象灾害较常年偏轻，低温雨雪、暴雨、洪涝是2016年的主要气象灾害。综观全年，水热充足，光照基本正常，整个2016年属农业气象年景正常偏好年。

（撰稿人：徐强）

【土地资源】 泸县辖区内土壤类型有水稻土、潮土、紫色土、黄壤4个土壤类型。其中水稻土占耕地面积的83%，土壤肥沃，适宜性强，是四川省农产品主产区。2015年年末，行政区域总面积152524.27公顷，其中耕地84860.48公顷、园地4211.37公顷、林地18858.04公顷、草地883.77公顷、城镇村及工矿用地19087.19公顷、交通运输用地2583.15公顷、水域及水利设施用地8571.04公顷、其他土地13469.23公顷。全县土地利用结构不合理，生产力水平较低下，经济效益不高，且耕地质量较差。

【矿产资源】 泸县属矿产资源贫乏县，境内主要以非金属矿产为主，且种类少，已发现的矿产有天然气、烟煤、菱铁矿、建筑石料用石灰岩、水泥用石灰岩、玻璃用石英岩、铸型用石英砂、建筑用砂岩、耐火石、陶瓷用黏土、砖瓦用页岩、矿泉水、地热、沙金等13种，查明资源储量的5种，已开发利用的8种，尤以烟煤、石英砂（岩）、石灰岩的开发利用最为突出，截至2016年年底，泸县有各类矿山企业76家，其中：煤炭矿山6家，石灰岩矿山5家，石英砂（岩）矿山5家，砂岩、页岩类矿山58家，矿泉水1家，地热1家。

煤矿　泸县是泸州市唯一的烟煤产地，煤质优良，属1/3焦煤，是煤化工、冶金、火力发电、玻璃、建材等行业的最佳原料，主要分布于古佛山、螺观山两大背斜带上，煤层位于三叠系须家河组一、三、五段内，涉及石桥、得胜、福集、牛滩、潮河、嘉明、喻寺、方洞、立石、云锦、百和等镇，其地质构造简单、但煤层厚度普遍偏薄，开采的煤层最厚的0.8米，最薄的0.25米、资源储量据四川省煤田地质局一三五队提供的泸县煤炭资源储量报告统计，县境内累计探明储量1.2亿吨。

建筑、水泥用石灰岩　泸县石灰岩矿层位于侏罗系中下统自流井组大安寨，东岳庙段和三叠系下统嘉陵江组层位，县境内已探明储量约1.5亿吨，该矿层薄、品位差、仅少量可供露天开采，大部分只能地下开采，回采率约为50%，矿产品部分用于生产水泥、大部作为建筑和公路中的混凝土骨料，全年产量约60万吨。

玻璃、铸型用石英砂（岩）　该矿层位于三叠系须家河组六段，玻璃用石英岩分布于福集镇的天洋、龙脑桥片区，经地质勘查，查明玻璃用石英岩储量1000万吨，年产玻璃用砂10万吨，铸型用石英砂分布广，储量大、现由天兴精选石英砂厂1家开发，年产铸型砂6万吨。

其他矿产　建筑用砂石、砖瓦用页岩、河道砂（砾），此类矿产经济价值低、资源遍布全县各地，储量大、开采比较普遍；矿泉水、菱铁矿、沙金、地热等矿产经济价值高，经调查，无工业利用价值，量少质次，大多不具开采条件，只有矿泉水和地热可供开发。

（撰稿人：苏永海）

旅游景点
Tourist Attractions

【龙脑桥】 龙脑桥位于泸县县北郊支九曲河，在泸州至隆昌的古驿道上。1996年被国务院公布为全国重点文物保护单位，是中国最大的龙雕石板桥梁。桥中间8桥墩从北到南雕刻有青狮、四龙、白象和麒麟，为中国桥梁石雕艺术一绝。著名古建专家罗哲文平评价：气势磅礴、雄伟壮观、深厚刚毅、比例均称、工细规整、造型别致、逼真生动，国内罕见。

【玉蟾山】 玉蟾山位于千年龙乡——泸县县城福集，是国家AAA级旅游区，省级风景名胜区，省级森林公园。景区海拔高548米，总面积52.8平方千米，森林覆盖面积8000余亩，年均温度17.8℃。玉蟾山山间怪石嶙峋，皆形似蟾蜍，故有“遍山皆玉、无石不蟾”的美誉，且历来以山幽、石奇、水秀、文物多而闻名川南，被誉为“川南明珠”。

【玉龙湖】 玉龙湖省级风景名胜区，原名三溪口水库，地处泸州和重庆永川结合部，距泸州38千米，距永川40千米。湖长25.18千米，占地27.1平方千米，航空摄影形如长龙，水蓝如玉，故名玉龙湖。湖中有大小岛屿72个，湖内蓄水2700万立方米，可灌农田10多万亩。玉龙湖分为5个片景区、3个生态维持区、18个人文景点、36个自然景点，是以旅游欣赏为核心，避暑、度假、娱乐为主体，人与自然结合较好的旅游度假胜地。

【龙桥文化生态园】 龙桥文化生态园是四川省省级新农村建设示范片，是泸县的第一个省级新农村示范片，是全国休闲农业与乡村旅游示范点，中国美丽乡村，国家AAAA级旅游区。位于县城北郊的321国道两侧，距离县城约3千米。该园主要依托国家重点文物保护单位——龙脑桥，以龙桥田园景观和龙桥文化产业为发展核心和特色，以农民增收和共同富裕为目标，构建城乡一体，产村景共荣，文化、旅游、生产、生活、服务等多功能有机组合的特色文化生态观光型新农村综合体，所以命名为龙桥文化生态园。

【玉蟾温泉国际度假区】 玉蟾温泉国际度假区占地1020亩，总投资20亿元。该景区以温泉养生文化为主题，结合自然生态、地域文化、现代娱乐等项目，打造集养生理疗、休闲度假、教育博览、旅游观光为一体的现代综合国际温泉度假区。该项目分为五大功能区块：沿河商业区块、大众温泉区块、高端温泉区块和休闲度假区块以及商业住宅区块，共五大功能区块。将规划建设濑溪河景观大桥、宋代石刻博物馆、温泉酒店，温泉泡池、山地小镇等实施项目。

【海潮湖】 海潮湖距泸州城区约20千米，是集发电生产、旅游观光为一体的大型水域风景区，总面积约18平方千米，有泸州最大的水力发电站，百年桂圆林，米溪沟支流风景区等景点。

【宋代墓葬群】 泸县宋墓为2002年全国重要考古发现，是全国数量最多的一处宋墓群，2006年5月国务院公布的全国重点文物保护单位。从墓志铭等内容推断已发现的墓葬多是官绅和富庶之家的墓葬，主要是当时四川盆地流行的墓葬形式。泸县宋墓与乐山大佛、荣县大佛、安岳石刻、大石足刻等系列历史文化瑰宝连缀成片，形成古代中国石刻之乡。宋墓中有非常丰富的实物资料，对研究南宋时期的经济、政治、文化、丧葬习俗等方面有非常重要的作用。

（撰稿人：贺兵才）

经济社会发展
Economic and Social Development

【概况】 2016年，全县经济保持平稳增长，实现地区生产总值280.32亿元。三次产业结构由20.8:58:21.2优化为16.7:58.4:24.9。地方一般公共预算收入13亿元，社会消费品零售总额107亿元，农村居民人均可支配收入13956元，城镇居民人均可支配收入28530元，全社会固定资产投资完成300亿元。

【农业经济】 抓好“三农”各项工作，加大科技兴农的力度，全县实现农业增加值48.2亿元，同比增长4.1%。粮食种植面积111.74万亩、总产量54.48万吨。水果种植面积37.3万亩，总产量7.82万吨。蔬菜种植面积30万亩，总产量70万吨。生猪出栏109万头，牛0.32万头，羊15万只，家禽561万羽。农村人均可支配收入13805元，同比增长9.8%。

【工业经济】 依托泸州国家高新区医药产业园、泸县经济开发区，全年实现工业总产值503.1亿元，同比增长14.8%。全县工业企业788家，从业人员6.9万人，利润32.7亿元，同比增长8.2%；入库税金4.2亿元，同比增长9.4%。其中规模以上工业企业124家，实现工业产值308.5亿元，同比增长15.3%，占全县工业产值61.3%；增加值增长11.8%；销售收入306.5亿元，同比增长15.3%；利润18.2亿元，同比增长8.7%。

【交通运输】 旅客、货物周转量总体趋于稳定，完成客运量1510万人，旅客周转量10.02亿人千米，货运量2350万吨，货物周转量74.97亿吨千米。全县有货运企业177家，货运车辆6287辆；危险品运输企业4家，客运企业6家，其中城市公交企业和城乡公交企业各1家，租赁企业2家，拥有客运车辆432辆，客运站3个。客运班线234条，其中省际77条、市际25条、县际班线50条、县内班线75条，超长线路113条、高速直达87条、农村客运39条。

【财政金融】 全县地方一般公共预算收入完成13.09亿元，同比增长13.6%，完成年初任务的105.15%，位居全市前列。财政总支出573403万元，同比增长16.9%。全县一般公共预算支出438128万元，同比增长7.6%。安排民生支出334016万元，占一般公共预算支出的76.2%，同比增加13727万元，增长4.3%。全县争取到位上级资金504502万元，同比增幅近50%，居全市第一。其中一般性转移支付184052万元，专项转移支付86631万元，基金5455万元。政府性基金收入97946万元，同比增长32.3%。全县置换债券资金17.22亿元，同比增长187%；新增地方政府债券资金5.19亿元，同比增长403.9%。置换额度与新增额度均排名全市区县第一。完成融资项目20个，融资额度18.2亿元。其中新增项目19个，到位资金17.9亿元，续贷项目1个，到位资金3000万元。

【科教事业】 教育事业蓬勃发展，泸县有中小学95所，其中普通高中5所、中等职业技术学校3所、单设初中23所（含民办1所）、单设小学36所（含民办1所）、九年一贯制学校26所、进修校1所、特殊学校1所。全县有中小学生近16万人，在园幼儿28366人。有农民文化技术学校7所、幼儿园99所（其中民办76所）。全县有在职教职工7800余人、退休教职工近3000人。

【卫计事业】 推进卫生、计生事业协调发展，卫计事业提质升位。全县出生人口10350人，出生率9.63‰，人口自然增长率4.66‰，出生人口性别比102.7（以女性为100），符合政策生育率96.22%，各项数据指标全面完成。全县医疗卫生机构1287个，卫生专业技术人员5295人。

【社会保障】 城镇年均新增就业6000人以上，登记失业率控制在4%以内，就业形势总体稳定。社会保险、社会救助、养老服务、优抚安置水平全面提升，特困群体实现“应保尽保”。全县企业职工养老、城乡居民养老、城镇职工医保、工伤、生育和失业保险人数达68.71万人。城乡居民基本医疗保险参保96.7万人，参保率98.28%，居全市第二位。全年五项社会保险缴费136万人次，征收基金16亿元，支付待遇43.1万人，按时足额支付19.4亿元。

中国共产党泸县委员会

CHINA COMMUNIST PARTY OF LUXIAN COUNTY COMMITTEE

重要会议

Important Meetings

【中国共产党泸县第十三次代表大会】 9月21日，中国共产党泸县第十三次代表大会在县会议中心召开。大会由县委副书记张学彬主持。县委书记薛学深代表十二届县委作题为《自加压力勇争一流 攻坚克难砥砺奋进 为“建成四个新区率先全面小康”而努力奋斗》的工作报告。薛学深在报告中指出，今后五年，全县工作的指导思想和奋斗目标是：高举中国特色社会主义伟大旗帜，全面贯彻中共十八大和十八届三中、四中、五中全会精神，深入贯彻习近平总书记系列重要讲话精神，按照“五位一体”总体布局和“四个全面”战略布局，准确把握省委“三大发展战略”、市委“决胜全面小康、建成区域中心”战略内涵，秉承自加压力、勇争一流的精神，以深度融入泸州主城区一体化发展为主线，深入实施“创新驱动、产城融合、文旅联动、富民强县”战略，建成创新新区、畅达新区、产业新区、宜居新区，率先实现全面小康。大会还书面报告中共泸县纪律检查委员会的工作。9月23日下午，中国共产党泸县第十三次代表大会在县会议中心闭幕。闭幕式由薛学深主持。大会报告县委委员、候补委员和县纪委委员选举计票结果，宣读县委委员、候补委员和县纪委委员当选人员名单,表决通过《关于中国共产党泸县第十二届委员会工作报告的决议》和《关于中国共产党泸县第十二届纪律检查委员会工作报告的决议》。

【县委十二届十二次全体（扩大）会】 7月28日，泸县召开县委十二届十二次全体（扩大）会。会议审议并表决通过《关于召开中国共产党泸县第十三次代表大会的决议（草案）》，审议并分组讨论表决通过《关于加快融入泸州一体化发展的决定（草案）》；总结上半年工作，安排部署加快融入泸州一体化发展和下半年重点工作。县委书记、县长薛学深主持会议。

【县委十二届十三次全体（扩大）会】 8月8日，泸县召开县委十二届十三次全体（扩大）会，安排部署当前脱贫攻坚工作。县委书记、县长薛学深主持会议并作重要讲话。薛学深详细传达贯彻8月7日省委召开的全省脱贫攻坚蹲点督导工作电视电话会议精神，特别是省委书记王东明对脱贫攻坚的指示精神。

【县委十二届十四次全体会议】 9月19日，县委十二届十四次全体会议召开，会议审议中国共产党泸县第十三次代表大会有关事项。县委书记薛学深主持会议。会议审议通过中国共产党泸县第十二届委员会工作报告（草案）和中国共产党泸县纪律检查委员会工作报告（草案）。会议审议通过县第十三次党代会日程（草案）、选举办法（草案），大会主席团成员、主席团常务委员会成员、秘书长、副秘书长、代表资格审查委员会成员建议名单和大会秘书处机构设置。会议审议县第十三次党代会列席人员和邀请来宾事项，县第十三次党代会代表选举工作和代表资格初步审查情况的报告。会议还审议通过县党费收缴、使用和管理情况的报告(草案)。

【县委十三届二次全会】 2016年10月14日，中共泸县县委十三届二次全会召开。县委书记薛学深出席并主持会议。县委副书记、代理县长肖刚就调整县政府工作部门方案作说明。会议以举手表决的方式通过该方案。调整后，县政府设置工作部门24个，挂牌机构8个。

【县委中心组（扩大）学习会】 1月18日，泸县县委中心组召开“三严三实”专题教育第四次教育研讨学习会，学习中央相关会议精神。2月29日，县委中心组学习研讨会集中讨论城市发展工作。4月14日，泸县县委召开中心组学习（扩大）会，学习会传达“两学一做”学习教育的重大意义，强调以高标准严要求推动学习教育走在前头，始终把学习教育与中心工作结合起来抓，以高度的政治责任感加强学习教育组织领导。5月16日上午，县委中心组扩大会议邀请中共四川省委省直机关党校科社·法学教研部主任刘伟教授作“两学一做”专题报告。5月16日，泸县县委中心组召开“两学一做”学习讨论会。7月28日，县委中心组“两学一做”第二次专题学习讨论会召开。8月30日，县委中心组学习（扩大）会邀请泸州市城乡规划管理局总规划师周学红对省委十届八次、市委七届十二次全会精神作专题讲座。8月30日，泸县召开县委中心组“两学一做”第三次学习讨论会。9月28日，县委中心组召开“两学一做”第四次专题学习讨论会。10月28日，县委中心组召开“十八届六中全会”精神学习会。12月1日，中共泸县县委中心组召开“党的十八届六中全会精神”学习会。12月8日，县委中心组学习（扩大）会邀请市委党校（行政学院）教育处长舒榕专题宣讲中共十八届六中全会、省委十届九次全会、市委第八次党代会会议精神。

【县委常委会议】 1月19日，县委书记郭庆主持召开中共泸县县委十二届第103次常委会议。1月30日，县委书记郭庆主持召开中共泸县县委十二届第104次常委会议。2月23日，县委书记郭庆主持召开中共泸县县委十二届第107次常委会议。3月10日，县委书记郭庆主持召开中共泸县县委十二届第108次常委会议。3月14日，县委书记郭庆主持召开中共泸县县委十二届第109次常委会议。3月25日，县委书记郭庆主持召开中共泸县县委十二届第110次常委会议。4月13日，县委书记郭庆主持召开中共泸县县委十二届第111次常委会议。5月18日，县委书记郭庆主持召开中共泸县县委十二届第112次常委会议。6月23日，县委书记郭庆主持召开中共泸县县委十二届第113次常委会议。 7月23日，县委书记郭庆主持召开中共泸县县委十二届第116次常委会议。8月8日，县委书记薛学深主持召开中共泸县县委十二届第118次常委会议。8月8日，县委书记薛学深主持召开中共泸县县委十二届第119次常委会议。8月22日，县委书记薛学深主持召开中共泸县县委十二届第121次常委会议。9月9日，县委书记薛学深主持召开中共泸县县委十二届第123次常委会议。9月18日，县委书记薛学深主持召开中共泸县县委十二届第125次常委会议。9月23日，县委书记薛学深主持召开十三届县委常委会第1次会议。2016年9月28日，县委书记薛学深主持召开十三届县委常委会第2

次会议。10月9日，县委书记薛学深主持召开十三届县委常委会第3次会议。10月13日，县委书记薛学深主持召开十三届县委常委会第5次会议。10月28日，县委书记薛学深主持召开十三届县委常委会第6次会议。11月11日，县委书记薛学深主持召开十三届县委常委会第7次会议。11月30日，县委书记薛学深主持召开十三届县委常委会第9次会议。12月15日，县委书记薛学深主持召开十三届县委常委会第10次会议。12月27日，县委书记薛学深主持召开十三届县委常委会第11次会议。

工作综述
Work Summarize

【经济发展】2016年，全县实现国内生产总值275亿元、一般公共预算收入12.8亿元、固定资产投资305亿元、社会消费品零售总额107亿元，均在2011年基础上翻了一番。医药产业园成功创建泸州国家高新区主体园区，“一区一园”建成区面积7.8平方公里，入驻企业从137户增加到261户；“1+3”产业实现产值230亿元，占全县工业产值的48%。文化旅游、电子商务、房地产等八大服务业长足发展，龙桥文化生态园、玉蟾温泉度假区形成接待能力，成功创建全省首批电子商务进农村综合示范县。嘉明、方洞现代农业万亩示范园初具规模。

【社会民生发展】加大财政投入，确保每年民生支出占财政总支出80%以上，进一步推进成果共享。支持民办教育与公办教育结合，推动学前教育优质发展，巩固义务教育均衡发展成果，加快普及高中阶段教育，大力发展职业教育、成人教育和社区教育，完善终身教育体系，打造教育名县。推进医药卫生体制改革，健全医疗卫生服务体系，创建三级医院。完善公共卫生服务体系，全面推进全民预防保健，推动基本公共卫生服务均等化。加强基层医疗人员队伍建设，大力培育全科医生、家庭医生，建成三级应急医疗救援服务网络。加快市民中心、体育中心、文化广场等文体设施建设，支持农民文化演艺事业发展，提高公共文化产品和服务供给能力。健全社会保障体系。继续实施保障性安居工程建设，健全覆盖城乡居民的社会保障体系和社会救助体系。实施就业优先战略，推动创业带动就业。

【脱贫攻坚】按照“两不愁、三保障、四个好”标准，全面落实“五个一批”“六个精准”要求，最大限度地将各项惠民政策向贫困村倾斜、惠民项目向贫困村汇合、惠民资金向贫困人口聚集。坚持“高一格要求、提一线用力”，提高低保线和脱贫线标准，保底线、补短板；坚持“脱贫不脱政策”，继续整合资源帮扶后进村，不松劲、不掉链，确保每一个低收入家庭住上更好的房子，享受更好的公共服务，生活得更加幸福，真正实现“断穷根、富长久”，与全县人民同步过上小康生活。

【依法治县】正确处理改革、发展、稳定的关系，推动保稳定向促和谐转变。完善党委领导、政府负责、社会协同、公众参与、法治保障的社会治理格局，推动基层管理创新，实现镇（街道）工作重心向社会管理服务转移。推动司法体制改革，全面实施“七五”普法，建立完善公共法律服务体系。健全多元化调解机制，深化社会稳定风险评估，着力加强信访制度化建设，维护群众合法权益。完善突发事件应急管理机制，深化“平安泸县”建设，依法打击各类违法犯罪，增强公共安全和社会治安保障能力。加强食品药品安全监督管理，确保食品药品安全。加强安全生产工作，严格落实“五级五覆盖”“五落实五到位”安全责任体系，坚决遏制重特大事故发生，营造良好的安全生产环境。

【民主政治建设】加强和改进党对人大工作的领导，充分发挥人大及人大代表作用。坚持党领导的多党合作和政治协商制度，不断提高政治协商、民主监督、参政议政工作实效。充分发挥统一战线各领域代表作用，最大限度地凝聚共识、凝聚力量。充分发挥工会、共青团、妇联、科协、残联、商会等群团组织在服务科学发展、促进社会和谐中的积极作用，着力构建县、镇、村三级“大群团”格局。持续加强党管武装工作，大力开展国防教育、国防动员和“双拥”共建。做好新形势下老干部工作，进一步发挥老同志的政治优势、经验优势、威望优势。继续做好关心下一代工作，促进青少年健康成长。进一步做好民族、宗教、侨务、对台和港澳工作。

【作风建设】推动“四风”整治常态化，健全改进作风长效机制，持续深化落实中央“八项规定”精神，持之以恒正风肃纪。围绕“六大纪律”，紧盯作风领域问题新动向，查找隐形变异“四风”，严肃查处扶贫领域、民生事业等方面侵害群众利益的不正之风，确保高压从严贯穿始终。坚持领导干部带头，创新工作方法，扎实做好新形势下的群众工作，进一步完善领导和机关联系项目、企业、学校、镇村、困难群众等制度，拓宽联系群众渠道；进一步完善为民服务全程代理和首问责任制，联通县、镇、村三级便民服务网络，实现村级便民服务中心全覆盖，打造长效便民服务平台。大兴求真务实之风，切实加大“庸懒散”整治力度，加强督查督办、紧抓快办，推动各项决策部署落地见效。

【党风廉政建设】坚持全面从严治党、依规治党，营造风清气正的政治生态。着力筑牢“不想腐”的思想防线。加强理想信念教育，提高党员干部党性修养。深入学习党规党纪，形成尊崇党章、遵规守纪的思想自觉和行动自觉；强化廉洁文化建设，让廉洁理念内化于心，外化于行。强化反腐倡廉制度建设，完善民主决策程序，构建决策科学、监督有力的权力运行体系。开展县委巡察工作，实现党内监督全覆盖；加强廉政风险防控，确保依法用权、公正用权、廉洁用权。严明政治纪律和政治规矩，全面落实党风廉政建设“两个责任”，坚持有腐必反、有贪必肃，加大对贪污贿赂、失职渎职和侵害群众利益等案件的查办力度。

办公室工作
Office's work

【概况】 中共泸县县委办公室内设机构为4股7办1局，设立秘书股、信息股、行政股、政策法规股4个股室；设立督查办公室（挂目督办牌子）、政策研究办公室、值班办公室、党史研究办公室（挂地方志办公室牌子）、保密委员会办公室（挂保密局牌子）、常委会办公室、台湾工作办公室7个办公室；1个机要局（挂密码管理局牌子）；机关事务管理办公室和党政网管理中心（参公）2个下属事业单位。

【文秘工作】 严把行文关、审批关、政策关、文字关、格式关和制发关，努力实现公文办理“零错误”。全年审核签发县级文件256件，签收处理中央、省、市级文件2500余件，未出现拖延、积压、丢失文件的现象发生。规范对县委主要领导批示件的登记、传阅、办理和存档工作，加强文件档案管理，做好文件的收发、登记、传递传阅、立卷归档、保管立用和保密销毁工作。完成全委会、党建经济工作会、党代会、全省重大项目开工仪式和全市易地扶贫搬迁工作现场会等大中型会议活动50余场次，全年接收视频会议81场次，会管办全年保障会务服务工作340余场次。

（撰稿人：谯春莲）

【文件报备】 做好党内规范性文件的审核备案报送工作，利用全县党政办公室主任会议开展党内规范性文件备案工作专题培训，着力提高党内规范性文件制定水平。完善规范性文件合法性审查程序，制定“县委规范性文件发文及合法性审查流程图”，规范性文件实施前置审核制度。全年向市委办报备党内规范性文件26份。

（撰稿人：黄秋霞）

【信息工作】 全年在省委《每日要情》上用稿3条，市委《快报》上用稿15条。进一步强化党委信息工作，提高信息服务标准，为领导提供好参谋辅政信息服务，全年编发《昨日要情》246期、《值班月报》12期、《县委办通报》10期、《泸县信息》21期。泸县信息目标任务获全市二等级。

（撰稿人：陈卓）

目标督查
Target Inspector

【概况】 县委目标绩效督查管理办公室办理批交办事项526件、市级交办事项28件，发出《交办通知》12份、《督办通知》28份，开展专项督查42次、联合督查48次，撰写《督查专报》27期、《督查通报》42期，发出《通报批评》8份。

【制度建设】 理顺督查工作体制，县委督查室与县目督办合并。成立由县委书记和县长任组长的目标绩效督查管理工作领导组，整合县委、县政府督查室力量，组建县目督办，抽调有经验、有精力、有热情、公道正派的正科级领导干部和递进培养年轻干部充实到督查队伍，配强督查力量，为督查工作提供强力保障。

【政策落实】 围绕“贯彻落实经济稳增长措施”“脱贫攻坚”，县委常委会、全委会，县政府常务会、全体会等省市县党委、政府重大决策部署、重要会议精神开展督查工作，确保各项决策、会议精神落到实处。

【重点事项督查】 重点对“开门红”“双过半”、半年流动现场会、年终流动现场会、重点项目，人大代表建议和政协会员提案、汛期安全、全民预防保健、宅基地改革试点、易地扶贫搬迁及危房改造、国卫迎复审、干部周转房建设等重大工作和重点事项开展督查督办，确保县委、县政府重大事项按时保质完成。

【工作模式创新】 坚持明察与暗访相结合，到一线查实情、摸实底，准确掌握各项工作贯彻落实情况；坚持专项督查与重点督查相结合，围绕重大工作、紧盯重要时间节点，促进各项工作全面落实；坚持阶段性督查与经常性督查相结合，坚持抓督查，持续抓落实，切实做到县委、县政府有部署、督查有跟进、落实有质量。

【干部考核】 根据督查情况，及时形成专题报告，报县委、县政府主要领导阅示。对进度滞后、工作不力的进行通报批评，并扣减相关责任单位的目标考核分值。把督查结果作为考核评判领导班子能力、干部队伍作风建设、行政效能建设的重要依据。

（撰稿人：陈正军）

政策研究
Policy research

【概况】 牵头起草党代会报告，主要起草全县党建工作会、全县经济工作会、县委全委会、县人代会、县政协会等大型会议领导讲话稿，向省、市到泸县调研和指导工作的上级领导汇报的综合材料等20余篇。围绕县委领导关注的重大问题和当前热点难点问题，通过调查研究、收集材料、分析研判，在省级刊物上发表调研文章2篇，市级刊物上发表调研文章6篇。充分利用《调查与研究》作为展示调研成果的前沿阵地，全年编印4期优秀调研文章，提升建言献策的能力。

【改革深化】 充分利用内参文献、视频会议等学习习近平总书记系列重要讲话精神和中央、省深化改革的各项决策部署，全面领会中央精神，全面了解改革大局，不断深化对全面深化改革重要性紧迫性的认识，加强对上级改革精神学习传达。全年召开领导组联席会议2次、各专项领导小组专题会议6次，通过党政内网梳理转发各类改革动态42期。在制定县委全面深化改革领导小组2016年工作要点中，坚持问题导向，紧扣当前迫切需要解决的重大问题和突出症结，围绕全局性牵引性、增强群众获得感、体现泸县特色的要求，确定农村宅基地制度改革、县级公立医院综合改革、司法体制改革试点等7项国省级重点改革任务，108项专项改革方案。对照改革工作要点要求，进一步明确责任，细化分解任务，出台《泸县全面深化改革工作考核细则》，把所有专项改革任务纳入台账管理，实施督办销账制度。加大非均衡考核力度，将7项重点改革事项纳入县委、县政府非均衡考核，进行重点督查督办，确保108项改革方案和举措不折不扣落到实处。上级部署的城乡地籍整合顺利完成。12月20日，全国第一宗集体经营性建设用地在泸县成功拍卖。

【理论学习和业务交流】县委政研室始终把加强学习放在首位，办公室成员互相交流、共同进步，听取相关业务部门骨干人员讲解经济、工业、交通、预防保健等知识，拓宽知识面，学习中共十八大和十八届三中、四中、五中、六中全会会议精神，有效增强决策服务能力。坚持主动自学，坚持阅读党报、党刊和重要文件，对中央、省、市重点文件进行精读、研究，捕捉重要信息，特别是主动加强对中央《关于全面深化改革2016年的若干意见》和《四川全面深化改革的2016年工作要点》文件的学习，掌握最新政策动态，注重理论联系实际，确保思想、工作跟上前沿步伐。加强调查研究，坚持向生活学，向基层学，向实践学，提高员工政策理论水平和分析问题研究政策的能力，全面提高文稿起草质量和效率，切实增强各类文稿的针对性、指导性和可操作性，提高参谋层次和服务水平。

【文稿起草】政研室主要承担政策文稿和重大会议上县委主要领导讲话材料等综合性文稿的起草工作。坚持在吃透上级精神、领会领导意图的基础上，综合思考，开创性的用新思路、新观点对接领导，提炼和升华文稿主题；在调查研究、收集材料的基础上，分析研判，丰富和充实文稿内容，致力提高综合文稿质量和水平。牵头起草十三届县委党代会报告，主要起草全县党建工作会、全县经济工作会、县委全委会、县人代会、县政协会等大型会议领导讲话稿，向省、市到泸县调研和指导工作的上级领导汇报的综合材料等20余篇。

【调研工作】紧扣发展全局、紧贴领导思路、紧跟热点难点问题调查研究，为领导决策提供第一手资料，切实提高决策参谋水平。先后参与全县经济社会发展等多次专项调研并形成专题调研报告，提出诸多有价值的决策建议，最终转化出台具体实施办法、指导意见、考核细则等。其中在市级刊物上发表调研文章6篇，提升建言献策的能力，确保做到参之有道、谋之有方。利用《调查与研究》作为展示调研成果的前沿阵地，全年编印《创新基层“院坝会”民主协商惠民生》《建设“四个新区”率先全面小康》《关于泸县社会信用体系建设的思考》等4期优秀调研文章。

(撰稿人：王锡蓉)

保密工作
Secrecy work

【概况】泸县保密工作在县委、县政府的领导和市局的指导下，按照省、市工作安排，以学习贯彻《意见》《规定》为主线，以责任制落实为抓手，盯重点，强基础，攻坚“三大管理”，严查违法违规行为，各项工作有序推进，全面完成目标考核任务。

【一岗双责】各单位保密领导小组认真学习贯彻《意见》《规定》，落实党管保密、一岗双责责任制，加强对本单位保密工作的领导和督促，落实人员、技术、经费，完善保密制度，加强保密管理和教育。县委保密委领导经常听取保密工作的情况汇报，关注、支持、督促保密工作的开展。将保密工作列入目标考核，县委保密委与各单位签订保密工作责任书，印发《2016年保密工作要点》，落实保密工作目标任务。建立保密约谈制，对存在较严重问题的单位进行保密约谈。

【保密宣教】在法制宣传月集中开展保密法制宣传，书写保密宣传横幅、发放保密宣传资料、制作保密警示教育图片展板、LED电子屏等，营造保密氛围。3月，全县党政系统办公室工作会总结安排保密工作，开展保密业务培训，县委保密委领导对保密工作提出希望和要求。县党校新任科级干部培训班、后备干部培训开展2期保密培训。5月，县档案局档案业务培训会开展档案利用与保密培训。积极组织、参加省、市组织的保密业务培训。机关、单位，或传阅或集中组织学习县保密局印制的2016年《保密工作宣传资料》及《泸县保密管理手册》，集中组织《保密形势任务》专题党课碟片的观看学习。征订《保密工作》杂志326份，征订《保密行为管理手册》及其他保密书刊供干部职工学习使用。上报工作信息10余条。

【保密管理】 进一步加强定密的培训、指导，明确定密责任人、定密权限规定，建立涉密文件管理备案制度。定密不准确、不规范、管理不善等问题得到较大改善。继续强化计算机行为管理，全县互联网计算机安装管控软件1600多台，建立巡查制度，加强日常巡查监管，发出核查整改书30多份。开展涉密计算机核定工作，明确重点单位必须确定1台涉密计算机，并按要求安装管控软件。继续开展涉密人员管理，根据涉密人员分类确定工作的要求，及时完成涉密人员的分类确定和资料上报，完善涉密人员承诺书签订、在岗教育、备案台账等。

【台账管理】 建立《保密工作台账》，将保密基础工作的保密领导小组成员范围、涉密人员登记管理、涉密要害部门（部位）登记管理、信息系统（门户网站）登记管理、涉密载体登记管理、信息公开保密管理等内容列入其中，并建立工作日志。规范《泸县保密管理手册》，将保密领导小组工作职责、保密教育管理、涉密人员管理、定密管理、计算机管理、违法违规责任等14个方面的相关制度、规定、法规摘录成册。统一印制《保密工作台账》《泸县保密管理手册》，作为各单位保密管理基础。要求《保密工作台账》每年建立，抓好基础和对象管理，记好工作日记，掌握工作动态；《泸县保密管理手册》作为保密宣传教育培训资料，长期使用，即时更新。开展机关单位自查自评工作2次，及时查漏补缺，夯实保密管理基础。

【日常工作】 及时完成机关单位保密工作自查自评、涉密人员分类确定、互联网门户网站保密管理、“保密观”微信关注、领导干部短信提醒号码汇总上报等工作。开展3次全范围的保密综合检查、考试保密督导、涉密地理测绘图纸、《意见》《规定》学习贯彻、涉密文件管理、“三项工作”、保密基础工作暨网络安全等专项督查。

（撰稿人：陈永涛）

台湾事务
Taiwan Offairs

【对台交流】 因公赴台组团1个，随同上级考察团组赴台2批次，全年因公赴台人数11人次。组团以经贸交流为主，涉及医疗卫生、农业科技、教育等内容，对台交流联络工作成效明显。

【涉台事务与宣传】 受理寻亲问题3件，协助台属办理涉台公证2件。针对机关团体和个人，宣传对台工作方针、政策，开展涉台旅游团体和中介赴台工作业务培训，增强相关单位和个人的对台、赴岛旅游安全意识和对台政治敏锐性。向上对台工作刊物投稿5篇。

【对台招商】 参与并协助市县职能部门接待广东、深圳、浙江、台湾等地台商到泸县考察团队和个人12批次72人，完成对台招商接待的任务。2016年被评为全市对台工作先进单位。

（撰稿人：张明均）

机关事务
Authorities Affairs

【公务接待】 完成各项接待任务157批次，其中国家部委领导莅临泸县视察、检查、调研7批次；省、市领导莅临泸县检查、指导、调研132批次；企业商团到泸县考察5批次；省外及兄弟区（县）政务到访5批次；协助办理省、市、县重大会议活动8批次。成功接待国家发改委重大项目稽查办主任、国土资源部副部长等国家部委领导的调研；完成省委督导组、省委组织部、省国土资源厅、省民政厅、省供销社、省扶贫开发协会等省领导莅临泸县调研接待；完成市委书记蒋辅义、市长刘强等市领导对泸县的调研和检查的服务工作；承办或协助中共泸县第十三次代表大会、省委第八巡视组泸县巡视后勤工作、市委督导组泸县巡视工作、全省“培育良好家风 践行核心价值观”现场交流会、脱贫攻坚省级验收考核抽查、泸州市重点项目建设流动现场会等重要会议和活动的接待任务。

【公车管理】 全力推进泸县公务用车制度改革。主动作为，积极对接，先后开展统计摸底，制定方案，封停公车，组织拍卖。各级部门车辆编制核定到位，公务出行得到有效保障；取消车辆第一轮拍卖完成，成交公车 35 辆，成交金额 99.8 万元。

【办公用房管理】 巩固党政机关办公用房清理成果，建立办公用房管理长效机制。推进统一权属登记、统一调配使用、统一规范管理。对各单位办公用房实有使用面积再次进行清理，完善相关台账，为办公用房科学配置提供有力保障。

【公共机构节能】 高标准完成节能目标任务，推进宣传培训工作。开展“能源紧缺体验日”“公共节能低碳日”“公共节能宣传周”为主的宣传教育活动，组织参加“全省公共机构节能工作电视电话会”，强化能耗计量、统计台账、数据分析，提高节能管理能力，营造浓厚节能氛围。

（撰稿人：刘昌坪）

党政网管理
Party and Government Network Management

【组织领导】 县委办印发《县电子政务内网建设和管理领导小组》，县委常委、县委办主任担任领导小组组长，县政府办、县委组织部、县财政局等相关部门负责人为成员。全年召集相关成员单位召开 3 次联席会议，讨论解决所涉及的基础设施建设、人才队伍建设及安全保密监管等问题。11 月，县网管中心主任调整任职后，县电子政务内网建设和管理领导小组及时对该岗位进行补充，并通过全省公务员考试公招 1 名专业技术人才。

【基层建设】 完成市委、市政府推进精准扶贫和信息扶贫的重要项目——“云视泸州”项目建设，实现市—县—镇（街）—村（社区）四级视频会议功能。全县 251 个村、49 个社区实现“云视泸州”全覆盖，成功将市党代会、县社社通水泥路动员会以及严肃换届选举工作会等重要会议通过该系统召开至村（社区）；结合“两学一做”专题教育、泸县融入泸州主城区一体化发展等重要工作，开设专题栏目；围绕“创新驱动、产城融合、文旅联动、富民强县”以及奋力建成“四个新区”目标，开设建言献策通道。

【安全防护】 严格按照《四川省党政网安全保密系统实施方案》《四川省党政网建设管理暂行规定》等规定的要求，进一步完善管理制度、提升技术防范水平，确保党政网络系统安全可靠。5 月，联合县保密局、县经信局、县网信办等部门，对全县县级机关及镇（街道）进行党政网安全保密检查，进一步规范党政网使用行为，严禁党政网和互联网在同一台计算机上交互使用，严禁党政网上的涉密信息在互联网上发布；采取必要的网络安全防护措施，增强网络系统的抗攻击能力。建立防火墙、服务器和网络防病毒机制，定期对防火墙和杀毒软件进行升级维护。与电信公司、移动公司等单位定期联合开展网络安全培训和演练，邀请县保密局开展保密知识讲座，选派技术人员参加北京电子科技学院组织的网络安全防护培训，进一步增强管理人员的保密安全意识和技术防范水平。

【日常管理】 县党政网管理中心根据全县党政网使用情况，制定《泸县党政网日常管理暂行办法》。严格党政网接入审核制度。对新接入党政网的用户进行严格审核，并要求用户单位严格管理党政网用户名、用户密码及网络安全设备，不得将安全保密系统泄露给无关人员。强化日常巡检和维护。网管人员每天对中心机房和网络环境进行巡查，及时发现和处理网络安全问题，严防网络安全事故发生。12 月，指导全县涉及办公用房搬迁的 20 余个部门（单位）的党政网进行合理布局，确保搬迁部门（单位）能及时接入并使用党政网络。

（撰稿人：张朝阳）

党史地方志工作
Party 'Ps History and Local Chronicles work

【党史编修】《中国共产党泸县历史（1921—1949）》，由中共泸县县委党研室主编，于10月公开出版发行。全书按章、节、目组织结构，共15万字，史实详尽、图文并茂，全面记述朱德、刘伯承在泸县的革命斗争以及中共泸县党组织的成立、发展、壮大，并带领泸县人民取得新民主主义革命胜利的奋斗历程。

【《执政实录》编纂】《中国共产党泸县执政实录》全面记述中共泸县县委执政过程中领导泸县人民进行经济建设、政治建设、文化建设、社会建设、生态文明建设和党的建设等方面的内容。《中国共产党泸县执政实录（2014）》于2016年3月出版，《中国共产党泸县执政实录（2015）》于2016年12月出版。

【党史宣传教育】积极开展党史宣传进机关、进社区、进学校活动，免费向全县党政机关、村（社区）、学校等赠送党史一卷1500余册。撰写资政报告1篇、朱德130周年诞辰论文1篇。配合县委宣传部完成县城迁建20周年征文、10件大事评选以及宣传画册。

【地方志工作】《泸县年鉴（2016）》于12月公开出版发行。启动部门志、镇志、村志的编纂。《泸县政协志》《立石古镇志》《方洞镇志》《玄滩镇志》等编纂工作持续推进。公开出版泸县第一部村志——《石牌坊村志》。《泸县年鉴（2015）》获四川省地方志成果评选年鉴类三等奖。

（撰稿人：熊敏）

纪检监察
Discipline inspection and supervision

【概况】2016年，县委切实担负起全面从严治党主体责任，以上率下，带动各级党组织层层压实责任，为推进全县党风廉政建设和反腐败斗争提供保证。全县各级纪检监察机关牢固树立“四个意识”，全面落实从严治党各项要求，推动党风廉政建设和反腐败斗争不断取得新成效，党风廉政建设社会评价工作在全省排名54位、全市第1位。

【体制机制创新】成立主体办推动责任落实。泸县在全市试点成立县委落实党风廉政建设主体责任办公室（以下简称县委主体办），专门负责全县党风廉政建设主体责任工作。理顺县党廉办与县委主体办的责任分工，明确县委主体办在落实主体责任中“组织部署、督促指导、检查考核、联络协调”四大工作职责，通过县党廉办、县委主体办分工协作，共同推进全县党风廉政建设党委主体责任的落实。整改巡视反馈问题推动责任落实。县委全面加强巡视反馈问题整改工作，逐一研究部署具体问题整改和专项整治工作，落实责任领导和责任单位。按照“领导责任到位、部门落实到位、问题整改到位、制度建设到位，按时完成整改”的工作要求，县纪委切实履行监督责任，加强协调，强化督查，推动

9月23日，中国共产党泸县第十三届纪律检查委员会第一次全体会议召开（万利邦/摄）

整改工作。巡视反馈的4个方面问题全部整改落实到位，省委第八巡视组交办的424件信访件全部办结。巡视整改工作得到省委巡视组的肯定和认可。启动巡察工作推动责任落实。坚持把巡察作为传导压力的重要抓手，推动全面从严治党向基层延伸。制定《巡察工作实施办法》和《实施方案》。坚持问题导向，强化政治巡察，明确巡察重点，把侵害群众利益的不正之风和腐败问题作为巡察工作的重中之重。成立县委巡察工作领导小组，县委主要领导担任组长。成立县委巡察办，在全市率先对20个镇（街道）进行全覆盖、驻点式巡察，交办民生诉求类问题384个，交办涉及党委、政府工作决策和党员干部的问题84个，其中立案查处14件15人，党纪政纪处分13人，诫勉谈话2人。

【监督职能强化】 聚焦脱贫攻坚开展监督检查。构建县纪委、县级部门纪检组织、镇纪委三级监督网络体系，为全县脱贫攻坚任务顺利完成提供坚强纪律保障。县纪委牵头成立督查组，对20个镇（街道）、18个相关部门履职情况开展专项督查。重点查处基层滥用职权、优亲厚友，截留挪用、贪污侵占扶贫资金等突出问题，开展脱贫攻坚监督检查60余次，走访贫困户1750户，检查扶贫项目139个，督促整改问题15个，调查核实扶贫领域问题9个，党政纪处分4人，约谈12人。

【换届监督】 成立换届风气督导工作领导组，主动介入、积极作为，将监督触角延伸到村（社区），确保县镇村三级换届风清气正。在“镇两委”换届期间成立换届风气巡回督查组开展巡回督查；在县“两会”期间，制定《泸县“两会”会风督查工作方案》，严格开展会风督查；在“村两委”换届期间制定《泸县村（社区）“两委”换届纪律督导工作方案》，选派20名纪检干部到20个镇（街）进行换届纪律现场全程督导。从严把好党风廉政审查关，坚决把“带病”干部挡在门外。全年对526名干部进行廉政审查，取消3名拟新提拔任用干部资格，暂缓提拔或转正2名干部。对资格审查中发现的问题较真斗硬，给予1名在换届提拔中不如实申报个人事项的干部纪律处分。对1442名市县“两代表一委员”进行廉政审查，取消4名代表或委员资格。对1000余名村（社区）“两委”班子成员及村（社区）监委会候选人初步人选开展廉洁审查，对因侵害群众利益的不正之风和腐败问题受到组织处理的28名主要负责人实行镇党委、镇纪委和本人三级承诺。换届工作中无一起换届风气问题反映到市级，为全县经济社会发展提供坚强纪律保证。

【正风肃纪】 落实中央“八项规定”精神。坚持经常抓、抓经常，看住重要节点，聚焦“关键少数”，紧盯享乐奢靡和隐形变异的不正之风，坚决防止“四风”问题反弹回潮。针对“三公”经费、乱发钱物、公车管理使用、工会活动、商业预付卡等方面开展专项督查13次，督促整改问题10个，约谈12人，发出督查通报4期。开展违规收送礼金专项整治。全县查处违反中央“八项规定”精神问题8个，处理12人，给予党纪政纪处分10人；通报曝光4批次，涉及典型案件7起10人次。集中整治侵害群众利益的不正之风和腐败问题。积极开展全县纪检监察系统“‘两学一做’作表率 执纪为民到基层”行动，全县纪检干部开展督导1149次，走访群众9049人，开展宣讲2834次。针对群众反映强烈、涉及群众切身利益的突出问题进行严肃查处。全年查处49起，其中党政纪处分75人，组织处理7人，通报8期21件44人，曝光10件16人。

【纪律审查】 保持执纪高压态势。正确运用“四种形态”，紧盯“六大纪律”，突出问题导向，加强和改进执纪审查工作，始终保持惩治腐败力度不减、节奏不变。全县接受信访举报229件，立案140件，处分人数144人，其中科级领导干部18人，“一把手”12人。腐败存量进一步减少，腐败增量得到有效遏制。牢牢把握纪在法前、纪严于法，加大对反映党员领导干部问题线索的规范化处置力度，对反映问题具体、有可查性的及时启动初核；对反映笼统、不具体的问题，或一般性、苗头性问题，及时组织谈话函询；全县处置问题线索245件，初核147件，谈话函询127件，了结106件。把保护、教育和挽救党员干部作为执纪审查工作的出发点和落脚点，注重思想政治工作，认真做好受处分党员干部回访教育工作，将执纪审查过程变成教育引导执纪审查对象重建对党忠诚的过程。在县国土资源局、县地税局召开案发单位专题民主生活会，全县回访中共十八大后受处分人员396人。

【教育预防】 常态化开展理想信念、纪律、警示、先进典型“四项教育”，不断筑牢党员干部拒腐防线。开展“两准则三条例”等党规党纪学习，扎实开展廉洁文化“八进”活动。组织开展警示教育，深刻剖析违纪案件，组织全县25批次1500余名党员干部到市法纪教育中心接受警示教育，用发生在身边的人和事教育广大党员干部，做到警钟长鸣。着力规范行政权力运行，加强行权平台和监察平台管理，在县国土资源局、县公安局、县安监局开展“积极预防、系统治理”工作。积极分类分层次开展“一对一约谈”和“集中约谈”，让咬耳扯袖、红脸出汗成为常态。

【党风廉政建设】 全县开展“一对一”约谈提醒1026人次，分类集中约谈提醒2780人次。对有问题反映和出现轻微违纪问题的干部，通过发放“三早三卡”、谈话函询、书面检查、批评教育和通报批评等手段，督促相关党员干部“有则改之、无则加勉”。全年运用谈话函询等第一种形态约谈提醒干部106人次。将“三早三卡”预警情况纳入干部廉政档案，作为领导干部评先评优和提拔任用的重要依据，取消27名干部的评先评优资格。实践运用“四种形态”，对轻微违纪违规问题，以“治”为主，防止小错变成大错，对严重违纪甚至涉嫌犯罪问题，以“惩”为主，从严从重处理。全年运用党纪轻处分等第二种形态处理干部118人次；运用党纪重处分等第三种形态处理干部19人次；运用开除党籍、开除公职并移送司法机关等第四种形态处理干部7人次。

【队伍建设】 泸县纪委认真按照中央和省、市纪委关于换届程序和纪律要求开展县镇两级纪委换届工作。着力强化纪检队伍建设，优化队伍结构，全县纪检监察干部平均年龄40.1岁，大学及以上学历占94%，经济管理、法律等相关专业干部占68%，干部队伍结构呈现年轻化、专业化。全面深化“三转”，推行纪检体制改革，优化调整内设机构，在内设机构数、干部编制数不变的前提下，整合内设机构，增设第四、第五纪检监察室，进一步增加执纪问责力量。不断提升能力素质，加大干部培训力度，举办全县纪检监察干部培训班。选派干部到中国纪检监察学院参加培训，不断提升纪检干部业务技能和政策水平。实现全县纪检监察派驻机构全覆盖。制定对派驻机构工作和干部的考核办法，增强派驻机构监督执纪问责能力。对纪检监察机关开展常态化作风巡查，对纪检干部始终坚持从严要求、从严教育、从严管理、从严监督，严防“灯下黑”。2016年，对1名纪检干部进行纪律处分，对有信访的3名纪检干部进行约谈提醒。

（撰稿人：雷阳）

组织工作
Organizational work

【换届选举】 全县建立领导班子结构功能模型，根据各镇发展特点，通盘考虑班子配备需求，坚持以事择人、选贤任能，通过换届进一步选优配强领导班子。换届期间，分别组建换届领导小组和工作机构，成立14个指导组，6个换届风气巡回督察组，派出301名督导员，保证301个村（社区）全覆盖。建立领导联系点责任制，层层压实责任，专门制作专题培训片、工作手册、工作流程图，统一组织业务培训，出台风险点防控具体办法，制定出应急预案。在换届过程中从严落实责任、强化学习教育和建立完善监督查核机制，确保换届风清气正。

【“两学一做”】 科学制定“1+7”实施方案，坚持领导带头、以上率下抓推动，坚持突出主题、创

5月24日，镇（街）党务干部专题培训

新形式抓学习，坚持聚焦问题、边学边做抓整改。2016年全县“两学一做”学习教育中，组织县委中心组集中学习15次，各基层党支部专题学习讨论2000余场次，实现支部集中学习全覆盖；落实“五个讲党课”1700余场次，实现专题党课全覆盖。扎实抓好“两重温两对照”“两巡一测试”“固定党日”等规定动作，创新开展“五学五讨论”“五个讲党课”“联镇驻村蹲点”“走进群众、服务群众、引导群众”主题教育、村情村史教育等自选动作，做到学做结合、知行相长，“做合格党员、当干事先锋”已成为党员干部的价值取向和自觉追求。清单任务式督导、“政治生日”制度等特色做法在省、市《学习教育简报》上刊用。

【队伍建设】 鲜明重基层重实干用人导向，拓宽选任视野，从乡镇一线选用干部78名；推行差异化考核，制定干部能上能下、选任全程纪实、模型化管理等机制，调整不适宜担任现职干部10名；扎实开展年轻干部递进培养，持续开展“上挂下派”，选派优秀年轻干部到省市部门、藏区、发达地区、急难险重任务一线挂职锻炼，先后选派49名干部到国家经信委、省农水局、团省委及其他市县相关部门上挂锻炼；认真摸排体制外优秀人员，择优选拔19名“四类人员”进入乡镇领导班子。大力推进周转房建设、加大非领导职务配备，科学设置主体班培训内容，调训干部280余人次。认真指导县级各部门开展短期培训，举办短期培训182期、培训12832人次，举办中青后备干部社会管理提升、县域干部执政能力提升等10期专题培训，培训干部560余人次。

【基层建设】 坚持以压紧压实责任、健全制度机制、创新载体方式、强化经费保障为抓手，统筹推进农村、社区、机关、两新党建工作，形成农村“支部+产业链”、村级联合党委、社区共驻共建、“园区党建四同步”等实践经验。牵头制定《创新基层党建服务脱贫攻坚》等文件，狠抓思想、文化、科技扶贫。出台文件从严管理“第一书记”，抓实“三带”工程，组织40个驻村帮扶工作队、59名“第一书记”到农家，化解矛盾纠纷350余件。调整落实村（社区）工作经费和基本报酬，落实阵地建设资金300万元，新改建村级党群服务中心37个。抓住农村宅基地改革试点契机，多措并举壮大集体经济，消除106个“空壳村”，4个村突破百万元大关。全省发展农村集体经济现场会走进泸县，得到充分肯定。

【人才工作】 制订人才“十三五”发展专项规划，实施高层次人才引进、党政人才递进培养、专业技术人才培养、创新型企业家培养、“龙城技工”培养、“龙城社工”培养6大人才工作计划和目标任务。以园区建设为载体，把企业人才孵化作为根本任务，建成人才创新创业孵化基地，入驻创新创业项目34户，成立研究生工作站1个，教授工作站3个，技术中心1个，建立大学生实习基地和就业创业园。大力实施“医药产业人才工程”，2016年，以项目合作形式带动引进韩汇泉、梅其炳、石应康、邱友春、杨春等18名高层次医药类人才，签约聘请医药专家人才52名，带动培育医药技术人才150余名，培养企业实用技能人才200名。鼓励企业大力开展科技创新和重视人才培养，9个项目通过市县科技成果鉴定，完成专利申请493件。

【党员教育】 对全县330个远教站点设备进行提档升级，利用龙城先锋网、“云视泸州”远程教育、《龙城手机党校》、龙城远教专家讲坛、“龙城党旗红”微信公众号、村村响大喇叭、“三学院三基地”示范点等平台阵地，将党员教育培训落实到最基层，传递党和政府声音。建成68个远教文化广场，采用“课件+电影+活动”等支部活动，使远程教育向“群众远教”转变；建成23个村史展览馆，展现和传承乡村历史文化。

（撰稿人：熊超）

宣传工作
Publicity work

【制度建设】 县委常委会专题听取意识形态工作情况汇报4次，县委书记对贯彻落实党委（党组）意识形态工作批示3次。印发《中共泸县县委办公室关于认真贯彻落实党委（党组）意识形态工作责任制的实施意见》，明确73个单位意识形态工作责任。召开贯彻落实党委（党组）意识形态工作责任制专题会议，通报违反意识形态工作责任警示案例，对意识形态工作责任制落实情况监督检查进行部署。

【理论建设】 围绕“一条主线、十大专题”，县委中心组组织集中学习10次。每季度推荐理论学习书目，订阅发放《理论热点面对面》等理论刊物2万余册，开展理论学习交流会3次。编辑出刊《龙脑桥》4期，完成2016年思想文化工作调研成果和创新成果5项。

【理论宣讲】 以“四级四讲”机制宣传阐释党的政策理论，组织开展“送党章党纪下基层”活动，组织县委宣讲团示范宣讲23场；组织开展中共十八届六中全会精神、省市县“十三五”规划纲要、省委十届八次、市委七届十二次、县委十二届十二次全会、县十三次党代会精神宣讲，县领导示范宣讲30场，9名县委宣讲团成员开展订单式宣讲50场，镇街道部门开展集中宣讲600场，176名群众宣讲员开展微宣讲100场；开展“酒城讲坛”和“龙城讲堂”32场。

【对外宣传】 全年在中央电视台、中央人民广播电台、《农民日报》《经济日报》《四川日报》、四川电视台、四川人民广播电台等国家级、省级媒体发稿5200余件；《泸州日报》、泸州电视台、泸州人民广播电台等市级媒体刊播外宣稿件4600余件。其中《百年梨树吐新蕊　乡村美景醉游人》（中央电视台新闻联播3月16日）、《又到桂圆丰收季 果农减产不减收》（中央电视台第一时间8月29日）、《传统村落整体保护留住乡愁》（《四川日报》1月19日5版）、《泸县：产城融合强县，四个新区富民》（《四川日报》9月22日5版）、《泸州：家风润乡野，新风扑面来》（《四川日报》12月30日14版专版）等报道均在社会上引起强烈反响。邀请重庆电视台“重庆名片”栏目组，倾力合作打造“川渝明珠·泸县”的宣传片《千年泸县·宋韵龙城》，并在重庆电视台多个频道连续播出。与《四川日报》及川报全媒体中心合作，系列报道泸县第十三次党代会盛况；利用雨坛彩龙文化节、道林沟登山节、潮河龙眼节、中国曲艺之乡授牌、县城迁建二十周年庆等重大活动，邀请《四川日报》《华西都市报》《四川经济日报》《泸州日报》等省市主流媒体开展集中报道10余次。大力宣传脱贫攻坚工作，先后邀请省、市媒体报道鑫福集团捐款千万元事迹和2016年泸县扶贫义演等活动。

【新闻宣传】 围绕“产业创新发展年”工作主题，泸县新闻中心组织记者深入基层采访，在国家、省、市级媒体上用稿9800余件。《泸县通讯》、泸县电视台、泸县广播电台、《龙城手机报》、泸县新闻网、泸县发布等县内媒体，不断拓展新闻宣传的广度和深度，唱响主旋律，发出好声音，传播正能量，为全县干事创业营造浓厚的氛围，起到加油鼓劲的巨大作用。

【文化活动】 承办“向党95周年华诞献礼·曲艺名家新秀走进泸县”示范演出，正式授牌“中国曲艺之乡”；成功举办“春节联欢会”“龙舞闹元宵”“县城迁建20周年系列成就展示活动”等主题活动和“方洞龙抬头节”“道林沟登山节”“云锦梨花节”“潮河桂圆节”等文化旅游主题活动；举办“三下乡”暨新春扶贫惠民文艺演出20场；开展舞蹈、声乐、器乐、书法、绘画等免费培训2000余人次，对各镇、各艺术团队和机关的业务辅导100余次；成功创作首部大型舞台剧《龙城宋韵》在全市公演。按照“4331”标准大力推进泸县“幸福美丽新村文化院坝”示范点建设。

【公共文化和文化产业】 县文化馆、县图书馆、玄滩镇综合文化站、四川农民演艺中心等4家单位入选国家公共文化政策研究试验基地；泸县农民演艺成功申报四川省第六批省级服务业标准化试点项目；泸县文化馆顺利通过国家一级文化馆验收。放映公益电影3389场；继续提供图书阅读等免费文化服务，全县农家书屋图书通过“一卡通”系统实现通借通还。实施文化产业重点项目，顺利推进泸县文化艺术中心、宋代石刻博物馆、泸县公共体育场等重点文化项目建设。

【社会宣传】 深化核心价值观“记得牢·看得见·践行好”三大工程，做好公共场所“图说价值观”刊载工作，承办全省“传家风、立家规、树新风”现场交流会，获得省市领导高度评价；依托九曲河公园、怡园社区、仁和春天等地方围绕核心价值观打造主题公园、街区、楼栋；倾力打造全市首个家风馆，获得上级领导高度重视，并在全市推广学习；深化“我们的节日”主题活动，打造活动示范点和活动品牌；开展纪念建党95周年、红军长征胜利80周年等系列活动；组织“诵读中华经典·美丽我的酒城”系列活动，开展机关、企业、学校“屈原魂”传统诗词创作与诵读大赛；加强学校教育工作，打造“开学第一课（月）”主题活动品牌，打造法律进学校先进典型；组建重大典型数据库，规范对先进典型的推荐、宣传和管理。

【文明创建】 承办全市农村精神文明建设工作现场推进会和全省“传家风、立家训、树新风”现场交流会，制作《文明花开绽放龙城》《最美家庭故事》《最美家训集锦》《最美家风文艺作品》《德馨馆》5本集子；持续推进文明家庭、星级文明户等细胞创建活动，评选出星级文明户和文明家庭20户；完善文明创建申报审查程序，分别择优规划4个、9个和11个单位（村、社区）创建省、市、县级文明单位（村、社区），复查市县级文明单位等119个；制定《关于进一步加强农村精神文明建设的实施意见》，明确加强农村精神文明建设的18条措施；组织实施“百村建设”行动，打造“一堂、一站、一广告”示范点2个。

【公民道德建设】 建设标准化示范讲堂2个；举办“道德力量”第二届道德模范颁奖活动，评选表彰第二届泸县道德模范21名；建立覆盖县、镇（街道）和村（社区）三级的好人选树网络，3人入选“四川好人”、2人入选“泸州好人”；涌现出四川省“最美家庭”1个、市级最美家庭10个、县级最美家庭24个，首届泸州市“新乡贤”2名；举办“善行人间德润龙城”泸县道德模范事迹巡展“六进”活动；深入推进社会主义核心价值观三大工程，在县城主要干道设立核心价值观宣传道旗460余幅、座式宣传品8个。

【志愿服务】 组织开展“学雷锋·邻里守望”“精准扶贫·志愿力量”“文明交通”等内容的“学雷锋月”系列志愿服务活动100余场；1人获评四川省“百名优秀志愿者”，2人获评泸州市“最美志愿者”，1个组织获泸州市“最美志愿服务组织”，2个项目获泸州市“最佳志愿服务项目”；征集学雷锋主题优秀征文10余篇，主题公益广告3个，网络文明传播志愿者队伍已达500余人；印制和发放《文明旅游倡议书》1万余份，开展文明旅游宣传活动100余场次，在玉蟾山、玉龙湖等重点风景区管理处设立宣传专栏。

【未成年人思想道德建设】 对全县20所乡村学校少年宫运行情况进行督查打分并梯度拨付运转资金，20余名“非遗”传承人走进少年宫担任辅导员；征集童谣200余首，9名作者作品获市表彰；《做文明泸州人》《文明从我做起》等8幅绘画作品在市未成年人“做文明泸州人”美术创作比赛中获奖；创作绘画、摄影、音视频类作品200余件，20余件优秀作品参加“童眼看四川 最美是家乡”作品征集。组织开展清明祭英烈、“六一”学习和争做美德少年等活动，学生线上、线下参与率均达100%；举办2016年小学新生“开笔礼”示范活动及高三学生“成人礼”活动；云龙学校学生张格培入选“四川美德少年寻访活动”，并受邀参加市2016年暑期美德少年夏令营活动。

【互联网管理】 深化互联网安全和信息化“1+5”管理模式，实行互联网协同管理制度、5个专项小组季度工作台账制，编发工作通报10期，召开互联网管理联席会议4次；建立网站、论坛、政务微媒体、新闻微媒体、手机报、新媒体从业人员等7本管理台账。“泸县新闻网”成功申报为国家三类新闻网站，“泸县旅游”“平安泸县”被评为市级优秀政务新媒体。开展整治网络专项行动12次，对县域内网站和微博、微信公众账号累计巡查43次，约谈网站2家，办结互联网不良与违法信息举报234件次。

【网络舆论引导与舆情管理】 编发《龙城手机报》203期、《龙城手机党校》47期；刊载网络宣传稿件2.35万余件；组织网评员开展网络评论活动95次，撰写发表网评文章（含博文）9730篇，新闻转帖、跟帖14725条。推行“23451”网络舆情管理办法，监测收集涉泸县网上负面舆情近1000条，向涉事单位编发《网络舆情快报》237期，发出预警提示链接422条，向县委、县政府领导报送《网络舆情专报》28期；收集涉泸舆情1003条，向市上编报涉泸舆情信息111条；实行“1+3+N”网络问政办理机制，发出网络问政处置提示函1412件，涉事单位办结1394件；组织采编报送社会舆情信息11300条，向市上编报社会舆情信息5023条，被市上采用730条，被中宣部采用116条，完成市社会舆情信息约稿18次；报送工作信息41条，被《四川外宣通讯(互联网专刊)》采用信息1条；完成“新形势下走好网上群众路线”和“当前基层网络宣传工作现状与思考”课题调研。

【网络队伍建设】 建立完善应急、网管、网宣、网评、舆情、应急、技术七支工作队伍；集中开展网络宣传和舆情管理业务培训2次；组织有关部门单位网络管理员集中开展关键信息基础设施网络安全业务培训，深入基层单位开展业务培训12场次。

（撰稿人：秦操、刘勇）

统一战线
United Front

【干部队伍建设】 积极响应中央、省委、市委、县委开展“两学一做”的要求，以支部书记上党课等多形式、多方面开展学习活动。严格落实党风廉政建设和正风肃纪要求和党组主体责任和纪委监督责任，层层签订责任书，建立台账信息，明确廉政约谈制度，坚持“三重一大”制度。以观看影片、开展讨论、书写感悟等形式开展警示教育，制定并完善单位内部管理规章制度12个，逐一落实到位，切实执行党的政治纪律、组织纪律、财经纪律和工作生活等各项纪律，严格贯彻执行中央“八项规定”和省、市、县有关规定。7月初，成立由县委主要领导任组长的县委统一战线工作领导小组，9月，县委常委杨双全担任县委统战部部长，落实“统战部部长由同级党委常委担任”的规定，进一步推动党委统一领导、统战部牵头协调、有关方面各负其责的大统战工作格局建设。

【党外人士推介】 严把换届比例关，配合县人大、政协严格按照《中国共产党统一战线工作条例(试行)》和《四川省〈中国共产党统一战线工作条例（试行）〉实施细则》规定的中共党员和非中共党员比例进行安排，为市人大、政协推荐优秀人员；贯彻中央换届新要求，联合组织部做好324名党外市、县人大代表和市县政协委员推荐综合测评考察等工作。县级领导换届安排4名副县级领导干部，其中继任或交流转岗3名，提拔1名；换届提拔正科级领导干部2名；党外干部实职安排取得新进展。民主党派人士、非公有制经济人士、党外知识分子当选县人大代表99名、县人大常委4名、市人大代表21名，安排县政协委员187名（民主党派占47名）、县政协常委27名（其中民主党派19名）、市政协委员17名（其中民主党派9名），新形势下党外代表人士队伍建设进一步加强。

【党外人士交流学习】 县民主党派、工商联、知联会以多种形式学习贯彻中共十八届五中、六中全会精神，开展“同心、同向、同行”教育和反腐倡廉警示教育。7月党外知识分子联谊会泸县分会赴资中市安岳县考察学习，12月赴眉山市考察学习。县委统战部创新联谊交友方式，建立起由县委统战部和党外人士共同参与的“龙城统战”微信公众号、泸县统战QQ群，党外人士积极参与、踊跃发言，刊登参政议政提案议案、信息报道80余篇，统一战线氛围活跃。

【非公有制人士工作】 构建“亲”“清”新型政商关系，建立县委常委、县政府党员副县长联系非公有制经济代表人士制度，县领导、县级部门联系重点非公有制企业制度，适时汇总联系工作情况和代表人士建议意见，帮助企业协调解决实际困难。泸县工商联创建为全国“五好”县级工商联。组织开展光彩行活动和社会公益慈善活动，把光彩事业、扶贫开发与国情教育、革命传统教育结合起来，引导非公有制经济人士自觉履行社会责任。全县非公有制经济人士以实际行动鼎力支持脱贫攻坚工作，捐款捐物近3000万元，其中鑫福集团捐献脱贫攻坚专项资金1000万元，向云龙镇修路捐款80万元。召开“两新”组织党建工作推进会，在非公有制经济人士中开展理想信念教育实践活动，推动民营企业诚信经营、依法经营、依法诉求、依法维权。按照《泸州商会管理办法》《异地泸州商会工作考评办法》，在异地泸州商会中成立泸县流动党支部，发挥共产党员在商会中的先锋模范引领作用，至2016年年底，建立县直属商会4个，会员1480多人。

3月22日，2016年全县统战工作暨民族宗教政策法规培训会在海潮镇太阳寺召开（王真容/摄）

【民族宗教工作】 开展宗教政策法规宣传月活动，举办市、县两级“法律进宗教场所”活动培训会27次，1000余名教职人员及信教群众接受培训。为泸县青山寺争取到省上宗教场所维修资金30万元，落实政协委员中的3名宗教界代表人士生活补助。精确掌握少数民族群众和精准脱贫联系村（奇峰镇大江村）情况，为5户少数民族贫困户和联系村15户贫困户送去款物1.5万余元，积极帮助少数民族贫困户和联系村贫困户脱贫致富。

【援藏与侨联工作】 为第四批援藏工作组争取县上资金57万元，采购笔记本电脑23台。组织乡城少数民族学生“说说家乡话、谈谈家乡事”活动。龙文灯等3人获第三批“援藏工作优秀个人”称号。开展镇（街道）群团工作中心建设，投入1.5万余元宣传涉侨工作，深入联系镇开展群团建设督查5次。经过2轮摸排，掌握涉侨人员32名，侨务资源信息数据库初步建立。为3名贫困儿童争取到四川省华侨公益基金会“侨爱心朝阳计划——泸县救助贫困儿童”项目；美国侨领、世界越柬寮华人团体联合会秘书长巫锦辉，越南川渝商会副会长李小辉等一行莅临泸县考察，泸县贫困儿童彭兴坤、李海、王喜获四川省华侨公益基金会暖心包资助；向上争取贫困归侨侨眷扶持资金，困难侨眷王银洲、古洪忠获得资助4000元；泸县侨联春节慰问困难侨眷罗太清、刘远富等9人，送去慰问金9000元。

（撰稿人：李士波）

编制工作
Staffing work

【职能转变和机构改革】 编制全县31个部门（单位）责任清单6309张，在县党政网、县政府公众信息网、各单位门户网站上予以公布。完成农林局、农机局、畜牧局机构整合，形成“大农业”工作合力，整合泸县饲料监测站和泸县畜牧生产科教站，顺利完成职责划转和工作衔接，进一步整合机构编制资源，调整后，减少事业单位1个，收回行政编制2名、事业编制31名；将工商局、质监局整合为市场和质量监督管理局，统一市场监管力量；单设城乡环境管理局，为解决多头交叉执法奠定基础；将旅游职能划转到文体新广局，深度融合“全国文化先进县”资源，实现文旅联动；将泸县国有土地房屋征收补偿中心更名为泸县住房保障和房屋征收中心，撤销泸县住房保障中心，将其职能划转到泸县住房保障和房屋征收中心。

【机构编制保障】 紧紧围绕县委、县政府中心工作，按照“服务发展大局，优先满足重点”的原则，调增县府办行政编制1名用于扶贫工作；设立县委巡察办及县委巡察组，调增行政编制3名；调增城管局行政编制6名、旅游局行政编制3名，优先保障扶贫攻坚、城镇建设、执法监督等经济社会发展重点领域的工作力量；设立泸县金融服务中心，核定事业编制9名，强效充实融资工作力量；设立泸县泸川新城建设发展管理中心，核定事业编制10名，加快融入泸州主城区，推进泸川新城建设；调增医药产业园区行政编制2名，调剂资源助推医药产业发展；各镇（街道）设立经济发展服务中心，各核定事业编制2名，加强镇域经济发展工作；组建泸县农业行政综合执法大队，开展农业综合执法工作，已按程序报市委编委审批；设立土地整治中心，核定事业编制8名，保障宅基地改革试点工作；调增泸县疾病预防控制中心事业编制2名；为保障全民预防保健工作，在全部下达卫生院编制的基础上动态调整，玄滩、云锦镇卫生院调增事业编制共20名，卫生院用编上编放宽使用限制，确保全民预防保健工作开展；针对城市人口增加，为保证城区学生就学，调增泸县城西学校、泸县实验学校事业编制24名；调增玄滩镇学校事业编制5名。

泸县2016年机构编制“五进”活动推进会（熊铭炜/摄）

【事业单位改革】 泸县有事业单位401个，纳入分类的事业单位397个，未纳入分类的事业单位4个，经县编委会审定，已分类的事业单位382个。其中，划入行政类事业单位5个；公益一类事业单位350个；公益二类事业单位27个；暂缓分类事业单位15个。

【事业单位登记管理】 严格实行网上登记办理，完成348个事业单位法人年度报告公示；完成事业单位设立登记11个，法人变更登记79个，法人注销登记2个；完成泸县424个单位政务和公益中文域名注册续费工作，共缴纳运行注册费42400元；为232个事业单位换发新版事业单位法人证书；为机关、群团发放统一社会信用代码证60份。

【自身建设】 政务信息工作被省委编办、市委编办通报表扬；无偿献血工作被泸州市人民政府评为先进单位；机构编制系统自身建设、实名制统计、事业单位分类改革工作被市委编办评为先进单位；党建目标考核、工会工作、安全生产、落实党风廉政建设责任制工作被县委评为一等奖；脱贫攻坚工作被县委评为先进部门。

（撰稿人：熊铭炜）

干部教育培训
The Cadre Education and Training

【概况】 截至2016年年底，泸县县委党校有教职工9人（其中参公人员6人、事业单位人员3人）。内设行政办公室、教务股、科研股3个股室。

8月18日，省委组织部领导调研县委党校（陈先宾/摄）

【教学工作】 县委党校举办各类主体班5期，参训学员近1000余人次。清华大学远程教育10期，参训学员500余人次。此外还协助县机关工委、县纪委、县组织部等部门举办县级机关党务干部、县级机关重点岗位人员、镇（街）党务书记和组织委员等培训班，全面完成县委、县府交给的干部培训任务。县委党校教师在2016年到各镇（街道）、机关、村（社区），对“两学一做”、十八届五中六中全会精神、县委十三次党代会精神、社会主义核心价值观、家风家训等进行宣讲，授课80余场次，听众近6000余人次。

【科研工作】 县委党校选派科研能力强、工作积极性高的老师组成科研团队，积极关注社会热点、县域发展难点，跟踪县委县府工作重点，不断拟出新的科研课题和调研主题，2016年县委党校教职工公开发表文章和立项课题10篇项，即在《泸州社科联》上发表文章1篇，《江阳论坛》上发表文章3篇，《龙脑桥》上发表2篇，《泸县经济动态》上发表1篇，在市社科联立项2项，市委党校立项1项；对泸县宅基地改革、脱贫攻坚、如何当好“第一书记”、党校干训工作等课题进行比较深入的调研，并形成调研报告。将教师部分文章收集成册即《泸县党校》，录入教师科研调研文章和心得体会20余篇。县委党校编辑1本近4万字的《泸县领导干部教育学习读本》，作为泸县干部教育的基本教材；为县委书记撰写署名文章1篇。县委党校会同宣传部编印《龙脑桥》4期，会同组织部、宣传部编辑《龙城手机党校》48期。

【特色工作】 县委党校创新干训方式，设置流动党校，积极推进送教下乡工作，在得胜镇仁和村、灌顶山村、玉蟾街道龙桥文化生态园以及方洞镇薛湾村建立农村党员干部教育基地，并在这些基层教学点进行挂牌；组织专兼职教师定期不定期在干部教育基地开展专题讲座，在基地开设“两学一做”、《党章党规》《孝老爱亲》《社会主义核心价值观》《农村宅基地有偿退出改革》《农村妇女权益保护》等专题讲座19场。县委党校科研调研工作突破明显，承担市级课题3项，比往年的1项有明显进步，课题主要是对泸县农村经济发展转型和农村宅基地有偿退出改革进行研究；积极参与县委中心工作的调研，主要针对泸县的扶贫攻坚、农村宅基地有偿退出改革、如何当好“第一书记”等进行思考探索。

（撰稿人：张碧萍）

机关党建
Party's Construction of Organization

【思想建设】 通过县委党校、“龙城讲坛”“道德讲坛”等平台，开展领导干部讲党课、专题讲座、部门联组学习等形式组织机关党员干部学习各级全会精神和当前政策理论知识，推动机关党组织和党员干部在牢固树立“四个意识”和贯彻落实中央、省委、市委、县委决策部署上做表率。健全“四级四谈心”制度，做好每季度党员思想状况分析，针对性地做好思想政治工作，坚定广大党员干部的理想信念。深入开展“两学一做”学习教育。以“三会一课”为主要载体，组织开展学习教育专题讨论500余场次；组织专家、党校教师、讲师团成员、先进模范讲党课106节次，支部书记讲党课200余场次，参加党员1696人；开展“两重温两对照”主题党日活动，基层党组织参与率100%；组织开展“两学一做”演讲比赛，26名从全县各级党组织层层选拔出的党员代表结合具体事例，从不同角度诠释“两学一做”深刻内涵，推送县文广局蔡昔好代表泸州市参加省上举办的“两学一做·清廉家风伴我行”演讲比赛；开展“三亮三创三比”活动，全县命名共产党员示范单位21个，示范团队101个，示范岗283个；开展“两学一做”学习教育专项检查，清单化全覆盖对县直机关58个党组织进行全面督促指导。组织观看长征胜利80周年纪念片，参观红色教育、法纪教育基地，强化县直机关干部职工“四项教育”。举办形式多样的文体活动，增强机关党组织的凝聚力和向心力，激发干部职工干事创业激情。

【基层建设】 进一步抓好基层组织建设，规范基层党组织设置，理顺隶属关系，实行台账管理，2016年批准成立机关党委2个，党总支部3个，党支部10个，撤销机关党委6个、党支部2个；督促指导20个基层党组织按期进行换届改选；扎实开展“三分类三升级”活动，对2个后进党组

6月23日，泸县机关工委举办全县“两学一做”学习教育演讲比赛（杨军/摄）

织进行撤销合并，4个后进党组织进行转化升级并组织验收；做好党员发展工作，举办1期入党积极分子培训班，135人参加培训，新发展党员28名，预备党员转正24名；通过邀请省市县党建工作专家到党校授课、组织优秀党务干部参加省党务干部班以及县本级编印《机关党建工作手册》工具书指导等方式，抓好基层党组织书记培训；按照“六好”标准，在政法系统、农业系统、经济系统和教育系统培育和打造6个机关党建示范点；通过制发《“法律进机关”工作方案》、法治教育培训、法制宣传和开展学法用法示范机关创建活动，推进依法治理工作。成功创建6个县级学法用法示范机关，3个市级“法律进机关”示范单位；严格对照法定程序，从县直机关选区中选举产生95名出席第十三次中国共产党泸县代表大会代表和2名县人大代表。

【脱贫攻坚】 开展“双联”“双报到”活动，采取专题调研、驻村蹲点、结对帮扶等方式，多渠道帮助镇（街道）村理清发展思路、解决群众实际问题、化解矛盾纠纷。30名县级领导到镇村解决问题132个，帮助联系镇（街道）落实项目47个，解决困难帮扶资金200万元；91个帮扶部门累计开展农业技术培训136期，培训3700余人次，为联系村协调项目资金1000余万元，为困难群众送去130余万元物资。夯实“六个一”帮扶力量，实行全覆盖动态台账化管理；制定工作制度，下发工作任务清单，开展脱贫攻坚专项督查12次，发出通报12期，强化过程管理，压实工作责任；借助新兴和传统媒体，大力宣传脱贫攻坚涌现出的脱贫先进经验和帮扶先进典型，向省、市推荐帮扶典型案例2个，其中记述兆雅镇型家村党总支第一书记詹旺的《当好型家人》被省驻村帮扶简报和《时代先锋》杂志刊发。为建档立卡贫困户、困难党员、残疾贫困户等群体送棉衣棉被25214套，让困难群众温暖过冬；在春节和“七一”期间慰问机关困难党员54名，慰问金8.02万元；组织机关党员志愿者走进社区，开展敬老爱老、关爱服务、文明创建、爱卫宣传等活动。

【制度建设】 落实党建责任制，下发《2016年县级部门党组织党建工作目标日常管理考核内容》，量化考核内容，优化考核方式；健全激励机制，在县直机关党建工作会和建党95周年庆祝会上对38个先进基层党组织、20个“四型”机关先进集体、20个双联先进集体、20名优秀党务工作者、20名优秀共产党进行表彰；坚持工委委员议事工作制度，召开联席会议4次，提升机关工委工作制度化、科学化；坚持调查研究，到20个单位集中开展调研，形成调研文章2篇；落实机关党建述职评议考核机制，58个机关党组织参会进行述职评议，其中10名机关党委书记和支部书记大会口头述职。

【党风廉政建设】 抓好党风廉政责任制建设，制定县直机关党风廉政建设考核细则，建立机关工委领导班子成员落实党风廉政建设责任清单，全面落实“一岗双责”要求。开展“廉洁文化进机关示范点”创建活动，培育和打造县农林局、县国税局等7个廉洁机关示范点。开展“两巡一测试”工作，开展多种形式的党章党纪进党员和为民下基层活动，解决群众反映的突出问题25个。每季度开展县直机关纪律作风专项督查，协助县纪委查处违纪案件12件次，给予党纪处分12人，其中科级领导干部7人。

【统战与群团工作】 加强对机关统战工作研究，宣传贯彻党的统战政策，增强与民主党派的协调联系，充分发挥统一战线成员的优势和作用，支持动员他们积极建言献策；推进基层工会组织“双亮”活动，继续实施“送温暖”“金秋助学”困难救助等行动；深化青年志愿者服务和青年文明号创建工作，利用“青年之家云平台”等载体服务青年成长成才；开展机关“岗位建功”活动，评选“三八红旗手”和“三八红旗手集体”，引领广大妇女干部职工立足岗位建功立业。抓好机关综治、维稳、禁毒、普法、防邪、安全、保密、编制、人口和计划生育等工作，全面完成县委、县政府交办的各项工作任务。

（撰稿人：杨军）

群众和信访工作
Masses and Petition work

【概况】 2016年，全县群众信访总量1637批（件）次和2157（件）人次，其中乡镇走访150批206人次；县级来信245件次，走访668批1087人次；市级致信220件次，走访33批63人次；省级致信139件次，走访29批39人次；国家级致信99件次，走访54批59人次。比2015年度2156批（件）次和3364（件）人次，总量明显下降。2016年信访形式仍以走访为主，走访类934批次，占全年信访总量的57.1%，同比2015年占比有明显下降。全年市级以上致信458件次，其中省市致信359件次，占市级以上致信的78.4%；市级以上走访116批161人次，其中市走访33批63人次，省走访29批39人，进京走访54批59人次。进京上访仍保持高位运行态势，形势较为严峻。

【矛盾排查】 坚持每月定期在全县开展一次矛盾纠纷大排查工作，同时在重要敏感节点适时开展专项排查。对排查工作始终坚持“镇不漏村、村不漏组、组不漏户、户不漏人”的工作原则，确保各类矛盾纠纷排查到位。对排查出的问题，全部建立流水台账，特别是涉及民生的重点问题，逐一落实责任单位限时予以解决。全年全县排查各类矛盾纠纷1741件，化解1660件，化解率95%以上。

【接访下访】 县级领导坚持每个工作日轮班到群众工作中心接访，接待群众来访207批621人次，批阅群众来信322件，其中县委书记、县长接待群众来访72批216人次，阅批群众来信36件。县级领导开展集中下访和分散下访118次，解决个案41件。信访突出问题和不稳定因素全部纳入领导包案，县级领导包案38件，化解16件。县委、县政府主要领导专题听取信访工作汇报5次，专题研究信访突出问题13次，进一步明确各级领导干部的信访工作责任，推动重点疑难信访事项的化解。

1月7日，泸县信访工作联席会议召开

【信访渠道建设】 在抓好固定场所接待群众来访的同时，注重广开言路、开门纳谏，广泛采取网上信访、绿色邮政、电话接访、干部下访等方式，多渠道、多形式接收群众的意见建议，进一步拓展群众反映问题的信访渠道。全年全县受理的1637件群众来信来访中，网上反映的信访件703件，占到总数的43%。

【信访诉求办理】 全面推行“首办责任”制度，压实信访事项首接、首办工作责任，对初信初访问题的接访、受理、办理、回复等各个工作环节进行规范，严格审核把关信访件的办结质量，进一步提高初信初访办结率和化解率。建立健全《信访积案化解长效机制》，按照“五个一”的工作要求，进一步明确县级领导、事权单位、稳控单位包案化解。全县受理初信初访1310件，办结1310件，解决群众合理合法诉求1245件，占初信初访总量的95%；限时办结省、市交办的7件信访积案，确保省上下达的信访积案任务完成。

【信访秩序规范】 结合法制宣传工作，采取编印宣传手册、播放宣传标语等多种形式，加强《信访条例》和依法逐级走访等法律法规的宣传。按照“突出重点、分类管理、分级创建、逐年推进”的工作思路，开展“信访”“三无”创建活动。紧紧围绕进京非访、进京越级访和缠访闹访、集体访、重复访等重点难点工作，持续开展好专项治理，推动问题及时就地解决。

【队伍建设】 完善以县群工中心为龙头，各镇街、县级部门信访机构为骨干，各村、社区群众工作站为基础，各组信访信息员为补充的四级群众信访受理平台，建立信访受理机构400余个。进一步扩展信访干部队伍，各镇街、县级各部门从事信访工作的专职干部有500余人，各村各组兼职从事信访工作的人员有3000余人。

【工作模式创新】 探索信访事项第三方评价机制，建立由社会贤达、专业人才、律师、心理咨询师等社会力量共同参与的第三方评价机构，通过第三方评价机构，对信访人提出异议的信访事项进行客观、公正地评价。建立专班劝返机制。依法规范信访行为，恢复正常的信访工作秩序。

【督查考核】 制定《信访工作考核细则》，将信访工作纳入各级各部门的综合目标考核内容。同时健全《信访工作约谈制度》《信访工作责任倒查办法》《信访部门向组织部门通报情况试行办法》等工作制度，层层压实信访工作责任，将各级领导干部抓信访工作的情况，列入评先评优、升迁进职的重要依据。坚持经常性督查督办与专项督查督办相结合，对各级各部门履职尽责情况进行督查，督查情况将及时通报并纳入年终考核内容。

（撰稿人：吴倩）

老干部工作
Veteran Cadre work

【工作机制】 严格执行现行政策，坚持对离退休干部“三个保障机制”的落实情况进行督促检查，坚持老干部工作领导负责制，坚持县委常委联系老干部制度，坚持老干部政治理论学习、情况通报制度、春节、重阳节座谈会制度，坚持老干部生日慰问制度、生病住院看望制度和外出疗养等。坚持一年一次的老干部健康检查制度。4月，组织近50名离休干部、县级退休干部在泸州医学院附属中医院进行健康体检。按照《泸县困难老干部帮扶机制实施意见》，以春节、“七一”建党节、“九九”重阳节等重大节假日为契机，对全县84人次困难、生病老干部及困难老干部遗孀进行及时帮扶，送去困难帮扶资金5.05万元。

【待遇落实】 对全县中华人民共和国初期参加革命工作的部分退休干部困难补助增长进行协调和落实；对全县离休干部无工作遗孀生活费增长进行协调和督促，有效保证机关企事业单位按照现行政策规定对离休干部遗孀生活费按月足额发放。

【理论培训】 5月，举办老干部理论培训班。培训采用理论学习和外出健康休养的形式，组织老干部开展“两学一做”专题讲座、“党规党纪铭我心”知识竞赛。举办全县离退休干部“两会”精神学习会，40余名离退休干部以集中学习、小组讨论、个人自学等方式深入学习领会全国“两会”精神。坚持以3个离退休干部党支部为单位，组织开展政治学习、参观考察、扶贫攻坚等活动40余次。举办春秋两季老干部钓鱼比赛和健康讲座。

【活动开展】 以红军长征胜利80周年为契机，组织开展“追寻红色足迹、弘扬长征精神”为主题的参观、座谈、征文、报告会、走访慰问等系列纪念活动10余次，缅怀烈士功绩、铭记历史贡献、传播正能量、珍视美好生活。以中国共产党建党95周年为契机，组织开展“七个一”系列活动（上好一次专题党课、重温一次入党誓词、组织一次爱心捐款、开展一次走访慰问、展开一次征文比赛、重走一次红色之路、召开一次讨论座谈），向党的生日献礼，引导广大离退休老干部争做“四讲四有”合格党员。在重阳节前夕，通过举行外出参观考察、召开情况通报会、开展走访慰问等活动，县委书记薛学深亲自向各离退休老干部汇报全县2016年上半年工作开展情况，将组织对离退休老干部的关怀和温暖送到70余名离退休老干部及遗孀手中。

【信访接待】 严格执行信访接待制度，认真做好老干部来信来访工作。全年接待和处理老干部来信来访及电话咨询50余件次，对老干部反映的问题及时与有关部门协调，做到件件有落实、事事有回音，办结率100%。

【老干部工作进社区】 继续推进老干部工作进社区工作，玉蟾街道坚持每月组织老干部在县城各社区轮流开展学习活动，为老干部提供交流平台；祥和社区坚持利用重大节日走访慰问老干部，不定期为老干部进行健康检查。在老干部就近学习、活动、生活上得到照顾的同时，充分发挥老同志自身优势参与社区建设,为社区做力所能及的工作。老干部夕阳红宣讲团深入到玉蟾街道、清溪、祥和、怡园等社区为青少年、党员、干部、居民作“两学一做”、纪念红军长征胜利80周年、中共十八届六中全会精神等宣讲报告12场次。

【老干部互评】 坚持把“老干部评价老干部工作”纳入全县各单位党建目标考核，把“两个待遇”“两项建设”、老干部进社区等工作成绩作为考核的主要依据，不断改进和提高老干部工作水平。年终对全县32个单位进行测评，综合满意率为97%。

【自身建设】 强化组织保障，在工作中，勤请示、勤汇报，主动争取领导在思想认识、履行职责、工作措施上的重视与支持。调整老干部工作领导组成员，根据人员变动和全县组织议事协调机构的清理，县委保留老干部工作领导小组，由县委常委、组织部部长任组长，县“四大班子”及相关单位领导为副组长及成员，为进一步做好老干部工作提供组织保障。建立工作台账。完善老干部信息登记表，新增老干部个人简历、身体状况、爱好特长和本人及家人联系方式等内容，保障老干部工作对象底子清，情况明，基础工作夯实。要求每一位工作人员熟悉老干部的身体情况、家庭现状、存在困难等，熟知老干部的生活习惯、爱好特长等。加强老干部网宣骨干的培训，多次组织离退休老干部代表及老干部工作人员赴浙江大学、成都老干部活动中心等地学习，全年上报信息38条，被省市采用38条，编写老干部工作简报8期，关心下一代工作简报7期，通过微信公众号宣传老干部工作动态，增强老干部工作的知晓度和影响力。

（撰稿人：赵婧汐）

关心下一代工作
Next Generation work

【活动开展】 开展“三爱”正能量教育、“学雷锋、心向党、讲品德、见行动”“爱我中华·建设美好泸县”等正能量教育活动，先后到官大冲学校、玉蟾街道康桥社区等地作以“学雷锋”“感恩”为主要内容的思想道德建设报告20余场次，3万余名学生受到深刻的社会主义核心价值观教育。以纪念红军长征胜利80周年为契机，开展“红色基因传承——长征精神耀四川”爱国主义教育系列主题活动。报告团先后到青龙中学等地作题为纪念长征胜利80周年专题报告会12场，2万多名青少年受到“两史”教育。在全县初中生和广大“五老”人员中开展“纪念长征胜利80周年”征文活动，17篇征文获优秀作文奖。关工委社会文化工作委员对全县67家经营性网吧开展义务巡查，并配合有关部门开展文化市场检查。

【未成年教育】 关工委家庭教育工作委员会3名老同志分别到学校、农村、社区及非公经济组织中开设“父母大课堂”，作“培养孩子良好习惯，做新时期合格家长”专题讲座10多场。全县通过“家长学校”平台，推进学校、家庭、社会“三结合”教育网络建设，有力形成教育合力，营造正能量学习氛围。持续加强保护、关爱青少年的正能量力度。

【法律宣教】 关工委法制工作委员会7名老同志到马溪中学、清溪社区等地向近万名学生宣讲《中华人民共和国未成年人保护法》等法律法规，多次带队到县看守所、泸州市强制隔离戒毒所、四川省女子监狱等地开展帮教活动，与泸县6名“问题青少年”开展结对帮教活动，不遗余力去挽救那些“迷路”的孩子。

【未成年关爱】 为未成年人提供法律援助8件，为司法机关办理未成年人案件当“合适成年人”15人次，较好地保护青少年权益。全年，市关工委、市关心下一代基金会和泸县关爱基金共同出资22.5万元，资助全县150名品学兼优的贫困中小学生。结合精准扶贫工作，老干部局多方筹集资金，资助扶贫对象10余户1万余元，县关工委2.5万元关爱基金也成功资助玄滩、云锦等镇32名贫困“五失”未成年人。

（撰稿人：赵婧汐）

泸县人民代表大会常务委员会

STANDING COMMITTEE OF PEOPLE'S CONGRESS OF LUXIAN COUNTY

重要会议

Important Meetings

【第十五届人民代表大会第六次会议】 1月19—22日，泸县第十五届人民代表大会第六次会议泸县会议中心举行，会议议程9项，会期4天。会议听取和审查了泸县人民政府工作报告；听取和审查了泸县人大常委会工作报告；听取和审查了泸县人民法院工作报告；听取和审查泸县人民检察院工作报告；审查和批准泸县2015年国民经济和社会发展计划执行情况的报告及2016年国民经济和社会发展计划草案；审查财政局关于2015年财政预算执行情况的报告及2016年财政预算草案，批准2015年县本级财政预算执行情况的报告及2016年县本级财政预算；会议通过泸县第十五届人民代表大会第五次会议《关于政府工作报告的决议》《关于泸县2015年国民经济和社会发展计划执行情况暨2016年国民经济和社会发展计划安排的决议》《关于泸县2015年财政收支预算执行情况及2016年财政预算报告的决议》《关于泸县人民代表大会常务委员会工作报告的决议》《关于泸县人民法院工作报告的决议》《关于泸县人民检察院工作报告的决议》。会议补选王艳萍、李生元为泸县第十五届人民代表大会常务委员会委员。会议通过泸县第十五届人民代表大会专门委员会设置的方案，选举产生各专门委员会主任委员、副主任委员和委员共30人。此次大会未收到代表团和代表联名提出的议案。大会秘书处共收到代表提出的建议、批评和意见96件，县人大常委会办公室召开交办会，直接交"一府两院"办理。

【第十六届人民代表大会第一次会议】 12月11—16日，泸县第十六届人民代表大会第一次会议在泸县会议中心举行，会议议程九项，会期6天。会议听取和审查了泸县人民政府工作报告；听取和审查了泸县人大常委会工作报告；听取和审查泸县人民法院工作报告；听取和审查泸县人民检察院工作报告；审查和批准泸县2016年国民经济和社会发展计划执行情况的报告及2017年国民经济和社会发展计划草案；审查财政局关于2016年财政预算执行情况的报告及2017年财政预算草案，批准2016年县本级财政预算执行情况的报告及2017年县本级财政预算；选举。会议通过了泸县第十五届人民代表大会第五次会议《关于政府工作报告的决议》《关于泸县2016年国民经济和社会发展计划执行情况暨2017年国民经济和社会发展计划安排的决议》《关于泸县2016年财政收支预算执行情况及2017年财政预算报告的决议》《关于泸县人民代表大会常务委员会工作报告的决议》《关于泸县人民法院工作报告的决议》《关于泸县人民检察院工作报告的决议》。会议选举了泸县第十六届人民代表大会常务委员会主任、副主任，泸县第十六届人民政府县长、副县长，泸县人民法院院长，泸县人民检察院检察长，泸县第十六届人民代表大会常务委员会委员，泸县第十六届人民代表大会各专门委员会主任委员、副主任委员、委员。此次大会未收到代表团和代表联名提出的议案。大会秘书处共收到代表提出的建议、批评和意见136件，县人大常委会办公室召开交办会，直接交“一府两院”办理。

【第十五届人民代表大会常务委员会第31次会议】 1月5日，泸县第十五届人民代表大会常务委员会第31次会议在县人大常委会会议室召开，会议议题6项，会期半天。会议听取和审议县人民政府关于艾滋病防治工作的情况报告；听取和审议县人民政府关于《中华人民共和国环境保护法》贯彻实施的情况报告；审议通过泸县第十五届人民代表大会专门委员会设置的方案；审议通过《泸县农村宅基地退出节余指标利用及土地征用报批管理办法（暂行)》等2个办法的报告；讨论通过第十五届人大常委会第六次会议召开的相关事项；审议通过人事任免案。会议由县人大常委会主任罗永华主持，县十五届人大常委会组成人员27人出席会议。

【第十五届人民代表大会常务委员会第32次会议】 1月15日，泸县第十五届人民代表大会常务委员会第32次会议在县人大常委会会议室召开，会议议题3项，会期半天。会议听取和审议了县人民政府关于《泸县多规合一规划(2015—2030)》的情况报告；补选谭红杰、雷正云为泸州市第七届人民代表大会代表；审议通过有关人事任免事项。会议由县人大常委会主任罗永华主持，县十五届人大常委会组成人员29人出席会议。

【第十五届人民代表大会常务委员会第33次会议】 1月28日，泸县第十五届人民代表大会常务委员会第33次会议在县人大常务会会议室召开，会议议题2项，会期半天。会议听取和审议县人民政府关于撤县设区方案的报告；审议通过有关人事任免事项。会议由县人大常委会主任罗永华主持，县十五届人大常委会组成人员26人出席会议。

【第十五届人民代表大会常务委员会第34次会议】 2月28日，泸县第十五届人民代表大会常务委员会第34次会议在县人大常委会会议室召开，会议议题2项，会期半天。会议听取和审议县人民政府关于政府性融资工作的情况报告；审议通过人事任免案。会议由县人大常委会主任罗永华主持，县十五届人大常委会组成人员29人出席会议。

【第十五届人民代表大会常务委员会第35次会议】 4月26日，泸县第十五届人民代表大会常务委员会第35次会议在县人大常委会会议室召开，会议议题6项，会期半天。会议听取和审议县人民政府关于档案信息化建设工作的情况报告；听取和审议县人民政府关于2016年切块资金安排情况的报告；听取和审议县人民政府关于县城市政基础建设及园区配套设施建设PPP项目的报告；听取和审议县人民政府关于将玉蟾街道建设街一期棚户区改造列入2016年国民经济和社会发展总体规划的报告；审议通过县人大常委会任命人员向宪法宣誓的实施办法；审议通过人事任免事项。会议由县人大常委会主任罗永华主持，县十五届人大常委会组成人员29人出席会议。

【第十五届人民代表大会常务委员会第36次会议】 7月26日，泸县第十五届人民代表大会常务委员会第36次会议在县人大常委会会议室召开，会议议题5项，会期半天。会议听取和审议县公安局依法行政工作整改情况的报告；听取和审议县人民政府关于1—6月财政收支预算执行情况的报告；

听取和审议县人民政府关于教育精准扶贫工作情况的报告；审议通过人事任免事项。会议由县人大常委会主任罗永华主持，县十五届人大常委会组成人员25人出席会议。

【第十五届人民代表大会常务委员会第37次会议】 8月17日，泸县第十五届人民代表大会常务委员会第37次会议在县人大常委会会议室召开，会议议题3项，会期半天。会议审议通过有关人事任免事项；听取和审议县人民政府关于农村宅基地改革“两意见、两办法”贯彻执行情况的报告；听取和审议县人民政府关于办理县人大代表意见、批评和建议的情况报告。会议由县人大常委会主任罗永华主持，县十五届人大常委会组成人员27人出席会议。

【第十五届人民代表大会常务委员会第38次会议】 9月19日，泸县第十五届人民代表大会常务委员会第38次会议在县人大常委会会议室召开，会议议题6项，会期半天。会议听取和审议县人民政府2015年财政收支预算和其他财政收支审计情况的报告；听取和审议县人民政府关于全面脱贫攻坚工作情况的报告；听取和审议泸州医药产业园青龙综合体一期PPP项目的情况报告；审查和批准2015年县本级财政决算；书面听取2015年审计整改报告；审议通过泸县选举委员会、福集等19个镇的选举委员会。会议由县人大常委会主任罗永华主持，县十五届人大常委会组成人员26人出席会议。

【第十五届人民代表大会常务委员会第39次会议】 11月30日，泸县第十五届人民代表大会常务委员会第39次会议在县人大常委会会议室召开，会议议题6项，会期半天。会议听取和审议2016年财政预算调整变动的报告；听取和审议县人民政府整治违法建筑工作的情况报告；听取和审议县人民政府关于“七五”普法规划的报告；听取和审议第十六届人民代表大会代表资格审查报告；听取和审议《泸县农村集体经营性建设用地入市管理试行办法》《泸县农村土地征收管理试行办法》的报告；审议通过人事任免案。会议由县人大常委会主任罗永华主持，县十五届人大常委会组成人员26人出席会议。

【第十五届人民代表大会常务委员会第40次会议】 12月6日，泸县第十五届人民代表大会常务委员会第40次会议在县人大常委会会议室召开，会议议题2项，会期半天。会议审议通过人事任免案；听取和审议第十六届人大第一次会议的报告。会议由县人大常委会主任罗永华主持，县十五届人大常委会组成人员29人出席会议。

【第十五届人民代表大会常务委员会换届选举专题民主生活会】 9月14日，泸县第十五届人民代表大会常务委员会换届选举专题民主生活会召开，会议议题4项，会期头天。副科级纪检委员罗伟领学有关换届选举的各项规定；杨怀清副主任领学市委组织部的文件；罗永华领学相关的法律法规；班子成员分别作表态发言。会议由县人大常委会主任罗永华主持，县十五届人大常委会主任、副主任，委室主任、副主任出席会议。

【第十五届人民代表大会常务委员会第40次主任会议】 1月4日，泸县第十五届人民代表大会常务委员会第40次主任会议在县人大3楼会议室召开，会议议题1项，会期半天。会议传达贯彻市委精神，讨论在泸县第十五届人民代表大会设置专门委员会的相关事宜，一致决定设置财政经济工作委员会、内务司法工作委员会、城乡环境资源保护工作委员会、教科文卫工作委员会、农业工作委员会、外事侨务民族宗教工作委员会六个专门委员会。会议由县人大常委会主任罗永华主持，县十五届人大常委会主任、副主任，委室主任、副主任出席会议。

【第十五届人民代表大会常务委员会第41次主任会议】 1月14日，泸县第十五届人民代表大会常务委员会第41次主任会议召开，会议议题2项，会期半天。会议讨论决定接受陈剑波辞去泸州市第七届人民代表大会代表职务的请求；落实市委人大工作会议精神，讨论决定刘先琴任玉蟾街道人大工委副主任。会议由县人大常委会主任罗永华主持，县十五届人大常委会主任、副主任出席会议。

【第十五届人民代表大会常务委员会第42次主任会议】 1月25日，泸县第十五届人民代表大会常务委员会第42次主任会议召开，会议议题2项，会期半天。会议讨论决定接受徐军辞去泸县第十五届人民代表大会代表职务的请求；讨论决定闵思琴、陈凯任（免）职的相关事宜。会议由县人大常委会主任罗永华主持，县十五届人大常委会主任、副主任出席会议。

【第十五届人民代表大会常务委员会第43次主任会议】 2月18日，泸县第十五届人民代表大会常务委员会第43次主任会议召开，会议议题2项，会期半天。会议讨论了2016年常委会工作意见；讨论了2016年各专门委员会工作规划。会议由县人大常委会主任罗永华主持，县十五届人大常委会主任、副主任，委室主任、副主任出席会议。

【第十五届人民代表大会常务委员会第44次主任会议】 2月26日，泸县第十五届人民代表大会常务委员会第44次主任会议召开，会议议题3项，会期半天。会议讨论决定报送泸县第十六届人民代表大会代表名额为324名，常委会组成人员名额为43人；讨论决定2016年人大干部培训及相关事宜；杨怀清传达泸州市县乡人大换届选举工作会精神。会议由县人大常委会主任罗永华主持，县十五届人大常委会主任、副主任，委室主任、副主任出席会议。

【第十五届人民代表大会常务委员会第45次主任会议】 4月19日，泸县第十五届人民代表大会常务委员会第45次主任会议召开，会议议题4项，会期半天。会议听取县公安局出入境管理法贯彻执行的情况汇报；听取县人民政府关于2015年安全生产法执法检查存在问题整改落实的情况汇报；听取县人民政府关于国卫复检工作的情况汇报；讨论决定第三十五次常委会议召开的时间。会议由县人大常委会主任罗永华主持，县十五届人大常委会主任、副主任，委室主任、副主任出席会议。

【第十五届人民代表大会常务委员会第46次主任会议】 7月16日，泸县第十五届人民代表大会常务委员会第46次主任会议召开，会议议题1项，会期半天。讨论决定第三十六次常委会召开的时间为7月26日。会议由县人大常委会主任罗永华主持，县十五届人大常委会主任、副主任出席会议。

【第十五届人民代表大会常务委员会第47次主任会议】 8月16日，泸县第十五届人民代表大会常务委员会第47次主任会议召开，会议议题1项，会期半天。讨论决定第37次常委会召开的时间为8月17日。会议由县人大常委会主任罗永华主持，县十五届人大常委会主任、副主任出席会议。

【第十五届人民代表大会常务委员会第48次主任会议】 9月14日，泸县第十五届人民代表大会常务委员会第48次主任会议召开，会议议题4项，会期半天。会议听取县人民政府关于法律援助工作的情况汇报；听取县人民政府关于计生工作的情况汇报；听取县人民政府关于水土保持工作的情况汇报；讨论决定第38次常委会议召开的时间为9月19日。会议由县人大常委会主任罗永华主持，县十五届人大常委会主任、副主任，委室主任、副主任出席会议。

【第十五届人民代表大会常务委员会第49次主任会议】 10月27日，泸县第十五届人民代表大会常务委员会第49次主任会议召开，会议议题2项，会期半天。会议听取县人民法院关于“三型”法庭建设工作的情况汇报；听取县人民政府关于妇儿工作的情况汇报。会议由县人大常委会主任罗永华主持，县十五届人大常委会主任、副主任，委室主任、副主任出席会议。

【第十五届人民代表大会常务委员会第50次主任会议】 10月31日，泸县第十五届人民代表大会常务委员会第50次主任会议召开，会议议题3项，会期半天。杨怀清副主任领学十八届六中全会公报；讨论决定人大代表名额及人选；讨论县第十六届人民代表大会第一次会议相关事宜。会议由县人大常委会主任罗永华主持，县十五届人大常委会主任、副主任，委室主任、副主任出席会议。

【第十五届人民代表大会常务委员会第 51 次主任会议】 11 月 14 日，泸县第十五届人民代表大会常务委员会第 51 次主任会议召开，会议议题 1 项，会期半天。讨论决定候选人辞去选举委员会职务的相关事宜。县十五届人大常委会主任、副主任，委室主任出席会议。

【选举日工作】 11 月 19 日，县代表选举结束，应选 324 名代表，实际选举产生 324 名代表，县下派参选的 72 名全部当选。全县 123 个选区均一次选举成功，没有一个选区另选或重选。全县镇人大代表名额为 1392 名，实际选出代表 1390 名。

（撰稿人：熊方永、方成均）

代表与监督
Representative and Supervision

【概况】2016 年，泸县人大常委会依法履职尽责，围绕全县大局，高度关注民生，召开 2 次人民代表大会、10 次常委会 、12 次主任会议，听取和审议"一府两院"专项工作报告 14 项，作出决定、决议 2 项，提出审议意见 36 条，开展专项工作视察 2 次，专项调研 8 次，配合市人大常委会开展工作调研 6 次、执法检查 1 次，办理代表建议意见 92 件。

【代表工作】 把代表工作作为人大强基固本的工作来抓，积极创造条件，支持和保障代表依法履职。加强培训，提高代表履职能力。组织 4 期县、镇人大代表专题学习培训，拓展视野，提高县人大代表依法履职能力。拓宽渠道，为代表履职搞好服务。向代表寄送人大常委会公报 1 期、人大工作通讯 6 期，及时向代表通报人大常委会工作，让代表知情知政，了解全局,为代表议政奠定基础，搭建代表履职平台。有计划地让各镇（街）县人大代表轮流参加执法检查和重大调研视察活动，列席人大常委会会议，让代表了解社情民意，表达意见，反映民声。全年 24 名农村县人大代表参加县人大常委会的重大活动。认真督办代表建议，始终把代表建议、批评和意见的督办工作摆在重要位置，不断改进和加强督办措施，加大督办力度，促使代表建议得到落实。

【重大事项监督】密切关注经济运行情况，强化宏观经济监督。听取和审议县政府关于 2016 年切块资金安排情况的报告、关于 1—6 月国民经济和社会发展计划执行情况的报告、关于 1—6 月财政收支预算执行情况的报告等 10 余个报告。要求县政府合理安排支出，加大财政改革力度，依法公开财政预、决算信息，打造阳光财政。

【中心工作监督】组织人大代表和常委会组成人员调研经开区和药业园区运行情况，针对园区存在的问题，提出加快转型发展、完善规划、健全管理体制机制等建议。听取和审议县人民政府创新农业经营体制培育新型经营主体等农业工作的情况报告和农村宅基地改革"两意见两办法"贯彻执行情况的报告，针对农业和农村经济工作，提出"创新农业经营体制要推广家庭农场耕种方式，推进农业规模化、节约化进程""农业招商引资要加强项目管理，拓展长远效益"的建议。听取和审议县人民政府关于《中华人民共和国旅游法》贯彻执行的情况报告。建议县政府加强队伍建设、强化监管、多元化开发，把旅游业打造成支柱产业。

【民生监督】听取和审议县人民政府关于推进幸福美丽新村建设和《中华人民共和国环境保护法》贯彻执行的情况报告。建议县政府"因地制宜，做好项目支撑、解决困难群体住房问题；加强部门协调，推进新村聚居点建设"；要求县政府"加大处理违法排污力度，有效利用污水处理设施，提高环境质量"。听取和审议县人民政府关于文化传承和文物保护、学前教育工作、艾滋病防治工作的情况报告。主任会议听取县人民政府关于《中华人民共和国广告法》

《中华人民共和国知识产权法》贯彻落实的情况汇报，质量和技术监督、科技示范县创建工作的情况汇报。

【法律监督】听取和审议泸县人民政府《关于泸县多规合一全域规划（2015—2030）的情况报告》和《关于整治违法建筑工作情况的报告》，促进全县城乡建设的规范和有序发展。听取《关于县城“国卫复审”迎检工作情况的报告》，并向县政府提出严格规范执法，建立长效管理，持续开展城市环境综合治理，进一步巩固好发展好国家卫生县城创建成果的建议意见。参与听取和审议县公安局依法行政工作整改情况和县政府“七五”普法规划的报告。听取县政府法律援助工作的情况汇报和县法院“三型”法庭建设的情况报告。

【任免机制完善】坚持和维护党管干部的原则，对县委提请人大任免的干部，采取任前法律知识考试、常委会集体投票表决、颁发任命书、任职表态、向宪法宣誓等有效形式，依法进行任免。通过法律考试、任职表态和向宪法宣誓，促使受任命干部学法守法用法，明确自己的工作岗位职责，亮出自己的承诺，增强依法履职、勤政廉洁和法治意识。人大常委会也通过这些形式，实现监督人与监督事的有机结合。全年依法任免国家机关工作人员 47 人次，免职 3 人，接受辞职 2 人，补选市人大代表 2 人。

【换届监督】结合 2016 年中央、省、市和县委对选举县镇人大代表的要求，认真吃透上级精神，严把代表入口关，所有提名候选人按相关组织程序进行政审、公示和选举。充分发扬民主，严格依法办事，周密部署、精心组织、合理安排县镇两级人大代表换届选举工作。依法选出泸县第十六届人大代表 324 名，镇人大代表 1390 名。指导各镇召开新一届人大第一次会议，依法选举产生新一届人大和政府领导班子，实现县委人事格局。

自身建设
Self Construction

【基层建设】组织人大干部参加全国、省人大的理论、业务培训学习；按照省委、市委要求，配齐镇人大主席团副主席；组织指导镇（街）人大代表活动；指导各镇人代会召开，特别是届中有选举任务的镇人代会。通过常委会的指导、联系及服务等工作，全县各镇人大工作更加制度化、规范化、法制化，整体水平不断提高，有力地推进全县基层民主政治建设。

【机构完善】与上级人大常委会机关的有机对接，按照上级要求，完善常委会组织机构。将原有的 6 委 1 室，改设为 6 个专门委员会、1 个工作委员会和 2 个办公室，即泸县人民代表大会内务司法委员会、财政经济委员会、教育科学文化卫生委员会、农业与农村委员会、城乡建设环境资源保护委员会、外事侨务民族宗教委员会和人代工委、办公室、研究室。

【活动开展】组织开展党的群众路线教育、“三严三实”“两学一做”活动。人大常委会机关突出教育，强化学习；深入调查研究，广泛听取意见，深刻剖析问题，切实转变作风；建立改进作风、密切联系群众、做合格党员的长效机制。通过活动开展，县人大常委会机关把“为民务实清廉”贯穿于各项工作始终，工作有了新变化、新气象、新突破，县人大常委会机关工作水平和效率得到提升。

【作风建设】认真开展“两学一做”专题教育。广泛听取意见，深刻剖析问题，切实转变作风。带来人大工作的新变化、新气象、新突破，进一步塑造人大常委会的良好形象，提升人大工作整体水平。进一步修订完善常委会工作制度。严格执行中央“八项规定”，认真践行开短会、发短文、讲短话、简办事的工作方式，推行厉行节约，反对铺张浪费。不断修订完善机关学习、接待等制度。着力解决干部职工在思想、作风、纪律方面存在的不足，机关干部精神面貌焕然一新。

（撰稿人：熊方永、蒋列艳）

泸县人民政府

LUXIAN PEOPLE'S GOVERNMENT

重要会议

Important Meetings

【十五届人民政府第69次常务会议】 1月14日，召开泸县第十五届人民政府第69次常务会议。县政府县长、副县长以及医药产业园区管委会主任、经开区管委会主任就2015年安全生产工作向县政府常务会作专题述职。副县长、县安委会副主任肖刚还传达了全市安全生产工作紧急会议精神，要求各单位要认真吸取龙马潭区汽修厂事故教训，举一反三，立即开展安全专项清理整顿。

【十五届人民政府第70次常务会议】 1月15日，县长薛学深主持召开泸县第十五届人民政府第70次常务会议。会议研究2016年重点建设项目计划编制方案、安全生产工作意见、《泸县中小企业过桥资金管理使用办法》修订意见、“4+1”基础改善项目实施意见、《泸县鼓励和引导社会资本参与水利工程建设促进农业现代化发展实施办法》等工作,要求将脱贫攻坚工作作为县政府工作的重中之重，进一步调整脱贫计划、完善脱贫方案，强化资金、人员保障，确保贫困村全部“摘帽”，贫困人口全部脱贫。进一步规范公安机关专职警辅队伍建设的情况汇报,原则同意将现有各类合同制警辅人员全部收归县公安局统一管理，由公安部门对警辅人员进行统一招录，严格按照《中华人民共和国劳动合同法》有关规定进行统一管理。县财政加强警辅人员经费保障，建立退出保障机制。

【十五届人民政府第71次常务会议】 1月29日，县长薛学深主持召开泸县第十五届人民政府第71次常务会议。会议研究2015年目标考核工作,泸县智慧城市项目建设方案。要在精心测算、充分对接市场的基础上确定具体建设内容，具体建设内容另行签订协议确定。会议听取科瑞德制剂生产基地项目的情况汇报,原则同意与四川科瑞德制药有限公司签订科瑞德制剂生产基地项目合同，并按规定给予项目相关产业政策扶持。

【十五届人民政府第72次常务会议】 2月18日，县长薛学深主持召开泸县第十五届人民政府第72次常务会议。会议研究2016年工业经济发展、智慧城市和信息化工作、商贸物流业发展、酒类产业发展的实施意见等工作。听取关于测绘业务实行市场化管理的汇报，同意将原县国土局所属事业单位测绘队承担的建设用地报批、土地征收勘测定界、权属测绘、放线等工作实行市场化管理（县级小型民生工程、基础设施建设等项目的测绘工作除外），按规定和程序选取中介机构进行承担。

【十五届人民政府第73次常务会议】 3月18日，县长薛学深主持召开泸县第十五届人民政府第73次常务会议。会议研究四川巨星集团生猪产业化项目、泸县基础设施建设PPP项目、电子商务产业园项目、泸州市城东污水处理厂厂外截污干管工程（泸县至石洞段）项目建设工作、2016年目标绩效管理办法、安全生产目标考核办法、加快电子商务发展实施意见、第三次全国农业普查工作方案、农村低保救助工作方案、特困人员供养标准调整方案等事项。会议听取全民预防保健工作情况汇报。要求加强组织领导和工作保障，涉及的相关单位要积极配合，确保全民预防保健工作取得实效；积极争取和整合项目资金，按需分步采购相关设备，力求节约高效；成立创建指挥部，细化分解创建任务，明确责任分工，确保龙桥文化生态园创建国家AAAA级景区创建成功。

【十五届人民政府第74次常务会议】 4月11日，县长薛学深主持召开泸县第十五届人民政府第74次常务会议。会议研究县城城西片区城市设计竞赛及控规编制方案、泸县农民住房财产权抵押贷款试点实施方案、泸县第四中学与兆雅镇教育资源整合方案、泸县城乡低保对象精准识别工作方案、泸县农业和中小企业融资担保有限公司改革方案等事项。

【十五届人民政府第75次常务会议】 4月22日，县长薛学深主持召开泸县第十五届人民政府第75次常务会议。会议研究推进廉洁政府建设意见，要求进一步加强全县政府系统反腐倡廉工作，推进廉洁政府建设，促进依法行政、廉洁行政、高效施政。研究进一步贯彻落实涉企政策稳定经济增长的有关意见，各级、各部门认真贯彻落实省、市涉企有关政策，积极帮助企业解决遗留问题，促进现有企业做大做实做强，全力稳定经济增长。积极争取、整合项目资金，保障贫困户危房改造资金，确保在4月底前全面动工、10月底前完成信息系统录入工作，确保2016年农村建档立卡贫困户危房改造方案顺利实施。

【十五届人民政府第76次常务会议】 5月9日，县长薛学深主持召开泸县第十五届人民政府第76次常务会议。会议研究进一步加快泸州医药产业园区创新发展的意见，要求加强政策扶持，强化工作保障，加快推进医药产业园建设发展。针对2016年市、县领导（部门）联系重点工业项目和企业工作方案，要求再次对县内重点工业项目和企业进行梳理排查，找准当前存在的问题和对策，落实责任，强化措施，切实解决项目推进和企业发展过程中存在的突出问题。按照公开、公平、公正的原则，认真开展“十三五”时期易地扶贫搬迁工作，确保易地扶贫搬迁对象精准。

【十五届人民政府第77次常务会议】 5月18日，县长薛学深主持召开泸县第十五届人民政府第77次常务会议。会议研究泸县市政基础设施及神仙桥临港产业园基础设施PPP项目资格预审公告、规范财务管理实施政府购买服务工作方案等事项。

【十五届人民政府第78次常务会议】 6月20日，县长薛学深主持召开泸县第十五届人民政府第78次常务会议。会议研究泸州医药产业园区产业发展扶持办法、专项建设基金管理办法、治理县城突出问题专项整治行动方案、《泸县农村宅基地使用和管理试行办法》和《泸县农村村民建房审批管理暂行办法》、福集镇大田至太和、大田至罗桥供水工程建设方案、创新完善社会治安防控体系建设意见、泸县公务用车制度改革实施方案等事项。听取2016年上半年安全生产工作情况汇报，要求认真吸取广元“6·4”游船翻船事故教训，确保汛期安全，切实加强安全生产培训，将培训工作纳入干部培训计划，落实安全工作责任，加强安全隐患排查整治，抓好安全工作督促考核和查处问责。进一步落实脱贫攻坚工作责任，细化完善工作措施，加快推进项目实施和政策落地，确保2016年全面脱贫。

【十五届人民政府第79次常务会议】 8月18日，县长薛学深主持召开泸县第十五届人民政府第79次常务会议。会议研究泸县市政基础设施PPP项目竞争性磋商文件、泸州医药产业园青龙综合体一期PPP项目建设方案、医药孵化器建设方案、《泸县经济开发区入驻企业发展扶持办法》、县城及港城大道三角梅绿化景观工程实施方案、玉蟾街道建设街棚户区改造项目实施方案、县城建筑立面试点示范整治工作方案、泸县质量奖设置方案、计划生育利益导向政策调整方案、云锦等镇城镇社区规模调整方案等事项。传达学习习近平总书记、李克强总理对安全生产重要指示批示精神和全国全省安全生产电视电话会议精神，要求切实抓好习近平总书记、李克强总理对安全生产重要指示批示精神和全国全省安全生产电视电话会议精神的贯彻落实。严格落实安全生产“一岗双责”，抓好分管部门、行业的安全生产工作，确保全县安全稳定。

【十五届人民政府第80次常务会议】 9月26日，县长薛学深主持召开泸县第十五届人民政府第80次常务会议。会议研究2017年年初预算方案、机关事业单位参加社会保险方案、调整县政府工作部门方案、《泸县政府投资建设项目审计监督办法》和《泸县政府投资建设项目购买社会审计服务管理办法》、工贸行业企业安全生产标准化样板地区建设实施方案、泸县统筹协调推进农村土地制度改革三项试点工作方案、县城安置一、二小区维修加固实施方案、县城垃圾处理场马溪河村村民搬迁安置方案、清理整顿混凝土搅拌站工作方案、促进建筑业健康发展实施意见等事项。还听取关于进一步明确工矿商贸企业安全生产监管职责的汇报。

【十五届人民政府第81次常务会议】 10月26日，县长薛学深主持召开泸县第十五届人民政府第81次常务会议。会议传达省委书记王东明、省长尹力、副省长刘捷督导调研稳增长工作重要讲话精神。要求深刻领会讲话精神，认真梳理省、市、县目标任务，强化措施，全力冲刺，确保全面完成。研究《泸县财政投资评审管理办法》修订方案、2017年城乡居民基本医疗保险参保方案、泸州龙窖源酒业有限公司组建方案、福集镇城镇社区规模调整方案、《泸县中小企业过桥资金管理使用办法》修订方案、泸县创建“四好村”活动方案、泸县开展扶贫小额信贷实施方案、档案馆综合体建设方案、泸县市政基础设施PPP项目和泸县经开区神仙桥临港产业园基础设施PPP项目合作协议相关内容、《泸县城乡规划委员会议事规则》和《泸县专家委员会议事规则》等事项。听取关于2016年开放合作重点项目情况和泸县广电网络公司破产工作情况的汇报。

【十五届人民政府第82次常务会议】 11月10日，代理县长肖刚主持召开泸县第十五届人民政府第82次常务会议。会议传达学习中国共产党第十八届中央委员会第六次全体会议精神，要求深刻学习领会会议精神，结合实际，抓好贯彻落实。将学习贯彻会议精神运用到具体工作中，确保全年省、市、县目标和脱贫攻坚任务全面完成，扎实做好安全稳定和人代会报告起草等工作。会议研究加强财政收支管理的意见、开展农村集体资产股份合作制改革试点工作方案、泸县创建四川省农产品质量安全监管示范县实施方案、《泸县农村集体经营性建设用地入市管理试行办法》和《泸县土地征收管理试行办法》《泸县司法行政系统改革实施办法》、泸县社社通公路建设管理实施方案等事项。听取1—10月财政收支预算执行情况及2016年财政收支预算调整变动情况报告。

【十五届人民政府第83次常务会议】 11月29日，县长薛学深主持召开泸县第十五届人民政府第83次常务会议。会议传达中国共产党泸州市第八次代表大会会议精神，要求深刻学习领会会议精神，结合县级领导到联系镇（街道）和联系点进行调研督导工作，加大对会议精神的宣传贯彻力度，扎实做好当前各项工作，确保全年省、市、县目标任务全面完成。传达泸州市安全生产第27次市长督办会会议精神，要求以安全生产“百日攻坚行动”为统揽，统筹抓好全县安全生产工作。要严格落实安全生产“一岗双责”，做好重点领域安全生产检查和隐患排查工作。要严厉开展打非治违，依法处理违法生产行为。要进一步加强应急值班值守，确保应急管理到位。研究2017年《政府工作报告》（审议稿）、泸县2016年财政预算执行情况和2017年财政预算（草案）、泸州医药产业园区投资有限公司组建产业基金方案、泸县第十届村（居）民委员会换届选举工作方案、泸县人民医院三级甲等综合医院创建方案、泸县创建国家食品安全城市工作方案、泸县2016年国民经济和社会发展计划执行情况暨2017年发展计划安排（草案）、2017年县城区春节氛围营造方案、城区重要节点景观亮化工程方案等事项。

【十五届人民政府第84次常务会议】 12月10日，县长薛学深主持召开泸县第十五届人民政府第84次常务会议。会议专题学习中央、省、市、县有关严肃换届纪律相关要求。县政府领导要按照相关纪律要求，带头开好“两会”，认真听取代表和委员的建议意见，更好地改进政府工作。要保持政治敏锐性，对换届过程中违反纪律的苗头性态势要坚决予以纠正，充分展现党员干部的正能量。

【十六届人民政府第1次常务会议】 12月16日，县长肖刚主持召开泸县第十六届人民政府第1次常务会议。会议研究泸州医药产业园青龙综合体一期PPP项目竞争性磋商文件、《泸县2017年聚力推进项目投资攻坚的意见》《泸县加快推进“4+1”基础设施改善工程的实施意见》等事项。专题研究安全生产工作，要求新一届县政府领导班子要高度重视安全生产工作，严格按照安全生产履职要求，抓好安全生产工作；县政府班子成员要立即组织开展安全大检查，全面排查安全隐患，确保安全稳定。要加大安全生产工作宣传力度，形成全社会齐抓共管的良好格局。

工作综述
Work Summarize

【农业发展】成功实施30万头生猪寄养工程、20万亩水稻高产创建项目，龙眼、花木、水产等产业持续巩固，得胜、嘉明、方洞现代农业万亩示范园初具规模，不断完善“三主导三特色”农业产业体系。新大地、刘氏泡菜等一批重点农业龙头企业不断壮大，新增省、市农业龙头企业18家。2016年，一、二、三产业分别实现增加值46亿元、158亿元、71亿元，年均增长4.2%、13.4%、11.7%。

【工业发展】坚持以项目建设为抓手、以投资拉动为引擎，大抓项目、抓大项目，累计实施重点项目544个，完成投资476亿元，有效带动产业提质增效。“一园一区”建成区面积达8平方公里、入驻企业274户。医药产业园成功升格为泸州国家高新区主体园区，获批省级药品上市许可持有人制度试点；经开区入围国家开发区审核目录，临港、空港产业园整体列入泸州长江经济开发区。白酒、机械、化工等传统产业加快转型，医药、精细化工、新材料等新兴产业持续壮大，“1+3”主导产业增加值占年度工业增加值50%以上。落实建筑行业扶持激励政策，促进企业提档升级，累计发展建筑企业170家，其中一级资质企业15家，实现建筑业产值260亿元。

【服务业发展】玉蟾温泉度假区形成规模接待能力，龙桥文化生态园创成国家AAAA级景区，玉龙湖、道林沟景区建设有序推进，云龙百年荔枝园、太伏沙田坝等乡村旅游成效初显，龙文化活动周、潮河金秋龙眼节、玉龙湖放生节等文旅活动形成特色。农村电子商务实现村级全覆盖，建成四川省首批电子商务进农村综合示范县。累计培育限额以上商贸企业111户、A级以上物流企业5户。健康养老、教育培训、金融保险、网络信息、房地产等服务业稳步发展，成功创建四川省现代服务业集聚区。

【城乡发展】城市建设扩容提质，20平方公里城市骨架初步形成，城西样板新区启动建设，城区道路实现全域“白+黑”，玉蟾大道、花园路等城市干道绿化、亮化工程全面升级。城镇管理持续加强，城乡环境综合治理、建筑立面整治、“两违”治理等专项行动深入开展，成功创建国家卫生县城、省级园林县城、全省环境优美示范县城。改造棚户区1385户、建成公租房1407套，完成喻寺、立石等镇主干道“白+黑”建设，完成云龙、嘉明等镇河道治理。福集、玄滩、云龙、兆雅等镇跻身全国小城镇建设重点镇和全省百镇建设试点示范镇，云锦、百和两镇分别创成全国、全省卫生镇。城镇建成区面积从42平方公里扩展到57平方公里，城镇化率从30.4%提高到40%。建成107个幸福美丽新村，成功打造“龙脑”“两港”“川渝”省级新农村示范片，农村环境综合治理成效显著。艾大桥、朱梅滩等49座病险水库整治完成，建成高标准农田22.3万亩，光纤、通讯、天然气、网络等向农村快速延伸，农村基础设施全面改善。

【改革深化】农村改革试点有序开展，农村土地征收、集体经营性建设用地入市改革启动实施，农村宅基地制度改革通过中期评估，增加农民财产性收入改革全面完成，农村综合配套改革走在全国前列，不动产统一登记试点经验全国推广。行政机构改革稳妥推进，19个部门实现优化重组和职能调整，玉蟾街道挂牌运行，“撤县设区”加快推进。“放管服”改革卓有成效，非行政许可审批全面取消，“先照后证”“五证合一”等商事制度改革落地见效。融入泸州一体化发展成功上升为市级战略，基础设施、产业发展、城镇建设、公共服务、生态保护与主城区同步规划同步发展。渝西川东八区县协作会、中国医药企业家年会成功举办，污染联治、警务联动、旅游联盟等协作机制加速形成，医药产业园知名度进一步提升。组织参与“川货全国行”、西博会、酒博会等重大推介活动，“泸县造”产品市场持续拓展。招引方式不断创新，合作领域不断扩大，成功引进步长制药、众邦制药等投资上5亿元项目36个。

【民生事业发展】成自泸赤高速、港城大道、云百路、福清路等交通干线建成通车，农村公路新建700公里，道路安保工程新增438.6公里，水泥路全面实现村村通，内畅外快的交通运输体系加快形成；城北110千伏、得胜220千伏等输变电工程竣工投运，低压台区改造完成1147个，整村农网改造完成191个，城乡供电质量大幅改善。建成污水处理厂35座、新村聚居点生活污水处理设施16处，率先在全市实现一级场镇生活污水处理设施全覆盖。“四线”供水工程建成投用，分散打井3924口，53.5万城乡居民饮水安全问题有效解决。“百万安居工程”建成17151户，农村危房改造完成12795户，农村D级危房实现动态消除。2016年，民生支出占财政支出比例均达75%以上。

【生态建设】全县58家煤矿、非煤矿山有序关闭，加快平板玻璃、小火电、小砖窑等落后产能的淘汰步伐，主要污染物总量减排任务提前完成，万元GDP综合能耗下降17%。土地整理、工矿废弃地复垦利用、濑溪河流域连片整治、中小河流防洪治理等项目扎实推进，毗卢、方洞、牛滩等8个镇成功创建省级生态镇。退耕还林、天然林管护工程巩固提升，森林覆盖率提高到40.9%，成功创建全国绿化模范县。

【脱贫攻坚】脱贫责任层层落实，脱贫政策精准落地，“五个一批”“八大扶贫攻坚行动”“18个扶贫专项计划”全面实施。完成贫困户易地搬迁完成882户，工作经验面向全省、市推广。做好贫困户建档立卡工作，成功实现“两不愁、三保障”，增收渠道不断拓展。贫困村公路、网络、文化室、卫生室等设施全面达标，村集体经济不断壮大，全县贫困人口和贫困村全部达到脱贫摘帽标准。

【社会保障】城镇年均新增就业6000人以上，登记失业率控制在4%以内，就业形势总体稳定。社会保险、社会救助、养老服务、优抚安置水平全面提升，特困群体实现“应保尽保”。改善办学条件，不断改善教育教学体制，新（改）建幼儿园、中小学校129所，村级学校“五有”工程全面完成，成功创建全国义务教育基本均衡县，高考本科上线人数蝉联泸州市26连冠。建成省市技术中心、重点实验室5个，国家级发明专利获奖项目填补全市空白，电商孵化园创成国家级众创空间，成功创建全国科普示范县、国家知识产权强县工程试点县。新增全国重点文物保护单位5个，农民演艺网建成首批国家级公共文化示范项目，“中国曲艺之乡”成功授牌，成功创建全国文化先进县。县中医院、120急救中心建成投用，新（改）建卫生院13所，全民预防保健累计体检39.5万人，两孩政策全面落地，成功创建国家级慢性病综合防治示范区、省级基本公共卫生服务项目示范县。

【政府法制建设】加快法治政府建设，层层落实党风廉政建设责任，反腐败斗争始终保持高压态势。贯彻落实中央“八项规定”精神，持续改进工作作风。加快政府职能转变步伐，权责清单实现动态完善和实时公布，三级政务服务体系全面覆盖。继续开展“六五”普法和“七五”普法活动，“五级五覆盖”“五落实五到位”安全生产责任体系全面落实，防灾减灾、应急处突能力大幅提高，石桥、嘉明等8个镇创成省级安全社区。桃子沟“5·11”事故、海潮“6·11”事件得到妥善处置，全省安全生产重点监控县、煤矿重点监控县成功摘帽。

办公室工作
Office's work

【机构设置】泸县人民政府办公室内设机构为9个股室，设立4个股室（综合股、秘书股、行政股、人事股）、5个办公室（政策研究办公室、信息公开办公室、应急管理办公室、外事侨务办公室、监察办公室）。挂牌管理单位4个（科知局、法制办公室、扶贫和移民工作局、人民防空办公室）。

【综合股工作】审核印发文件1115件，处理上三级文件1579件，办理请示报告854件。办理泸州市政府“12345”为民服务热线交办件1188件，做到件件有着落、事事有答复，满意率在99.5%以上。加强后勤管理，没有安全事故和纰漏事件发生。推进机关建设，党建、群团、保密、党风廉政、精神文明、综治、禁毒、维稳、防邪、信访、计生、卫生、城乡环境综合整治各项工作的开展。

（撰稿人：胡烨桦）

【依法行政】负责全县依法行政工作的组织协调和监督指导，提出推进依法行政的具体措施和工作建议。负责县政府常务会会前学法组织安排工作。组织常务会会前学法15次。对以县政府（办）名义的发文、重大行政决策、重要行政措施、行政合同进行法制审查。全年审查上常务会文件143件，其他各类文件及行政合同480余件。

【文件规范】对以县政府（办）名义制发的规范性文件进行法制审查并备案上报，对以单位（部门）、镇（街道）名义制发的规范性文件进行备案，对发现存在问题的规范性文件组织审查并出审查意见并督促整改。指导并审查以县政府（办）名义发文的规范性文件13件。组织全县规范文件清理工作，清理出2015年年底以前制发继续有效规范性文件27件，将清理结果通过门户网站向社会公开。

【案卷评查与证件审查】开展2015年度行政执法案卷评查工作，抽查20个行政执法单位40件行政执法案件。通过法制办评查、各单位座谈交流的方式，明确自身在执法办法中的不足之处。通报执法案件评查情况，要求各单位进一步提高执法办案水平，依法依规执法。开展执法证件年审工作，对12月31日前制发的套印有四川省人民政府印章的行政执法证和委托行政执法证进行年审，审行政执法证件804个。

【法制培训与计考】 组织全县行政执法人员法制培训，每年至少组织全县行政执法人员法制培训1次，由法制办人员或者邀请法制专业人员进行切合执法工作的法制培训。组织开展行政执法通用法律知识考试，指导行政执法单位办理行政执法证。组织开展全县行政执法人员执法资格考试。全年206人通过行政执法通用法律知识考试，新办行政执法证和换证248件。

【执法人员清理与执法监督】 对各镇各部门各行政执法人员进行一次严格清理，全面实行行政执法人员持证上岗和资格管理制度，禁止无行政执法资格的人员履行行政执法职责，对被聘用履行行政执法职责的合同工、临时工、行政执法辅助人员，坚决调离行政执法岗位。清理后持省政府执法证926人。开展行政执法监督检查工作，每年至少定期不定期对各行政执法部门、各镇（街道）行政执法工作进行监督检查1次，对行政执法中出现的问题，提出建议并督促整改，并提出建议1条。

【行政权力工作】 承办向县政府申请的行政复议、行政应诉案件，代理县政府进行行政应诉工作，指导监督全县行政复议和行政应诉工作。办理行政复议案件11件，以县政府为被告行政诉讼案件15件。组织全县的行政权力事项进行清理并公布。对权力事项和责任事项进行合法性审查。对行政权力公开运行平台事项进行审核，指导各部门行权的录入及流程图的设置。

【行政审批】 深化行政审批制度改革，规范行政审批事项。组织调研全县行政审批工作中存在的问题及如何优化提高效率。根据上级文件要求，动态对行政审批事项进行调整。开展行政审批类清理调整工作3次，对取消的行政审批事项，各部门政务服务平台要立即停止受理，不得以任何形式保留或者变相审批。

【法律助参】 起草、修改、审核招商合同、涉法事务、民事诉讼、行政诉讼等较重大的法律文书100余份，参加政府工作涉法问题研究讨论300余次，为县政府科学决策提供政策、法律咨询服务，发挥好政府参谋助手和法律顾问作用。

（撰稿人：李泉怡）

电子政务建设
E-government Construction

【概况】 县财政划拨资金50余万元，用于智慧政务网上审批平台建设，划拨资金20余万元，用于县政府门户网站集群建设，通过PPP方式启动智慧党务、政务平台建设；增配具有计算机专业人员1名。县委书记、县长经常查阅泸县门户网站，多次听取网站建设专题汇报，并提出工作要求。及时组织对改版后的“填报系统”进行集中培训。加强对行权部门业务指导；为部分政府职能部门将行权平台延伸到乡镇一级工作阵地提供技术帮助。牵头对政务服务大厅数据进行完善，方便更多群众通过网络获取政务服务。增添机房监控设备，配齐环境温、湿度仪器，对政务外网中心机房进行科学管理。定期对平台服务器进行漏洞修复、病毒查杀、容灾备份，确保各平台安全运行。与县网信办、县信息公开办、县监察局一起对行权部门政务外网、互联网安全应用进行检查,排除部分网络存在的安全隐患。加大对各单位网站督查力度，实行一季度一通报，对工作不力被通报的单位，由县监察局对责任单位分管领导和经办人员进行约谈；继续将网站建设列入对政府部门、镇（街）综合目标考核，实行倒扣分制，确保网站建设工作有序开展。

【政府网站集约化建设】 对照全省政府网站绩效评估体系，将部门和乡镇网站集中到县级网站平台统一建设，实现资源互认共享，减轻基层承担政府网站运维压力。在2016年全省183个县（区）政府网站绩效评估中，泸县取得全省第13名、泸州市第一名。对各类重要会议、重大活动派员现场采集报道，确保重要信息第一时间上网发布；以“两办”名义下发文件，将信息任务分解到各镇（街）、县级部门，并纳入对各单位年终绩效考核，确保信息全覆盖；与县新闻中心、电视台建立互助共享信息机制，实现信息资源共享。截至2016年年底，上载图片信息1800余条，部门信息1160余条，基层信息1380余条，其他固定栏目信息1500余条。

【信息公开】 及时调整改版后省政府信息公开平台在网站上的呈现方式；设置重点领域信息公开专门栏目，着力办好“五公开”专栏，提高政府执政透明度。定期邀请政府职能部门“一把手”领导走进新闻会客厅，就老百姓关注的政策进行深度解读。截至年底，举办14期访谈节目；定期对书记、县长、部门信箱来信进行处理，让领导信箱真正成为决策管理层与普通市民之间畅通、互动的桥梁。截至年底，办结来信400余件。按面向个人、企业、重点服务、场景服务分类，把政务服务大厅从线下移植到线上，通过聚合服务资源、按角色引导等方式，为广大群众提供方便快捷的网上办事服务。围绕县委、县政府一段时期内的重大政务活动开设党代会、“两会”、人大换届选举、扶贫攻坚、乡城援藏工作简报5个专题栏目，取得很好的宣传效果。开通网站移动终端APP、政务微博、政务微信，加大对外宣传泸县力度。政务微博（泸县龙城微博）关注用户800余个，粉丝1156人；政务微信关注用户700余个。

（撰稿人：董峻松）

应急管理
Emergency Management

【概况】 2016年，接报突发事件244起，死亡182人，受伤188人。其中自然灾害3起，无人员伤亡；火灾事故29起，16人死亡，12人受伤；交通事故46起，29人死亡，94人受伤；溺水事件28起，30人死亡；医患纠纷14起，14人死亡；群体性（上访）聚集31起，13人死亡，24人受伤；其他突发事件93起，80人死亡，58人受伤，未发生较大以上突发事件。

【预案管理与应急演练】 指导完成各镇（街道）、县级各部门应急预案制定、修订工作。开展全县应急预案修订管理工作，全年修订县政府专项预案20个和部门预案28个。全县完成不同领域、不同类别的演练160余次，包括14个专项演练、酒类企业演练、建筑施工安全演练、校园安全演练、

12月2日，应急大队地震轻型搜救队开展实战化训练（简丹/摄）

煤矿透水事故演练、森林防火演练和地质灾害演练等，承办全市地质灾害、全市药械安全等应急演练5起。

【宣传培训】 对镇（街道）、县级各部门进行应急值班工作培训；组织全县镇（街道）和县级部门应急管理人员60余人到省公务员培训中心参加为期5天的应急管理专题培训班。“5·12”防灾减灾日召集18个县级部门开展应急常识集中宣传活动，增强公众防灾避险意识，提高自救互救能力。

【信息报送】 多次召开突发事件信息报送工作业务指导会，进一步规范突发事件信息报送工作。建立突发事件信息定期研判制度。县政府应急办（值班室）每月定期汇总、研判上月突发事件信息，分析存在问题，及时提出整改和下月工作建议，尽量减少突发事件发生。建立突发事件信息分级报告制度。分自然灾害、事故灾难、公共卫生事件、社会安全事件等类别分等级制定信息上报标准。

【队伍建设】 重点抓好全县综合应急救援大队建设，县综合应急救援大队下设40个应急救援中队，包括矿山救援、医疗救护、通信抢险等各类专业队伍，其中综合救援中队有150名专职人员。县级各部门设有3个梯队共650名应急人员。各镇（街道）成立100人以上的应急救援队伍，其中有30人为常备队员。

【装备物资】 规范应急物资装备储备库建设标准、储备标准和管理要求，在各镇（街道）和农林、水务、卫计等重点部门建立应急物资储备库30个，并定期组织验收检查，切实做到应急物资装备保障。

（撰稿人：戴福德）

公共资源交易
Public Resource Transaction

【概况】 2016年，按照政府主导、市场化运作的思路，以提高公共资源配置效率，增强公共服务水平和能力为目标，从规范管理、提升效率和加强监督入手，推动平台服务持续优化，逐步打造运作规范,便民高效，信息共享，公开透明的公共资源交易平台。全年平台交易项目422个，成交总额93562.23万元，增收5343.53万元，节支1989.98万元；另成交3个PPP项目，融资金额25.96亿元，完成代理机构比选项目63个，项目预算42.2亿元。政府采购完成81件，其中货物服务采购项目78个，预算金额3395万元，中标金额3096万元，增收5343.53万元，泸县市政基础设施建设等3个PPP项目，融资金额259616万元。土地交易完成26宗。土地控制价总额76517.04万元，成交价款81819.66万元,增值5302.6241万元。国资交易58件，起拍价383.464万元，成交金额424.37万元，增值40.91万元。集体土地出让1宗，成交价37.57万元。建设工程施工比选项目92件，预算9875.61万元，中标价8184.63万元，节约资金1690.98万元。完成代理机构比选项目63个，项目预算42.21亿元。

【制度建设】 依据《政府采购法实施条例》《招标拍卖挂牌出让国有建设用地使用权规定》（国土资源部39号令）、《四川省政府投资工程建设项目标准比选文件》（2007年版），中心制定《泸县公共资源交易中心工作手册》，手册按地矿交易、政府采购、工程比选、国资交易、现场管理分类制定工作要求、工作流程、服务要求，细化环节时限、信息发布、责任岗位、工作要求、工作流程、监督管理等内容。制定《泸县公共资源交易中心拍卖机构备案库管理办法（暂行）》，保障国有资产公开、公平交易；协助制定《泸县公共资源交易目录》，明确入场交易的范围。按照激励和约束相统一，调动干部职工的工作积极性和增强干部职工的自我约束能力的原则，为进一步规范中心内部管理，按照与政务服务实行一体化管理的要求，出台《泸县公共资源交易中心目标绩效管理考核办法（试行）》。

【场地建设】 2015年10月—2016年1月，泸县公共资源交易中心新建交易场地1800平方米，新增保底价制定室，工程专家抽取室、电子竞价厅等。新建场地分区合理、功能完备，分为开标区、评标区、评审候标区、评审谈判区、拍卖竞价区、保底价制定室、抽取室、行政办公区等。投标、评审、拍卖、竞价、抽取等活动区域具有独立性，区域间物理隔离，开标与评审、谈判、抽取隔离，保底价制定与拍卖竞价隔离。专设监控室和供应商等候室，评审过程视频全部公开，可视可追踪。建成后成为全市县区级较为完善、规范的交易平台。

【管理创新】 按照进一步转变政府职能，改变管理方式，推进电子政务的要求，中心加强硬件建设，推进软件使用。至年底，政府采购、工程比选除评审环节外，信息发布、商家报名、结果公示、合同签订、保证金收退均已实现电子化。政府采购网上竞价完全电子化。地矿出让、国资交易除竞买人报名及现场拍卖（竞价）外，信息公告、结果公示、合同签订实现电子化，以后逐步建设地矿、国资交易网上公开竞价系统，建设工程、政府采购电子评审系统，按照全国统一部署。

【重点项目建设】 项目交易涉及部门广、环节多、利益杂，交易中心与业务管理部门信息共享，督促项目业主广泛听取意见，深入市场调查，改变重尾轻头现状。对PPP项目和县内重大项目或社会关注度高的项目，会同财政、发改、住建等部门集体讨论共同决策，实行特事特办、设立专门项目推进小组确保招标成功，促进项目推进。涉及民生的幸福美丽新村、易地扶贫搬迁、财政专项扶贫资金等项目，切实担负职责，积极支持入场交易，按照市、县会同住建、扶贫等部门建立《泸县脱贫攻坚易地扶贫搬迁项目建设队伍储备库》，加快脱贫工作推进，确保整个工作围绕县委、县政府重大决策部署开展。

【程序规范】 规范操作程序。对采购单位申请的政府采购项目的技术参数、时间要求、预算金额等进行谨慎分析，选择最佳采购方式，精心组织现场开标、评标委员会组成、行政监督等，规范操作。通过制度化、程序化规范政府采购行为，保证政府采购的公开、公平、公正和诚信，赢得采购单位和供应商的信赖，建设政府的阳光工程。

【廉政监督】 建立覆盖全中心的党风廉政建设责任体系，层层签订责任书，从班子成员到中层干部到每名职工均在责任体系框架内。建立交易中心风险点台账，每月对风险点进行抽查；每月根据业务中发现的问题，调整风险对策。建立交易项目回访制度，倒查业务办理中反映的问题，按管辖权限向管理部门报告。全面做好信息披露，接受社会、供应商（竞买人、投标人）监督。建立约谈提醒制度，每季度对重点岗位人员，根据收集的反映，进行约谈提醒，严禁利用权力设置不公平限制条件，插手干预交易项目，提供应保密信息谋利。建立重大项目督办制度，对社会关注度高，情况复杂的重大项目，由监察室跟踪管理，单位负责人亲自抓进度和质量，组织班子对重大问题集体讨论。

（撰稿人：陈小平）

信息公开
Information Disclosure

【概况】 2016年，泸县人民政府信息公开办公室严格按照市政府办公室《关于印发泸州市政府系统办公室工作绩效评价办法（试行）的通知》（泸市府办函〔2015〕142号）和县委、县政府的要求，结合工作实际，认真做好政府信息报送和政府信息公开工作，切实加强和改进行政效能。全年编辑政务信息24期，政务信息增刊5期，向省政府办公室报送政务信息100余条，被省上采用4条，被国办采用1条；向市政府办公室报送政务信息500余条，被市上采用44条；信息任务超额完成。

【信息报送】 围绕市委、市政府中心工作和决策部署的贯彻落实，积极搜集报送泸县经济建设和社会发展的基本情况重要动态，特别是发展中的新情况、新问题、新思路和新经验，如《泸县创新推进供销社改革试点》信息及时总结供销社改革的相关举措，被省政府办公厅编辑的《政务工作交流》第9期采用。严格信息审核签发制度。上报信息经过编辑人员—股室负责人—分管领导审核，确保上报信息内容真实、数据准确、表述规范、言简意赅。严格遵守信息约稿制度。按要求完成专题信息约稿报送，报送信息有情况、有分析、有对策建议。

【政务服务】 升级改版县政府门户网站和政务外网，全面满足政府信息公开目录填报系统、行政权力公开运行平台、电子政务大厅“三大平台”的正常运行需求。技术保障充分得力，电子政务办对各行权部门业务人员就行权录入、行权办理、行权督办三大环节进行全流程跟踪培训，为实现全县行权网上办件提供有力的技术支撑。全面完成行政权力清单、责任清单清理工作，行权网上运行在全市率先进入常态化。截至年底，行政权力平台累计录入行政权力事项6309项，在线办理行权办件32702件，办结32695件。完成风险点配置事项3715项，风险点审核通过47090个；完成监察点配置事项3312项，监察点审核通过153544个。

【政务公开】 大力推进政府信息主动公开。充分运用政府网站、政务微博、政务微信等新媒体载体，依法、全面、准确、及时公开政府信息，做到决策、执行、管理、服务、结果公开。政府信息公开指南、目录、年度报告编制规范、更新及时，严格遵守保密审查和发布登记制度。督导各镇（街道）、各部门在泸县公众信息网上主动发布最新信息，开通公众信息手机版及政务微信，拓展信息公开渠道。对突发事件等信息，通过召开新闻发布会、政府网站等途径，实现及时公开。全年泸县政务公开绩效评估排名全省第15名，通过省政府信息公开目录管理系统在公众信息网公开政府信息12743条，其中涉及行政审批、公共资源交易、财政预决算及“三公”经费等十大类重点领域信息1521条。

【行政审批】 清理调整项目，先后精简项目89项，有效承接项目76项，全面取消非行政许可审批事项73项。政务中心受理办理事项457项，其中运行行政审批事项235项、暂停行政审批事项7项，其他性质215项，所有行政许可项目纳入行政审批通用软件平台，实行固化管理。优化工作流程，重建工作流程，对审批流程梳理的受理、初审、现场评审、许可等8大环节，逐一细化、规范；优化审批前置条件，取消234项、调整41项、保留562项。全面推动工程项目并联审批，“社会团体、民办非企业单位设立登记，“三证合一”等三大并联审批，全年办结各类并联审批3971件。积极推行“容缺预审”制度，窗口在审批要件基本具备的前提下可从快审批，办结28件。建成并联审批限时办结适时跟踪监督系统，有序推进“互联网+政务服务”建设。

【效能建设】 制定《2016年泸县机关行政效能建设考核细则》，采取行为考核和动态考核相结合，以行为发生、形成事实及明察暗访结果作为主要考核认定依据；由县效能办、县纪委、县政务中心、县法制办、县政府信息公开办、县电子政务办组成常态化暗访督查组，不定期对20个镇（街道）和60余个县级机关的效能作风进行明察暗访，将督查结果纳入年终考评。结合“四风”问题查处，设立投诉热线、书记、县长、部门、镇信箱，畅通人民群众的咨询、投诉、举报、求助渠道，以解决事关人民群众切身利益的问题为抓手提升行政效能。

（撰稿人：敖昌蓉）

政务服务
Government Affairs Service

【概况】 县政务服务中心全年办理办结各类政务服务事项55.62万余件，平均日办件2357件。镇级便民服务中心办理各类服务事项52.31万件，村（社区）代办站代理各类服务事项20.57万件。办件量在2011年的基础上均提升5%以上。提前办结率、按时办结率、现场办结率均达100%，群众满意率99%以上。成功创建省级电子政务试点县、省级行政效能电子监察示范县，率先建成全市国地税联合办税示范单位。

【改革成效】 严格目录管理，坚持动态调整事项，认真落实省市改革要求，精简项目30余项，承接项目48项，全面取消非行政许可项目73项，保留县本级行政许可项目178项，所有行政许可项目纳入行政审批通用软件平台，实行固化管理，实现“应进必进、目无例外，无缝对接”，有效保证各项审批制度改革落地见效。

【审批效率】 采取“五个一并联审批方式”，有序推动工程项目并联审批，“社会团体、民办非企业单位设立登记并联审批”“三证合一”商事制度改革并联审批规范运行；增设综合窗口，推行“一窗受理，一门进出”的工作模式，安排专人办理投资项目在线审批，审批效率明显提升。有序推进“三级联审”及“互联网+政务服务”，建成并联审批限时办结系统和适时跟踪监督系统，全面打造投资项目“线上线下一张网”的审批监管平台，确保投资项目并联审批大提速大增效落到实处。

【“两化”服务】 利用新中心建设契机，按照“四个更加”建设要求，建成综合审批区、并联审批区等八大功能区域，实现窗口分区更加优化合理。在加强廉政文化、安全文化建设的同时，以“六零”服务准则、“六个一点”服务标准为指南打造政务服务文化，实现政务服务氛围更加浓厚。在现有行政审批通用软件系统基础上，建成全天候行政效能监控系统、公示问答系统、触摸查询系统，实现窗口效能监察全天候公示公开。开通微信政务，实现办事群众通过微信即可与窗口预约，咨询相关业务，窗口在线告知政策等三大服务，变信息多跑路，群众少跑腿。中心的“两化”水平显著提升。

【队伍建设】 以“党员思想政治建设”为先导，深化干部队伍建设。认真开展以践行先锋承诺，争创月度服务明星，争当年度服务标兵为主要内容的“一践双争”活动，每月评选服务明星6人、红旗窗口8个，通过示范树典型，大力营造正作风、敢担当的良好氛围。窗口干部队伍看齐意识、服务意识、质量意识、效率意识切实增强。

【作风整治】 按照省委巡视组和县委要求，在窗口单位和服务行业集中开展作风整治，通过自查自纠、明察暗访、受理投诉、问责曝光等举措，切实加强效率不高、态度不好、质量不优等问题的整治，查处一批工作不在状态的人员。正风肃纪成效明显。

【管理机制】 始终坚持“用制度管人管事”的工作理念，不断修订完善各项规章制度，建立长效管理监督机制，通过废改立5项制度，切实加强窗口及窗口人员日常考核与派驻单位年度行政效能建设及窗口人员个人年度考核两结合双挂钩的考核管理，坚持值班长每日轮流值班常态化督查、督查股不定时督查和中心纪检组季度抽查的跟踪督查管理办法，加强服务质效的效能监察问责，窗口服务行为进一步规范。

【问题整改】 紧扣第三方社会评价结果，注重加强群众反映问题整改，及时解决进驻窗口部门、分中心存在的问题，通过建立时间表，明确责任人，落实措施，扎实整改，切实解决人员入驻不规范、政策宣传不到位、办事流程不简便等问题，群众满意度显著提升。

【服务质效】 积极解决群众关心的焦点和难点，不断改进服务方式，以政务服务“360”为抓手，大力开展预约服务、延时服务、代办服务和送服务上门活动，依托首问责任岗，采取“五个统一”方式，有效规范爱心服务制度，着力打造爱心、温馨、全天候政务，解决服务群众时间、距离、爱心一公里问题。

（撰稿人：罗纪芬）

外事侨务
Foreign Affairs

【出国（境）管理】 2016年，泸县外事侨务办严格按照上级有关制度和规定，与县财政局、县台湾工作办公室联合转发《四川省因公临时出国经费管理办法》，进一步规范出国经费管理。强化管理的同时，注重服务至上，积极为各类符合条件的团组及人员出访提供高效便捷的服务，畅通“走出去”渠道。提前制订下一年度出国和出境计划，完善各类资料，并上报市委外事工作领导小组。全年为因公出访的领导干部提供咨询等服务13次。

【对外开放】 借助各种活动和载体，宣传推介泸县特色文化，扩大泸县造产品对外知名度和影响力。主动融入中国西部国际博览会、“川货中国行”，充分利用推介平台展示泸县良好生态环境及投资环境，构建有利泸县对外发展的外部环境。

【涉外服务】 充分发挥海外侨胞和归侨侨眷在推动泸县改革开放和现代化建设中的重要作用。加大招商引资、招贤引智力度，积极组织相关单位和企业参加第十四届东盟华商会，向参展企业积极推荐泸县产业发展重点，吸引侨资侨企到泸县投资发展。针对泸县有进出口业务的外向型企业进行摸底调查，较全面地掌握外向型企业发展现状和涉外诉求。根据企业提出的宣传推介、展会信息、技术合作涉外诉求，分别在外事实际工作逐步给予落实。配合侨联开展全县侨情摸排工作，初步建立涉侨台账。5月起，泸县侨联在全县范围内正式开展第一轮侨情摸底调查，收集涉侨人员38名，涉侨人员身份初步核实。

（撰稿人：薛源）

档案工作
Archives work

【档案馆建设与依法治档】 完成档案馆综合体修建的红线图规划、用地预审手续、选址意见书、立项审批、环评审批、固定资产投资项目节能登记、用地规划许可证办理等部分前期准备工作。联合县经开委、县发改局、县财政局督查8个本级重大建设项目。指导65个重点建设项目的档案工作，完成重大建设项目登记72个。开展国家档案局10号令和监察部、人社部、国家档案局30号令宣传贯彻工作。对43个单位开展执法检查。

【档案指导与服务】 指导新组建的农林局、市场和质量监督管理局、改制中的网络公司等单位做好机构改革中的档案处置工作，指导其收集整理改革管理中新形成的档案。开展精准扶贫、全民预防保健、“两学一做”、国卫复审等档案工作的指导。

【档案接收与鉴定】 规范档案接收名册，制定完善档案征集、移交、接收制度。做好档案移交接收工作，截至12月底，接收10个单位档案5310卷21412件。征集《朱氏家谱》《泸县二中外国语实验学校年鉴》等资料18册。馆藏全宗190个，馆藏档案112833卷99151件，资料6532册，光盘档案157张，照片档案1734张。开展馆藏到期档案的开放鉴定工作，鉴定馆藏到期档案6675卷，开放

6月3日，省档案局副局长罗亚夫（后排中）调研泸县档案编研信息化工作

796卷。

【馆库建设与管理】 馆库日常管理工作有序开展，全面清理馆藏各类统计台账，完善档案管理制度，重点落实借查阅制度，九防措施得力，库内温湿度全年达标，与江油市档案局（馆）开展数字化档案异地备份工作。全年无安全事故和失泄密事件。

【数字档案馆（室）建设】 开展存量档案数字化工作，截至12月，数字化存量档案29个全宗（12291卷、58659件、195万页），并投入使用。开展增量档案电子化工作，2016年接收嘉明镇户籍、民政局婚姻登记、参战参核、退役士兵补助等电子档案114卷、11679件。指导县不动产登记中心、县公安局、县法院、县人社局档案数字化工作。

【档案服务】 利用档案馆查阅利用和执法检查中的违纪违规事例，摄制电视专题片《知法守法 服务民生》。积极为档案利用者提供优质服务，接待查阅者5350人次，提供档案6709卷、889件，复印5752页，其中数字化档案利用者1400人次，提供档案715卷334件，复印1277页。

（撰稿人：刘小燕）

中国人民政治协商会议泸县委员会

CHINA PEOPLE'S POLITICAL CONSULTATIVE CONFERENCE LIUXIAN COUNTY COMMITTEE

重要会议

Important Meetings

【政协泸县九届委员会五次会议】

1月18—20日，政协泸县九届委员会五次会议在泸县会议中心召开。会议听取并审议《政协泸县第九届委员会常务委员会工作报告》《政协泸县第九届委员会常务委员会关于提案工作情况的报告》，听取并协商县法院、县检察院工作报告，表扬优秀提案；列席泸县人大十五届六次会议，听取并协商政府工作报告及计划、财政工作报告；听取政协泸县第九届五次会议期间提案征集情况的通报；通过政协泸县第九届五次全体会议决议；听取中共泸县县委领导讲话。

【政协泸县十届委员会一次会议】

12月11—15日，政协泸县十届委员会一次会议在泸县会议中心举行。会议听取并审议《政协泸县第九届委员会常务委员会工作报告》《政协泸县第九届委员会常务委员会关于提案工作情况的报告》，听取并协商县法院、县检察院工作报告，表扬优秀提案；列席泸县人大十六届一次会议，听取并协商政府工作报告及计划、财政工作报告；听取政协泸县第十届一次会议期间提案征集情况的通报；通过政协泸县第十届一次全体会议决议；听取中共泸县县委领导讲话。大会选举李镇为政协泸县第十届委员会主席，选举廖兴无、尹朝勇、杜开卷、陈志超为政协泸县第十届委员会副主席，何显容为政协泸县第十届委员会秘书长，王湘、王科文、邓志礼、代凌、朱国良、朱富容、刘静、李雪梅、杨玲、杨达琼、邱宗文、张北南、张守英、陈琴、陈巧玲、陈志学、陈应平、陈建平、呼斌、罗帆、罗冠英、庞犍军、郑尚贵、赵忠、钟兵、段贵祥、袁春江、曹博华、康晓蓉、税少于、曾品湘、谢金南、雷兵能、熊鹰、薛颖为政协泸县第十届委员会常务委员。

【政协泸县九届20次常委会议】

1月15日，政协泸县九届20次常委会议在县政协常委会议室召开。会议审议并通过县政协九届五次会议的联组发言材料。并通过相关人事事宜。

【政协泸县九届21次常委会议】

1月20日，政协泸县九届21次常委会在县政协常委会议室召开。

会议听取各小组讨论情况的汇报；听取九届五次会议提案征集情况的汇报；通过县政协九届五次会议决议（草案）。

【政协泸县九届 22 次常委会议】 2 月 13 日，政协泸县九届 22 次常委会在县政协常委会议室召开。会议协商讨论并通过“泸县撤县设区方案”。会后形成文件回复县政府。

【政协泸县九届 23 次常委会议】 3 月 29 日，政协泸县九届 23 次常委会在县政协常委会议室召开。会议听取县政府关于 2016 年政府性融资工作的通报，通过县政协 2016 年工作要点和 2016 年度协商工作计划。并通过相关人事事宜。

【政协泸县九届 24 次常委会议】 6 月 16 日，政协泸县九届 24 次常委会在县政协常委会议室召开。会议听取县政府关于泸县“巩固国家卫生县城成果，打造宜居县城”情况的通报、县政府关于泸县开展农业机械化工作情况的通报，协商讨论并通过县政协关于泸县“巩固国家卫生县城成果，打造宜居县城”情况的调研报告和县政协关于泸县农业机械化工作情况的调研报告。

【政协泸县九届 25 次常委会议】 9 月 27 日，政协泸县九届 25 次常委会在县政协常委会议室召开。会议听取县政府关于政协泸县九届五次会议以来提案办理情况的通报，听取县政府关于泸县食品安全监管工作开展情况的通报，听取县纪委监察局关于泸县党风廉政建设情况的通报，协商讨论并通过县政协关于泸县食品安全监管工作开展情况的调研报告。县政协主席、党组书记李镇向全体常委传达县第十三次党代会重大决议和会议精神。

【政协泸县九届 26 次常委会议】 11 月 15 日，政协泸县九届 26 次常委会在县政协常委会议室召开。会议听取县政府关于健全和完善泸县社会救助机制，解决弱势群体民生保障情况的通报。协商讨论并通过县政协关于健全和完善泸县社会救助机制，解决弱势群体民生保障情况的调研报告。并通过相关人事事宜。

【政协泸县九届 27 次常委会议】 12 月 6 日，政协泸县九届 27 次常委会在县政协常委会议室召开。会议听取县政府关于政府工作报告的说明，听取县法院关于法院工作报告的说明，听取县检察院关于检察院工作报告的说明，听取县委统战部就政协泸县第十届委员会委员安排情况的说明，协商通过政协泸县第十届委员会委员名单，听取县政协关于政协泸县第九届常委会工作报告和政协泸县第九届常委会提案工作报告的说明，听取政协泸县第九届委员会秘书长李正高关于政协泸县第十届委员会一次会议筹备情况，以及会议期间主席团、执行主席、秘书长、提案审查委员会建议名单的说明，政协泸县十届一次会议议程（草案）、日程（草案），邀请列席人员名单，并鼓掌通过。

【政协主席会议】 2016 年县政协主席会议召开 12 次，及时学习贯彻中央、省、市、县和政协的重要会议精神，审议年度工作计划，安排协商活动，决定协商形式和内容，并先后围绕脱贫攻坚、濑溪河流域水资源保护、泸县职（成）教工作开展情况、泸县特种设备安全管理等发展中的热点难点问题开展专题视察协商，针对发展的问题献策献计，积极为县委、县政府科学决策提供参考。

提案工作
Proposal work

【概况】 政协泸县九届五次会议以来，共收到提案 153 件，经提案审查委员会审查立案 145 件，其中集体提案 43 件，个人提案 102 件。落实和基本落实的提案 31 件，占办复总数的 21.38%；列入计划待条件成熟后实施的 103 件，占办复总数的 71.03%；因条件所限或政策因素暂不能实施的 11 件，占办复总数的 7.59%。委员和提案单位对办理结果满意和基本满意率 99%以上。7—9 月，提案委牵头，组织提案审查委员会及部分委员，对 2015 年 B 类提案办复件进行跟踪视察。委员们到提案委员所在的玄滩、毗卢等镇及县级有关单位征求意见、建议，实地察看和走访当地干部群众，了解提案办理后的落实和实施情况，进一步促进提案办理落到实处。

【经济提案】 涉及经济建设类提案38件，如《关于泸县工业园A、B、C区清理和重组的建议》，经开区管委会对园区内的企业实行包联制度，实行一对一的保姆式服务，建立入驻企业台账，严格按照固定资产投资规模和贡献率等指标进行考核，健全合同管理机制，对长期"圈而不建"或超过合同期限尚未开工的项目用地予以收回，截至2015年年底，共收回转让土地1150余亩。社会事业类提案62件，如《关于迫切需要解决泸县北部地区饮用水安全的建议》，县委、县政府出台《关于做好2015年农村饮水安全工作的实施意见》，规划北部饮水3万余人的供水工程，建设嘉明镇洞沟水库水源储备保护工程，实施散居户打井183口，争取国家资金100万元新建县城供水管线到嘉明镇罗桥村。

【法制提案】 民主法治类提案23件，县委高度重视《关于落实宗教教职人员福利待遇的建议》，从2015年7月1日起，落实符合政策条件的宗教界主要教职人员每人每月700元的生活补助，并列入县级财政预算。生态文明类提案28件，重视《关于保护两河生态环境，美化县城环境的建议》，县环保局、县住建局等部门在工作中主动采纳提案建议，切实加大污染源治理，将县城两河四岸美化工作提上议事日程，加强研究和规划编制。

10月26日，泸县政协召开《泸县传统民居》编委会议（王琦/摄）

视察调研与交流合作
Inspection Investigation and Exchange Cooperation

【经济视察】 组织经济界委员围绕经济建设发展调研视察。4—6月，县政协经济委牵头，主席会议成员到方洞、喻寺、玉蟾街道、荣昌区万灵镇等镇（街）视察濑溪河流域水资源保护情况，完成相应视察报告。5—6月，牵头组织部分政协委员，采取住建、卫计、食药监、工商、公安、玉蟾街道办等相关部门集体座谈，以及深入社区、企业、市场和外出考察学习等方式，对巩固国卫成果、打造宜居县城进行调研，完成的调研报告经常委会协商讨论后送县委政府参考。9月，组织所联系政协委员，对全县风景旅游景点开发与培育情况进行专题视察调研。调研组实地视察方洞镇屈氏庄园、石桥镇道林沟景区，考察荣昌区古佛山景区在建项目，并召开座谈会，形成关于泸县风景旅游景点开发与培育情况的视察报告。

【民生视察】 关注社会民生事业中热点难点履职献策。5月20日，社事委组织联系的政协委员和县政协主席会成员视察全县部分快递企业，听取县级相关管理部门及部分县政协委员的工作汇报和意见建议针对存在的问题，积极建言献策。9月，牵头主席会成员先后到泸州电子机械学校、泸县建筑学校等地进行实地视察、座谈，听取全县的职(成）教育相关工作汇报，形成视察报告送县委、县政府参考。9—10月，组织部分政协委员，采取到镇（街)、部分敬老院、农村困难家庭、残疾人康复就业服务中心等进行走访，召集县民政、残联和部分镇(街)、相关部门集体座谈等形式，对健全和完善社会救助机制，解决全县弱势群体民生保障情况进行调研，形成相应的调研报告。

【基层视察】 聚焦农业发展深入调研献计。4月，组织县政协主席会成员对全县脱贫攻坚工作开展情况进行视察，先后实地到福集镇清华村和兆雅镇型家村等地视察，并召开座谈会，形成的视察报告获得县委主要领导批示。5—6月，全县部分镇及先进地区实地调研农业机械化工作，形成相应调研报告经常委会协商讨论送县委政府参考。9月，组织县政协主席会成员和部分政协委员，对泸县农业特色产业发展工作情况进行视察。先后到方洞镇宋田村甲鱼专合社、董湾村大雁基地、薛湾村稻鳅基地和福集镇团仓村新型农业经营主体等地视察，在福集镇团仓村召开座谈会，主动建言，积极为全县农业特色产业发展献计献力。

【社会法制视察】 强化民主监督力度，视察调研献策。4月，组织县政协主席会成员对泸县特种设备安全管理工作进行视察，召开座谈会，形成视察报告。7月，组织部分政协委员对县城城区公共场所消防工作进行专题视察，实地察看县城部分重要公共场所消防设施建设管理情况，听取县公安局关于城区公共场所消防安全监管情况的通报，对加强城区公共场所消防安全提出意见和建议。8—9月，组织部分政协委员，会同县食药品监督管理局一起，到玉蟾街道办、云龙镇、天兴镇等地对泸县食品安全监管工作开展调查研究，形成相应的调研报告经常委会协商讨论送县委、县政府参考，对全县食品安全监管工作积极建言献策。

【群团视察】 9月14日，组织部分委员对全县群团工作中心建设情况进行视察，实地察看玉蟾街道清溪社区群团组织社会服务中心、群团组织购买社会服务项目创意大赛暨社会服务项目展示、群团工作中心窗口等，召开座谈会，形成相应视察报告，对全力推进三级群团工作中心建设提出建议。

【团结合作】 重视发挥各民主党派、工商联和无党派人士在政协工作中的作用，邀请参加政协的调研座谈，支持他们开展调研视察履职活动，为全县的经济建设、教科文卫、政治法律、社会保障等提出意见建议，共提交政协提案50件，撰写社情民意信息77条，调查报告12篇。加强与周边县区的交流联系，到纳溪区等地学习社情民意信息工作等先进经验。持续关注保护濑溪河流域生态环境，在重庆市荣昌区召开的助推会上作题为《合力共护濑溪河 同享和谐生态美》专题发言。先后接待云南省镇雄县、甘孜州稻城县和周边县区政协考察学习，协助市政协、驻泸县市政协委员完成省、市重点项目等调研视察。

资料搜集与宣传
Data Collection and Publicity

【文史工作】 突出政协文史工作特色，系统收集整理史实资料，编辑出版泸县文史资料第十六辑“千年泸县·宋韵龙城”系列丛书《泸县传统民居》，启动《泸县政协志》编撰工作，发挥“存史、资政、团结、育人”作用，扩大泸县政协影响力。完成年度市政协文史资料选辑的征集和编撰工作。

【信息工作】 围绕转变经济发展方式、经济建设、民生保障、社会事业等涉及人民群众切身利益的问题，反映社情民意信息320条，编辑上报《社情与民意》和《泸县政协信息》150期，分别送县委、县政府和市政协参考。其中全国、省、市政协采用21篇，县委、县政府批示10篇，相关部门积极回应，取得较好成效。

【宣传工作】 加强对政协履职成果的宣传力度，进一步扩大影响力。全年编发《泸县政协》4期，展示委员风采，彰显政协特色。全年有315篇稿件在国家、省、市、县新闻媒体上采用，其中《人民政协报》《四川政协报》、江阳论坛等国家、省级、市级媒体以上采用稿件221篇，开创泸县政协信息宣传工作的新局面。

自身建设
Self Construction

【机构建设】 政协泸县委员会第九届有委员294名，由24个界别组成，其中常委32名。设有6委2室，提案工作委员会、经济工作委员会、社会事业委员会、农村工作委员会、学习文史工作委员会、社会法制工作委员会，政协泸县委员会办公室、研究室。政协泸县委员会第十届有委员31名，由26个界别组成，其中常委41名。设有6委2室，分别是提案工作委员会、经济工作委员会、社会事业委员会、农村工作委员会、学习文史工作委员会、社会法制工作委员会，政协泸县委员会办公室、研究室。

【基层工作】 坚持定期到联系的镇(街)、企业、农村(社区)督导，协调帮助其发展产业、修建办公阵地，改善基础设施及用电、用水问题。深入开展“两学一做”学习教育，积极开展听民意、促民和、解民难、聚民心工作，共收集到基层反映的问题122个，其中已经协调解决42个。开展“我为扶贫攻坚做件事”活动，委员们积极响应，帮扶贫困户300余户，为全县脱贫攻坚工作做出努力。

【作风建设】 围绕中央统一部署的“学党章党规、学系列讲话，做合格党员”学习教育活动，认真开展学习，明确工作任务，做到抓紧抓实，深化认识，认真领会习近平总书记重要指示和“两学一做”学习教育工作座谈会精神，进一步规范调研视察工作，规范各类会议活动，优化考核工作，严格执行相关规定制度，在加强作风建设上取得显著成效。

【队伍建设】 建立完善领导班子成员、机关委室联系委员、走访委员工作机制，进一步完善县政协委员调整机制，及时统计、了解委员变动，严格按照《委员管理办法》进行考核，撤销1名县政协委员资格，及时对委员作出调整增补。积极为委员搭建学习平台，拓宽履职渠道，坚持开展“五个一”活动，委员们全年共参加社会活动482人次，为群众办实事514件，向各级政府提供招商引资信息160余条。

【制度建设】 从抓制度建设入手，推动政协履行职能的制度化、规范化和程序化建设。建立完善县政协机关公务接待、信息考核、调研视察经费管理等规章制度，并严格执行。为做好新形势下的政协工作，进一步完善机构设置，成立研究室，明确工作职责，对工作人员进行调整、充实，更加务实高效开展各项工作。同时，在加强机关内部各委室之间的沟通配合上下功夫，增强服务意识，提升工作水平。

（撰稿人：王琦）

工商联与群众团体

ASSOCIATION OF INDUSTRY AND COMMERCE & MASS ORGANIZATIONS

工商联合会

Association of Industry and Commerce

【思想政治建设】 全县非公企业家共有市、县人大代表和政协委员88名，13名民营企业家担任市、县商会副会长。组织非公有制经济代表人士学习中共十八大、十八届三中、四中、五中、六中全会精神，学习习近平总书记系列重要讲话，特别是习近平关于新型的政商关系的重要论述，学习贯彻《中国共产党统一战线工作条例（试行）》以及中央统战工作会议精神。邀请李延平教授等泸州知名专家，开展十八届六中全会和"一带一路"等专题培训。建立"三项制度"，团结非公有制经济人士。实行主席、副主席联系常委执委、常委执委联系会员。制定非公有制经济人士节假日短信问候、生病探望、生日祝贺等一系列"人文关怀"制度。

【非公人士慰问与表彰】 2016年，向非公有制经济人士发送慰问信息100余条，看望慰问企业家20人次。向人大、政协力荐非公有制经济人士担任人大代表或政协委员。组织开展"守法诚信，坚定信心"理想信念教育实践活动，在2016年"榜样力量"为主题的"第二届泸县道德模范"表彰暨颁奖活动中，县工商联常委、泸州中实投资集团、新时代运业有限公司总经理陈明伟被授予泸县

12月23日，泸县工商业联合会（总商会）召开第十次会员代表大会

“诚实守信道德模范”荣誉称号。中华美酒等会员企业被省工商联表彰为促进“两个健康”工作先进企业。四川科茂建司获中国“优秀企业”、四川省人民政府“五十强总承包企业”、省市“合同守信用企业”等荣誉称号。

【商会工作】 挖掘商会内部资源，建立县工商联（总商会）、镇分会和会员企业信息互通、资源共享机制。利用酒博会、西南商品博览会、异地商会年会等平台开展招商引资活动。发挥友好工商联、行业商会、异地商会相互联系作用，大力宣传泸县，密切关注投资资讯，主动开展对接。7月2日，县委书记薛学深出席以“聚乡友力量、建美好家园”为主题的泸州籍在外企业家代表座谈会，30余名泸县籍在外企业家齐聚一堂，共商回乡投资兴业，为家乡的建设做贡献。

【百企联百村】 召开座谈会、交流会、对接会等活动，广泛发动非公有制企业负责人和爱心人士全面参与泸县扶贫攻坚。向全县70余名执委发放倡议书，组织民营企业家参加泸州市“百企联百村”扶贫攻坚启动会和精准扶贫行动。全县19户非公有制企业结对帮扶联系村17个，参与泸县脱贫攻坚的非公有制企业（爱心人士）累计485个（位），捐款捐物合计2815万元。其中，泸州鑫福矿业有限公司捐款1000万元助力泸县脱贫攻坚；成都泸州商会会长林代湘捐款120万元用于玄滩镇3个贫困村基础设施建设，并在泸县扶贫日活动中捐款50万元；泸州鑫福化工有限公司捐款80万元用于云龙镇朱梅滩村修建公路；四川佳乐集团捐赠62万元用于云锦镇冯石村发展种养殖业、危房改造、村道建设和安全饮水。

【非公企业服务】 与司法部门合作，搭建维权协作平台，开展小微企业法律援助。与县工商局、县司法局等部门联合开展“法律进企业”活动，开展学法用法交流培训4次，全县160名民营企业接受法律咨询和维权服务。引导商会制定自律公约3个。为泸县总商会聘请常年法律顾问，开展法律知识培训，在中山泸州异地商会建立泸县法律援助工作站。依托协调劳动关系三方四家联席会议，与工会、人社、企联加强沟通，参与全县工资集体协商、协调劳动关系等相关工作。全县有非公有制企业党组织166个，覆盖企业206户，有党员1423人。有3个泸州异地商会成立泸县支部，成都泸州商会泸县党支部、昆明泸州商会泸县党支部受到县委表彰。

【机关建设】 12月23日，泸县工商联（总商会）召开第十次会员代表大会暨执委会，选举产生泸县工商联（总商会）第十届领导班子。以领导班子好、会员发展好、商会建设好、作用发挥好、工作保障好等“五好标准”为目标，大力开展“五好”工商联创建，2016年成功创建为全国“五好”县级工商联。泸县工商联获2013—2016年省工商联表彰的先进集体，泸县医药行业商会、泸县兆雅镇分会荣获四川省工商联表彰的先进商会。20个镇（街道）成立分会（商会），分会主席均由党委副书记兼任，有3个行业商会和1个社区商会，实现基层商会全覆盖。积极参与异地商会筹建工作，协助市工商联在西藏、青海等地成立异地商会，把泸县在外成功人士吸引到商会中来，有8名泸县籍企业家在泸州异地商会任会长。完善商会管理制度，创新性地开展会员登记、管理。截至年底，全县有个人、企业、团体会员1486个。其中企业团体会员786个，占会员的53%；小微企业会员450户，占企业团体会员的58%。

【宣传工作】 编辑《龙城商界》2期、《工作简讯》11期。致力于外宣工作，省工商联采用信息15条，市工商联采用信息8条，《泸县通讯》、泸县信息、公众网、龙城手机报采用信息50条。宣传正能量，在《泸县通讯》《泸县电视台》大力宣传易定渊、陈元岭等3名非公有制企业家在人才管理、技术创新、回报社会等方面的先进事迹，收到很好的效果。

（撰稿人：周军）

工会
Trade Union

【概况】泸县总工会深入推进“两个普遍”，全县建立工会组织2324个，会员348654人，其中镇（街道）总工会20个、村（社区）工会301个，机关、事业工会755个，行业工会11个，联合基层工会77个，区域性联合会20个，企业工会1439个。工会组建率99.1%，全县工会入会率91%，各类法人单位建会率、入会率动态保持在95%以上。县总工会获得市总工会考核一等奖，党建工作、安全生产工作、党风廉政建设工作获得县级一等奖。

【组织建设】推进“基层组织建设年”活动，切实强化“党建带工建”，开展基层工会组织标准化、示范化建设。玉蟾街道龙桥社区被评为省级示范社区工会，得胜镇、海潮镇总工会被评为泸州市示范乡镇（街道）工会，玉蟾街道怡园社区、百和镇高洞社区被评为泸州市示范社区工会，标准化建设兆雅镇总工会、兆雅镇型家村工会、玉蟾街道龙桥社区工会；继续深化职工书屋创建，创建国家级示范书屋1个、市级职工示范书屋16个，极大丰富职工文化生活；四川杏林医疗器械有限公司工会、泸州观宇玻璃制品有限公司工会、泸县毗卢镇机关工会、国网四川泸县供电有限责任公司工会被评为泸州市“模范职工”之家；国网四川泸县供电分公司喻寺供电所工会、国网四川泸县供电有限责任公司潮河供电所分工会被评为2016年泸州市“模范职工”之家；2016年5月20日召开泸县总工会第十一届委员会第三次全委（扩大）会议，选举陈红为泸县总工会第十一届委员会委员、常委、副主席，同时补选委员李绍基、熊英、雷林、钟平、骆艳、代开源、苟大莲、代林彬、贺敏、陈建林、张乃兵为泸县总工会第十一届委员会委员，补选李雪梅为泸县总工会第十一届经费审查委员会委员，10月10日召开泸县总工会第十一届委员会第四次全委（扩大）会议，选举杨双全为泸县总工会第十一届委员会常委、主席。

【经济技术】围绕党政中心，助推经济发展，组织职工参加市第十一届职工创业创新技能大赛、市基层卫生人员岗位练兵和技能竞赛等活动；组织开展泸县2016年建筑行业技能大赛——装饰镶嵌工技能比赛、全县小学语文教师现代教育技能等比赛；积极开展酒城工匠评选活动，川南木雕非物质文化传承人陈裕荣荣获泸州首届“酒城工匠”称号。泸县第二人民医院创建为省级妈咪宝贝屋；泸县二中林德兴一家和泸县国网供电有限公司黄蓉一家被评为泸州市“最美家庭”和四川省工会“最美家庭”，泸县国网供电有限公司黄蓉被评为泸州市“安全贤内助”。

【劳模工作】全县有全国劳模5人、省部级劳模37人、市级劳模97人，总工会建立劳模联系制度。召开全县劳模协会第一届第二次会员大会，参观医药产业园、温

8月11日，总工会领导为消防官兵“送清凉”

泉度假区。组织开展“劳模关爱周”“劳模宣传月”活动，全年走访慰问劳模150人次，组织国家、省、市级劳模免费体检，发放劳模“三金”28.6万元，王平劳模工作室被评为市级示范劳模工作室。

【民主管理】坚持推进以职代会为基础的民主管理，深化厂务公开民主管理，参与指导方洞镇铁钉山煤矿、嘉明镇马园煤矿关闭的职工代表大会，进一步完善劳动争议预防、预警、调处、援助一体化机制，基层劳动争议调解组织和劳动法律监督组织建立率达100%。泸州福辉教育服饰厂、国网四川泸县供电有限责任公司被评为泸州市厂务公开民主管理示范单位。四川科瑞德制药有限公司取得“四川省模范劳动关系和谐企业”荣誉称号。

【依法维权】深入推进工资集体协商，签订集体协商工资协议1700份，覆盖企业2637户，覆盖职工13.8万人，观宇玻璃、唐人酒业被评为工资集体协商示范企业。县职工法律援助中心、中山职工法律援助点办理职工维权案件140余件，挽回经济损失200万元，职工法律援助经费列入本级工会预算。聘请黄振清等为工会维权律师，组建法律援助律师团，落实基层工会法律顾问委派制度，工会职工法律援助机构规范化建设水平大大提升。观宇玻璃、唐人酒业被评为工资集体协商示范企业。

【困难帮扶】结对帮扶兆雅镇型家村6户贫困户，联系得胜镇非贫困村结对帮扶27户困难户，全年所联系的贫困户100%实现脱贫。开展“春送岗位”招聘活动，全县20多个行业32家企业参与，提供岗位1458个，组织1000余人应聘求职；组织参加在泸州举办的全国“就业创业援助月”活动，组织应聘人员680人，达成意向103人，签订协议64人。全县范围内实行职工医疗互助行动，职工互助险参保单位43个，参保金额20.641万元，职工住院得到赔付50人，计5.75万元。对全县患有重病的困难职工实施临时医疗救助和生活救助。开展困难职工(农民工)医疗和生活救助76人，救助金额20.4万元。

【惠民服务】结合群团服务中心建设，推进县帮扶中心提档升级和乡镇、街道、社区职工帮扶服务站规范化建设。健全完善县、镇、村(社区)三级帮扶网络体系，实现困难职工群众数据互联互通、帮扶信息共建共享。超额完成2016年度民生工程任务。组织开展“春送岗位”活动，组织2000余人参加市、县现场招聘会，达成就业意向474人。组织开展“夏送清凉”活动，慰问走访企业40家，一线职工1094人次。组织开展“秋送助学”活动，资助困难职工(农民工)子女上学250人，发放助学金81.77万元。组织开展“冬送温暖”活动，筹集资金32.6万元，惠及建档困难职工1016人。

【职工保障】针对重点人群和重点行业多渠道、多形式、全方位开展《中华人民共和国职业病防治法》和职业病防治知识的主题宣传，签订职业病防治专项合同50份。参与安全事故调查7次。组织开展“安康杯”竞赛活动，17个企业118个班组3000余名职工参与，提高职工群众的安全意识和操作水平。高温天气为保障职工安全工作，8月县总工会“送清凉”到阿斯特、海福印、集福源、福滨服装厂、消防大队、泸县城区供电所慰问在高温岗位上的一线职工，为职工们送上毛巾、藿香正气液、十滴水、川府凉茶、水杯等慰问品，价值3.7万元。

【安全生产】参加企业安全生产大检查，聘用2名群众监督员，带队到相关镇督查安全生产工作，组织实施全市安全生产群众监督员培训，全县各镇(街道)、县经开区、172户规模以上企业的群监员参加培训，提高安全生产群众监督水平；建立健全泸县企业和职工安全生产服务信息网站，县安监局通过该网站实现安全生产监督电子化；建立工会微信公众号安全生产隐患举报平台，在全省率先实现安全生产隐患群众监督网络化。

【女职工工作】宣传动员女职工大病互助保险，女职工大病互助保险新增参保3523人，参保金额44.04万元，赔付女职工20人，赔付金额21万元。组织全县100

名建档困难女职工在县医院进行两癌免费筛查。加强职工“心灵驿站”建设，重视并做好女职工特殊权益维护，为女职工提供订单式、专业性心理服务。加强“妈咪宝贝屋”建设，服务女职工“四期”保护，促进母婴健康，困难女职工免费大病体检、女职工专项合同等工作为女职工身心健康、体面劳动起到保驾护航的作用。

【职工活动】 组织“中国梦·劳动美”泸县跑步迈进“十三五”暨践行社会主义核心价值观签名主题教育活动；建立泸县职工艺术团，承办泸州市总工会2016年“五送到村”（型家村）志愿服务专场文艺演出。组织职工参加龙马潭区“鑫霸杯”职工羽毛球邀请赛并获冠军；举办泸县庆“五一”暨第三届职工羽毛球赛，组织开展2016年春节农民工文艺演出、泸县首届“劳动者杯”门球赛、泸县第十二届“龙城金秋”职工篮球赛等活动，选送节目《建筑工之歌》获泸州市第十五届“劳动者颂歌”职工文艺会演表演奖二等奖；举办泸县首届“劳动者杯”门球赛等大型活动；组织职工参加省总组织的“劳动美·光影”摄影比赛。组织45名未婚男女青年职工参加由泸州市“最好时光·遇见你”专属浪漫寻缘派对青年联谊活动。

【宣传调研】 提升《泸县工运》办刊质量，新开辟泸县总工会网站、泸县工会微信公众号，使工会工作得到及时宣传和交流。全年在《四川工人日报》、51网、四川新闻网、泸州市总工会网站等市级以上媒体发表新闻信息43篇，在泸县公众信息网发表信息27篇，昨日要情14篇，泸县通讯7篇。

【大群团工作】 率先在泸州市建立县级群团工作中心，形成“县—镇（街）—村（社区）”三级群团工作体系，实现全面覆盖、分级负责、上下联动、区域协作的群团中心工作体系。作为县委群团工作联席会议办公室，统筹4次联席会议；统筹承办2016年全县群团工作会议；积极协助泸县群团工作中心的建设。主持泸县群团组织购买社会服务项目创意大赛，促进全县与省内外优秀社会组织的交流；全年实施项目10个，项目经费55万元，惠及群众6万余人，扩大泸县群团工作中心的影响。做好迎检和交流。统筹市委群团工作督查组对泸县的督查检查工作，代表群团工作中心到成都与吉林省农安县进行经验交流。

【财务管理】 继续推行地税代收、财政代扣，提高经费收缴率。加强资产管理，确保工会资产增值不流失。加强预算管理，优化资金支出结构，提高经费使用效益，保证工会重点工作推进。全面推进经审工作规范化建设，配齐配强经审专兼职干部。坚持“全面审计、突出重点”的原则，加强对工会经费预算、专项资金和工会资产的审计监督。协调落实财政代扣和税务代收制度，确保完成工会经费收缴、管理和使用，完成向市总缴纳会费152.52万元，超2.52万元。

【正风肃纪】 全年对20个镇（街道）以及66个县级机关单位开展工会系统正风肃纪督查，实行全覆盖，并形成专题报告。强化经审工作，对县总工会本级、农林局等10个单位的工会经费收支管理情况开展审计监督，促进工会经费管理工作步入规范化。制定《泸县基层工会工作考核细则》，明确细化工会具体工作，有效指导镇（街道）和机关部门的工会工作开展。

（撰稿人：吴冬梅）

共青团
Communist Youth League

【概况】 2016年，团县委围绕“四个建成、一个率先”总体目标，结合工作实际，强化思想政治引领、服务党政工作大局、激励创新创业、服务成长成才上努力作为，工作成效明显，泸县获全国、全省基层团建优秀示范县称号、团县委获“四川省五四红旗团委”等荣誉称号；县检察院被命名为“全国青少年维权岗”；云锦镇获“全国农村基层团建示范乡镇”“全国五四红旗团委”等荣誉称号。

3月9日，泸县2016年群团工作会召开

【青少年思想引领】举行纪念“五四”“六一”系列活动，第七届雏鹰练翅校园文化活动周、“童心向党 喜迎新年”全县少年儿童文艺会演等活动，开展中学生“与人生对话”、少年儿童“红领巾相约中国梦”、书信征文大赛、“争当好队员”主题队日活动等，培育和践行社会主义核心价值观。举办团县委书记“微课堂”、团县委书记讲团课等，强化团组织“三会二制一课”制度，加强团干思想教育；开展“两学一做”学习教育，把作风引向深入、贯彻始终。打出“线上+线下”“新媒体+传统媒体”组合拳，运用“青春泸县”微信、“泸县团委”微博、《龙城青年》内刊、泸县青少年在线网站“青年之声”维权平台、“青年之家”云平台等载体，凝聚、服务青少年，引领正确舆论导向。

【队伍建设】深化党建带团建，有序推进19个镇团委班子换届工作，按改革要求采取编制外与编制内相结合，专、兼职相结合的方式，调整镇团委班子，进一步充实镇团委工作力量。结合县委关于村（社区）党组织换届选举工作的安排，开展301个村（社区）团组织换届选举工作，切实提高基层团组织的凝聚力和战斗力。联合县工商局，9—12月，在全县开展为期100天的非公有制企业党（团）组织覆盖“百日攻坚”行动，完成非公有制党（团）组织覆盖新增90个。开展贯彻党的群团工作精神专题培训班、少先队辅导员培训、网宣培训，团干部业务交流会、座谈会等，借助微信群、QQ群进行实时业务指导，通过召开音频例会等方式，提升团干部业务水平；重心下沉，采取团务工作“项目+订单”的形式，发布项目83个，投入项目资金45.2万元，54个基层团组织竞选承办。泸县二中外国语实验学校团委荣获“四川省五四红旗团委”，玉蟾街道康桥社区团支部、泸县人民法院团支部、云龙镇朱梅滩村团支部获“四川省五四红旗团支部”；泸县玄滩镇玄滩中心小学校大队部、泸县得胜镇得胜中心小学校少先队大队部获“四川省优秀少先队集体”。泸县建校胡方雨被评为“全国最美中职生”。

【青少年扶持】依托泸县青年就业创业孵化基地、见习基地、创业金街等载体，加强与青年企业家、农村致富带头人、青年创客的常态化联系，实施“SYE”四川青年创业促进计划，深化大学生西部计划志愿者“三下乡”“逐梦计划”，开展农村青年电商培训等工作，激励青年就业创业。开展“青春助力扶贫攻坚”行动，联系青联、青企协成员开展定点扶贫，为对口联系贫困村云龙镇朱梅滩村争取公益项目资金10万元、云锦镇冯石村扶贫援助金2万元、兆雅镇犁家村关爱留守学生（儿童）项目经费2万元，为玉蟾街道马溪河村争取爱心公益资金0.6万余元，用于贫困村开展产业发展、技术培训、贫困留守学生关爱等。开展“走基层·送温暖活动”，为联系村送去1万余元过冬物资，实现建档立卡困难户全覆盖。

【青少年关爱】开展留守学生“暖冬”关爱专项行动，投入经费7.5万元（社会募集6万元）慰问留守学生。依托全县57所留守学生之家，开展“圆梦”“结对帮扶”

等主题关爱活动20余场次，争取县财政经费18万元，对30所留守学生之家进行星级改造。争取各级关爱项目经费、爱心捐款近15万元，惠及困难留守学生1000余人次。培育“青”字号品牌，开展青年文明号创建、青年安全生产示范岗评选、建设“共青林”等。争取团省委经费10万元，建立泸县青少年心理辅导中心；开展青少年法治教育，依托学校、社区等场所，新建青少年法治教育基地2个，开展自护教育20余场次，举办模拟“法庭”1场，切实维护青少年合法权益。

【志愿者工作】 深化志愿服务，组织青年志愿者100余人次，围绕医药年会、全市易地扶贫搬迁现场会、县党代会、县“两会”、国卫复审等10余场重大会务、活动开展服务，服务5000余人次。引导泸县青年志愿者协会、泸县义工、泸县龙城义工、泸县青年企业家协会、泸县西部计划志愿者自主管理委员会等团属社会组织、队伍等，围绕留守关爱、安全、扶贫、禁毒、禁赌、环保、助残、应急等主题会议及活动40余场次，服务群众5万余人次。

【中心建设】 初步形成“县—镇（街道）—村（社区）”三级群团工作中心体系。团县委牵头群团7部门积极探索“大群团”整合，全面推进三级群团工作中心建设，建成全市唯一一个县级群团工作中心，全面完成镇（街道）群团工作中心、村（社区）群团工作站建设。建立完善三级群团工作中心运行的长效机制。县委将群团工作中心建设纳入党建目标考核和目督办督查范畴，以《群团工作联席会议制度》为统揽，定期专题研究群团中心建设工作。联席会印发《泸县推进镇（街道）群团工作中心建设工作考核细则》，《泸县群团工作中心建设方案（试行）》，县级群团中心牵头制定《群团工作中心成员单位联席会议制度》以及群团中心工作管理制度、职能职责、岗位职责、服务事项公示栏、服务指南等《泸县群团工作中心标准化建设工作手册（试行）》，形成分层联动，整体推进的长效机制。初步搭建起政府购买社会组织服务群众的对接平台。依托泸县义工、龙城义工、乐邻社会工作服务中心等3支本土社会公益组织，承接政府和群团项目服务基层群众。举办泸县群团组织购买社会服务项目创意大赛暨社会服务项目展示交流会，为政府购买社会服务、为市内外社会组织搭建一个良好的交流、展示和合作的平台。县群团中心建立以来，实施项目60个，项目资金280万元，惠及群众10.5万人。

（撰稿人：李梅）

妇女联合会
Women's Federation

【概况】 2016年，泸县妇联紧紧围绕县委、县政府中心工作，创新工作模式，深入推进“六大行动”，完成县委和市妇联年初下达的各项目标任务。全省“传家风、立家规、树新风”现场交流会在泸县召开。巾帼扶贫、巾帼助安、家庭助廉、妇女儿童之家（家长学校）建设获得县委领导肯定性签批。全年，获市妇联目标综合考核一等奖、幸福家庭行动一等奖，市级《第三届优秀童谣评选推广活动组织奖》，县级《先进基层党组织》《泸县群团组织购买社会服务项目创意大赛三等奖》荣誉。完成县妇联第十一届副主席、主席的增（替）补选举工作，张红增被选为县妇联副主席，熊霞替补选举为县妇联主席。

【“最美家庭”】 全县受到县级表扬的“最美家庭”24户，受到市妇联表扬的“最美家庭”10户，泸县二中的林德兴家庭获得省级“最美家庭”称号；开展“我心中的最美家庭”家庭题材作品征集评选活动。面向本县广大家庭积极征集好家风征文50篇和好家训73条，书法作品20幅，其中泸县国电黄蓉一家的摄影作品《乡间合影》获省级“家庭题材摄影和书法优秀作品奖”、泸县二中外国语实验校谢华的《春风十里，不如家风淳美》和泸县梁才学校王良勇的《勤俭家风代代传》获省级“好家风征文优秀作品奖”；以“最美家庭故事分享会”及“暑期儿童成长夏令营”广泛开展“我的好家风好家训大家谈”等活动

3月15日，县妇联在县会议中心三楼召开十一届三次执委扩大会（赵丽娜/摄）

50场。

【创业就业工作】举办巾帼致富带头人电商培训2期，免费培训450名妇女，打造女性电商人才“蓄水池”；各级妇联积极举办龙眼、葡萄、蔬菜、生猪等实用技术知识培训26期，培训人员2000人次；协办“我能美貌如花，也能创业养家——泸县最美女老板创业创新大赛”；举办“春风行动”暨就业创业政策宣传活动，为妇女提供就业岗位1700余个，约381人达成用工意向；制作“风雨彩虹·铿锵玫瑰”典型事例摄影作品展，分别在20个镇（街道）开展为期2个月的巡回展览；召开庆祝“三八”妇女节106周年优秀女企业家座谈会，全县20余名女企业家参与座谈，并作交流发言，共话泸县发展。

【安全工作】开展“巾帼助安·家安工程”活动，评选出40篇优秀安全家书、40名“安全贤内助”，其中6人获市级亲情征文优胜奖，5人获市级“安全贤内助”称号；印制《亲情安全家书》3000本，开展安全隐患排查和知识讲座10场次。

【妇女儿童关爱】利用各种节点和“走基层”活动，走访慰问困难、残疾、留守儿童2400余名，送去慰问品慰问金计20余万元；向县财政争取慰问资金5.16万元划拨到各镇（街道）妇联，为166户贫困妇女儿童排忧解难送温暖；开展多种形式的关爱、慰问和帮扶活动，全县志愿帮扶1086人；继续实施美国“真光”希望困难学子助学工程，为3名困难学子送去每人800元的助学金；在玉蟾街道、嘉明、太伏、百和、云龙镇开展为期15~20天的暑期夏令营活动共600余名留守儿童参加。

【“两癌”救助】开展结对帮扶与“两癌”贫困妇女救助工作，向市上争取资金37万元，县上争取25万元，全力实施“两癌”62名贫困妇女人均1万元救助。

【反家暴工作】“三八”维权周期间，开展“反对家庭暴力·共建和谐家园”主题活动。为30余名县级领导和部门领导宣讲《中华人民共和国反家庭暴力法》1次，聘请县委党校校长为镇（街道）、村（社区）1000余名干部宣讲《反家庭暴力法》8场次；印发《反家庭暴力法》宣传单2万份，宣传挂图20幅。在村（社区）建立妇女儿童活动室、“反家暴”妇女儿童庇护所，在镇（街道）综治办建立妇女儿童维权工作站，派出所建立“反家暴”案件投诉站，司法所建立妇女维权法律援助站，并将维权平台到村（社区），实现全覆盖。

【妇联改建】利用村（社区）两委换届选举之际，全面完成辖区全部村（社区）妇代会改建妇联工作，确保改建工作与村（社区）“两委”换届同步进行、人选同步考虑，改建率达到100%。玉蟾街道清溪社区等5个“妇女儿童之家（家长学校）”成功创建市级示范点；福集镇大田社区等10个“妇女儿童之家（家长学校）”成功创建县级示范点，统筹推进全县25%的村（社区）“妇女儿童之家（家长学校）”建设；全县依托“妇女儿童之家（家长学校）”较好发挥服务妇女、服务儿童、服务家长的作用。

【获奖情况】 致富带头人武万琼被授予省级“三八红旗手”，朱富容获得全省妇联系统先进个人，龙城义工协会妇委会获省级优秀巾帼志愿服务组织称号，付道庆等6名妇联系统干部被评为市级先进个人，泸县晚熟龙眼种植基地被命名为泸州市巾帼脱贫示范基地，泸县太伏镇中心幼儿园、泸县妇幼保健院获市级“三八”红旗集体称号，泸县国家税务局纳税服务科等4个单位获市级“巾帼文明岗”称号。

（撰稿人：赵丽娜）

科学技术协会
Association of Science and Technology

【概况】 2016年，泸县科学技术联合协会贯彻落实习近平总书记系列讲话精神和中国科协“九大”会议精神，进一步明确科协系统“四服务一加强”的职责定位和开放型、枢纽型、平台型“三型”组织的改革方向，突出重点、夯实基础、努力创新，各项工作取得明显进步。全县有科协所属团体45个，村（社区）科普小组298个，科普员2500名，建成高标准科普画廊55个，举办科普宣传116场次，技术培训890场次，泸县科协先后被评为全国科普工作先进集体，省“科技信息服务企业创新”先进集体，县委、县政府目标考核二等奖。

【《纲要》实施】 及时调整充实《全民科学素质行动计划纲要》（以下简称《纲要》）工作领导组，将《纲要》实施工作分别纳入县委对各镇（街）和县级各相关部门的目标考核，及时召开全民科学素质纲要工作联席会议，安排部署《纲要》工作，研究解决《纲要》实施过程中存在的困难和问题。按时完成《泸县全民科学素质行动计划纲要实施方案（2016—2020年）》讨论稿的编写工作。

【“基层科普行动计划”实施】 太伏龙眼生产技术协会、泸县金盆山黄栀子种植科普示范基地、喻寺镇周堰村、云锦镇烟霞阁社区4个单位获市级“基层科普行动计划”奖补；玄滩鸡爪山乌骨鸡科普示范基地获省级“科普惠农兴村计划”奖补；云龙镇名优水果协会、泸县优质仔猪产业化开发总会2个协会获全国“科普惠农兴村计划”奖补，县科协争取全国、省、市“科普惠农兴村计划”奖补资金66万元。

【科普宣传活动】 积极参与组织在天兴镇板栗村举行的泸县2016年科技文化卫生“三下乡”活动暨新春扶贫惠民巡演，牵头组织在嘉明镇举行的泸县2016年“科技之春”科普宣传月集中宣传活动，累计发放科普宣传单、折页、书籍、挂图等2万余册。全县开展以“感受科技魅力 树立创新意识”为主题的科普日活动，县科协被中国科协表彰为“特色活动优秀单位”。全县各级科协组织利用“三下乡”“科普宣传月”“科技活动周”等活动，大力宣传科学文化，普及科学知识，全县科普活动覆盖面95%以上。

【科普设施建设】 围绕脱贫攻坚战

5月6日，泸县2016年科协工作暨银会合作推进会

略，将科普设施建设重点向贫困村倾斜，利用科普经费20万元建科普画廊13个。为发挥科普基础设施作用，县科协集中2个月对玉蟾街道、嘉明、喻寺、方洞、福集5个镇的科普宣传栏进行统一维修。争取省、市科协项目和资金支持，免费获得省科技馆价值150余万元的信息技术展品1套，用于充实全县梁才学校科技馆展品，县科协每年给予1万元运行经费补助，梁才科技馆免费接待全县中小学生参观体验。向市科协争取5万元补助资金购买3部交互式科普屏媒，分别投放安装在玄滩、石桥、毗卢3个镇群团工作中心。

【科普资源开发】 坚持每季度更新科普画廊挂图，挂图设计精美、实用性强，内容上将科普宣传与党风廉政建设、普法、安全等宣传专刊有机结合，使画廊得到综合利用；编辑印制《农村中草药科普知识读本》《泸县养殖扶贫项目实用技术读本》共3万余册，赠送各村（社区）科普图书室；编印群众关心的热点、焦点等知识挂图和宣传单，印发4万余份宣传单分发到各镇（街），在“三下乡”“科普之春”宣传月、科技活动日等专题宣传活动中进行广泛宣传。

【青少年科普】 认真开展泸县第32届青少年科技创新大赛，征集各类创新作品1928件，评出获奖作品719件、优秀组织奖30名、优秀科技辅导员30名。推荐83件作品参加第32届青少年科技创新大赛,有72件获奖，3名科技辅导和2名学生分别获得“十佳优秀科技辅导员”和“十佳小英才”奖，县科协获优秀组织奖，梁才学校、兆雅镇明德小学获基层单位优秀组织奖。组队参加省31届青少年科技创新大赛，全县选送作品28件，有22件获奖，另有2个科技创意项目被省科协推荐参加全国科协创新大赛，县科协获省31届创新大赛优秀基层组织奖。

【科技教育示范学校创建】 泸县二中高分通过市级青少年科技教育示范学校复查，县科协与县教育局联合验收命名福集镇龙脑桥小学为县级科技教育示范校。进一步开展科技教育示范校项目补助，县科协投5万元科普经费用于县级科技示范校创建工作，争取泸州市2016年科技教育示范校项目补助经费6万元（其中县二中的“3D打印制作”项目获奖补资金3万元、梁才学校的机器人项目和四驱车项目2个项目获奖补资金3万元）。

【学会工作】 实施学会能力提升项目，投入5万元资金奖补学会能力提升项目，收到5个县级学（协）会申报的项目9个，对县老科协编撰的《践行社会主义核心价值观通俗读本》、乡村医生素质提升培训计划等6个项目进行奖励补助。认真开展优秀学术论文征集评选活动，征集到县医学会、县农学会、县老科协、县教育学会、县建筑行业协会等12个县级学（协）会涉及工业、农业、卫生、教育、建筑、社会事业等学科的论文180篇，经各学科专家评审，评出获奖论文83篇，并将获一等奖的21篇论文编印成《泸县第九届优秀学术论文集》，推荐9篇优秀论文参加泸州市十四届优秀学术论文评选。

【企事业科协工作】 加强企业科协组织建设，积极筹建医药产业园区科协组织，指导建成四川杏林医疗器械有限公司科协。四川科瑞德制药有限公司评为四川省“讲理想、比贡献”先进集体。四川杏林医疗器械有限公司成功创建为市级科普示范企业。搭建科技信息推广平台，为园区企业开展专利基础、知识产权、科技信息等项目培训，指导24个企业开通专利信息资源库网络版应用。加强院士专家工作站的有效对接，成功建成四川杏林医疗器械有限公司市级院士（专家）工作站。积极开展科技咨询服务，大力实施“金桥工程”，每年向省、市申报科技项目2~3项，累计40余个项目获得省级立项。全县登记注册咨询师22名，科技咨询活动有效推动科技成果向生产力的转化。

【中心建设】 认真确定中心受理事项，为群团组织社会服务中心建设献计出力，将“银会合作、送贷上门”活动、科普示范基地的注册登记、种植业和养殖业技术咨询服务、科普志愿者登记、基层科普行动计划申报等工作作为中心受理事项。开展项目服务对外承接。将全县科协系统的健康科普知识巡讲、科技扶贫项目、青少年科技创新大赛培训、《科普读本》编印等项目涉及资金26万元统一由县群团中心对外发布，按照法定程序交由社会组织对项目进行承接，并由科协监督实施。

5月15日，泸县第26次全国“助残日”文艺演出

【自身建设】 扎实开展“两学一做”学习教育，狠抓科协党支部思想、组织、作风、纪律建设，党员理论武装进一步加强，支部组织生活进一步规范，机关作风明显转变，党员纪律意识显著增强。以问题为导向，带着问题学，针对实际做，将解决问题、服务发展、为民办事贯穿于学习教育全过程。通过学习教育，支部全体党员理想信念更加坚定，为民服务的宗旨意识更加牢固。全年为联系村群众赠送科普读物、种养殖技术、政策法规等宣传资料2万余份，为联系贫困村及贫困户提供帮扶物资13万余元，脱贫工作取得初步成效。

（撰稿人：陈学兵）

残疾人联合会
Federation of the Disabled

【概况】泸县残疾人联合会内设办公室和康复教育股，下设事业单位1个，为泸县残疾人康复就业服务中心，在职职工14人。县残联以保障残疾人基本生活为出发点，以改善残疾人生活状况为着力点，以推动残疾人脱贫致富为根本点，深化“量体裁衣”式残疾人服务工作，推进残疾人“两个体系”更加完善；残疾人“三大保障”能力水平进一步提升，加快推进残疾人全面小康进程。2016年，泸县残疾人联合会获市残联系统县（区）绩效考核第一名，被省残联评为全省“量服”示范县，“量服康复”“量服教就”“量服组联”“量服宣文”工作成绩突出单位。

【民生工程】 帮助9676名城乡残疾人实现居家灵活就业，扶持2127名农村贫困残疾人发展生产，为2014名贫困残疾人适配基本型辅助器具，为72名贫困家庭脑瘫儿童提供康复救助，为186户残疾人家庭实施无障碍设施改造，为13名重度听力残疾儿童提供康复服务，为7571名重度残疾人发放护理补贴，为1642名残疾人发放扶贫对象生活费补贴，城镇新增残疾人就业256名，为1249名有需求的残疾人提供职业技能培训，为1200名贫困残疾人送温暖，康复服务残疾人240名。

【组织建设】 全年开展残疾人干部及残疾人工作者培训会10期，培训人员560人。以县府办名义出台《关于配备镇（街道）残疾人专干的通知》，面向社会公开招聘20名残疾人专干，均分配至各镇（街道）专职负责残疾人工作，把镇级专干配备政策落到实处。投入150万元对泸县残疾人综合服务中心进行装修改造。新建残疾儿童家长培训学校和残疾人就业培训中心。开展脑瘫儿童、智力残疾儿童、自闭症儿童康复救助项目。加强全县296个村（社区）残协阵地规范化建设，做到量服

“三公开一公示”栏、残协牌子统一内容、统一格式，并全部上墙公开。

【残疾人康复】 对全县范围内240名贫困肢体残疾人开展康复服务；按季度定期为精神病患者免费发药，发放人数为3173名，免费发药金额507.68万元。作为四川省第二批辅具适配试点县，按照开展评估筛查、招投标采购、发放等程序，县级采购轮椅、助听器、盲杖等25种辅助器具共计2772件，省上配送辅具1061件，共发放辅具3833件。全年救助贫困肢体残疾人安装假肢29人，其中大腿假肢16人、小腿假肢13人，共救助资金19.3万元。开展听力残疾儿童言语康复训练13名。

【残疾儿童救助】 救助脑瘫儿童72人，落实经费71万元。通过购买社会服务开展智力残疾和自闭症儿童康复训练，分别训练34人和3人，落实经费44.4万元。开展专项扶贫0—6岁残疾儿童救助5人，落实经费7.75万元。6月，为全县在普校随班就读小学、初中、高中的273名残疾学生发放助学金6.53万元。对4名贫困残疾学生和35名贫困残疾人子女学生发放圆梦助学金9.1万元。

【劳动就业】 帮扶城镇新增残疾人就业256人，投入经费5.12万元；扶持居家灵活就业残疾人9676人，投入经费92.88万元；举办培训班34期，1431名残疾人及家属得到免费职业技能培训，投入经费35万余元，其中养鸭培训19期，培训人数945人；养兔培训15期，培训人数486人。按省、市要求实施残疾人就业保障金征收管理工作，积极与财政、地税局协调沟通，加大残保金征收力度和范围，对安置残疾人就业未达到比例的机关、企事业单位收取残疾人就业保障金约810万元，残保金受益人群逐步扩大。

【精准扶贫】 出台《泸县残疾人联合会残疾人精准扶贫工作实施方案》，对全县建档立卡贫困残疾人进行摸底、清理、审核。全发放贫困残疾人扶贫补贴1642人，金额201.734万元。开展重度残疾人“特别关爱”活动，冬季，为全县8181名一、二级重度残疾人开展“送温暖”活动，每人送棉衣1件、棉被1床，价值约176万元；并对1287名困难残疾人开展慰问活动，每人300元（县级领导特别关爱87人，每人600元），共计41.2万元。

【个性化服务】全面实施 “开放量服”，始终围绕以“深入推进‘量体裁衣’式残疾人服务、为残疾人谋幸福”这个中心，县委、县政府以两办名义出台《泸县2016年“开放量服”实施方案》（泸县委办〔2016〕50号），用政策文件指导全县“量服”工作的有效开展。开展重度残疾人护理补贴自助业务办理，对符合条件的7290名一、二级重度残疾人完成网上业务申请审批工作。结合“量服”工作的开展，对县、镇、村（社区）的360余名残疾人工作者进行业务培训，编制政策汇编和业务培训资料汇编。强化精准入户调研、精准服务、精准监督、精准绩效管理，制定《泸县残疾人联合会2016年度精准绩效管理实施方案》，为全县35571人提供“一人一策”服务项次237768项。保障全年“智慧量服”“开放量服”经费55万余元。泸县残疾人康复中心、泸县星桥特殊儿童康复中心、泸州拓力源塑胶制品有限公司3家机构实施“机构量服”，为全县204名残疾人提供“量服”服务。

【文化体育工作】 以泸县残疾人艺术团的成立为契机，大力实施文化助残。在春节组织“春播大爱”泸县残疾人艺术团首演；在5月助残日举办第26次全国助残日文艺演出暨集中宣传活动，在活动中特校师生制作的手工艺品、书画、钻石画等作品参加义卖活动共收到捐赠1.96万元；7月，开展残疾人文化艺术活动周，为四川省第二届残疾人文化艺术节选送两个语言类节目《残缺的人生一样美丽》和《圆梦》，分获铜奖和优秀奖。大力开展十万残疾人康复（健身）体育进家庭活动，为全县1450名有需求的残疾人配备康复（健身）体育器材，帮助残疾人康复和丰富他们的文体生活。

（撰稿人：言婷）

红十字会
Red Cross Society

【活动宣传】 在“5·8”世界红十字日，开展“2016年红十字博爱周”；在“6·14”世界献血者日，开展“科技、文化、卫生三下乡”活动，组织会员单位医务人员送医送药到农村，在县城及部分乡镇发放《中华人民共和国红十字会法》，造血干细胞劝募书，捐献器官、遗体、眼角膜知识宣传单，无偿献血知识手册，艾滋病防护知识等资料800余份。

【爱心帮扶】 6月23日、7月13日、7月18日，泸县部分乡镇遭受暴雨灾害，受灾人口15493人，紧急转移353人，无人员伤亡，需紧急生活救助15人，农作物受灾面积2887.6公顷，房屋倒塌57户、88间，直接经济损失5391.4万元，已向市红十字会汇报灾情。泸县红十字会为6名白血病患儿申请小天使基金18万元，为8名先心病患儿申请天使阳光基金约16万元。

【献血工作】 鼓励群众无偿献血，全年全县累计参加无偿献血6228人次，其中献血屋累计献血1107人次。全县医疗机构临床用血2428个单位，自愿无偿献血占临床用血比例100%，无非法采供血现象，无经输血传播艾滋病等重大事故发生，成分输血95%以上。

（撰稿人：秦晋）

法 治

RULE OF LAW

政法建设
Political and Legal Construction

【概况】2016年，县政法系统认真贯彻中央、省、市一系列重大决策部署精神，坚持问题导向，强化忧患意识、责任意识，坚持以法治为引领，以维护社会大局稳定、服务经济发展、深化司法体制改革、促进社会公平正义、锻造过硬队伍为着力点，深入推进平安泸县、法治泸县建设，有效防控社会风险，保障人民安居乐业，为建设“川南经济强县、文化旅游新县”做出积极贡献。

【行业规范和市场整顿】 健全公共法律服务体系，推进法律援助工作，办理法律援助案件442件，办理公证1270件。加强公共复杂场所、特种行业的规范管理，不定期开展银行业金融机构安全检查专项活动，全年检查县内金融机构46家次，发现并责令整改安全隐患6起。对重点工程项目全程跟踪服务，参与重大工程建设项目的制度建设、法律咨询等事宜80余次，提出预防措施25件，到企业开展法制讲座12次，向企业单位和社会提供查询服务约150次。整顿和规范市场秩序专项活动，严厉打击金融犯罪、非法经营、生产销售伪劣产品、合同诈

3月10日，依法治县暨综治维稳工作会召开（赵兴梅/摄）

骗、职务侵占等危害企业市场利益的犯罪，批捕该类犯罪嫌疑人4件5人，切实维护良好的市场经济秩序。

【维稳工作】采取“大数据”模式和“传统+科技”的手段，不断强化情报信息收集、研判、预警，先后摸排涉稳信息650条，整理上报479条，化解473条。全面深化社会稳定风险评估，全县开展社会稳定风险评估180件，没有因决策失误或预案不当引发不稳定因素和群体性事件。重点严防严控，围绕重点要害部位开展武装巡逻、防控，密切关注重点人员动态，掌握各类重点人员823人。强化反恐防暴，建设“小灵快”反恐防暴精锐力量，建立完善突发事件应急处置预案51个，开展反恐应急实战演练2次。深入推进防邪教育、转化工作和已转化“法轮功”邪教组织人员解脱工作，教育转化邪教人员60人。依法处置无理上访、串联煽动上访、非正常访人员6人次，较好稳控10余个涉稳突出问题，确保各级“两会”、G20杭州峰会、中共十八届六中全会等特殊敏感节点社会大局稳定。

【社会治理】加强矛盾纠纷排查化解，全县排查各类矛盾纠纷600余起，化解572起。加强社会治安防控体系建设，织密社会治安防控“六张网”（情报信息网、基础防范网、视频监控网、网络管控网、打击整治网和区域协防网），完成11个村“雪亮工程”建设和21个“三无”院落整治，建立起“社区+院落议事会+自管议事会+楼栋+单元”五级网格体系，组织网格员录入信息43731条，处理事件18039条。加强社会治安突出问题整治，深入开展“打侵财、治毒品、压发案”“盗抢骗”等专项行动，破获侵财类案件245起，为群众挽回经济损失9000余万元，破获毒品案件136件，缴获毒品11.74千克,制毒原料4.2千克，抓获涉毒人员236人；平均发案量下降15.7%。扎实开展危爆物品、寄递物流专项整治，实现“3个100%”流程化管理，2次代表泸州市通过全省寄递物流暗访检查。开展禁毒社会化工作，扎实推进青少年毒品预防教育“6·27”工程和社区戒毒社区康复“8·31”向纵深发展。

【法治建设】健全工作机制，制定《泸县依法治县“十三五”规划》及各类工作要点，落实“1+6+N”推进体系。创新法制宣传，以“法娃+”为思路，开展“法律八进”，重点实施“一源一广场一基地三线N辐射”精品工程，全县建成法治文化阵地26个，“法娃”作业本辐射周边市、县11所学校，建成“法律文化茶园”27个，开展茶园普法活动32场，新培养村（社区）“法律明白人”1000名，开展法律宣传200余场。完善行政权力依法公开运行平台和行政权力监察平台，清理公布6307项行政权力清单。落实《泸县健全行政执法与刑事司法衔接机制实施方案》，强化行政执法监督。深化司法公开，全面实现庭审同步录音录像，文书公开做到100%。推行“阳光检务”，依托法律文书查询、案件程序性信息查询、辩护与代理网上预约“四大平台”和检察门户网站、“两微一端”等载体公开各类案件信息45条，法律文书61份。深化安全、食品药品、环保等重点领域整治，整改一般安全隐患6009条、重大安全隐患4条，查办食品药品案件55件，责令环境违规违法整改48件，受理群众环保信访投诉278件。

【队伍建设】推进“两学一做”学习教育活动，强化政法队伍思想政治、纪律作风教育和专业技能培训，政法队伍整体形象和战斗力不断提升。不断创新培训方式，建立健全在线学习机制，全县政法系统组织干警参加清华大学远程教育培训、《政法大讲堂》及各类教育培训活动共计127场次，受教育干警4300余人次。建立干警定期轮岗轮训，定期岗位交流、干警上挂锻炼等制度,全年系统轮岗交流干警60余人。全县40个集体和78名个人受到市级以上表彰奖励，涌现出舍身救人英雄蔡松松等一批先进典型。

（撰稿人：赵兴梅）

公安
Public Security

【概况】 2016年，县公安局以全市“1234”为民警务行动为工作主线，以县委、县政府提出的“决胜全面小康，实现创新转型，建成城乡一体示范区”的2016年全县战略部署为纵向引导，以深化公安改革创新、科学化绩效考评、专业化重点项目建设、常态化社会评价“四驾马车”为横向拓展，紧扣维稳、打击、服务三大主业，完成各项公安工作任务。全年全局获部、省、市级集体二等功2个、三等功7个、先进集体嘉奖10个，荣获个人三等功19人次、个人先进嘉奖19人次、优秀警辅7人次。

【维稳安保】 县局全力推进公安维稳首责，在提升群众安全感上有新作为，确保全县社会政治持续稳定。年内向省厅报送涉警舆情信息121条，采用29条，撰写本地舆情专报26期。成功处置“4·11”“4·21”“5·23”“7·2”等系列涉警舆情事件，依法处置“1·20”欠款、“2·5”民工集体讨薪、“6·3”争抢客源等群体性闹事苗头和事件近100起，完成杭州G20峰会、中共十八届六中全会、两会等重要安保任务。

【案件查处】 县局立刑事案件1955起，破案735起，移送起诉522人，同比立案数下降13.19%，破案数下降4.36%，移送起诉数上升40.7%。查处涉黄涉赌治安案件174件，治安行政处罚471人；侦办涉赌刑事案件7件，刑事拘留25人；侦办涉黄刑事案件2件，刑事拘留2人；收缴赌博游戏机67台。办理毒品违法犯罪案件144起，抓获涉毒人员251人，缴获海洛因453.94克、冰毒7143.84克、冰毒片剂4799.58克。办理食品药品安全方面刑事、行政案件14起，抓获犯罪嫌疑人9人，取保候审9人，核查案件线索10起，移送起诉3人。办理网上侦查案件30件，自侦案件4件，刑拘6人，取保4人；配侦案件22件，抓获网上在逃人员22人。受理各类经济案件26件，立案27件，破案29件，抓获各类嫌疑人52人，提请逮捕9人，移送起诉50人，挽回经济损失2亿多元。巡防时抓获143人，其中73人被刑事拘留，25人被行政拘留，45人因年龄不够未处理。

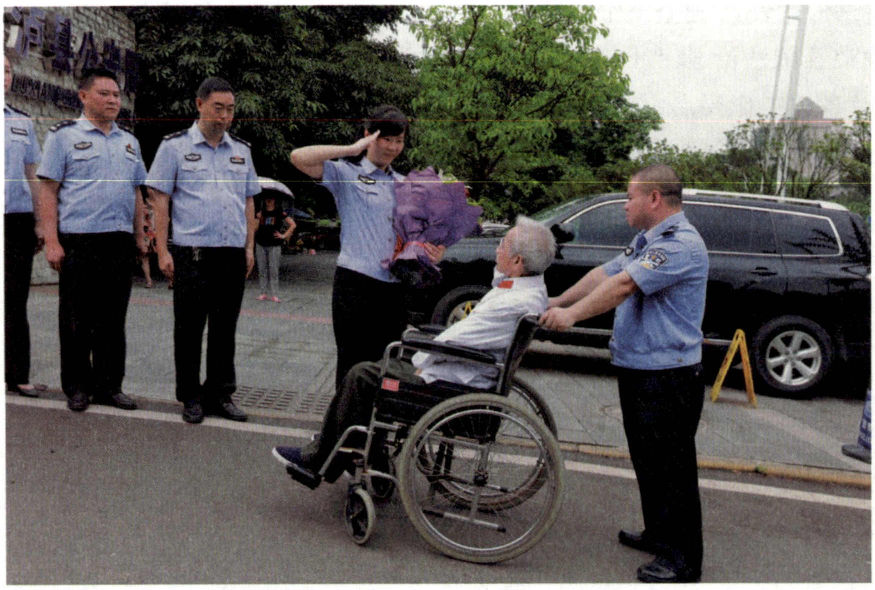

6月7日，县公安局领导列队欢迎退休民警彭明忠（周丽娟/摄）

【交通监管】 查处交通违法1.76万余起，同比下降1.23%，其中无证驾驶3053起，酒后驾驶645起，货车超载280起，疲劳驾驶2171起，涉牌涉证175起，纠正违反禁令交通信号28189起。全年发生道路交通事故4431起（与2015年持平），受伤1731人（同比下降32.7%），死亡66人（同比下降13.6%），经济损失482.6万元（同比上升49.2%），道路交通安全形势平稳有序。

【消防管理】 县局开展重大火灾事故隐患专项整治，省上挂牌整治的56家消防重点火灾隐患单位全部整改销案。全县检查单位场所1064家，发现火灾隐患303处，督促改正316处，下发责令整改通知书266份，下发行政处罚决定书45份，责令“三停”单位16家，罚款22.3万元，行政拘留4

6月28日，县公安局开展文体活动纪念建党95周年暨长征胜利80周年（周丽娟/摄）

人。接警出动2722次，其中火灾出警392起，抢险救援118起，便民服务114起，执勤保卫188起，取马蜂窝1960起，出动警力12617人，出动车辆3259台次。

【危爆物品监管】 县局加大对危爆物品专项整治，组织各类培训14次，培训300余人次，查处烟花爆竹违法案件23起；强化散装汽油销售管理和寄递物流行业日常监管，进一步落实行业企业安全主体责任，整改场所、特业隐患30余处，治安秩序明显好转。

【"两所"监管】 县局严格看守所与拘留所的入所安检和管教民警日常监管，组织开展监所安全大检查，强化管理，监所持续15年无事故发生。年内，看守所和拘留所分别被省厅授予"集体二等功"的荣誉称号。

【制度改革】 通过警力结构性调整，实施事编专职化、协勤规范化、基层多能化、专业集约化改革，实现警力无增长改善。推广"基层一警多能、专业集约合成""事编人员置换警力、辅警提纯补充警力"等改革经验，编制《警务岗位说明书》，配合改革工作。探索警务模式改革，针对农村交通现状，提出交管工作"五统一、五联动"机制，形成多部门联合交通管控良好局面。将"110"指挥中心升级为社会治理联动指挥中心，实现非警务警情分流，提升警务指挥权威。在窗口服务上，推出"微笑服务、贴心服务"；借助网上公安、官方微博、微信等平台，推出"网上便民咨询服务"，交警车管所被评为"全国县级一等车辆管理所"。在全市率先建立警务活动监督中心，推进执法办案各项机制和案管中心等几个中心建设，执法办案区信息化改造倒逼音视频使用，全局执法质量和执法水平得到大幅提高。

【能力建设】 县局积极推行"一警多能"战略，以党支部为单元，建立横向互动、跟班学习、师带徒弟的"警师制"，对警种内民警缺失能力进行强化补充，对跨警种民警业务进行视野拓展和基础认知，适时开展角色转换体验。全年县局建立警师队伍53人，开展警务技能集中培训12期，民警互助培训300人次，医疗救助、抢险防护、野外生存等专项培训8次。在服务状态上，特邀礼仪培训公司对公安窗口单位51名工作人员进行系统指导，规范窗口接待服务流程。在服务方式上，将出入境、户籍、车辆管理等部分业务从"窗口"延伸到"掌上"，通过建立微信公众号、微博、手机APP等方式提供网上服务，让群众办事更快捷。抽调专人成立评价办，全面梳理分析评价工作考核体系，利用社会评价结果倒逼各部门"打、防、管、控、服"能力水平提高。

【队伍建设】 县局党委班子坚持以"艰苦奋斗、敢于担当、珍惜荣誉、永葆一流"的泸县公安精神，教育全警牢固树立"局兴我荣、局衰我耻"理念，增强全局民警的使命感、责任感和集体荣誉感。通过建设模拟实战训练系统、组织参加省厅"轮训轮值、战训合一"和本级训练、探索警辅分期训练，提升队伍综合素质能力和正规化建设水平。在打造"廉（洁）""（崇）慎"文化基础上，开展以"法（治）""党

(建)”“家(园)”为主题的第二轮警营文化建设。通过宜智宜体警营文化活动，向民警职工传递“正能量”。年内修订完善《警务工作问责规定》《网上督察工作管理暂行规定》《民警加扣分管理办法》等系列规定办法。全年督察记分63人，扣216分，扣款2.16万元。民警健康保护、探视慰问、帮扶救助、维权和关爱退休老同志等制度落实到位并不断完善，落实保障一线民警安全保护措施，帮助民警解决子女就学等问题。

（撰稿人：周丽娟）

检察
Procuratorial

【概况】 2016年，泸县人民检察院坚持“强化法律监督、维护公平正义”的检察工作主题，发扬“龙腾虎跃争一流、公平正义铸检魂”的泸县检察精神，忠实履行宪法和法律赋予的职责，促法治、保民生、维民权、护民利，推进检察工作持续健康发展,取得明显成效。泸县人民检察院被共青团中央命名为“全国青少年维权岗”，被团市委表彰为“泸州市青年文明号”，微电影《光影青春》荣获“高检院正义网‘检·爱’未检30周年新媒体优秀作品”，1名干警荣获“全省检察机关案件管理业务标兵”称号，1名干警荣获“全省侦查监督业务能手”称号，19个集体和个人受到县级以上表彰。

【刑事检察】 批准逮捕各类刑事犯罪案件172件253人，提起公诉372件555人。严厉惩治故意杀人、强奸、故意伤害等严重暴力犯罪和“两抢一盗”“黄赌毒”等多发性犯罪，批捕104件154人，起诉119件185人。积极参与打黑除恶、突出治安问题专项整治，对12名非法制造、买卖或持有枪支犯罪嫌疑人提起公诉。积极参与整顿和规范市场经济秩序，重点惩治非法集资、侵犯知识产权、金融诈骗等破坏市场经济秩序犯罪，批捕各类破坏市场经济秩序犯罪案件5件6人，起诉9件14人。开展“打击和处置非法集资专项整治”活动，提前介入、快速批捕社会影响大、涉及藏区稳定、涉嫌非法集资5亿元的犯罪嫌疑人何某。

【刑事监督】 严把批捕关，慎用逮捕权，努力做到以个案的公平正义提升司法公信力。坚持严格审查，对54人作出不批准逮捕决定，其中证据不足不捕33人；坚持查微析疑，纠正漏捕4人，纠正漏诉13人，对不构罪、事实不清、证据不足作出不起诉21人。加强对侦查活动的监督，书面纠正侦查机关违法活动15件。加强刑罚执行监督，检察收押、释放犯罪嫌疑人、被告人450余人，审查法律文书2000余份，约见在押人员200余人次，针对管理中存在的问题向监管场所发出书面纠正违法建议6件,向司法行政机关提出书面纠正违法23件。加强对刑事审判工作的监督，对认为确有错误的刑事裁判提出抗诉5件，获市院支持抗诉3件，法院改判2件，纠正违法审判活动6件。积极开展两个专项监督活动，进一步加大对破坏环境资源和食品药品安全犯罪的打击力度。与行政执法机关召开联席会、协调

3月16日，泸州市人民检察院党组书记、检察长罗乐率队到泸县人民检察院调研（陈华忠/摄）

会7次，开展案件咨询10次；走访行政执法机关5家，查阅行政处罚案卷120余件，发现涉嫌危害环境资源和食品药品安全犯罪并建议移送侦查机关立案侦查4件4人。

【贪污贿赂整治】 坚持把群众反映强烈的危害基层群众利益的职务犯罪作为查处重点，着力解决发生在群众身边的腐败问题。全年立案查办贪污贿赂案件6件14人，其中大案6件13人，涉及民生领域职务犯罪案件3件7人，重点查处某医院内二科、外二科利用科室职权，收受药品销售商所送药品回扣共计150余万元。严厉查处涉农惠农领域侵害群众利益的职务犯罪，开展涉农惠农领域职务犯罪查办专项行动。

【渎职侵权检察】 全年查办渎职侵权案件5件5人，查办重大案5件5人，涉及民生领域职务犯罪案件2件2人。查办泸县经信局某科原科长黄某严重失职，造成中央财政资金338万元被虚报冒领等有一定影响力的职务犯罪案件。

【职务犯罪预防】 加强职务犯罪侦防一体化建设，建成"1+N"型预防体系，围绕泸县反腐倡廉暨职务犯罪警示教育基地，向4个基层派驻检察室、派驻工业园区检察室、村、企业、学校拓展预防网络，不断完善以1个基地为主、辐射N个领域的"1+N"型预防职务犯罪体系。全年召开预防联席会议3次，开展预防警示教育和上法制课7次，800余人次受到教育，进行法制宣讲3次，专题预防宣讲3次，发放宣传资料8000余份，对扶贫领域发生的职务犯罪问题发出检察建议2份。加强行贿犯罪档案查询系统的录入管理工作，严格执行《人民检察院行贿犯罪档案查询工作规定》和《人民检察院行贿犯罪档案查询管理办法》，受理行贿犯罪档案查询429件613人次。

【控告申诉检察】 以创建全国检察机关文明接待室为契机，强化信访接待窗口建设，升级打造集控告举报、案件受理、行贿档案查询等职能为一体的综合性检察服务大厅。落实首办责任制和领导包案制，认真解决群众合法诉求，全年接待群众来信来访85件106次，检察长接待群众28人次，立案复查刑事申诉案件1件，受理举报线索24件，配合其他单位妥善处理上访案件3件。积极开展刑事被害人救助工作,为8名刑事被害人申请司法救助资金3.5万元。派驻基层检察室累计接待群众来访130人次，发放法制宣传资料9400多份，召开"两所一庭"联系工作会14次，化解矛盾纠纷11件，受理举报线索8件，促成刑事和解3件。

【民事行政检察】 贯彻修改后的民事诉讼法，依法审查处理各类民事行政监督案件12件，发出再审检察建议1件，监督民事行政诉讼违法行为和执行活动，提出检察建议6件，监督行政违法行为2件。对不服正确的司法判决和行政裁决，坚持耐心细致的释法说理，坚守法治原则，维护司法、行政权威。

【未成年人刑事检察】 建立健全办理未成年人刑事案件机制，切实加强对未成年人犯罪嫌疑人的司法保障。坚持慎捕慎诉，严格限制适用逮捕措施，严格执行法定代理人或其他适格成年人到场制度，严格确保诉讼全程化接受法律援助。办理未成年人犯罪案件31件62人。其中审查批准逮捕13件22人，依法不批准逮捕12人；受理审查起诉18件28人，不起诉4人，移送起诉38人，有罪判决率100%。

【检务公开】 建立完善网上查询、电话查询、触摸屏自助查询和案管岗位查询"四位一体"案件信息查询机制，将检察机关办理的案件、重大工作部署及时主动向社会公开，接受社会监督。强化"两微一端"平台建设，定期召开新闻通气会，积极抢占舆论制高点。完成新闻稿件74篇，其中完成省级以上新闻稿件51篇，完成市级新闻稿件23篇。"两微一端"发布信息发布微信300余条；发布检察信息（微博、官网、案件信息公开网、客户端）1000余条。

（撰稿人：魏邦焱）

法院
Court

【概况】 2016年，泸县人民法院围绕“努力让人民群众在每一个司法案件中感受到公平正义”目标，忠实履行审判职能，各项工作取得新进展，为维护全县政治安定、社会稳定和经济发展提供强有力的司法保障。全年获得20余项荣誉，在法院系统第三方公正指数测评中再获全市第一名，顺利通过省级文明单位复查。县法院全年受理各类案件6529件，同比增长177件，审结6183件，结案率94.73 %；上诉194件，改判4件，一审案件判决维持率99.7%。案件质效综合评估名列全市法院第一位。

【刑事审判】 全年受理各类刑事案件405件557人，审结393件535人，结案率97.04%。依法严厉打击暴力性犯罪，审结“两抢一盗”案件64件114人，保护人民群众生命、财产安全。依法惩治贪污贿赂、渎职犯罪，审结相关案件8件15人，推进反腐败斗争。审慎办理大要案，妥善审理涉案标的2.5亿元的何宽非法吸收公众存款案、杨树全非法买卖枪支案，力保泸县稳定发展大局。大力推进以庭审为中心的刑事审判改革，改变检察机关指控罪名1件4人。

【民事审判】 全年受理各类民商事案件4416件，审结4158件，结案率94.16%。注重保障民生，审结家事类、侵权类、劳动争议类案件1972件，促进和谐社会建设。平等保护市场主体合法权益，审结建筑施工合同、买卖合同、民间借贷等商事类纠纷998件，保障中小微企业良性运转。清理“僵尸企业”，妥善审理破产案件9件，助力去产能、调结构，为供给侧改革提供司法保障。

6月23日，泸县法院“基本解决执行难”新闻发布会（舒敏/摄）

【行政审判】 全年受理行政诉讼和非诉行政执行审查案件169件，结案165件，结案率97.63%。严格落实立案登记制，基本解决“民告官”立案难问题。加强与行政机关沟通，全年县级行政机关负责人出庭应诉9件12人次，促进行政机关树立依法行政意识。加大监督力度，对2件存在问题的行政案件依法判决予以撤销或责令重作，保护相对人的合法权益。加大协调力度，协调12件案件当事人主动撤诉，助推行政争议实质性解决。

【案件执行】 全年受理执行案件1539件，执结1467件，执结率95.32%。大力推进“基本解决执行难”，形成《泸县人民法院关于深入推进“基本解决执行难”工作的情况汇报》，充分发挥“总对总”“点对点”网络查控系统功能，打击各类规避执行行为。发挥信用惩戒作用，全年拘留31人，纳入失信被执行人“黑名单”464人，公开曝光42人，促使一批“老赖”主动履行法律义务。全面推进网络司法拍卖，挂网432次，标的额1.9亿元，最大限度保护当事人合法权益。

【审判管理与司法改革】 推进审判管理向“法治化、精细化、信息化”转型升级，建立自上而下、纵横对比的审判管理体系。全年开展专项网上案件问题修改5次，组织庭审观摩1次。开展“1:1:1”人员配置改革；实行主审法官、合议庭办案制，改革裁判文书签发方式；全年公开裁判文书4096件，建成11个科技法庭，以推送微博消息等多种形式服务阳光司法新需求。

【特色项目】全力打造“服务型、阳光型、效能型”人民法庭，6个人民法庭全年受理案件2629件，审结2505件，将大量矛盾纠纷化解在基层。制定《关于为泸县农村宅基地制度改革提供司法保障和法律服务的报告》，获得县委主要领导的肯定和批示。建设完成石桥镇银朝村法治文化广场，全力服务依法治县。

【队伍建设】扎实推进“两学一做”学习教育，狠抓从严治党，着力提升“四个意识”。聚焦执纪、监督、问责，开展“违规收送礼金”专项治理。努力践行社会责任，全年开展义工活动10余次，为贫困群众捐资2万余元。

（撰稿人：杨娟）

司法行政
Judicial Administration

【概况】2016年，全县人民调解组织调解各类纠纷2559件，协议涉及金额2000余万元；受理法律援助案件507件，办理法律援助咨询1875件；办理公证1975件；泸县被省委、省政府评为“六五”普法先进县。

11月18日，泸县法律服务业协会成立（马琴/摄）

【人民调解】人民调解组织网络进一步健全，以医疗纠纷、交通事故等领域为重点，行业性、专业性调委会工作扎实开展，泸县交调委调解纠纷46件，协议涉及金额1235万元；泸县医调委调解纠纷15件，协议涉及金额86万元。人民调解水平进一步提高，调委会进一步规范。矛盾纠纷“三三制”和随手调制度卓有成效，矛盾纠纷专项治理取得良好效果。全年全县人民调解组织调解成功率99.4%，协议涉及金额2000余万元。

【法治宣传】以“法律八进”为主线，全面开展法治宣传教育工作。狠抓“法娃”品牌，强化法治文化建设,发放“法娃”作业本500多万本，开展“法娃伴我成长”主题活动1000余堂，掀起“崇法尚法信仰法治”的学法热潮。建成城北小学法治教育示范基地，石桥镇银朝村、毗卢镇百合村、天兴镇田坝村3个村级法治文化广场，27个村社法律文化茶园。与泸县广播电台合作，组织律师录播村村通“法治天地”节目，每周播2次。组织泸县第二届青少年法治手抄报、法治征文专题比赛，征集作品352份，评出优秀作品90份，推动法治文化的繁荣和发展。力推法治示范创建，百和镇、县检察院等7个单位成功创建为市级示范单位，玉蟾街道清溪社区跻身省级示范单位。

【特殊人群管理】认真做好刑满释放人员的教育帮扶工作，开展网络探视，充分应用刑释人员信息管理系统，实现安置帮教无缝衔接。进一步加强社区矫正规范化建设工作，严格落实定期报告、走访、外出审批、居住地变更等各项监管制度，充分运用脸部识别、电子定位监管等信息化手段，强化对社区服刑人员的日常监管和跟踪管理，防止脱管、漏管。组织开展各类专项排查活动，做好重点时段社区服刑人员监管工作，未发生社区服刑人员脱管、漏管现象。

【公共法律服务】 建成泸县公共法律服务中心并投入使用，为群众提供方便快捷的法律服务窗口。成立泸县法律服务业协会，加强行业自律，提升泸县法律服务业整体水平。为弱势群体提供法律援助服务，切实维护其合法权益，受理各类法律援助案件507件；办理法律援助咨询1875件。公证、司法鉴定、律师等各项工作不断完善。

【行政改革】 泸县被省司法厅列入全省司法行政改革试点县。泸县以县委办、县府办的名义下发《泸县司法行政系统改革实施办法》，确定构建公共法律服务体系、建设特色法治文化示范体系等8个改革事项，完成各项改革工作的既定任务，司法行政改革工作有序落实。建成泸县公共法律服务中心，推行"一办三中心"运行模式，成立泸县法律服务业协会，出台《泸县律师社会评议工作方案》等一系列文件。

【体制改革】 完成人员分类管理，入额遴选法官38名、检察官25名。严格落实办案责任制，制定《泸县人民法院审判权力责任清单》和《检察机关内部人员过问案件记录和责任追究细则》等多项配套制度，构建权责清晰的责任体系。以审判为中心的刑事庭审实质化工作全面铺开，建成380平方米刑事诉讼涉案财物保管中心投入使用。深化涉法涉诉信访改革，遴选优秀律师8名参与代理化解涉法涉诉信访案件。探索建立信访事项第三方评价机制和专班劝（接）返机制，有效治理进京非访、越级访。深入推进司法行政改革，创新推出构建公共法律服务体系、建设特色法治文化示范体系、建立调执综合平台、建立社区矫正信息衔接机制、推进律师考核评议体系建设、推进基层司法所规范化建设、推行"一办三中心"运行模式、推进司法行政系统党的基层组织建设八大司法行政改革项目。

【队伍建设】 扎实开展"两学一做"学习教育，开展提升读书班、新闻信息写作培训班等培训，提升基层普法队伍业务水平。信息化工作成绩突出，完成视频会议室和司法行政工作平台建设。全年在各级各类报刊、网络发表宣传报道320余篇。强化作风建设，抓作风整顿，纪检监察不定期开展巡视，全体党员干部作风进一步好转。认真贯彻落实党风廉政建设责任制，严明党的纪律，落实党组主体责任和纪检监督责任，加强对机关干部的监督和管理，依纪依规对个别违纪人员进行处理。针对存在的问题，进一步采取措施，完善规章制度，加强事前事中管理。

（撰稿人：吴晓敏）

军事

MILITARY

人民武装

People's Armed Forces

【政治建设】 县人武部党委专题研究部署教育活动，召开干部职工大会进行再动员再部署，成立以部长、政委任组长，军政后干部为成员的教育领导小组。把学习教育作为从思想根子上解决问题的基础环节，科学制订教育计划。坚持每周四学习日和周五组织生活制度。书记、副书记带头参加，妥善处理工学矛盾，并建立考勤制度，确保“教育四落实”。进一步肃清郭伯雄、徐才厚、叶万勇案件影响。进一步统一思想认识，从思想深处真正肃清郭徐流毒影响。在干部职工中开展“日学一节、周学一章，月学一册”的读书活动，对习主席重要讲话精神、党章党规、军地法规进行细致解读。不断提高干部职工遵章守纪、爱岗敬业、献身强军目标的思想意识。

【队伍建设】 党委把纪律建设作为重心突出出来，提出“内振精神、外树形象、扎实工作、奋发有为”的奋斗目标。认真贯彻落实中央“八项规定”和军委“十项规定”，以“修身、用权、律己、谋事、创业、做人”十二字为标准，突出解决工作上存在的不足。在干部使用、职工岗位调整和兵员征集等敏感问题上加强监督检查，坚持公平、公正、公开的原则。班子风清气正，战斗力、凝聚力强，一线指挥部战斗堡垒作用显著。在狠抓班子建设的同时，注重加强党员干部队伍建设。制定干部教育管理规定措施，落实干部讲评制度，狠抓干部“两外”“三圈”的管理，克服干部重使用轻管理的问题。注重干部的教育培养，给干部交任务，压担子，教方法，在急难险重等大项任务中得到锻炼，3名专武干事顺利走上专武部长的岗位，9名新进专武部长很快熟悉情况，在民兵整组、组织演练、征兵工作中发挥了明显作用。党委“一班人”自觉把“三严三实”作为立身处事和为官做人的准则，把肃清郭徐流毒影响作为划清大是大非等根本问题界限的遵循，开展思想清理和倾向性问题整治，认真查纠自身存在的问题和不足，维护人武部的良好形象。

【应急应战】 按照“平时能服务，

急时能应急，战时能应战”的标准狠抓国防后备力量建设，在抢险救灾、维护社会稳定等急难险重任务中发挥突击队作用。以习主席“能打仗，打胜仗”的指示精神为指导，认真落实省军区、军分区首长在开训动员会上的讲话精神。按照省军区和军分区的要求，组织机关干部、职工和民兵骨干60人，进行野营徒步行军拉练，全面摔打民兵走、打、吃、住、藏的能力。以打牢体能为基础，每天1小时的体能训练，突出抓好干部、职工不想训、不愿训、不爱训的思想，克服体能素质差的问题。召开全县武装工作会，组织专武部长、干事和民兵骨干进行业务知识的培训2期。

【民兵整顿】 组织1名干部、2名专武部长参加省军区统一组织的集训。组织县综合民兵应急连进行专业性训练2期、1期水上救援分队集训，提高专武干部和民兵骨干的组织指挥能力。组织民兵50人参加全县地质灾害演练，进一步提高民兵骨干组织指挥能力。针对2016年专武部长调整范围较大的实际，定期派出工作组对各个基层武装部进行现场指导，不断增强专武干部知武懂武能力。

【战备工作】 以支援西藏应急反恐维稳、道路保通为背景，及时完善修订各种战备预案，补实各类装备器材，落实战备制度。抓好重大节假日、汛期的战备值班，值班人员24小时在职在位。全年出动500余人次参加地方应急演练工作，为确保泸县一方平安发挥重要作用。

【依法征兵】 人武部针对报名方式变化、政策规定调整、应征热情趋冷的实际，部党委高度重视，认真贯彻市征兵工作会议精神，坚决执行上级征兵命令。以确保兵员质量为核心，以依法廉洁征兵为重点，牢固树立为部队服务、对部队建设负责的思想，顺利完成市征兵办下达的新兵征集任务。

4月15日，泸县2016年武装工作会议

【正规化建设】 围绕习主席“听党指挥、能打胜仗、作风优良”和“能打仗、打胜仗”战斗精神为牵引，人武部正规化建设呈现良好发展局面。党委“一班人”按照“解放思想、转变观念、科学谋划、紧盯标准、狠抓落实”的工作思路，及时召开部党委会研究正规化建设方案和措施。向当地党委、政府主要领导汇报单位正规化建设面临的实际困难，得到地方党委、政府的大力支持。对营区草坪进行综合整治，由于资金短缺，部领导带领干部职工自己动手，改造单位的营区面貌。对营区环境进行升级改造，建设灯光塑胶球场。根据军分区要求投入资金5万余元对“三中心一网四系统”和作战室进行升级改造。对民兵训练综合射击训练场进行整治。按照要求对有偿服务进行全面清理整治。

【经费保障】 严格落实中央“八项规定”和军队各项财经管理规定，修订完善财务管理制度，坚持党委理财制度，经费每月开支情况由党委集体讨论研究，并进行账目公开，保证经费使用科学合理，符合财经制度。根据上级统一部署，按要求上报单位全年预算，科学合理筹划经费使用。针对单位面临的实际困难，积极向县委、县政府和财政局申报请领经费，积极做好大项工作中的预算，顺利保障了民兵训练、执行抢险救灾、正规化建设等任务的经费保障工作。加强经费管理，科学经费使用，保证每一分钱花得有价值、有效益。

【经费管理】 贯彻落实上级《关于清理纠治违规发放补助补贴的通知》精神，坚持各项经费管理制度和规定，做到经费分配、物资采购、工程建设等大项经费党委集体研究决定，不违规、超范围使用开支经费，不盲目超前使用经费，确保经济民主决策。严格落实规章制度，坚持执行双主官签字报销、银行预留印章分管、票据会计专管、一切经费收支均由财务部门支付收缴、大笔经费开支必须经党委会等管理制度，确保财务工作秩序正规。

【财务清查】 按照全军财务大检查要求，利用财务管理系统、银行账户资金监管系统，借助地方税务发票查询系统，对资产登记不规范、手续不齐全等问题进行清理整治。对每月经费开支都经过党委会讨论决定，并逐一立项，逐一研讨，逐一报销，节约财政开支。

【车辆管理】 加强车辆管理力度，严格落实车辆出入库报批登记制度；加强驾驶员管理力度，开展安全工作教育，增强安全观念；定期维护保养车辆，使之保持良好的车况；杜绝审批程序不规范、出人无登记、公车私用等问题发生。

【军政军民关系】 加强与地方党委、政府联系，推进共建活动和谐发展。与15个部门单位建立共建关系，签订拥军协议，与2个镇、2个自然村建立帮带关系。春节前，协调县委书记带领县“四大班子”到驻泸县部队、武警中队、人武部走访慰问；“八一”前夕，县委、县政府及共建单位相互走访慰问，组织政府机关科以上干部过军事日，体验军队生活，密切军政军民关系。积极参加急难险重任务，组织干部职工和民兵为农户义务出工。组织民兵在学校、车站、医院、街道等人员集中点维护秩序。设立20万元的扶贫帮困基金，资助牛滩小学3名特困学生，解决学生一年所需学费和生活费。3月，组织90多名民兵参加县政府开展的军民植树活动。干部每人帮扶1户困难户，帮助解决脱贫致富难的问题，帮扶贫困户挖掘鱼塘1个，发放鸡苗80只、小猪20头、小羊6只，帮助脱贫致富难的问题。解决涉军维权问题6件。积极参加泸县“创卫”活动，出动车辆110台次，整治城市卫生死角10处，承包卫生区2处。为退伍老兵查阅档案资料4200余人次。

【安全工作】 把安全工作作为保底工程，定期召开安全形势分析会，坚持“人人抓安全，时时想安全，处处保安全”，重点突出“人、车、枪、弹、密，黄、赌、毒、财、酒”的管理，按照“横向到边、纵向到底”“谁主管、谁负责”的思路，着眼防范“六类重大安全问题”，强化“六个管好”。以“条令月”和军区“关于严禁饮酒的规定”为抓手，强化规章制度落实和重大节日、敏感时期的安全管理，开展“我的安全我负责、他人安全我有责、单位安全我尽责”的安全教育活动，让安全稳定工作警钟长鸣，把责任分解落实到人头，形成各部门齐心协力、齐抓共管的发展态势。

（撰稿人：陈世伟）

武警
Armed Police

【概况】 中国人民武装警察部队泸县中队（以下简称武警泸县中队，正连级）1984年1月组建，驻泸县福集镇官大冲村，主要担负泸县看守所外围武装警戒任务。2005年6月3日，根据总队〔2005〕武司字第89号令，中队编制进行调整。自1996年始，连续21年被总队以上单位表彰为基层建设先进中队。

【活动交流】 中队按照支队部署的“1+4”模式，扎实开展改革强军主题教育活动，把红色传统文化融入改革强军主题教育中。充分利用纪念建党95周年、红军长征胜利80周年、中共十八届六中全会、“两学一做”学习教育、马克思主义学习活动、“强军风采”

系列文化活动等时机，以“五小”（知识小竞赛、节日小晚会、技能小培训、读书小演讲、文学小创作）、“四个一”（每日一篇字、每周一封信、每半月一期小报、每月一本书）为载体，大力开展“五红”活动（读红色书籍、看红色电影、唱红色歌曲、学红色历史、讲红色故事），培育广大官兵的战斗精神，进一步强化“四种意识”（凝聚改革共识、强化改革意志、汇聚改革力量）。全年中队官兵撰写心得体会360余篇，讨论交流50余次。

【思想教育】 坚持每月组织思想骨干汇报会，切实掌握官兵思想动态，以官兵所思、所想、所需为教育引导方向，有针对性地开展好各类经常性教育。全年完成形势任务、法纪、密切内部安全、防间保密等10个方面约80个课时的教育内容。开展“尊干爱兵、兵兵友爱”“读书交心”“两真两好”等活动，通过扎实抓教育、全面抓查摆、认真抓整改、分级定措施，不断打牢兵尊干、干爱兵、兵兵友爱的思想基础。运用“三帮一带”“三互”“双四一”等谈心交心载体，有针对性地做好一人一事思想工作，成功转化重点关注人员3人。通过“龙城卫士”微信群，分享习近平总书记系列重要讲话，宣扬人民军队优良传统，传播警营正能量。坚持每月由各班轮流办一期黑板报，及时公布中队阶段性活动动态和建设成效，鼓励官兵做“有心人”，寻找身边的好人好事，并向他们看齐。充分利用展板、手抄报等，结合学习教育重点，搞好每日一题、应知应会专栏。制作“两学一做”应知应会、“十八届六中全会”20题等小手册，方便官兵随时看、随时学、随时记。

【三级党委扩大会议精神学习】 按照深入动员、原文学习、理清思路、扎实贯彻四个阶段组织实施三级党委扩大会议精神学习。通过支委会、军人大会、队务会的形式进行层层发动，采取集中教育、开展讨论、对照检查等形式，分层次地对会议精神进行学习传达。通过办板报、手抄报、每日一题、队前抽问等配合活动，确保精神入脑入心。中队党支部提出“八个注重”（注重官兵思想引导、内涵式发展、战斗力标准建设、依法从严治军、精细化管理、内部关系建设、文化建设、安全发展）为“抓手”，把三级党委扩大会议精神贯穿到实际工作中，按照三级党委扩大会议精神确立“整风整改抓落实，真抓实干强基础，精细标准求突破，凝心聚力创标兵”的总体工作思路。

【正规化建设】 贯彻落实上级首长指示精神，加强向地方政府的请示汇报，将中队官兵的生活补助、医疗补助和营房设施日常维护费45万元列入地方财政预算。在支队首长的协调下，争取反恐经费70余万元用于购买反恐应急车辆和反恐装备，部队反恐装备建设达到更高水平。

【军事训练】 中队训练场地建设不断完善，各类训练器材配备齐全。坚持按纲施训，科学组训，突出进行固强补弱训练和应急处置强化训练，广泛开展“五小”练兵和一帮一结对补差活动，有效提高官兵的军事素质。针对目标实际、哨位设置和任务特点，扎实抓好“四哨动作”“情况处置”等基本训练，把科目设置到哨位上，针对各哨位的不同情况和警戒重点出情况、练处置，切实提高专勤专训效果。坚持每周进行方案演练，定期与看守所进行联合演练，有效地提高官兵实战化训练水平。组织优秀骨干参加支队战训法和反恐应急班集训。应急运兵车配发后，中队严格按上级指示精神落实“三员一兵一组一班”组勤模式，完善各种处突预案，以应急班为重点进行训练演练，做好各种处突准备工作。

【执勤联席会】 汲取近年来执勤目标在押犯人越狱脱逃、暴狱等教训，确保执勤目标绝对安全，每月与看守所进行联合方案演练并召开执勤工作联席会，分析当前执勤工作面临的严峻形势和目标执勤工作的现状，就下一步抓好执勤工作隐患排查与治理工作达成共识，促进双方警力的密切协同，实现看守目标的绝对安全。

【内部管理】 把安全作为科学发展

的基础工程，严格落实依法从严治军要求，坚持问题导向，大抓部队正规化建设、隐患治理和安全预防工作，形成人人想安全、事事想安全、处处想安全的浓厚氛围。结合上级部署的“学规范、用规范”活动，突出用“三本经”狠抓经常性基础性工作的固化定型。按照支队新《纲要》试点规范，对营产营具实施数字化管理，提高精细化管理水平。组织学习《武警部队八个方面安全工作规范》，通过组织各班、个人层层签订安全工作责任书，在营区醒目位置设置安全倒计时牌，每天早上开饭前举行倒计时换牌仪式、呼喊安全口号，班安全员每日晚点名后进行点评等方式，营造安全文化。结合实际，在外人员管理、手机管理、突出枪弹管控等方面，建立在外人员“三有”（离队前有教育、休假期有叮嘱、归队后有检查）管控机制，明确手机使用“四不”要求（不带进执勤一线、不发布涉军资料、不乱拉乱扯关系、不高消费网购），结合支队开展的枪弹管理专项整顿，排查治理枪弹管理隐患。

【后勤管理】 按照上级要求加强后勤建设，提高后勤规范化水平，不断增强保障能力。按照整风整改的精神，严格落实财经纪律，坚持双主官签字制度；严格落实每月经委会查账制度，加大群众监督力度，确保每项开支的公开化和合理化；严格落实伙食管理五项制度，保证采购物品的数量和质量。开展“伙食精细管理年活动”，落实早餐“1126”和中晚餐“6211”的要求，确保官兵吃得饱、吃得好。利用现有条件，大力开展养猪、种菜为主的农副业生产，根据土质、季节和气候情况，请地方农民进行生产指导。全年生猪出栏9头，存栏16头。

【军民共建】 坚持为人民服务的根本宗旨，积极参与军民共建活动。元旦期间，中队组织官兵到驻地敬老院开展尊老、爱老、敬老活动。清明节期间，组织官兵到烈士陵园祭扫，用革命先烈的先进事迹教育官兵。9月30日，中队派出10名官兵由指导员张翔带队参加泸县公祭日活动，向烈士墓进献花圈。

【勤训轮换与士官集训】 3月3日—5月20日，支队举办两批勤训轮换，中队先后派出20名官兵参加，提高官兵军事水平。5月20日—8月16日，中队派10名官兵参加支队举办的预提指挥士官集训，对擒敌术基本技法、基本动作、应用动作、基本训练方法和班（组）战术、射击、防暴器材使用、刺杀、战术手语、体能素质训练等内容进行系统、规范的训练，结业综合考核中，战士张通伟被评为“优秀学员”。

【维稳工作】 每月与目标单位看守所进行2次清监查舍和执勤安全大检查，进行狱情分析，完善执勤方案和科学编组，严格落实查哨报告制度。参加武装押解、城市武装巡逻、警戒设卡等任务，派出官兵36人次完成16次长途押解，押解犯人85人。按照支队和县委、县政府及公安局的统一要求，派出官兵90多人次担负泸县高速路口重要节日和敏感时段的设卡警戒任务，有效地确保驻地安全稳定。

【获奖情况】 2016年，中队被总队表彰为“基层建设先进中队”。中队长庭绪荣立“个人三等功”，士官郭宗扬被总队评为“百名优秀安全员”，5名士官被支队评为“优秀士官”，7名战士被支队评为“优秀义务兵”。

（撰稿人：张翔）

消防
Fire Control

【概况】 2016年，泸县消防大队以火灾隐患排查整治为主线，以安全防事故为重点，努力实现队伍管理正规化、消防工作社会化和防控火灾能力“三提升”的目标，完成以火灾防控、灭火及抢险救援为中心的各项工作任务。截至年底，全县接警出动2222起，出动消防车辆2561辆次，消防官兵10158人次，抢救被困人员69人，疏散人员826人，抢救财产价值600万元。成功处置“2·11”嘉明团山堡山火、“6·6”太伏高层火灾、“6·13”福集镇大田群熠玻璃厂玻璃液体泄漏事故等一批急难险重任务。

【防控工作】 严格开展监督执法，完成各项专项检查和重大节日消防安全保卫工作。深化火灾隐患综合排查整治，致力于构建政府挂帅，部门联动，社会参与，群防群治的隐患整改格局。完成全县历史性遗留的55家重大火灾隐患全部整改销案。依法开展消防行政许可和行政处罚，推进消防工作社会化，各级消防安全责任有效落实。开展宣传培训，群众消防安全素质明显提升。

【后勤基础与装备保障】 将“三达标”建设与部队正规化建设、警营文化建设相结合，对营区进行重新规划修缮，新建门禁、监控系统等办案设备，统一设置询问室、听证室、物证室、装备室、档案室、审图室。投入269万元购买首辆云梯消防车，新增1辆行政执法车辆、1台八旋翼无人侦察机、1台热成像仪、5艘橡皮艇、1艘摩托艇，新添新式战斗服、抢险救援服、战斗靴60套，购置一批处突防暴装备共计97件（套）、潜水装备4套，提高灭火救援保障能力。

【获奖情况】 2016年，大队被评为市级“青年文明号”单位，1人被县政府评为“安全生产先进个人”，1人被支队评为优秀党员，1人被评为执法办案能手，1人代表支队参加全省火灾案卷评审，获三等奖；2人参加支队“三达标、三掌握”业务知识技能竞赛荣获第二名，1人代表支队参加全省“三达标、三掌握”业务知识技能竞赛初赛阶段荣获小组第二名。

（撰稿人：任小红）

综合应急救援
Integrated Emergency Rescue

【概况】2016年，泸县综合应急救援大队有效接处警2614起，其中火灾358起，抢险救援106起，便民服务1902起，勤务保障175起，出动车辆3669车次，人员12465人次；成功扑救“2·6”“2·11”“2·23”“5·5”等火灾事故166起，开展“4·7”“6·13”“10·1”“11·4”“11·18”等事故、灾害、险情施救56次，承担“两节”“两会”“4·8”石桥道林沟采茶节、“5·14”玉龙湖放生节等关键节点安保任务65次。全年获得市县荣誉50人次，大队被评为示范单位。

【救援演练】 着力打造轻型地震搜救队、反恐应急处突队供水分队、警卫安保分队、山岳救援分队、水上救援分队等6个战斗分队。5—7月，组织力量参与和完成“全市地质灾害事故演练”“全市地震搜救队拉练”“全县护林防火森林灭火演练”“全县2016年防汛应急演练”和“酒类企业安全生产应急演练”等各级演练拉练活动近10次，收到较好效果。

【设备保障】 采购1台多功能云梯消防车，解决大队高空灭火救援的难题；采购八旋翼无人侦察机1台，解决大队空中侦察的难题；采购处突防暴装备97件（套），加强大队防暴处突能力；采购4艘橡皮艇，潜水装备4套，增强大队水上救援的能力；采购热成像仪1台，提升大队救援搜救实力；购置水带100盘，新式战斗服50套，抢险救援服60套，战斗靴和抢险救援靴各60双，加强大队抢险救援实战能力。

（撰稿人：黄春）

人民防空
Civil Air Defense

【基层工作】 明确各镇人民防空工作机构在镇人武部，镇武装干事为镇人防办主任，落实工作职责。在县人防工作领导小组成员单位和部分企事业单位明确分管领导、分管科室和具体经办人员抓人防（民防）工作，确保基层人防（民防）工作有人抓、有人管、有人干。

【应急处突与预警】 加强人防指挥所、防空警报设施和电视台强插播放警报信号终端等人防设备的日常维护管理，定期巡查，及时维修，保证人防设施的完好无损，工作正常。在“9·18”国难日，县城区域和嘉明镇街村统一成功鸣放防空警报，并转播泸县电视台公共频道，扩大防空警报信号的影响，增强居民国防意识和防空防灾意识，发挥警示教育作用。人防应急机动指挥系统参与省、市、县应急演练和处置23次。结合国防后备力量应急队伍建设，参加省、市举办的人防专业队伍业务培训和通信拉动演练。

【宣教工作】 利用“5·12”防灾减灾宣传日、“9·18”国难日等纪念日，采取街头集中宣传、广播电视、信息网络、短信平台和防空警报鸣放等多种形式开展国防、人防民防应急知识宣传。制作社区人民防空知识宣传栏，到社区进行宣传。各镇、各部门根据自身情况开展社区、学校、企业、农村等系列宣传活动。在校园开展多种形式国防、人防民防应急知识宣传教育活动，定期组织全县初中二年级学生参加国防人防知识学习和考试，起到较好的宣传教育作用。

【人防建设】 协调相关部门配合，进一步规范人防“结建”审批工作机制。全年审批民用建筑修建防空地下室项目45个，动工友豪新世界“结建”工程1处。重新清理共建人防疏散基地涉及镇的有关工作，加强各镇与共建单位的工作协调；参与协调泸州北方公司与兆雅镇、六九二厂与太伏镇人防疏散基地共建活动，效果良好。启动县级人民防空规划工作，申报项目立项和申报资金，制定相关工作制度和工作方案。

（撰稿人：罗良志）

经济管理与监督

ECONOMIC MANAGEMENT AND SUPERVISION

发展和改革

Development and Reform

【经济发展】 围绕市委“决胜全面小康、建成区域中心”总体部署，盯准“建成四个新区，率先全面小康”工作目标，以融入泸州一体化发展为主线，实施“创新驱动、产城融合、文旅联动、富民强县”发展战略，稳中求进，进中求好，好中求快，努力实现经济社会持续平稳健康发展。2016年，全县实现生产总值280.3亿元，同比增长9.5%；一、二、三产业分别实现增加值47.7亿元、164.2亿元、68.4亿元。三次产业结构由2015年的18.0:57.5:24.5调整到17.0:58.6:24.4，“二三一型”经济结构得到保持和提升。投资消费同步拉动，全社会固定资产投资300亿元，同比增长18.7%；社会消费品零售总额107亿元，同比增长13.9%；城镇居民人均可支配收入28451元，同比增长8.7%；农村居民人均可支配收入13805元，同比增长9.8%。地方一般公共预算收入13.1亿元，同比增长16.2%。实现工业增加值153.7亿元，占GDP的54.8%。实现农林牧渔业增加值48.2亿元，同比增长4.1%，粮食总产量54.34万吨，同比增长1.95%。地区生产总值综合能耗较同比上升5.19%，规上工业企业万元增加值综合能耗下降4%。

【规划发展】 贯彻执行国民经济和社会发展的战略方针和政策，加强调查研究，提出相应的政策措施。起草编制2016年度国民经济和社会发展年度计划，对实施情况跟踪调研。收集各部门“十三五”专项规划、各镇“十三五”规划，汇编印发《泸县国民经济和社会发展第十三个五年规划》。围绕“泸州向北、泸县向南发展”工作，形成《围绕建设区域性中心城市 加快融入泸州一体化发展》汇报材料；配合编制《泸县融入泸州主城区一体化发展规划》《泸州空港产业园区规划》。围绕泸州空港产业园规划，提出《泸县关于泸州空港产业园区泸县片规划的建议》，向上争取在泸县规划布局通用航空基地。开展泸州市“十三五”创新、协调、绿色、开放、共享五大发展规划与融入重庆课题研究。收集经济政策信息，对比分析经济运行态势，编辑《经济参阅》11期，为县委、县政府提供决策参考依据。

【固定资产投资】 争取到中央、省预算内资金补助1.34亿元，其中中央预算内投资0.66亿元，省级资金0.68亿元。签约专项建设基金项目11个，完成任务数的137.5%，签约金额7.26亿元，完成任务数的181.5%。专项建设基金争取金额居全市第二位。包装生成泸县市政基础设施、泸县经开区临港产业园、泸州医药产业园青龙综合体一期和泸县智慧城市4个PPP项目，计划总投资33.4亿元。

【重点项目建设】 全年计划完成投资148.94亿元，实际完成193.53亿元，占年度计划投资的130%。其中泸县2015年农村宅基地退出、现代农业“五一二三”工程、泸县粮食现代物流产业园区、龙桥文化生态园创建国家AAAA级旅游景区、2015年农网改造升级工程等26个竣工类重点建设项目完成投资30.16亿元；泸州高新区医药产业园基础设施建设、泸州医药园区公共服务配套建设、泸县经济开发区建设、泸州步长生物基地及新药产业化基地、玉蟾温泉国际度假区、隆庆寨生态农业园、泸县城西商务综合体等25个加快建设类重点建设项目完成投资130.32亿元；成自泸赤高速至县城快速通道、泸县智慧城市建设、酒类企业安全技改工程、电子商务进农村综合示范、泸州市龙城现代物流农产品冷链物流、创新创业孵化基地等40个新开工类重点建设项目完成投资33.05亿元；玉蟾大道至港城大道道路工程、儿科掩味口服制剂技术平台、格润能源50兆瓦天然气分布式冷热电联产等22个前期类重点建设项目加快建设。

【以工代赈】 编制完成《泸县“十三五”易地扶贫搬迁实施方案》及《泸县易地扶贫搬迁2016年年度实施计划》；起草《关于做好易地扶贫搬迁工作的实施意见》作为全县易地扶贫搬迁工作的指导性文件；指导督促20个镇（街道）开展易地扶贫搬迁工作，确保12月底前完成2087人的“十三五”易地扶贫搬迁，实现4年搬迁任务1年完成。编制完成《泸县“十三五”以工代赈项目实施方案（初稿）》。通过遴选方式申报玄滩镇涂场村以工代赈乡村公路建设项目，申请以工代赈资金100万元，项目通过评审。

2月15日，国家发改委领导到泸县考察

【招投标监管】 减少审批环节，提高招投标备案办理时效，有效地促进政府投资建设项目尽快落地实施，严把项目招投标备案审批关。完成政府投资建设工程公开招标项目42个，中标价26941.24万元，节约资金5660.93万元，节资率17.36%；完成比选项目87个，中选价7561.68万元，节约资金1527.77万元，节资率16.81%。举办2次招标投标相关业务和政策法规培训，提高建设单位招投标业务人员的业务技能和政策法规意识，有效促进全县招投标工作规范实施。

【行政审批】 持续推进简政放权，精减审批程序，大力推行并联审批和县级代办制度，提高项目审批、核准、备案、招投标效率。全年项目审批零投诉、零误差，完成项目备案、核准、审批314件，总投资151.33亿元，完成项目节能审查113件，实现按时办结率、群众满意度“两个100%”。

【价格认定】 开展农资价格、商品房明码标价、学校后勤服务收费、教育收费、资源要素价格、涉企收费、药品市场价格和景区门票价格等检查，检查单位73个，开展市场检查7次，检查商场、超市、餐饮旅店及门市、摊点等416个次。查处天然气公司、宾馆、金融机构、农贸市场、医院和在售楼盘等价格违法案9件，经济制裁23.12万元；办结价格咨询、举报投诉94件，其中网络交易职业投诉3件。

【收费与价格管理】 加强物价调控监管，贯彻落实国家、省、市稳定消费价格总水平保障群众基本生活的各项价格调控监管措施，成立泸县发展和改革局应对价格异常波动工作组织领导机构，制定《泸县关于进一步加强价格调控保持价格水平基本稳定工作预案》和《泸县发展和改革局应对价格异常波动工作预案》，全年CPI同比上涨1.6%。严格执行价费管理权限，建立社会保障救助和保障标准与物价上涨挂钩联动机制。落实电价下调政策，推进医药改革。加强收费年度审核，规范收费行为，开展2015年度泸县行政事业性收费审核工作，审核收费单位78个，审核率100%，审核收费总额13158.64万元。落实国家、省惠民政策，全年放开服务性收费项目4项，减少服务性收费近300万元。加强价费监督管理，清理完善公布2016年《泸县价费公共服务事项目录清单》等5个清单，建立完善158个价费执收单位（其中行政事业性收费单位78个、服务性收费单位42个、价格执收单位38个）的价费管理软件系统。

【成本调查与监审】 开展农户种植意向、农户农资购买、农户存（售）粮专项调查上报。开展小麦、中籼稻、桑蚕茧、生猪、蛋鸡的直播调查和常规调查上报；开展调定价成本监审9项，定期成本监审1项，核减总成本3200万元，核减比例达20.85%。开展钢铁、水泥等重要商品成本调查上报工作；农产品成本调查工作获省发改委表彰的四川省物价系统先进集体、农产品成本调查优秀集体等荣誉称号。

【路网建设】 成功向省、市发改委争取川南城际铁路经过泸县并在县城城西新区西北方向设立站点，途经玉蟾街道、福集镇、牛滩镇、得胜镇，县境内正线长度21.78千米，国铁Ⅰ级，客运专线，时速250千米/小时，投资28.5亿元。开展隆黄铁路扩能改造工程前期工作。

（撰稿人：蒋超俊）

国土资源管理
Land and Resources Administration

【耕地保护】 严守耕地“红线”，实行耕地保护“一把手”负责制，层层落实耕地保护责任。2016年，开工建设土地整理项目及高标准基本农田建设项目13个，建设规模17.07万亩，总投资20665万元，新增耕地14327亩，建成高标准基本农田3.44万亩。年底全县耕地面积8.49万公顷，划定基本农田面积7.47万公顷，分别超市下达目标任务7626公顷和585公顷。

【宅基地管理】 市、县联合研究开发农村宅基地管理信息系统，将宅基地权属、退出前后对比、复垦指标使用等信息录入系统，并与不动产、一张图以及手机信息平台相对接，及时准确掌握全县土地动态信息，实现土地管理精准、高效。

【矿产资源管理】 完成第三轮矿产资源规划编制初稿，采矿权年检、延续、变更、转让、注销登记等日常工作有序推进。加快推进生态文明建设，按相关政策认真清理和催缴各矿拖欠的矿补费和矿山地质环境恢复治理、土地复垦保证金，认真审核上报6家政策性关闭煤矿的剩余采矿权价款退还资料，完成上报数量为全省最多，坚持开发与保护相结合，推进绿色矿山建设。

【用地保障】 依照“有保有压，确保重点”的原则，精准投放建设用地指标，重点保障基础设施、民生项目和“创新创业”用地需求。全年报征地2597亩，保障医药园区、经开区和龙城大道等重大基础设施建设及污水处理厂等民生工程项目的落地建设。

【不动产登记】 加快推进不动产统一登记工作，全年不动产登记中心受理不动产各类登记46639件，登簿且颁发不动产权证书和证明35540件，其中颁发不动产权利证书17134本、不动产登记证明18396份，办结率76.2%；受理宅基地使用权和房屋所有权登记30件，审核登簿且颁发不动产权证（或证明）22本，其中抵押权登记5件，金额169万元，落实所有者和使用者的土地权益，促进农村土地产权制度改革。

【征地拆迁】 完成土地征地项目35个，征地土地面积4121.81亩，按秩序、按标准补偿到位，没有大的群体上访事件。保障三星桥水库一期、科瑞德三期、城西农贸市场、龙城大道、川南城际铁路、酒香大道城东、城西道路等重大项目的用地需求。

【执法监察】 结合宅基地审批权限的下放，将监管责任和执法重心下移，建立村民小组巡查通报、村民委员会快速处置和镇政府联合执法的工作机制，把好执法的第一道关口，实现及时发现、及时治理、及时处置。加大打非治违和违法用地力度，进一步规范用地行为。全年开展巡查305人次，查处违规开采4起，均现场制止并责令停止违法行为。违法用地动态巡查293次，查处违法用地行为6宗，结案6宗，结案率100%。

【地质灾害防治】 全县投入资金500余万元，完成地灾避险搬迁安置54户，整治地灾排危项目3个，全面开展地灾动态巡查和安全隐患检查130余次，并请113地质队开展应急调查40余次，发布预警信息3万余条，发放宣传资料3万余份，确保全县地灾隐患点连续17年零死亡。

【土地供应】 全年出让土地48宗，出让面积1271.53亩，收取出让金84467万元；办理划拨用地10宗，面积66.4亩，收取价款950.18万元；供地率达到61.58 %，超供地率60%的要求，土地巡查93次，巡查率达到83.7%。

5月11日，泸州市地灾应急救援演练在泸县奇峰镇举行

【土地整治】 通过土地整理建设农村道路93千米，水池63口，整治山坪塘115口，修建排水渠15830米；推进“双挂钩”和工矿废弃地项目实施，两个双挂钩项目通过市、县验收，归还挂钩周转指标768亩，工矿废弃地项目有序推进。通过整合优化土地整理、增减挂钩、避险搬迁、矿山地质环境恢复治理等项目，改善项目区群众生产生活条件，为土地流转和农村产业调整搭建平台，促进农民增产增收。

【土地征收管理】 研究制定土地征收管理办法、征收目录、风险评估办法、争议调处办法等配套办法，通过农村集体经营性建设用地入市增加建设用地供给，化解土地征收的突出矛盾，让农民在集体土地的管理上拥有更多的“话语权”，并能长期分享土地增值收益。完善土地增值收益的分配制度，构建高效利用、结构优化、分配合理的土地制度体系，探索工业反哺农业、城乡一体化发展的新途径。

【土地改革】 8月，在全县推开宅基地制度改革试点，将宅基地制度改革与幸福美丽新村建设、新型城镇化、地灾搬迁、脱贫攻坚、文化旅游等工作结合，建立不同区域和户有所居的多种住房保障实现形式。规划8个聚居点，完工5个。探索制定农村村民初次分配依法取得的宅基地面积无偿使用，节约奖励，超出规定面积的在农村集体经济组织主导下有偿使用。8个试点村已完成有偿使用的清理公示，天兴镇田坝村，已收取有偿使用费3690元。

【房宅试点与宅基地管理】 推进住房财产权抵押融资贷款试点，搭建农村产权流转平台，市县按4:6的比例出资设立1000万元风险基金，3家金融机构发放抵押贷款19笔共143万元；通过房屋补偿、住房保障、社会养老保障等激励政策，鼓励农民自愿退出宅基地。截至年底，全县16个镇（街道）98个村签订拆除复垦协议9951份，完成拆除复垦3500亩，验收复垦面积3100亩，县政府收储2300亩，完成679亩节余指标的征地报批。使用存量集体建设用地审批权下放到镇（街道），全年审批农村村民建房3402户，审批时间由原来的3~6个月，缩短为7~15天。农村宅基地管理信息信息系统硬件设备采购安装到位，完成软件开发与调试，并对4个镇8个村8623户全部宅基地进行实测建库。8个试点村选举产生宅基地使用管理村民小组议事会和村议事会，配套完善议事会章程。

【集体用地管理】 集体经营性建设用地入市制度建设初步成形，试点项目取得新进展。12月20日，天兴镇田坝村第1宗集体经营性建设用地调整入市地块拍卖出让，面积1637.12平方米，单价15.3万元/亩，指标由宅基地退出复垦村级预留节余指标调整，拟作为宅基地退出中新建中心村的配套幼儿园建设。

【脱贫攻坚】 为伏龙村贫困户送去价值5.6万余元的大米、油、猪肉等，发放鸡苗1200只。为贫困户的孩子送去书籍和衣服书包并资助5000元现金，赠送电脑2台，协调贫困户孩子就学，确保贫困户有房住、有衣穿、有饭吃，该入学的孩子全部入学。

（撰稿人：苏永海）

国有资产管理
State Asset Management

【国资公司】 2016年，泸县国有资产经营有限公司主营业务收入197万元。其中资金占用费29万元，公房租金收入168万元。按照国家建立现代企业制度，加强国有资产管理要求，实施国有资产授权经营，逐步建立与社会主义市场经济体制相适应的国有资产管理运营体制，全年实现资产经营收入197万元。支持地方经济发展，多方开拓融资渠道，对外直接融资支持县域企业、学校流动资金借款12160万元，全年融资收入实现29万元。

【汇兴公司】 泸州汇兴投资有限公司成立于2013年8月。2016年公司有综合办公室、计划财务部、投融资部、资产管理部、工程部、法律审计监督部6个部门，15个全资子公司，2个参股子公司，总公司有16人，子公司在内共计300余人。公司不断整合全县各类优质资产、资源，壮大汇兴融资平台的综合实力，开展机动车检测、驾考训练、保安服务、公墓经营、保障房建设、土地整理和开发、市政建设及维护、污水处理等业务，全年融资到位19.2亿元。10月，被评为主体长期信用AA等级。

（撰稿人：于星、张小容）

审计
Audit

【概况】 县审计局成立于1983年11月，内设1个经济责任审计分局、1个固定资产投资审计中心和财政金融审计股、农业外资经贸审计股、行政事业审计股、固定资产投资审计股、法规股、办公室5股1室。2016年年末，有在职干部职工28人。完成审计项目113个，查出主要问题金额12.89亿元，其中违规行为金额501万元，管理不规范资金12.84亿元；审计处理处罚金额1147万元，其中应上交财政资金385.54万元，工程审减金额9709万元；移送案件线索4起，4人受到党纪政纪处分。审计提出建议48条，被采纳48条；以《审计要情》向县委、县政府提出反映问题专报16期，领导签批4期；上报各类审计信息、专题研讨文章61篇，其中被国家、省级刊物、网络录用17篇，被省、市、县级刊物、网站录用46篇。

【财政审计】 着力国家相关政策措施的贯彻落实以及政府职能转变的审计监督，各级有关作风建设规定落实情况的审计监督，强化全口径预决算的审计监督。对县财政局、地税局、县委农工办、泸县第二人民医院等11个单位开展预算执行情况审计、财政决算审计和财务收支审计，审计共查出问题金额11.05亿元。

【投资审计】 按照省厅“三转”要求，结合贯彻落实《四川省政府投资审计条例》，修订《泸县政府投资建设项目审计监督办法》《泸县政府投资建设项目买社会审计服务管理办法》，进一步规范中介机构的监督管理，着力推进泸县政府投资审计转思路、转职能、转方式。加强对重点项目和民生工程的全程监督，不断强化绩效审计和审计质量管理。全年完成政府投资审计项目89个，送审金额94721.95万元，审减金额9709万元，审减率10.25％。以《审计要情》或专题报告形式向县委、县政府提交报告4篇，获县委书记签批2篇。

【经济责任审计】 全年对泸县农工办主任艾文平、泸县建管中心主任唐永宏、泸县五中校长罗江、泸县兆雅镇委员会书记陈佳、泸县兆雅镇镇长宋东升、泸县云锦镇委员会书记冉安健、泸县云锦镇镇长万绪友开展任期经济责任审计。审计查出主要问题金额15059.75万元，其中违规金额20.75万元，管理不规范金额15039万元，提出审计整改意见19条。

【计划外审计】 积极参加市局组织开展的署定项目叙永县医保基金审计，组成审计组开展对江阳区2015年保障安居工程的交叉审计。抽调4人分别参加市委巡察和市纪委办案；先后组织11人次对全县“三公经费”管理使用情况、涉农项目和资金、公务用车管理等开展监督检查。

【“两学一做”】 强化学习教育，聘请市委党校李延平教授开展专题党课，局党组书记王小兵以《明党史学党纪，做一名合格党员》为题开展专题党课；组织全体干部职工赴叙永县石厢子党史教育基地开展现场党性教育，组织全局干部、中介机构审计人员赴四川女子监狱开展党风廉政警示教育；在局机关党员干部中开展整风活动，针对在“两学一做”教育中存在的问题，进行对照整改，彻底解决思维意识等深层次问题，确保与党保持高度一致。

【精准帮扶】 局党组领导多次到联系村开展“精准帮扶”活动，组织全局干部职工到贫困户家中开展扶贫恳谈，确定帮扶措施，积极争取和落实帮扶资金，建立精准扶贫台账，确保在预期内全面实现脱贫目标。

（撰稿人：钟守卫）

统计
Statistics

【概况】 县统计局围绕县委、县政府中心工作，密切关注经济运行的态势，深入调研及时监测，特别针对全面小康社会建设、新兴产业发展专项工作开展统计监测服务，对规模以上工业、固定资产投资、商贸、服务业等重要领域进行监测，适时提供季度统计分析报告，发挥参谋助手作用。2016年，撰写48篇统计分析报告，8篇经济预警分析报告，编辑出版《统计年鉴》、发布《统计公报》等统计资料，为县委、县政府及有关部门提供全面的数据资料。

【“三农普”工作】 落实第三次全国农业普查财政预算经费300万元，分三年拨付，2016年到位100万元；20个镇（街道）均成立“三农普”领导小组和办公室，落实人员、办公场所和经费。与县委宣传部联合发文，制定详细的宣传方案，成立宣传组，利用户外广告牌、展板、横幅、标语、公交车以及电视台、广播电台、报纸、网络等形式开展宣传活动。全面完成普查区、普查小区划分，边界清楚、无死角、无重漏。全县划分为

9月7日，泸县统计局召开正风肃纪工作会（赵婷/摄）

251个普查区，2700个普查小区。完成上级下发的PDA的身份证编码造册录入，为正式入户登记作好全面准备工作。

【单位名录库工作】根据《四川联网直报调查单位名录管理办法》，坚持“先入库，后有数”和“要进库，走程序”的原则，规范名录库工作流程，严格执行名录库单位的进入和退出制度；加强调查单位增减变动、审核确认工作，对“四上”企业进行全方位的实地核查，对企业的基本情况进行核实、更新，确保调查单位库真实准确。截至年底，全县名录库实有法人单位4641个、产业活动单位1287个，规模以上单位343个。

【基层建设】起草制发《关于进一步加强和规范统计工作严肃统计工作纪律的通知》，为进一步净化统计环境、保证统计数据真实可靠提供有力的制度保障。严格执行联网直报数据的调查单位、镇（街道）及园区、县统计局三级在线“即报、即审、即验”审核制度，进一步加强数据质量审核评估，保障联网直报数据质量，确保统计数据的支撑性、匹配性和协调性。组织开展基层统计干部综合能力、从业人员岗位知识、从业人员继续教育等专业培训，参训人员达到906人，提高县级部门、镇（街道）及企业统计人员的业务水平和综合能力素质。

【社情民意调查】全年社情民意调查中心组织拨打电话162716条，成功拨打43654条，收集问题和建议2279条，成功电话回访963人，定期将收集汇总的问题进行分类，建立台账，将各责任单位反馈的问题进行回访和进行数据分析，并积极提出整改建议。利用短信平台发送党风廉政建设宣传短信64981条。及时更新抽样调查电话号码库，由19万个更新到26万个，夯实社会评价随机调查的工作基础。利用“雅典娜”电话通系统开展政务中心26个窗口单位工作评价专项调查，推动窗口单位提供更优质的服务。

【统计法制】积极开展“12·4”法制宣传日和“12·8”统计宣传日活动，借助培训会等多种有效形式对统计人员进行法制宣传教育。充分利用统计数据查询和统计执法检查等手段，对统计数据不实和各种统计上弄虚作假行为进行坚决制止和严厉打击。常规执法检查15家企业单位，对3家企业进行立案查处，对1家企业进行罚款、警告并责令限期整改的行政处罚，对2家企业进行警告并责令限期整改的行政处罚。制定统计数据、资料发布和提供管理办法，加强统计数据的保密和安全管理，增加统计工作的透明度，提升政府统计公信力。

【脱贫攻坚】开展产业扶持，为86户贫困户送鹅苗、鸭苗等家畜苗子4375只，帮助贷款1户3万元，召开种养殖培训会议9次。沟通协调协助开展基础设施建设项目。整治山坪塘2口，新打井15口，公路硬化1.5千米、维修道路10千米，更换智能电表460块。为扶贫村购置价值1.7万元办公桌椅、电脑等物资。利用春节、中秋、国庆等传统节日为贫困户送去慰问金、生活物资等共计1.6万元，推动脱贫攻坚工作顺利有序开展。

【党风廉政建设】贯彻民主集中制，开展党组书记带头述责述廉、民主评议党员等活动，以严格组织生活为载体纯洁统计队伍。开展群众教育路线实践教育活动、“三严三实”教育活动以及“两学一做”学习教育，不断提高党员干部的思想政治素质。严格落实党组主体责任和纪检监察监督责任，履行一岗双责，认真执行《中国共产党廉洁自律准则》和《中国共产党纪律处分条例》，从严从实抓好党风廉政建设，不断优化统计行风政风。严格执行中央“八项规定”，改进作风，强化正风肃纪，厉行勤俭节约、反对铺张浪费，坚决抵制“四风”问题，扎实为服务对象办事。

（撰稿人：赵婷）

安全生产监督管理
Security Production Supervision and Management

【概况】2016年，全县发生生产安全事故13起（其中煤矿1起、道路交通6起、其他工贸企业5起、市政工程建设1起），死亡12人、受伤2人，直接经济损失690.1万元。坚持“24小时入库、7天上报、30天确认”的事故直报要求，在非煤矿山、危化品、烟花爆竹、建筑施工、水上交通、消防、特种设备、农机等行业领域实现零死亡，未发生较大以上生产安全事故，全县安全生产形势平稳。获市政府年终安全综合目标考核一等奖。

【会议传达】召开6次县委常委会、9次县政府常务会，及时传达学习习近平总书记、李克强总理等各级领导关于安全生产的重要指示批示精神，专题听取重点时段安全生产工作汇报，及时研究解决安全生产重点突出问题；以县委名义印发《泸县2016年安全生产工作意见》《泸县2016年安全生产目标管理考核奖惩办法》等重要纲领性文件，统揽全县安全生产工作；及时调整县政府安委会成员，1名县委副书记联系安全生产，做到安全生产工作无缝对接；召开县政府安委会、县长督办会等会议15次，根据时段特点及时分析安全生产形势，安排部署安全生产重点工作；实行县领导联系镇街和重点企业、重点项目安全生产工作，并在重点时段带队检查安全，有力促进安全生产工作扎实开展。全年表彰奖励安全生产先进集体16个、先进个人39人。

【领导责任落实】制定印发《泸县“安全生产责任落实”专项行动实施方案》，从1月开始，集中开展为期3个月的“安全生产责任落实”专项行动。县政府安委会主任由县长担任，常务副县长分管安全生产工作，县政府所有副职领导为安委会副主任；落实各镇（街道）由分管工业经济的党员副镇长（副主任）、县级部门由排名第一的副职领导分管安全；全县所有负有安全监管责任的县级部门、20个镇（街道）、301个行政村（社区）均成立安委会或安全生产领导小组，强化安全生产组织领导。

【基层责任落实】年初与20个镇（街道）、31个县安全生产一类责任单位、39个二类责任单位，分类签订安全生产目标管理责任书；县级行业主管部门、各镇（街道）

7月12日，常务副县长肖刚（左二）主持召开煤矿安全生产工作紧急会

与所属部门、企业、村社层层签订责任书，把安全生产各项要求、责任落实到最基层。印发《关于进一步明确工矿商贸行业企业安全生产监管职责的通知》，对容易出现安全监管盲区和漏洞的行业领域进一步明确监管职责，切实做到安全监管无空白。

【安全隐患排查】 利用四川省隐患排查治理系统，要求各镇（街道）、各行业主管部门指导、督促企业进行安全风险辨识管控，将相关信息录入系统。全县703家企业完成信息平台注册，注册入网企业隐患自查自报率89%，填报一般隐患3888项，重大隐患13项，分别整改3871项和10项。在重点企业试行现场隐患排查治理清单化管理，做到“一企业一清单、一车间一表格、一岗位一对照卡”，将检查项目落实到具体部门及责任人，并制定具体排查周期。

【重大隐患督办】 全年召开6次县长督办会，确定6个督办主题、29个督办事项和88个具体隐患或问题进行督办，对市长督办会涉及泸县的62个隐患全部进行责任分解，实行定时、定责挂牌督办，严格落实跟踪问效，做到市、县督办事项事事有落实、件件有回音；实行隐患排查分级管理，对5个市级重大隐患、7个县级重大隐患逐一进行责任分解，督促按时完成整改，投入资金289万元，至年底10个隐患完成整改；被列入省级重大火灾隐患的4个酒类企业消防安全隐患整改完毕，县政府于11月11日同意销案。

【政府购买机制】 由县政府出资51万元“买单”，先后10次聘请专家对煤矿、非煤矿山、危化、冶金等高危行业开展安全隐患“会诊把脉”，有效解决基层安全监管人员和企业安全管理人员专业技术知识欠缺的现实问题，形成“政府抓监管、专家抓指导、企业抓整改”的互动共赢发展模式。

【“打非治违”】 围绕《标本兼治遏制重特大事故工作实施方案》，结合春节、两会等重点时段安全生产专项行动，各镇（街道）、各部门强化对煤矿、非煤矿山、危险化学品等重点行业、领域的隐患排查，及时整改销号；坚持采取“四不两直”和双随机等督查暗访方式，充分发挥县公安局食品药品环境保护安全生产犯罪侦查执法大队作用，严格按照《中华人民共和国安全生产法》规定进行生产安全事故和信访举报调查，加大“打非治违”力度。全年出动检查人员43015人次，检查企业41303个次，排查隐患7934条，整改7811条，投入治理资金192.54万元；责令限期整改4751起，没收违法所得、非法生产设备72起，责令停产停业整顿55家，暂扣或吊销许可证、职业资格172个，关闭非法违法企业3家，行政拘留10人，处罚罚款229.83万元；受理信访举报案件18件，开展生产安全事故调查7起，行政处罚130.31万元。

【安全社区建设】 将安全社区建设作为深化社会治理的重要工作并纳入民生工程，按照《泸县安全社区创建工作考核办法》，与相关单位签订责任书，对建成单位实行以奖代补。2016年玉蟾街道通过省专家组现场评定，百和镇待评定，潮河镇启动建设。

【标准化建设】 强力推进企业安全生产标准化建设，以工贸行业企业安全生产标准化样板地区建设为契机，成立以常务副县长任组长的建设领导小组，制定《泸县工贸行业企业安全生产标准化样板地区建设实施方案》，对新建达标的企业给予奖励，通过以奖代补的方式，提升企业的建设积极性；将辖区、行业企业安全生产标准化达标情况列入镇（街道）、县级行业主管部门安全生产目标考核内容。全县非煤矿山、危险化学品等高危行业（企业）全部达到三级标准，煤矿有2对达到三级标准、4对达到二级标准；工贸企业有48家授牌，4家通过专家组评审，52家在建或纳入规划，此项工作走在全市前列，被列为全省四个工贸行业企业标准化建设样板地区之一。

【复工复产工作】 转发《市安办关于做好2016年春节后企业复工复产验收工作的通知》（泸县安办〔2016〕17号），对复工复产工作提出严格要求，严把煤矿、非煤井工矿山、建筑、危化品生产企业、酒类企业等重点行业复工复产关，坚持标准，规范程序，严格验收，确保复工复产检查验收不走过场、不留死角，坚决禁止“带病”复工复产。

【煤矿监管】 出台《泸县煤矿从业人员“三违”治理计分管理办法（试行）》《泸县煤矿安全隐患刚性执法管理办法（试行）》《泸县煤矿职工日常培训教育管理办法（试行）》《泸县煤矿企业隐患排查治理管理办法》《泸县煤矿重大生产安全事故隐患治理督办制度》5项制度，采取县、镇包矿形式，创新县镇煤监员“双保险”联合监管、从业人员“三违”记分管理等方式，对煤矿一律实行暗访暗查和错时错位检查，进一步强化煤矿全时空安全监管。

【企业整顿】 马园煤矿和铁丁山煤矿因资源枯竭、赋层条件差，无法实现机械化开采，通过自愿申请，完成所有程序的关闭工作，落实奖补资金2360万元。通过整顿，保留6个煤矿的开采权，其余煤矿按照程序，予以关闭。化解产能213万吨，各级财政投入奖补资金5.34亿元，安置职工4863人。全县非煤矿山主动申请关闭和置换关闭3家，剩余50家。

【非煤矿山管理】 县安监局采取日常安全检查、专项检查、“专家会诊”检查、交叉检查等多种形式，对全县53个非煤矿山企业实行全覆盖检查，累计检查企业219家次（其中对地下开采矿山检查70家次，长期停产停建矿山43家次），出动检查人员833人次，下达检查意见书、检查意见表、专家会诊报告等138份，下达责令限期整改指令书84份，下达复查整改意见书65份。

【烟花爆竹监管】 县局烟花办组织检查480人次，下达执法文书341份，打击违规经营零售网点20起，处罚金9900元。查处非法生产、销售、运输、储存、燃放烟花爆竹案件23起。按照国家安监总局关于烟花爆竹“两关闭”清理整顿工作的要求，全县集中进行清理整顿，关闭烟花爆竹零售点172个，保留954个，对经整改不符合要求的还将继续关闭；清理取缔资质不全、证照不齐货运企业8家，剩余173家。

【安全宣教】 以“安全生产月”、安全社区建设等为契机，通过进社区、村社、机关、学校、企业、家庭等，广泛开展全民安全宣传教育。在全国第15个“安全生产月”活动期间，编印安全知识读本2万册，散发宣传单21万余份，悬挂或张贴标语、宣传画1437份，出宣传专报284期，出动宣传车172台次，举办安全知识竞赛84场，参观图片展览110场，培训职工5817人，举办演讲比赛26场，举办安全文艺宣传6场，开展安全咨询61次，开展应急演练65次，投入活动经费约50万元，掀起安全生产宣传新高潮。

【活动开展与安全培训】 县安监局、县总工会、县妇联、团县委联合组织开展“安全之盾”金点子征集活动、“安康杯”安全知识竞赛活动、“巾帼助安·家安工程”活动、“青安岗”创建活动，提高全社会安全生产意识，营造良好的安全氛围。实施生产经营单位全员培训工程，全年各行业主管部门组织企业各类人员培训7202人次，其中煤矿2132人次、非煤矿山578人次、危险化学品353人次、烟花爆竹951人次、特种作业人员649人次、职业卫生培训220人次、机动车驾驶人员2319人次。

【信息报送】 全县上报安全生产工作信息309条，其中被四川新闻网采用273条，省安监局网站采用30条，市安监局网站采用199条，县公众信息网采用89条；编发安全生产简报40期，“百日攻坚”专报6期，并抄送县委、县政府、县纪委、县委组织部等领导。

【危化品监管】 全年检查危化企业238次,其中生产企业81次，经营企业157次,出动检查组129个次。下达执法检查文书207份，其中现场检查记录175份、责令改正指令书15份、整改复查意见书17份（部分复查针对2015年整改指令）。检查出各类安全事故隐患289条，整改完成282条，处罚款

10.44万元。按照《危险化学品经营许可证管理办法》及省、市、县有关危险化学品经营管理的规章制度，对新办证和申请换证的危化品经营企业严格按相关流程进行办理，完成11家加油站、1家工业气体、2家农业经营、5家纸单贸易申请延期换证，9家纸单贸易申请新办证。

【源头监管】 按照《危险化学品重大危险源监督管理暂行规定》，对栋梁乙炔的重大危险源的监管工作进行专项检查，指导监督各重大危险源单位落实各项危险源管理制度，持续强化“两重点一重大”和特殊作业等重点环节监管。3月25日，转发《关于做好醇基液体燃料安全管理工作的通知》，对辖区内醇基燃料经营户的数量进行前期摸排统计。5月17日，安监局组织召开泸县醇基燃料行政许可工作会，向醇基燃料经营户传达贯彻学习省安监局《关于回复醇基液体燃料安全许可有关问题的函》、市人民政府办公室《关于做好醇基液体燃料安全管理工作的通知》等文件精神，针对各醇基燃料经营户经营类型，严格按相关程序进行行政许可申报。

【毒化品监管】 运用“非药品类易制毒化学品综合管理信息系统”，做好非药品类易制毒化学品生产经营备案颁证工作以及企业生产、经营情况上报工作。配合禁毒委开展有关工作，协同公安等易制毒化学品监管部门，做好安全监管工作。全县5家危化生产企业全部创建达标，按程序标准进行3年1次的复评考核，栋梁乙炔、大洲化工完成复审。

【基层摸底工作】 建立《用人单位职业卫生统计信息表》台账，职业卫生重点监管用人单位120家，其中职业病危害严重105家（非煤矿山35家、化工5家、冶金1家、水泥制造2家、玻璃制造20家、砖瓦制造28家、陶瓷制造7家、石材加工2家、木质家具制造2家、橡胶制造2家），危害较重15家（粮食加工6家、包装2家、印刷7家），停产15家；其他职业危害较重用人单位160家（酒类44家、建筑类43家、其他73家）。

【职业病监管】 县安全监管局职安股组织检查170次，被检查用人单位100余家，开展执法检查100余次，开出执法文书100余份，其中发出40余份现场检查记录、30余份责令改正指令书、20余份整改复查意见书。参检用人单位91家，检查人数1780人，职业禁忌证人74人，疑似职业病人34人。坚持职业卫生执法以指导为主，到企业指导资料建立归档、职业健康体检、劳动防护用品使用等职业卫生知识宣传教育80余次。

【事故查处】 按照安全生产“三个一律”和“四不放过”原则，严格安全执法。全年关闭非法违法企业3家，行政拘留10人，处罚罚款229.83万元；受理信访举报案件18件，开展生产安全事故调查7起，行政处罚130.312万元。

（撰稿人：严肃）

工商管理与质量监督

Industrial and Commercial Management & Quality Supervision

【概况】 按照《中共泸县县委泸县人民政府关于调整泸县人民政府工作部门的通知》，泸县市场和质量监督管理局于2016年12月2日组建。泸县市场和质量监督管理局的主要职能是依法负责市场主体准入、市场和网络交易行为监管执法、产品质量监管、计量、标准化管理和特种设备安全监察、查处违法直销和传销、消费者权益保护等职能。内设12股（人事教育股、行政审批股、法制股、标准化股、计量股、质监股、特监股、市场股、消保股、商广股、计财股、非公党建股）、2室（办公室、安办），派出机构10个（1个经检大队，城区、园区、牛滩、嘉明、喻寺、云龙、玄滩、兆雅、云锦9个监管所），派驻监察室1个（泸县民营经济办公室），泸县个体私营企业协会、泸县质量管理协会、泸县消费者协会设在该局。2016年有在职公务员88名，事业编制人员11名，工勤人员8名，局领导7名，离退休人员80名。设机关党委1个和13个党支部，党员120名。

【准入服务】 全面实施“五证合一”“三证整合”改革。出台全面推进登记改革的实施意见，加强与相关部门之间协调配合，完善配套措施，确保10月1日全面实施。至12月底，全县发放“五证合一、一照一码”营业执照4275张。推进个体执照、税务登记和社会保险证整合改革，12月1日，在全县顺利实施，截至年底，发放“三证整合”营业执照1120张。深化“先照后证”改革，办理“先照后证”业务7360件，超过6000户市场主体享受到改革便利。办理动产抵押、股权出质登记89件，融资6.45亿元。全年市场主体存量3.2万户，比2015年递增18.51%。全县组建非公有制党组织207个，覆盖率86.2%。

【质量管理】 实施“名牌带动”战略，提升“泸县造”品牌效应。全县9家企业11个产品通过第十二届四川名牌评审，培养集福园玻璃公司等4家企业为质量提升企业。完成“蜀龙山地鸡饲养技术规范”地方标准复审，指导龙眼栽培国家级标准化示范区通过验收；推荐龙城文艺演出中心申报演艺标准化试点，龙城怡康生活广场被评为泸州市酒城杯优质工程；“刘氏泡菜”获得生态原产地产品保护，泸县青花椒和牛滩生姜地理标志保护产品申报进入质检总局公示阶段，龙桥文化生态园成功获批国家AAAA级旅游景区。全年新认定1件全市知名商标、1件全省著名商标。设置泸县质量奖，对首次获得泸县质量奖的企业，县政府给予企业10万元、个人1万元的奖励。

【特种设备监管】 开展安全专项会战，以电梯、燃煤锅炉、起重机、气瓶充装单位为重点，开展特种设备安全知识进校园、进企业和电梯安全宣传及应急救援演练；加强安全专项检查，检查特种设备单位280余家次，回访76家次，排查消除安全隐患58处，立案查处特种设备违法案件6起。截至年底，全县有特种设备使用单位210家，特种设备1045台，另有各类气瓶4.6万余只。

9月13日，泸县青花椒、牛滩生姜地方标准评审会在县质监局会议室召开

【广告管理】 实施广告发展战略，促进广告产业提质发展。全年新登记广告经营主体81户，全县登记在册的广告经营单位总量达287户，从业人员1000余人。加强网络广告市场监管，加大虚假违法广告整治力度，对违法广告经营单位进行行政约谈和立案处罚，全年查处各类广告违法案38件。

【维权服务】 开展“3·15”宣传和集中执法行动，加强重点领域商品质量监管和“三随机”抽查，强化儿童商品、消防器材专项检查，抽检商品144个批次；推行产品质量公示和社会监督制度，发布消费警示18期。全县建立“12315”消费维权服务站153个，“12315”中心受理消费者举报投诉147件，办理“诉转案”13件，为消费者挽回损失19.7万元。

【计量管理】 完成34家医疗机构626台件计量器具普查建档，在超市、加油站、眼镜行业等开展诚信计量创建，签订承诺书33份。加大计量监管，检查集贸市场、商场（超市）、加油（气）站38个，计量器具200余台件，加油（气）机70台次，现场责令改正计量违法行为3起。开展免费检测、咨询，发放宣传资料700余份；开展“实验室开放日”活动，接待参观人员100余人次。

【护农工程】推进“红盾春雷”和“质检利剑”行动，健全农资产品质量保障机制。全年抽检化肥28个批次，查处农资违法案件13件，案值13.56万元。深化经纪活农，发展农村经纪人21户、农民专业合作社83户，全年经纪业务总量3.8亿元。支持订单农业发展，签订农业合同1.5万份，订单金额1690万元。支持“家庭农场”登记和农村新型集体经济发展，新登记“家庭农场”85户，办理农村集体资产经营管理公司注册252家。

【队伍建设】围绕监管职能转型升级和“两学一做”要求，提升履职能力。组织廉政文化和教育活动11次，制作廉政文化牌180余块。深化学习型领导班子、党组织、党员队伍建设，组织120余人次参加省、市局、党校等举办的政治业务培训，举办《中华人民共和国消费者权益保护法》《信息公示暂行条例》《中华人民共和国广告法》《中华人民共和国特种设备安全法》等培训10余次，培训人员800多人次。

【法治建设】严格执行权力清单和责任清单，完善执法程序管控，加强执法监督，规范执法行为。全年梳理行政权力661项，动态调整事项58项，公示案件183件，公示率98.9%。推进行政权力依法规范公开运行，在全市行权依法规范公开运行工作现场会上，县市场质量监管局作为唯一的一个县级部门作经验交流发言。

【行政执法】立足分级管理，强化核心职能，推进“宽进严管”、综合执法和事中事后监管。开展钢材、煤炭、水泥、成品油、加油站、格式合同、商标专用权保护、旅游市场等专项执法检查，加大对虚假广告、商标侵权、制假售假和不正当竞争行为等的打击力度，提高执法办案的精度和效能。全年办理行政执法案件291件，其中简易程序110件、一般程序181件。“红盾春雷行动”再次荣获全省先进集体。

（撰稿人：黄荣）

食品药品监督管理
Food,Drug Supervision and Administration

【概况】2016年，泸县按照建立统一权威的食品药品监管体系建设要求，打造专业化监管队伍，完善基层食药监所标准化建设。县食药监局有各类执法人员共计80人，其中公务员编制35人、参公编制27人、事业编制15人、工勤编制3人。20个镇（街道）基层食药监所人员分别配备专职食品药品监管人员3~5名。在全县20个基层食药监所全面开展标准化建设工作，县、镇两级投入资金300余万元，划拨、调剂办公业务用房5560平方米。全县基层食药监所实现挂牌、场地规划、标志标识、上墙制度、软件资料“五统一”，达到硬件“建设标准化、监管执法规范化”标准。

【宣传培训】县局执法人员参加各类业务培训5000余人次，组织开展“12331”食品药品投诉举报、“依法治县活动”“防灾知识宣传活动”“安全用药月”等宣传活动，全面提升经营者、消费者的法律法规意识。

【行政权力】县局有行政权力349项，其中行政许可2项、行政处罚321项、行政强制9项、行政检查4项、行政奖励5项、其他行政权力8项。办理行政许可1613件，其中餐饮服务许可664件、食品流通许可948件、蛋白同化制剂、肽类激素行政审批1件。

【抽样抽检】推进抽验监测计划统筹，加大队伍培训和承检机构监管力度，严格开展信息发布，完善食品药品快检室建设。建立完善县食品药品投诉举报中心，基层食药监所全部配备快检设备，全面提高食品药品抽样检测覆盖率。根据食药监总局发布的《食用农产品市场销售质量安全监督管理办法》，在全县推进以集贸市场、超市等食用农产品集中销售区域为重点的食用农产品销售质量安全监管，全县有玉蟾街道原野市场、玉蟾街道万福超市、玄滩镇农贸市场3家快检室完成建设。完成食品药品抽检1300批次，合格率92.3%，民生事业指标超额完成。其中抽检食用农产品240批，合格240批。

【主体责任落实】通过培训宣传和资料规范，交流学习和抽查督促相结合的方式，切实提高食品生产企业主体责任意识，强化食品安全源头监管，并借此推动企业规范有序发展，提高企业竞争力。

【风险监管】按照一企一档的原则，建立纸质和电子监管档案，根据产品分等、企业分类综合评定生产加工企业的监管等级，实行分类分级管理，并按不同监管等级的要求进行动态监管。全年巡查企业372家次，巡查食品生产加工小作坊267家次，根据巡查情况提出整改意见191条，并作相应的回访。

【农村群宴与“明厨亮灶”】农村自办群体性宴席实现网格化管理和分级管理。全县聘请食品药品安全协管员614人、信息员2509人。对农村自办群体性宴席实行举办者和承办者双备案制度，全年对农村厨工、食品安全协管员、信息员开展26场次食品安全知识集中培训。全年全县未发生农村自办群体性宴席食品安全事故。按照《泸县餐饮服务环节“明厨亮灶”工作实施方案》的要求，逐步推广实施，城区学校食堂和大型餐馆全部完成“明厨亮灶”工作，其他业态餐饮服务单位完成37.6%。

【稽查执法】全年食品药品案件立案查处106件，其中简易程序案件63件；结案102件，结案率96.22%；涉案金额9.73万元，罚没金额57.73万元。处理食品药品相关投诉举报52件，回复率100%，其中立案查处3件，均为一般程序案件，投诉举报奖励1人次。配合公安机关抓获犯罪嫌疑人9人次，实现食品药品监管对象监督检查覆盖率100%。将泸县分为7个片区，由片区内3个基层食药监所集中力量联合执法，以此提高基层监管人员执法能力、基层监管效能和应急处置能力，最大程度缓解监管任务繁重与人员编制不足、执法经验参差不齐之间矛盾，全年进行联片执法14次。同工商局、公安局、卫计局等部门联合开展食品药品违法犯罪的查处工作。

【活动承办与示范创建】8月15日，由泸州市政府主办、市食品药品监督管理局和泸县政府共同承办的2016年四川省级药品安全示范性演练暨泸州市较大药品安全突发事件应急演练在泸县举行。10月11日，国家食药监总局药化注册司召集各界在泸县召开中药饮片炮制规范制定有关问题讨论会。围绕县委、县政府创建“国家食品安全城市”“四川省食品安全示范县”这一中心，泸县食药监局充分发挥监管作用，落实食品安全监管职责，统筹各领域资源要素共同发力，共建国家食品安全城市、四川省食品安全示范县。

【招商引资】为泸州医药产业园建言献策，使其获批成为四川省药品上市许可持有人制度试点工作五个示范区之一，为医药园区科研机构和科研人才药品研发、药品报批创造条件。引导四川景宏医疗器械有限公司和驼人集团在泸县开办医疗器械第三方物流，对企业仓库选址、仓库布局、设施设备、软件资料的准备提供咨询和帮助。提供药械项目信息并主动与企业对接，成功引进投资5亿元的众邦制药二期工程、泸州智联新康可穿戴医疗器械、四川升华制药化药生产基地及原料药孵化器项目、投资2亿元的驼人集团泸州医用耗材集中配供中心、医药产业园药品中试孵化器、九州通川南物流中心项目、投资1.5亿元的科瑞德三期工程、齐格曼神经节苷脂钠原料药生产线项目、投资2500万元的陕西通瑞科技生物医药器材项目、投资500万元的台湾实创诊断试剂项目、投资10亿元的独墅联盟泸州医疗器械孵化园项目、泸州生物医药公共服务平台项目、苏州朗润飞依诺医疗器械产业化基地项目等医药项目。结合泸县地理位置、气候等优势，积极引导企业开展道地中药材种植，帮促太伏镇龙马祠种养殖专业合作社与泸州天植中药饮片公司合作，成立泸州宇龙众合种植专业合作社，共同创建国家级GAP中药材枳壳（枳实）种植基地。

（撰稿人：骆小梅、刘泉江）

农 业
AGRICULTURE

农村工作综述
Overview of Rural work

【概况】2016年，泸县按照“抓脱贫、重民生，抓改革、调结构，抓龙头、强产业，抓项目、夯基础”的工作思路，以增加农民收入为核心，全力实施脱贫攻坚行动，全面深化农村改革，发展培育新型业态，狠抓重点项目建设，加快推动产业化提升农业、工业化致富农民、城镇化带动农村进程，全力实现农业强、农村美、农民富的发展目标。2016年，全县实现农业增加值48.2亿元，同比增长4.1%。2016年全县粮食种植面积111.74万亩、总产量54.34万吨。水果种植面积37.3万亩，总产量7.82万吨。蔬菜种植面积30万亩，总产量70万吨。出栏生猪109万头，牛0.32万头，羊15万只，家禽561万羽。农村人均可支配收入13805元，同比增长9.8%。泸县被评为全省三农工作先进县、全省农民增收工作先进县。

【幸福美丽新村建设】全面完成嘉明镇现代农业产业园环线、方洞镇特色农业产业园环线“两线”，嘉明镇狮子村陈坝新村、方洞镇薛湾村温河坝新村“两点”，嘉明万亩现代农业产业园、方洞稻鳅

8月24日，省委农工委到泸县调研农村新型集体经济发展

养殖基地“两基地”，刘氏生态农业有限公司、海翔鱼鳅生态养殖专合社“两龙头”建设，建成大同村袁沱、狮子村陈坝、护松村蛮洞子、温河坝、上码头5个新村点，发展刘氏泡菜生产基地2000亩，黑木耳食用菌生产基地1000亩，优质甜橙1000亩，稻鳅养殖3000亩。依托省级财政幸福美丽新村建设项目，全面建成福集、云锦、百和、牛滩等14个镇17个贫困村新村点。

【新型经营主体建设】全县发展农民合作社390个，新增38个，其中国家级示范社5个、省级示范社19个、市级示范社34个；发展家庭农场279家，新增52家，其中省级示范场5家。泸县2016年安排县级财政专项资金200万扶持新型农业经营主体用于改善农民专合社、家庭农场的基础设施和办公条件的改善，据统计，全县各级、各部门投入扶持新型农业经营主体资金1200万元，进一步壮大新型农业经营主体实力，促进相关农业产业的发展。

【新型业态培育】2016年泸县抓住全国农村宅基地制度改革、供销社综合改革、集体资产股份制改革等试点机遇，立足长远规划，加强政策扶持，盘活农村土地、房屋等资产资源，扶持农业新型经营主体，大力发展乡村旅游、农村电子商务、农村文化创意等新产业新业态，不断延伸产业链条，促进一、二、三产业互动融合，以隆庆寨为主体的云锦生态食材冷链配送项目2016年5月份投运，平均月配送销售额10余万元；农产品产地初加工项目建成设施8座。泸县顺利通过省考核组验收，成功创建全省农民增收新产业新业态示范县。

【农村土地规范流转】农村土地承包经营权确权登记颁证完成，制定出台《引导农村土地经营权规范有序流转发展农业适度规模经营实施意见》，推进农村承包地“三权分置”，建立健全土地流转服务平台和土地流转监测系统，促进农村土地规范有序流转。2016年土地流转21.5万亩，其中规范流转4万亩。

【农林招商】全年争取中央、省级项目55个，资金完成16531.42万元,完成目标任务的178.7%。引进四川巨星企业集团有限公司，2016年完成投资8800万元，在泸县推广生猪寄养模式，促进养殖户增产增收。

（撰稿人：李祖菊、任怀富）

农业产业扶贫
Agricultural Sector Poverty Alleviation

【产业扶贫项目】围绕“一村一品”发展主导产业，每个贫困村有自己的主导产业。安排种植和养殖农业产业扶贫项目6个，总投入4534.68万元，其中县级以上政府性投入1496.2万元，其他资金投入3038.48万元。完成产业扶贫优质稻绿色攻关模式项目实施面积10000亩，蔬菜种植4000亩，水果种植3800亩，中药材种植6000亩，发展生猪1.85万头，特色小家禽20万只。另外依托四川巨星公司农业龙头企业，采取“公司+农户”的发展模式，在方洞镇庆丰村发展生猪寄养，建设村合作社5个集中养殖小区和10户贫困户猪场，打造年出栏5万头的优质生猪寄养示范片，成为庆丰村的支柱产业，带领群众摆脱贫困走上致富之路。贫困户寄养猪场全部建成并投产7户，村集中养殖小区建成4个并投产3个。

【贫困村新型经营主体】贫困村大力培育种养大户、家庭农场、农民合作社等新型农业经营主体，引领和带动贫困户发展优质稻、特色水果、绿色（有机）蔬菜、中药材、生猪、特色小家禽等增收致富产业。在贫困村培育发展农业龙头企业1个，农民合作社35个，家庭农场35家，种养大户92户，新型经营主体带动贫困户842户。其中以刘氏泡菜原料生产和天凤黑木耳生产为示范重点，按照“龙头企业+合作社+家庭农场（农户）”经营模式，帮助贫困村建立种植基地500亩以上，带动贫困村、贫困户发展订单生产，并提供就业岗位，贫困户进入园区参与种植或采摘加工类蔬菜，较大地增加了贫困户收入。

（撰稿人：任怀富）

民生工程
People's Livelihood Project

【高标准农田建设】建设高标准农田2.35万亩，分别在嘉明、云锦、方洞实施，其中嘉明0.2万亩，云锦1.35万亩，方洞0.8万亩。合计投资4014.26万元，促进了当地农民进一步增收致富，项目区粮食生产能力亩均提高100公斤以上，同时，机械化水平及灌溉率的提高，直接带动种粮农民人均年增加收入285元。

【生态环境工程】完成国有林管护任务3.34万亩，巩固退耕还林任务为7.2万亩，国家级和省级集体公益林为7.55万亩，投入资金915.48万元。通过生态环境工程项目的建设，确保退耕还林成果得以巩固，实现全县退耕还林形成的森林最大限度地发挥生态效益，使生态环境恶化趋势得到控制，生态功能得到恢复，有效地降低水土流失。

（撰稿人：任怀富）

农业机械
Agricultural Machinery

【概况】2016年，农村农业机械化作业水平进一步提高，全县农机总动力实现54.3万千瓦，全县主要农作物耕、种、收综合机械化水平达到51%。加大农机设备运输道路建设，农机化生产道路建设300公里，修复改造提灌机械3160台次/2.19万千瓦，机耕77.4万亩，机插机播面积11.9万亩，水稻、小麦、油菜机收面积36万亩（其中水稻机收面积28万亩）。

【农机购置补贴】加大农村农机购置补助、补贴，农机购置补贴中央补贴资金220.3万元，县级补贴资金90.1万元。补贴各类农业机械器具共计2044台，有1983户农民直接受益，带动农民投资750余万元，农村产业不断增长，人民生活幸福指数近一步提高。

（撰稿人：任怀富）

农林重点项目
Agriculture and Forestry Key Projects

【方洞万亩农业产业园项目】投资3500万元，完成方洞农业产业园环线内的基础设施建设，包括道路、便民路，排污供水管网等建设，新建稻鳅养殖池600亩。

【年产10万吨豇豆系列泡菜生产线项目】投资1亿元在得胜、嘉明种植泡菜原料0.5万亩，其余镇签订订单种植协议0.5万亩，建立豇豆系列泡菜原料生产基地；在城西工业园区建设占地40亩的精深加工厂。

【水稻绿色高效攻关模式项目】投资700万元在玉蟾、福集、嘉明、方洞、喻寺、得胜、云龙、兆雅、太伏等9个镇建设20个中稻再生稻百里示范长廊，通过实施良种统供、旱机秧统育等“七统”技术措施，确保中稻再生稻平均亩产150公斤以上。

【杂交水稻制种基地建设项目】投资1500万元在太伏、海潮、奇峰、牛滩等镇为重点，建设1万

9月22日，市委书记蒋辅义（左四）到喻寺镇田坝村调研泸县壮大集体经济工作（曾佐然/摄）

亩水稻制种基地，包括田间工程等基础设施建设。

【长江上游特色鲜果产业带项目】投资1600万元建设长江上游特色鲜果产业带，新建龙眼基地0.9万亩，总面积达到17.6万亩。

【全国千亿斤粮食生产能力建设项目】投资1200万元在牛滩、潮河，建高产稳产粮田1万亩，整治山坪塘13口，整治石河堰2座，新建蓄水池4口，新建及整治提灌站3座，安装管道16千米，整治机耕道14.513千米，新建生产便道4.63千米，田型调整2600亩，坡改梯350亩，地力培肥6000亩。

【四川省现代畜牧业重点县建设项目】投资8800万元在方洞、兆雅等镇，科学发展生猪、山羊、山地鸡养殖业，确保生猪出栏112万头。治理畜禽养殖污染，引进建设有机肥厂，建成病死畜禽无害化处理场。

【泸县现代农业“五一二三”工程项目】投资28023万元，建成5万亩粮经复合基地、10万亩高粱、20万亩蔬菜、30万亩水果。其中按照“稻+菜、稻+稻+菜、粱+粱+菜”等模式完成5万亩粮经复合基地蔬菜、油菜种植，10万亩高粱种植，10万亩春菜，10万亩秋菜种植，新建优质水果基地9000亩，优质水果基地达到37.3万亩，促进了农户增产增收。

（撰稿人：任怀富）

农牧渔林生产

Agriculture,Animal,Fishery and Forestry Production

【粮食生产】2016年全县粮食播种面积111.74万亩，总产54.34万吨，比2015年增长1.95%。小春粮食面积25.15万亩，总产量5.18万吨，比2015年增加0.04万吨；大春播种面积86.59万亩，产量49.30万吨（含晚秋），比2015年增加1.14万吨，增2.37%。其中水稻59.92万亩，总产39.59万吨，增加0.94万吨，增2.43%；单产660.7公斤。全县再生稻有收面积45.5万亩，平均亩产151公斤，总产6.87万吨（1.37亿斤），再生稻有收面积、单产、总产位居全省前列。

【果蔬生产】全县水果种植面积37.3万亩，产量7.82万吨，产值6.33亿元，名优水果面积23.8万亩，其中特色水果龙眼总面积17.6万亩，产量4.2万吨，产值4.2亿元，新发展面积0.9万亩。全县蔬菜种植面积30万亩，其中：发展粮经复合产业示范带5万亩；春提早秋延后精品蔬菜各10万亩；加工蔬菜原料基地4.5万亩；水生蔬菜0.5万亩，食用菌800万袋，蔬菜总产量70万吨，总产值14亿元。

【农产品质量安全】全面开展投入品专项整治，加大执法力度，严厉打击制售假冒伪劣农资、禁用农药等违法经营、使用、添加的行为，出动执法人员2990人/次，整顿市场1690个/次，办结案件19起。开展3次种子质量抽查，抽查水稻、玉米、油菜3种作物种子，抽查农作物品种31个，其中水稻品种15个，玉米品种12个，油菜品种4个，抽检合格率100%。2016年省级农产品质量安全例行监测合格率99%；无公害农产品复查换证3个，申报绿色食品认证1个，确保全年无重大农产品安全事件发生。

【林业】2016年，完成全县森林管护面积10.88万亩；营造林37000亩；新造林0.5万亩；巩固退耕还林成果7.2万亩；新增森林面积0.25万亩，新增森林蓄积1万立方米，全县活立木林畜积53.18万立方米；新增森林覆盖率0.1%，全县森林面积197.95万亩；新建花木基地0.1万亩；引进落户项目市外方投资总额3000万元，引进林业项目2个（分别为泸州隆庆寨生态农业有限公司、泸县潮河油用牡丹种植合作社），实现林业总产值16.5亿元，其中林业旅游和休闲服务产业6.3亿元；农民人均从林业上获得收入1160元。

【畜牧与水产养殖】生猪期末存栏79.24万头，同比增加1.2%，牛期末存栏11125头，同比增加3.2%，羊期末存栏97340头，下降8.6%。2016年各类牲畜出栏数：生猪出栏109.32万头，同比增加1.32%，猪肉产量7.88万吨，同比增长1.32%；肉牛出栏3200头，同比增加20.5%。羊出栏15万只，同比增加1.5%。全年肉类总产量105752吨，同比增加1.4%。水产品总产量实现3.44万吨，比2015年增加1900吨，增长5.85%；渔业经济总产值4.5亿元，比2015年增长5.4%，农民人均渔业增收52元。

（撰稿人：任怀富）

林业研究
Forestry Research

【林业科研】四川省林科院川南林业研究所全年实施科研项目4项，包括基本科研业务费项目“油茶良种（川林01、川林02）采穗圃营建技术研究”；2015年中央财政林业科技推广示范项目“川南丘陵区乡土油茶良种丰产栽培示范推广”；国家林业局项目“四川省油茶遗传资源调查编目”；四川省科技厅农业科技成果转化项目“桢楠、香樟等珍贵用材树种高效繁育技术成果转化”专项，其中依托中央财政项目建立油茶丰产栽培基地500亩。主持申报科技成果“岩桂高效培育及加工利用技术研究”，总体达国内领先水平。发表文章3篇，分别为《美国山核桃在四川的适应性及其开发前景》《我国湿地研究现状》《四川油茶新记录的鳞翅目害虫与防治方法》。

【科技服务】2016年签订5个县的林业有害生物普查项目，7个征占用林地项目，5个咨询类项目。丹巴县林业有害生物普查项目顺利通过县级验收，江阳区、合江县、泸县、高县林业有害生物普查项目完成外业调查。名山区、夹江县、开江县、阿坝县林业有害生物普查项目基本完成外业调查。全年签订征占用林地项目7个，完成2个；3个完成内外业。主持并编制完成全省第一个林业综合试验区总规；内江市生态景观工程可研项目成果资料通过审查，移交业主；完成马边县退耕还林总规；完成编制宜宾县油樟产业的可研和总规。名山二调项目通过内业验收，相关资料移交项目业主。

【园林绿化业务】顺利完成酒城名邸（一期）项目的一年养护，项目的资料管理归档、项目收尾和尾款拨付。基本完成酒城名邸（二期）、酒城御景（一期）项目施工。完成威远二环西北段绿化设计项目的后期服务，设计变更，施工指导等工作，完成整个项目的收尾以及尾款拨付。

（撰稿人：刘屹、叶伟平）

水利
Water Conservancy Facilities

【概况】2016年，围绕“夯实水利基础，促进‘三农’发展”的思路，大力推进水利规划、建设及管理等各项工作，完成水利投资2亿余元，新增和恢复灌面4.62万亩，综合治理水土流失32.2平方千米，解决农村16.5万人口饮水安全，争取中央和省级资金8100万元。

【水利规划】完成泸县融入泸州一体化建设、江河湖库水系连通、水利风景区建设等专项规划编制与申报，九曲河龙桥文化生态园连通工程可研报告通过水利部初审。加快重大项目的前期工作，完成土公庙水库前期可研专题、初步设计、施工设计等招投标工作。

【项目建设】省级财政“小农水”、城区濑溪河一期堤防工程、18座水库除险加固、朱梅滩水库灌区续建配套、海潮镇高效节水灌溉等项目全面竣工，三星桥水库完成主体工程。神仙桥水厂二期扩建、天兴水厂改造及脱贫攻坚农村饮水安全工程顺利完成，顺通水务公司被评为全省村镇供水文明单位。

【生态建设】推进水生态文明城市建设工作，大王山坡改梯项目加快建设；持续推进水源“还清工程”，新增6座水库终止水产养殖承包合同，三溪口、艾大桥中型水库生态养殖管理模式探索实施公司化运作模式；玉龙湖被列为省级水利风景区。

神仙桥集中供水工程全景（李继平/摄）

【水资源管理】 认真落实最严格水资源管理制度，加强河道采砂管理，加强水行政执法，通过2015年度泸州市实行最严格水资源管理制度的考核。泸县被列为全省第二批40个节水型社会建设重点县之一。

【防汛抗旱】 健全安全生产“五级监管”体系责任管理等相关安全生产制度；强化隐患排查治理，加强督促检查，开展打非治违，排查隐患25处；加强预警预报，有效应对“6·23”“7·14”“7·19”3次洪水，县水务局作为代表将防汛经验做法在省水利厅防洪会上作大会交流。

【水务改革】 推进小型农田水利产权制度改，确权颁证工作有序开展，促进现代农业产业发展，县水务局作为代表将经验做法在2016年度全省农田水利基本建设现场会上作经验交流。

（撰稿人：夏廷贵）

气象服务
Meteorological Services

【温度监测】 2016年，全县年平均气温18.6℃，与历年平均相比偏高0.6℃。3月、6月、8月和12月平均气温较历年均异常偏高1.5℃以上。全年极端最高气温39.9℃，出现在8月25日。年内极端最低气温-1.7℃，出现在1月25日。全年内冷空气活动强于常年，出现强降温6次。

【降水量监测】 全县总降水1567.5毫米，比历年平均偏多551.3毫米，距平百比率为54%。8月12—31日，降雨量只有27.3毫米，出现伏旱天气，对旱地作物有一定影响，但未造成旱灾。全年降水集中在6—10月，发生7次暴雨天气过程，暴雨次数比常年偏多2~3次，影响最大的是“6·23”“7·14”“7·18”3次暴雨洪涝。10月中上旬，出现连续9天的绵阴雨天气过程，对晚秋作物的收晒有不利影响。

【雨日和日照】 全县≥0.1毫米的雨日数163天，比历年平均偏多3天，大雨日和暴雨日比常年明显偏多。日照时数1286.5小时，与2015年平均相比，偏多10%。全年日照充足的是2月、6月、7月、8月，其中2月、6月和7月较2015年偏多30%~80%。其余各月日照为正常到偏少，其中1月和9月日照偏少20%~50%。

【主要气象灾害】 1月21—24日，出现降温雨雪天气过程。极端最低气温为-1.7℃，过程累计雨量为21.9毫米,积雪深度为5.7厘米。持续的低温和雨雪天气导致通信、电力设施受损，交通不畅，果木、蔬菜、花卉等农业生产受灾。6月23—24日，出现暴雨天气过程，过程累计最大降水量216.7毫米，致使玉蟾街道、福集等11个乡镇（街道）不同程度地受灾，经济损失2000万余元。7月13—14日，泸县普降暴雨，过程累计雨量最大值为155.7毫米，造成玉蟾街道、福集等6个镇（街道）发生洪涝灾害，此次强降雨引发的洪涝共造成2671人受灾，经济损失360万余元。7月18—19日，泸县普降暴雨到大暴雨天气过程，最大累积降雨量出现在云龙186.3毫米，造成玉蟾街道、福集等15个镇（街道）发生洪涝灾害，7123人受灾，直接经济损失2990万余元。

（撰稿人：徐强）

工 业

INDUSTRY

工业经济

Industrial Economy

【概况】 2016年，全县工业企业788家，从业人员6.9万人。实现工业总产值503.1亿元，同比增长14.8%；利润32.7亿元，同比增长8.2%；入库税金4.2亿元，同比增长9.4%。销售收入上亿元的企业62家。其中规模以上工业企业124家，实现工业产值308.5亿元，同比增长15.3%，占全县工业产值61.3%；增加值同比增长11.8%；销售收入306.5亿元，同比增长15.3%；利润18.2亿元，同比增长8.7%。

【酒业与医药业】 依托固态发酵基酒优势，以“华夏龙窖白酒产业园”为载体，大力发展白酒产业。全县122家酒类企业白酒产量30万千升，销售收入68亿元，利税5.9亿元。全县有科瑞德制药、阿斯特医疗器械等26家医药企业，初步形成以中药、化学医药、医药中间体、医疗器械为主的生产体系，泸州医药产业园加快建设，医药业实现产值26.3亿元，利税4.06亿元。

【重工业发展】 全县拥有以宝利沥青、凯达化工为代表的化工企业17家，主要以煤化工、精细化工、日用化工为主，产品主要有沥青、

8月8日，市经委组织专家调研泸县新兴产业发展情况（陈光利/摄）

乳化炸药、甲醛等。实现产值19.1亿元，利税1.27亿元。全县建材企业122户，从业人员6410人，其中水泥企业4户，实现产值26.1亿元，实现利税2.99亿元。全县机械制造企业38户，主要产品为柴油机活塞、活塞环、液压配件、摩托车配件等。实现产值13.1亿元，利税9320万元。

【轻工业发展】全县纺织工业企业91户，从业人员6120人，主要集中在城西工业园B区。实现产值13.1亿元，利税7958万元。有玻璃制品企业33户，从业人员7280人，实现产值45亿元，利税3.56亿元。

【新材料与能源产业】以泸州天蜀玻纤有限公司为龙头，延长玻璃纤维上下游产业链，新材料业实现产值2.6亿元，实现利税4232万元。全县有成品油供应企业40户，从业人员200余人。2016年销售柴油2.2万吨，汽油2万吨。全县供电量9.6亿千瓦时，售电量8.87亿千瓦时。其中，工业用电量5.5亿千瓦时，同比增长7.5%。全县产页岩气气井7口，采气1.1亿立方米。

（撰稿人：周宗润）

泸州国家高新区医药产业园
Luzhou High-tech Zone Medical Industry Park

【概况】2016年，泸州国家高新区医药产业园贯彻落实市委、市政府“产业创新发展年”总体部署和县委、县政府“创新驱动、产城融合、文旅联动、富民强县”工作战略，坚持“统筹发展、集群发展、绿色发展”原则，以“多级引领、创新驱动、金融支撑”为导向，按照“建设一批、开工一批、招引一批”的总体要求，推动园区各项工作顺利进行，确保园区“项目招引、服务水平、落地质量、承载能力”全面提升。泸州国家高新区医药产业园于2013年成立，位于泸县城西新区，规划面积21.3平方千米，距成都230千米、重庆130千米、泸州新机场16千米、泸州国际集装箱码头39千米，交通便利，区位优势明显。

12月8日，县委常委、泸州医药产业园党工委书记李高和开展“走基层·送温暖”政策理论宣讲活动

【主要指标】园区实现主营业务收入72.96亿元，同比增长25.41%；规模以上工业总产值68.59亿元，同比增长22.23%；入库税金1.11亿元，同比增长38.35%；企业投资额10.81亿元，同比增长32.95%；基础设施建设投资额4.11亿元，同比增长116%。

【招商引资】园区整合扶持政策、孵化平台、专业服务等投资要素，持续、深入对接项目，成功签约泸州智联新康可穿戴医疗器械、苏州朗润飞伊诺医疗器械、台湾实创诊断试剂、陕西通瑞科技生物医药器材、泸州生物医药公共服务平台等项目14个，总签约资金30亿元，项目引进数量创园区成立以来新高。

【基础建设】实施重点项目11个，其中竣工项目2个、续建项目2个、新开工项目5个、加快前期项目2个。截至年底，9号线二段（1.3千米）道路竣工投用；8号线西延线、17号线一段、17号线二段、15号线二段、20号线等5条道路（4.8

千米）建设加快推进；9号线二段道路绿化、2号景观节点、17号线端口景观节点的绿化栽植基本完成，绿化面积约8.4万平方米。

【项目与平台建设】 四川泸州步长生物制药有限公司办公楼等附属工程完成主体施工，四川维思达医疗器械有限公司一期建成投运，四川西蜀九锦现代中药有限公司建成并获得GMP认证和生产许可，电商中心、公卫中心、双创孵化器Ⅱ期（化药区）等5个项目如期开工。依托四川大学、西南医科大学、成都中医药大学等战略合作院校和机构，推动园区平台和人才建设。完成大学科技园、食药品检验检测中心、新药评价中心等建设任务。

【开放合作】 组织参加世界中医药联合会中药新药创制专委会第一届学术年会、2016中美医药医疗创业大赛、中国第八届医药企业家年会等专业学术会议，系统推介了园区；组织参加多次市政府组织的泸州专题投资推介活动和台湾医药产业考察活动，实现跨地区综合推广园区；举办2016年医药园区年度工作会（专家座谈会），向来自全国各地40余位专家介绍园区建设；成立泸州健康产业研究院——四川省中医药科学院泸州分院，完成园区拟引项目评审。

【平台与政策服务】 园区获批成为药品上市许可持有人制度试点园区和第三方医疗器械配送试点区域；成功申报省级科技企业孵化器，首批博思健康、鑫欣科技、岷宏科技等10余家医药类孵化企业签约入驻；引进会计审计、金融、法律服务等相关机构，实现“政务服务+社会服务”的有机衔接；依托四川省中医药科学院泸州分院、大学科技园、食药品检验检测中心、新药评价中心等平台以及园区内多家中介咨询机构，为医药类企业入园孵化、各类申报等提供高效服务。制定、修订《泸州医药园区项目行政评审办法》《医药专家管理办法（试行）》《泸州医药园区产业发展扶持办法》等政策，为园区招商引资、产业落地以及基础设施建设提供政策保障。

【人才服务】 协助梅其炳教授申报2016年省“千人计划”（成功），韩汇泉博士申报国家“千人计划”，邱友春博士参选“酒城英才”；支持四川科瑞德制药有限公司陈刚董事长成功申报国家“万人计划”领军人才工作，并作为四川医药行业唯一代表入选；协助邱友春参加泸州市第三届创新创业大赛，并获得最佳科技成果奖第一名；完成第三批专技技能人才定向培养招生工作（省食药品学校59人，陕西国际商贸学院6人），实现第一批定向培养专技技能人才近80%就职于科瑞德、西蜀九锦等园区企业。

（撰稿人：沈遇洁）

泸县经济开发区
Luxian County Economic Development Zone

【概况】 2016年，泸县经济开发区以“突破临港，拓展城西；升级老区，开局空港”为发展思路，以亿元项目、十亿产业、百亿园区、“三亿工程”为抓手，牢牢把握长江经济带建设发展机遇，深度融入泸州一体化发展，全力打造“一城两港三基地”。截至年底，园区入驻企业248户，建成运行241户，其中工业企业195户，规上企业77户。完成固定投资41.5亿元，其中基础设施建设完成1.5亿元，入驻企业完成投资40亿元。园区实现主营业务收入220亿元，同比增长5.8%；实现工业产值195亿元，同比增长6.6%，利润12亿元，同比增长5.2%，入库税金1.8亿元，同比增长16%；商贸物流业实现产值25亿元，同比增长8.8%，利润2亿元，同比增长11%；77户规模以上企业实现主营业务收入190亿元，同比增长13.6%。

【开发区规划】 泸县经济开发区按“一城两港”轴线式空间布局。城西工业园为产业发展先行区，紧邻泸县县城，隆叙铁路、厦蓉高速、成自泸赤高速、川南城际铁路等交通要道环伺左右，规划区面积10平方千米，建成区面积5平方千米，拥有配气站、分布式能源站、35千伏变电站等配套设施，入驻企业248户，其中高新

2016年路线经济开发区经济指标完成情况统计表

指标名称	目标任务	1—12月完成数	同比（%）	完成数占任务数比例（%）
主营业务收入（亿元）	220	220	5.8	100
规模以上企业主营业务收入（亿元）	190	190	13.6	100
规模以上企业增加值	65	65	10.5	100
入库税收（亿元）	2	2	0	100
基础设施建设投资（亿元）	1.5	1.5	13.6	100
企业固定资产投资额（亿元）	40	40	39.8	100
建成区面积（亩）	150	150	37.5	100

技术企业10余户。临港产业园为产业发展突破口，坐拥长江航运，内有长江北岸唯一的千吨级散杂件码头——神仙桥码头（5个1000吨级散杂件泊位，年吞吐能力400万吨），紧邻泸州国际集装箱码头（6个3000吨级直立框架式泊位），是川南唯一获四川省环保厅环评批文的专业性原料药及原料药中间体产业园。园区规划区面积10平方千米，建成区面积1.5平方千米，内设医药中间体和化学原料药制造区、仓库物流物区（水港物流）、生活配套区、生态休闲区等功能区域，拥有配气站和大型污水处理厂等配套设施，入驻多家优质企业。空港产业园为产业发展新高地，背靠四川第二大航空机场（泸州云龙机场），规划区面积20平方千米，按照市、县规划将致力打造走廊经济新高地。

【绿色食品产业】 城西工业园主导发展绿色食品产业。泸州年产优质水稻200余万吨、小麦100余万吨、豆类80余万吨、各种特色经济作物300余万吨，资源丰富，潜力巨大。根据泸县实际，以优质白酒为基础，大力发展生态粮油、保健饮品、休闲食品等绿色食品产业，组建绿色食品产业发展基金和园区投融资平台公司，延伸规模化、集约化种植基地建设，催生生态农业向绿色食品产业转化，初步建成川南重要的绿色食品产业园。截至年底，园区入驻食品企业20余家，年产值100余亿元。

【原料药及其中间产业】 临港产业园以泸州国家高新区医药产业园为依托，顺势延伸发展成品药上游链，主导发展原料药及原料药中间体产业。凭借完善的配套设施、便捷的水陆运输和高效的产业集聚效应，成为川南唯一专业性原料药及原料药中间体产业园。全球最大的金刚烷生产基地——众邦制药有限公司入驻园区，新签约5个原料药项目。

【航空产业】 空港产业园依托泸州云龙机场，发展航空制造、航空维修、航空物流加工、航空服务、航空培训等产业。经开区酒类企业实现主营业务收入109.56亿元，同比增长12.7%；医药实现主营业务收入32.52亿元，同比增长38.9%；化工7.52亿元，同比增长25.3%；新材料5.79亿元，同比增长20.8%；四大产业实现产值155.39亿元，同比增长16.8%，占园区主营业务收入的70.63%。

【基础建设】 截至年底，在城西工业园完成3号线三段、5号线三段、10号线道路建设，完成8号线雨水尾管工程；在临港产业园完成2号线桥梁工程建设，2号线道路建设，PPP道路项目完成招标工作。临港产业园区规划环评通过专家评审，上报省环保厅审批；完成临港污水处理厂选址、可研、环评等报告编制工作；临港配气站完成可研、规划、管线地勘、经营许可和征地补偿工作。完成沱江液压征地拆迁，启动厂房建设；完成一圣鸿包装土石方平场，启动厂房建设；完成刘氏食品生产车间主体工程；完成汉唐酒业一期景观工程；完成格润能源征地拆迁补偿及立项工作；众邦一期建成投产；升华制药完成200亩项目用地清表；奇格曼药业项目用地完成二次平场、打围及大门修建。园区9个重点建设项目年度预计总投资27.1亿元。全年完成投资27.5亿元，完成年度计划投资的101.5%。

【组织建设】 截至年底，经开区党工委有党员146名，党组织23个，其中机关党支部1个，企业党委1个，联合党支部2个（华夏龙窖白酒产业园和临港产业园联合党支部），企业党支部19个。组织园区全体党员开展“两学一做”学习教育活动暨“两重温两对照”主题党日工作会；同企业开展党支部新春联欢活动，引领指导企业党建工作发展；开展“共产党员示范行动”，评选共产党员示范岗8名、示范团队3个，开展主题党课7次；开展庆祝建党95周年暨“七一”表扬大会；开展“合格党员具体标准大讨论。完善园区非公有制企业党建工作“五个清”台账工作；建立联合党支部，实现非公有制党建“两个全覆盖”；选派机关21名党员干部到企业党组织指导开展党建工作；督促各企业党组织开展“三会一课”。

【帮扶工作】 落实非公有制企业党组织党建工作经费补助，制定脱贫攻坚实施方案，对太伏镇照南山村、永利村等多个行政村开展集中走访，对困难党员、留守儿童、残疾人、困难群众等165户家庭进行多种形式的慰问。对联系村投入扶贫资金30余万元，从产业扶持、修路筑坎等多层面帮助107户320人脱贫。

【重点工业企业介绍】 四川科瑞德制药股份有限公司 成立于2004年，注册资本3000万元，是一家集研发、生产、销售于一体的高新技术企业。公司位于四川省泸州市国家高新区医药产业园酒香大道8号，占地面积128亩，拥有胶囊、片剂、冻干粉针剂、水针剂、抗肿瘤固体制剂、中药提取生产线各1条。专注于中枢神经系统疾病用药的研发、生产和销售。下辖四川科瑞德凯华制药有限公司、四川泓济医药科技有限公司和成都百药通健康咨询有限公司以及四川科瑞德制药有限公司成都研发中心4个分子公司(机构)。2007年7月，公司与美国凯华合资成立四川科瑞德凯华制药有限公司，专注于原料药的研发生产和销售，2010年12月，科瑞德凯华首次通过美国FDA认证，产品出口欧美市场，成为四川省首家向欧美市场出口人用原料药的企业。

泸州陈年窖酒厂 史称“江南正店”，位于泸县玉蟾山脚下九曲河湾龙脑桥畔，发源于北宋时期。是中国第一家蒸馏白酒公司。其传统技艺迄今已传承1054年，董事长陈太均先生为该技艺第38代传人。2013年，被全国糖酒会办公室、中国酒业流通协会评定为全国八大金牌供应商、全国散酒产销较大规模企业之一。公司占地面积1 5万平方米，建筑面积7.2万平方米，生产窖池2500余口，年产酒3万吨，大型仓储中心库存容积量达2万余吨，拥有全自动化包装生产线6条38头，年包装成品酒生产能力达1 0万吨，职工600余人，其中国家级酿酒大师3人，国家级品酒师3人，各种专业技术人才65人，固定资产8.1亿元，资产总值81亿元。有百年品牌陈年窖、泸圣、五纯坊酒等4大系列，30多个品种，产品销售覆盖全国，与各地区已建立起牢固的销售渠道和公共关系。

泸州天蜀玻纤有限公司 成立于2009年，位于泸县福集镇工矿区，主要从事玻璃纤维纱的生产和销售。占地30亩，职工355人，注册资本2000万元。该公司生产的玻璃纤维纱主要销往沿海一带，已逐步取代金属材料，成为医疗、航天、电子设备、汽车工业等领域的首选材料，产品技术含量高，具有竞争优势。

泸州沱江液压有限公司 成立于2005年，位于泸县牛滩镇，主要从事生产、加工、销售各类液压油缸、泵、阀体液压件。占地25亩，建筑面积2300平方米，职工80人，拥有固定资产5000万元，年可创产值收入2000万元，上缴利税1000万元与利润达1000万元。

泸州世家酒业有限公司 成立于2005年，是主要从事浓香型白酒生产酿造、原酒销售、OEM代加工的企业。总投资5000万元，占地32.5亩，拥有员工400人。酿酒基地位于泸县城北工业园区，始建于1957年，前身为泸江曲酒厂，拥有窖池500口，其中30年窖龄以上的窖池200口。以优质糯红高粱、大米、糯米、小麦和玉米五种粮食为原料酿造浓香型白酒。

四川刘氏食品有限公司　成立于2014年12月，位于泸县福集镇，是集食品加工和流通为一体的民营企业。注册资本2000万元，固定资产2100万元。获“市龙头企业”“泸州名小吃”“质量稳定示范企业”“2015年度农业现代化先进集体”“农业产业化经营先进龙头企业”等荣誉称号。公司2016年有在职员工150人，其中拥有科技研发人员数量10人,科技推广人员20人。公司自建基地种植面积5000亩，订单种植面积3000亩，分别位于泸县得胜镇、嘉明镇、古蔺县和江阳区。生产主要原料为萝卜、豇豆、榨菜、青菜、大头菜等。得胜镇建有生产车间7个，发酵车间土坛达到1.5万个，年产量2万吨；在泸县城西工业园区一期规划建设生产车间及综合楼约2.6万平方米，购置生产设备119台，建设包装生产线10条，总投资1亿元。项目于2015年11月动工建设,建成后预计年生产10万吨豇豆系列泡菜，可实现年产值约2亿元，上缴税收约800万元，解决就业800余人。采摘期解决就业1000余人，贫困人口400余人。

泸州大洲化工有限公司　成立于2005年9月，占地面积30亩，注册资金500万元，是一家致力于医药中间体研发、生产和销售的高新技术企业，被评为四川省创新企业、四川省建设创新型企业培育企业。主要从事四氢双环戊二烯、金刚烷及其衍生产品的生产、销售和进出口，三氯化铝（无水）、三氯化铝溶液、二聚环戊二烯、盐酸的销售和进出口，机械产品、钢材建筑材料、技术开发、技术转让、技术咨询、技术服务的销售和进出口。年产四氢双环戊二烯300吨、金刚烷1000吨、衍生物500吨，产品销往国内外。2016年公司有员工190人，拥有大专以上学历科技人员27人，具有较强的自主开发产品新技术、新工艺的能力，两步一循环法生产新工艺、2-金刚烷酮生产方法、2-取代-2-金刚烷醇类化合物制备方法、一种金刚烷醇类化合物制备方法获得国家专利。

四川奥盾门业有限公司　成立于1984年，是重庆龙门旗下一家子公司，占地面积68亩，生产厂房4栋，员工180多名。主要以研发和生产防盗门、钢质安全门、别墅套装门等系列产品，是目前川南地区最大的钢质门生产企业，产品销到贵州、云南、湖南等十余省、市，受到用户广泛好评。公司拥有宝贵的生产管理意识和先进的工作经验，并不断地引进优秀的管理人才和技术领先的生产设备。经与能源天然气公司强强联手，形成以天然气公司为资金引擎，集产品开发、设计、生产、销售和服务于一体的集团性综合型企业。

四川省泸州白云酿酒有限公司　成立于1981年，位于泸县城西工业园，主要从事白酒生产及销售，主导产品是浓香型白酒及五粮型白酒。公司占地面积34577平方米，现有大型生产窖池330口、1个7000吨储酒罐区及污水处理站等配套设施，年产固态发酵酒1000吨以上。2016年实现产值2800万元，税收150万元。

（撰稿人：周涛）

国网四川省电力公司泸州市泸川供电分公司
State Grid Sichuan Electric Power Company Luzhou Luchuan Power Supply Company

【概况】国网四川省电力公司泸州市泸川供电分公司是国网四川省电力公司在泸县的分支机构。主要负责泸县区域内的电力购售，所属电网的运行管理和电力设计、建设、安装、检修、调试及维护等经营活动。下设10个职能部门、8个中心、11个供电所、1个运检分公司、1个检修分公司、1个全资子公司。有1个党委（13个党支部，273名党员）、1个工会委员会、1个经费审查委员会、1个纪律检查委员会、1个团支部。公司有全口径用工960人，全民职工619人，其中女职工203人。有大专及以上学历492人(其中硕士研究生1人、本科365人、大专126人)；具有中级技术职称70人、高级工1人；职工平均年龄46.1岁，农电工平均年龄49.2岁。

【供电情况】 公司主要负责泸县县城、泸县15个镇和龙马潭区5个乡镇工农业生产及人民生活用电，供电面积1156平方千米，供电人口85.6万人，供电户数约25.84万户。供区有220千伏变电站1座、110千伏变电站3座、35千伏变电站12座，35千伏开关站1座，10千伏开关站1座，35千伏主变总容量18.53万千伏。35千伏线路28条,总长260.73千米；10千伏线路71条，总长1778.42千米。10千伏公用配变2484台，容量270.616兆伏安。低压线路总长12218.52千米。全年公司供电量8.1亿千瓦时，同比增长9.41%，售电量7.34亿千瓦时，同比增长9.55%；全口径劳动生产率32868元/人，不含税营业收入4.14亿元，同比增长10.32%。

【企业文化】 按照“努力超越 追求卓越”的企业精神，通过创建“四室一堂”，努力提升员工的素质能力，丰富职工的业余生活；通过举办职工运动会，健康员工的身心，增进员工的团结，提升公司的凝聚力。不定期到管辖区域内的中小学，关爱留守儿童，为他们送去学习用品和安全用电知识。

【公司形象】 不断深化安全管理，狠抓电网建设，提升内部管理。2016年，获泸州市厂务公开民主管理示范单位、泸州供电公司新闻工作先进集体、泸县工会工作目标管理一等奖等荣誉称号。

（撰稿人：范敏）

国网四川省电力公司泸州市泸县供电分公司
State Grid Sichuan Electric Power Company Luzhou Luxian Power Supply Company

【概况】 国网四川省电力公司泸县供电分公司始建于1996年8月，是国网泸州供电公司唯一直属供电公司，担负着对泸县7个乡镇供电任务，供电范围515平方千米，供电人口37.01万人，供电户数88120户，其中10千伏用户159户。公司下设7个部门（中心）、4个班组（站）、5个农村供电所和1个分公司（北辰泸县分公司）。截至年底，有全民职工58人，供电所职工140人。管辖110千伏变电站2座，35千伏变电站4座，主变容量175.65兆伏安。10千伏配电线路27条，长度664.59千米，配电变压器1033台，配变总容量14.12万千伏安。全年公司安全生产形势基本稳定，在泸州市第十一届职工创新创业技能大赛农电岗位技能竞赛，获得团体三等奖。

【业绩指标】 完成售电量15083.51万千瓦时，售电均价546.91元/千瓦时，售电收入8868.32万元，电费回收率100%。综合线损率12.95%，农网D类电压合格率100%，电网检修计划完成率100%，培训送培完成率100%。完成2016年大修、技改24个项目的工程结算、决算工作。

【安全生产】 坚持“以人为本、依法治安、从严治安”的理念和“安全第一、预防为主、综合治理”的方针，严格落实“管业务必须管安全”的要求，组织开展“三查三强化”安全专项行动等安全大检查、隐患排查工作，夯实

1月24日，工人检查供电设施

安全基础。组织关键岗位人员85名参加安全警示教育活动、212名员工进行《安规》培训考试，强化员工安全意识。全力推进并完成资产全寿命周期管理体系“领先型”创建工作，代表省、市公司顺利通过国网公司专家组现场验收。

【电网建设】 落实政府关于开展易地扶贫的工作要求，按时完成县政府下达的易地扶贫通电工程和D级危房通电工程任务。完成35千伏云龙输变电工程建设的建管投运工作，提高泸县云龙镇电力供应能力。积极解决玄滩新、老供电所土地证办理的历史遗留问题，通过对政府相关部门多次沟通协调，玄滩老供电所土地证办理问题初步解决。

【营销管理】 以客户服务中心为支撑点，依托用电营业班和各供电所，加大供用电安全隐患排查工作，全年出具《用电检查结果通知书》57份，对客户用电安全隐患提出整改意见，形成书面文件报政府相关部门备案和加大督促整改的力度。

【党群工作】 推进“两学一做”学习教育和“清风川电”主题活动。多次开展供电所协同监督整改、规范化管理效能监察等廉政风险排查，对排查出的风险，分别制定整改措施及整改时限，确保供电所党风廉政建设责任到位。深入推进廉洁文化进企业活动，通过展板、户外橱窗以及宣传栏和廉洁提示牌等形式，强化廉洁氛围与廉洁教育。开展搭建服务客户“连心桥”工作，走访辖区内地方党委、党代表、人大代表和政协委员，全年走访88人次，收集问题或意见建议数24条。

（撰稿人：梅永丽）

城乡建设与环境保护

URBAN AND RURAL DEVELOPMENT & ENVIRONMENTAL PROTECTION

城乡规划建设

Urban,Rural Planning and Construction

【概况】 2016年，全县城镇建成区面积60.5平方千米、人口43万人，城镇化率40%，其中，县城建成区面积16平方千米、人口16万人；镇域建成区面积44.5平方千米、人口27万人。

【城镇建设】 投资31.2亿元，实施重点项目10个，玉蟾温泉国际度假区、城西商务综合体、城西农贸市场等重大项目建设，有序推进酒香大道、玉蟾大道至港城大道建设。完成泸县二中外国语学校南门道路工程、泸县玉蟾国际城人行道改造工程、泸县蓝波湾排水箱涵工程建设。启动踏水桥桥头公园、仁和春天街头小游园、县城及港城大道三角梅景观绿化的施工建设。完成天立温泉及冱水路景观亮化工程；完成金鳌阁、白龙塔修缮及亮化工程；完成玉龙大桥、惠济桥、濑溪河大桥、半岛康桥等城区桥梁亮化工程；完成县委、县政府、县会议中心、医药园区、高速路收费站等楼体亮化工程。

【城市生态建设】 加快城市生态环境建设，不断加强绿化精细化管理，改造县城绿地面积1.65万平方米，新增绿化面积13.49万平方米。小城镇建设投资18.2亿元，村庄建设投资5.1亿元。玄滩镇、云龙镇全省“百镇建设试点示范镇”基础设施建设项目不断推进。全面启动两港示范片和川渝示范片新（改）建的3个聚居点建设，新建农房603户，风貌塑造125户。17个新村基础设施建设进展顺利。完成农村D级危房改造2914户。传统村落工作再添成果，立石镇玉龙村、百和镇东林观村、方洞镇宋田村、玉蟾街道光明村、云锦镇桂花村5个村成功列入四川省第三批省级传统村落名单，其中，玉龙、东林观、宋田3个村列入住建部第四批中国传统村落名录并启动传统村落保护规划编制工作。

【城镇规划】 泸县成功列为全省宜居县城试点县和海绵城市建设试点县，相继开展试点实施方案和专项规划编制、县城城西片区城市设计竞赛、县城地下管线普查以及县城“两河四岸”景观设计等前期工作。完成《泸县“多规合一”全域规划》编制，配合智慧城市建设，搭建“多规合一”

管理平台。积极对接《泸州大都市区战略规划》和《泸州市都市发展区“多规合一”规划》等市级规划编制工作，泸县融入泸州主城区一体化发展进入市县重要城乡规划体系。完成县城城东—北片区控制性详细规划编制，启动县城城西片区控制性详细规划的编制。启动环泸州主城区得胜、云龙等8个建制镇总规、控规修编，完成玉蟾街道龙朝村等6个新村规划编制。

【建筑业和劳务输出】 完成建筑安装产值286亿元，建筑业增加值10.8亿元，劳务输出人数16.5万人次，晋升一级总承包资质企业2家，晋升二级总承包资质企业4家，新办三级总承包企业、劳务企业和专业承包企业40家。

【房地产管理】 完成房地产开发投资17.5亿元，同比增长9%，商品房销售面积55.09万平方米，同比增长33.3%。办理“商品房预售许可证”39个，预售面积66.16万平方米。房地产开发企业新申办3家、资质延期3家，物业服务企业新申办3家。棚户区改造249套，新建棚户区建筑面积1.1万平方米，货币化安置125户。续建教师公租房748套，竣工公共租赁住房和棚户区改造613套。制定《2016年泸县公共租赁住房租赁补贴工作方案》《2016年泸县公共租赁住房实物配租工作方案》，申请公共租赁住房分配入住384套，发放廉租住房租赁补贴57万元。完成泸州医药产业园区17号线市政道路建设工程范围、高速路连接线“天立一号”国有土地上征收与补偿工作，完成建设街棚户区改造项目（一期）134户补偿协议签订。

【景区建设】 玉蟾山景区游客接待量3.6万人次，完成川南明珠牌坊至古玉蟾关口沿途公路两侧的路灯安装等基础设施建设。完成国家AAA级旅游区的复核以及《玉蟾之恋》宣传歌曲的创作，进一步扩大玉蟾风景区的知名度。

【基础通信建设】 实施“宽带泸县”“无线城市”等基础工程。“宽带乡村”工程累计投资约1.7亿元。泸县固定电话用户数7.8万户，比2015年固定电话用户增长50%，移动电话用户数61万户，比2015年移动电话用户增长21%；全县251个行政村100%通达光网，建成“4G+”基站680余个，无线网络实现城镇和公路干道全覆盖、农村90%覆盖，有线网络农村家庭覆盖能力达70%。

【智慧城市建设】 引进清华同方“资金+技术”方案，采用PPP模式，依托泸州同方智慧龙城科技有限公司，建设大数据服务中心、天地泸县“一张图”、智慧城管等14个首批项目，其中大数据中心部分建成投用。

（撰稿人：朱璐、罗月强）

城乡环境管理
Urban and Rural Environmental Management

【概况】 2016年10月31日，经县委、县政府研究决定，新组建泸县城乡环境管理局，升格为县政府的组成部门。城管局设1室3股，分管泸县城镇管理监察队和泸县环境卫生管理所2个部门，下属泸县市政工程服务中心和泸县城乡环境综合治理办公室2个全额拨款的事业单位，主要负责县城区清扫保洁、市政维护维修、城管执法和全县城乡环境综合治理、爱国卫生等工作。新组建的城管局于2016年12月整体搬迁至工业园C区三号线中段后勤环卫基地集中办公。

【市容改造】 强化县城市政环卫设施建设，建成环卫后勤保障基地并投入使用，基地配套建设有汽车修理厂、停车场、仓库，提高环卫承载能力；完成县城压缩垃圾中转站主体建设，为县城垃圾转运进行焚烧处理提供条件；完成县城重要节点景观亮化工程，提升城市品位；建成容量为40万立方米的建筑垃圾消纳场，规范县城建筑装修垃圾处置。

【市政维护】 加大县城市政公用设施的维修维护，保障县城公共设施的安全运行。修补城市道路1.2万平方米，广场、人行道4500平方米，保障市民出行安全；更新高速公路连接线雨污井盖，提高

12月8日，县委书记薛学深（前排中）调研城市管理工作（马建友/摄）

道路的平整度和行车舒适度；在县城主要街道、路口加装防撞隔离桩，遏制机动车破损人行道行为；对多处城市内涝点改造维修，确保暴雨期间的行洪安全。

【行政执法】 县局牵头组建联合执法队伍，与城监队相互补充开展市容秩序整治工作。全年清理“牛皮癣”小广告6485余处，规范店招店牌160余块，规范坐商占道经营7200余处，流动商贩11200余起，拆除违法建筑3000余平方米，清运垃圾1220多吨，清除卫生死角450多处，治理排水沟1300米；查处乱停车辆4万余台、乱停乱放交通违法行为1万余起。建筑立面整治改造建筑外墙2171平方米，拆除防护窗143处，规范空调外机93个，升级改造卷帘门27处，店招店牌32块。

【综合治理】 开展城乡环境综合治理和爱国卫生运动工作。6月，接受省爱卫办组织的检查；8月，顺利通过省爱卫办组织的省级技术评估；全县2016年新创建省级卫生乡镇2个、省级卫生村37个、省级卫生单位6个、省级无吸烟单位3个；由县城管局牵头与各部门的协作，顺利通过“国卫”第一次复审验收，等待国家爱卫办再次命名。推进农村生活垃圾治理，继续巩固完善农村生活垃圾“户分类、村收集、镇转运、县处理”清运模式，有效治理农村生活垃圾；9个农村生活垃圾民生项目有序实施。

【城管培训与环卫服务】 加快推进泸县智慧城管系统建设，截至年底，完成全部建设方案的审定，计划于2017年6月完成整个系统建设和人员培训上岗，建成后将有效提升城市管理的科技化、信息化水平，加快与主城区的一体化发展步伐。启动环卫作业市场化服务工作，完成清扫保洁面积的测量、预控价格测算、外包服务实施方案的制定，巩固“国卫”创建成果，进一步提高市政道路公共场所清扫保洁生活垃圾收集清运处理作业质量，实行管理、运营有效分离。

（撰稿人：郑盛霞）

泸县公共交通有限公司
Luxian County Public Transport Co. LTD

【概况】 泸县公共交通有限公司成立于2001年，原为泸州市公共交通有限公司泸县分公司。2011年，转由泸州中实投资集团有限公司控股。公司主要负责泸县城区及周边乡镇的公共交通运营，现有公交营运车辆33台，营运线路9条，从业人员80余人。自2011年起，先后进行4次新车购置，共计购置车辆25台，现有豪华大巴2台、空调大巴23台、普通车辆8台。

【营运线路】 随着泸县的发展，对公交营运线路进行调整，原有的606线路从良田玻璃厂延伸到大田镇小冲子村，原有的601线路从大巫滩延伸到得胜镇川南生态园。城区新建港湾式公交车站33个。截至年底，泸县公交公司的营运网络东至华安村，西至高速路口，南至川南生态园，北至小冲子村。

【安全与服务】 随着社会的进步与发展，泸县公交公司对安全工作和优质服务工作也越来越重视，制度的修订、资料建设、日常上线检查、组织应急演练都为公司的安全工作打下坚实的基础。

（撰稿人：蒋东）

政府投资建设工程管理

Government Investment Construction Project Management

【概况】 2016 年，县政府投资建设工程管理中心不断完善政府工程的代建管理模式，严格遵守和自觉规范基本建设程序，强化工程建设安全质量管理，认真担负起政府建设工程投资控制的职责，提高政府投资效益和工程质量。截至 11 月底，中心代建项目 42 个，其中市政管网工程（含场镇污水处理厂）6 个，房屋建筑工程 35 个，装饰装修工程 1 个，分布在全县 20 个乡镇（街道）。新开工项目 17 个，竣工验收并交付使用的项目 18 个，24 个项目有序推进。全年政府计划投资额（招标控制价）37653.58 万元，实际投资额 32793.71 万元，节约投资率 12.91%。

【制度建设与管理】 制定《档案管理制度》《施工合同》《岗位目标管理考核办法》《临聘人员考核办法》《2016 年网络宣传和舆情管理实施方案》《泸县政府投资建设工程管理中心网络与信息安全应急预案》，进一步加强中心管理，提高工作效率，充分调动干部职工的工作积极性，确保各项工作目标任务顺利完成。印发《中共泸县政府投资建设工程管理中心党组“三重一大”议事制度》，党组书记、分管领导、责任部门三方共同签订泸县建管中心 2016 年度党风廉政建设责任书和《社会治安综合治理暨平安建设》，明确反腐倡廉和社会治安建设工作的指导思想、总体目标及主要内容，进一步打牢干部职工执政为民的思想基础，筑牢拒腐防变的思想道德防线，增强党员干部廉洁从政的自觉意识。

【程序管理与质量控制】 在代建过程中，严格执行国家规定的基本建设程序，从严工程图纸会审、预算会审、招投标文件会审、施工合同会审、开工条件会审。在进行质量控制的过程中，坚持质量第一原则，采取事前、事中、事后控制相结合的质量控制方法，加大进场材料的质量控制，施工过程的质量控制和工程成品质量的控制，以工序质量控制为重点，保证分项工程质量和单位工程质量，进而确保整个工程项目质量。

【安全生产】 印发《中共泸县政府投资建设工程管理中心党组关于落实安全生产“五级五覆盖”责任制的通知》，进一步夯实安全生产基层基础，增强生产责任意识，层层签订安全生产责任书，分解安全生产目标任务，细化安全生产责任落实，确保将安全生产的各项工作措施和要求落实到实处。充分发挥“工地安全例会”作用，主持召开工地安全生产会议，贯彻执行《中华人民共和国安全生产法》及各级有关要求，分析安

5 月 17 日，省卫计厅督导泸县公共卫生中心项目进度

全生产形势，安排部署工作任务，研究解决安全生产工作中的重要问题、专项治理等安全工作，及时报送各类报表和资料。严格审查重大项目、重要工序、危险作业和特殊作业的安全措施及专项方案。开展安全生产巡查和不定期督查，检查现场文明施工情况，发现安全隐患问题及时督促整改到位，健全隐患台账，隐患整改率达100%。

（撰稿人：刘欣）

环境保护
Environmental Protection

【环境监测】 以环境质量监测为首要任务，坚持污染源监督性监测、污染减排监测为工作重点，积极做好监测服务，同时努力推进环境监测能力建设。开展地表水及城乡环境综合治理月报监测、城区环境空气、生态补偿监测声环境、降水、降尘、硫酸盐化速率及乡镇集中式饮用水源地、农村环境空气质量监测，全年完成各类监测数据12686个、环境监测报告257份，及时反映重点区域和重点企业的环境质量变化情况。

【指标测评】 2016年，泸县PM10平均浓度为92微克/立方米，较2015年同期下降6.8%，全年城区空气质量AQI指数优良天数238天（其中优77天、良161天），比2015年同期增加15天，首要污染物为可吸入颗粒物，县城空气质量整体状况良好；地表水濑溪河、九曲河、马溪河、龙溪河污染程度得到有效控制，主要超标指标为富营养化指标，水域整体质量持续好转，其中濑溪河出境水质月度监测结果均优于入境水质，出境断面实现Ⅳ类水质为主、向Ⅲ类水质递进的良好局面；声环境质量整体良好，优于考核标准；土壤及核与辐射环境质量总体保持良好、安全受控。

10月13日，县委副书记、代理县长肖刚（前排右二）督查垃圾填埋场环保工作

【污水处理】 投资688.76万元，改建场镇污水处理设施1座、新建5座，新增处理能力2500吨/日。11月，全县场镇生活污水处理设施全部委托四川泸天化麦王汇兴水务有限责任公司进行运营管理，于12月23日完成移交工作。场镇生活污水处理厂建设在全市率先实现县域内一级场镇生活污水处理设施全覆盖，重点流域（濑溪河流域）一、二级场镇生活污水处理设施全覆盖，场镇污水处理厂第三方运营管理的突破。截至年末，全县累计完成投资近1.5亿元，投运一、二级场镇生活污水处理设施34座，配套管网68.2千米，形成26650吨/日的处理能力。严格执行排污申报与许可制度。年审排污许可证241个，新办、变更排污许可证48个，注销企业排污许可证1个,有效遏制无证排污、违法排污行为。

【农村环保】 开展农村生活污水、畜禽养殖污染治理，境内流域综合整治范围不断扩大。启动濑溪河流域水体达标整治，编制完成《泸县濑溪河水体达标方案》。加强建制镇饮用水源保护区管理，完成饮用水源地监测和环境管理工作。指导各镇完成辖区内集中式饮用水源地自查工作，组织潮河镇启动里程滩水库饮用水水源地整治。

【危险废物管理】 严格执行危险废物跨市转移初审报批要求，安全转移危险废物689吨，全年未发生一起未批转移处置的违法行为，切实解决百和镇万联化工环境风险问题，指导泸州科瑞德制药有限公司危险废物标准化建设工作顺利地通过四川省危险废物管理中心的检查验收。按进度有序推进泸县生态文明体制改革实施方案编制工作。加强生态创建工作指导，上报创建嘉明、玄滩、太伏3个省级生态乡镇。

【污染物减排】 科学编排年度减排计划，强化污染防治，全面落实工程减排、管理减排、结构减排等综合举措，年度减排各项任务均超额完成。其中泸州兰良水泥、青狮机制砖厂、中油金诺石化等项目减排二氧化硫160.8吨/年、氮氧化物347.68吨/年；实施11个污水处理厂项目，经自查核算，全年削减化学需氧量785.56吨，氨氮90.64吨，超额完成目标任务（削减1.2%、3%），实际完成削减5.73%、6.02%。四项指标的超额完成为县域经济发展腾出宝贵的环境容量。

【环评审批与管理】 优化服务，严格对照国家产业政策、准入条件和环境容量、总量控制指标审批建设项目，完成环评审批177件（其中报告表57件、登记表98件、登记表备案22件、上报市局审批3件、上报省厅审批2件），无一起越级越权审批、擅自降低评价等级的项目，未引进一例“两高一资”项目。全面清理违法违规建设项目，查出违法违规项目226个、完成整改214个、违法违规建设项目环保临时备案194个；严格执行《建设项目竣工环境保护验收管理办法》《建设项目环境保护管理条例》，加强对建设项目实行全过程监管，督促企业及时申请项目竣工验收，完成85个建设项目竣工环保验收（其中验收监测表22个、登记卡63个）。指导选择优势产品、先进生产工艺和科学治污工艺，规避重大投资风险。

【环境监管与监察执法】 县政府印发《泸县网格化环境监管划分方案》，进一步强化基层政府环境监管主体责任，明确监管任务，实现环境监管执法全覆盖，各镇（街道）环境保护办公室全部挂牌。启动环境监管“双随机”抽查工作，转变环境监管模式。对饮用水源、工业园区、危险废物处置等重点区域、流域、行业开展环境风险隐患排查整治，排查企业500余家次，发现问题40余个，对发现的问题建立动态管理台账，严格督促整改落实。严惩环境违法行为，全县立案查处28起（其中刑事犯罪移送1起、行政拘留移送2起、查封1起、按日计罚3起、限产停产10起），处罚金额共计95万余元。在配套办法的使用上较2015年同比增长70%，处罚金额上较2015年同比增长122%，有力地打击了超标排污、偷排和不正常使用污染治理设施等环境违法行为。全县未发生重大以上突发环境事件。

【信访与应急预警】 畅通各类电话、网络、来信来访等投诉渠道，按期办结市、县人大建议、政协提案9件，满意率100%；受理各类环保投诉件433件，办结率100%；开展重点流域、重点区域、重点行业环境风险及安全隐患大排查，督促排污企业及时整改污染隐患，确保环境安全；积极开展环境安全隐患排查整治，排查风险隐患46处，下达环境监察通知书63份、限期整改通知书54份，督促排污企业及时整改污染隐患；完善应急处突机制，修订应急预案、充实应急物资，成立应急队伍坚持24小时值班备勤。组织企业开展应急物资基础信息调查，指导大洲化工和县城污水处理厂两家企业开展环境安全突发事件应急演练。

【队伍建设】 县委、县政府成立泸县大气、水、土壤污染防治“三大战役”领导小组，调整县生态环境建设领导小组和环境保护工作委员会，全面加强环保工作，开展环境污染防治。县环保局年投入能力建设资金82万元，新购置监测仪器12套（台）。组织开展人员培训，全面提升环境监管执法与监测人员思想素质与业务水平。2016年，泸县环境保护局获评全市县区环境保护目标考评一等奖第一名；泸县环境监察执法大队获评全省环境执法大练兵活动县级先进集体；泸县环境监测站参加四川省监测总站比对考核，4个项目均获得“优”的好成绩。

【宣传教育】 拓展网站、电台、报纸等多种平台，积极组织各类环保宣传，围绕“践行环保理念，推动绿色发展”主题，策划泸县纪念2016年“六五”世界环境日系列宣传活动，全方位开展环保“七进”宣传，到乡镇、社区、学校、企业举办4场次环保专题宣传教育活动,累计发放环保知识手册、法律法规等5000余份，环保袋100余个，环保记事本50本，组织各镇街道、部门主要负责人和重点企业负责人开展全县环保法律法规专题宣讲会。加大环境信息公开力度，主要依托泸县人民政府公众信息网、泸县环境保护局网站及时面向社会公开环境质量、环境监管、行政审批等各类政务信息1033条（项）；强化外宣工作，及时公开工作动态，在市级以上主流媒体上稿100篇；开展绿色细胞创建工作，上报创建嘉明、玄滩、太伏3个省级生态乡镇以及泸县城北小学和泸县建校2所省级环境友好型学校。县、镇两级党委、政府和社会各界环保意识普遍增强。

（撰稿人：陈晓琳）

交通 邮电

TRAFFIC & POSTS AND TELECOMMUNICATIONS

交通运输

Transportation

【基础工程建设】 2016年，围绕“主动融入泸州主城区一体化发展”目标，形成“四横八纵一环”为外联交通运输体系，推进城乡交通运输一体化发展，加快构建交通骨干网络，交通基础设施不断夯实。骨干路网逐步形成，成自泸赤高速公路、港城大道、福清路、云百路干线公路如期建成，云龙机场、川南城际铁路、南渝泸高速顺利开工，泸永高速公路前期工作推进顺利，加速形成内畅外快的交通运输体系。11月16日，启动“社社通”水泥路工程，计划用2~3年时间，实施通社水泥路2142千米和必要的桥梁（包括便民桥）建设，投资约14亿元，财政补助资金近10亿元，实现全县251个行政村2180个社通水泥路。实施县乡道改善提升工程67千米，完成安保工程50千米。全县公路总里程近3000千米，实现镇通畅率100%，村通达率100%，实现村村通水泥路。渡改桥工程实施5座，鸭儿滩大桥、高坎丘中桥建成，海潮沱江大桥、先坝大桥、直滩大桥施工单位进

11月4日，县政协主席李镇（右一）到喻寺镇调研“社社通”水泥路民生工程（万建敏/摄）

场，实施桥梁桩基础。全面完成脱贫攻坚通村水泥路99.5千米。

【公路养护】 围绕构建“畅、安、舒、美”的行车环境，紧扣“创新、发展、规范、勤俭”工作主题，养护管理工作开展扎实而有成效。清扫路面5580千米、疏通水沟2399.2千米，清理塌方5860立方米，路面预防性养护灌缝218千米，整治公路边坡4处，增设挡土墙2处,疏通涵洞32道，清理行道树680株，路面加铺石料215立方米，粉刷行道树208千米。对合牛路、福代路等部分路面破损严重路段69.4千米进行路面挖补修复整治。修复破损波形护栏320米，安装安全警示牌22块，凸面镜6面，减速埂47米。在汛期前期，对存在高边坡可能存在塌方隐患的泸（州）荣（昌）公路云龙至石桥段进行悬石排危，清理土石方6000余立方米。

【运政与路政管理】 坚持把安全生产监管作为工作主线，贯穿工作全过程。以“安全宣传月”“打非治违”等活动为牵引，严厉打击无证无照、非法载客、超载运输等各类违法违章行为。全年打击非法违法、治理纠正违规违章行为81处，责令改正、限期整改、停止违法行为69处，排除一般安全隐患70处。开展道路交通管理“五统一、五联动”联合执法160余次；组织108次由交通、公安参与的公路安全综合整治专项行动。全年处理损坏公路及其设施7处，制止、处理占用公路及其留地7起，清障排障113处，受理行政许可审批案件3件（其中受市路政支队委托办理1件），检测货运车辆88922辆，查处超限车辆2774辆，卸载超限货物3678.76吨。检查营运车辆5008台次，查扣非法营运“黑车”152辆。有效地维护公路、桥梁安全和路产路权，改善交通运输环境，保障管辖公路的安全与畅通。

【运输业发展】 完成客运量1510万人，旅客周转量10.02亿人千米，货运量2350万吨，货物周转量74.97亿吨千米，客货运总量总体趋稳。全县货运企业177家，货运车辆6287辆。危险品运输企业4家，客运企业6家，其中城市公交企业和城乡公交企业各1家，租赁企业2家，拥有客运车辆432辆，客运站3个。客运班线234条，其中省际77条、市际25条、县际班线50条、县内班线75条，超长线路113条、高速直达87条、农村客运39条。

【安全生产】 全县水上交通、交通建设工程在2016年均未发生属考核范围的安全事故；道路运输行业发生事故9起，死亡6人，受伤17人，经济损失约142万元（1起属县上上报事故）。其中客运死亡事故3起，较2015年下降40%，普通货运死亡事故有所上升，驾驶培训和机动车维修行业未发生事故。从责任上分析，属于县交通运输全责的2起，33.3%责任1起，无责任事故1起。道路运输行业安全生产形势总体趋于平稳。

（撰稿人：张继锋、万建敏）

邮政
Post Office

【概况】 泸县邮政分公司内设1室2部，分别为综合办公室、市场经营部、监督检查和安全保障部，下设邮政营业网点57个，覆盖全县19个乡镇及片区。其中城区网点3个，乡镇网点54个，从业人员共计321人。2016年，泸县邮政分公司实现业务收入12537.26万元，较2015年同期增加1799.21万元，增长16.76%，全年新增邮储余额7.82亿元，余额规模65.24亿元，列全市邮政公司第一。

【网点服务】 改善服务环境，对网点进行标准化改造，其中对8个营业面积狭小，结构不合理的网点进行房屋面积扩建和结构改造，加大自助机具投放，截至年底，全县布放ATM/CRS 40台、商易通158台、笔记本电脑100台、打印机177台、自助终端43台、A类点钞机140台。

【快包业务】 优化人员配置，组建专职营揽投队伍，新建分拣中心投入使用，并新增2条邮路，全面提升网运速度和效率。在城区安装智能包裹柜11个，设置89

名委托代办人员，建立一中、二中、泸永、天兴4个代办所。在服务质量上，邮件全程时限达到新修订《邮政普遍服务》标准，邮政服务质量用户满意度88.7分，城市包裹快递当日妥投率92%，农村为90%。

【农村电商】 开展邮政综合便民服务平台和加快农村电商“邮乐购”站点建设以及“邮掌柜”系统安装应用，充分发挥独有“三流合一”优势，积极探索“农村电商+精准扶贫”之路，打通工业制成品下乡和农产品进城的双向流通渠道，有效服务农村生产经营活动和农民生活，全年建设邮掌柜站点174个，乡镇覆盖率100%，其中A类掌柜64个、装修示范店4个，所有掌柜全面叠加邮政便民服务，试点助农取款、快递收投、分销配送等业务。

（撰稿人：朱茂瑶）

电信
Telecom

【概况】 中国电信股份有限公司泸县分公司是一家重战略、精管理、塑文化、讲团结的现代企业。公司设1个农村营销中心，5个分局（渠道分局、政企分局、商客分局、城区分局、网运分局）、1个综合组，员工68名，业务、维护代理点100多个。2016年，公司获集团和省公司先进基层党组织称号；连续2年在春促竞赛活动中位列全市县（区）第一名；连续2年被评为市级优秀管理团队、市级“两学一做”共产党员示范单位。

【网络建设】 狠抓宽带乡村工程深度覆盖建设，实现光网端口增加到3万个，行政村光网100%覆盖，深度覆盖80%以上，电信网络全面铺开。强化规划、抢抓工期，完成4G网络建设覆盖和C网优化，无线网络覆盖效果得到有效改善。“强化支撑、促进联动、聚焦短板”，推进维护服务运营转变，运营效率和效果得到明显提升，运营指标评估排名靠前。持续推进合署办公，常态联动沟通模式形成，团队氛围向好，目标感增强，工作效率和效果提升明显。

【电信服务与渠道建设】 贯彻“顾客至上，服务第一”的工作思路，重视服务基础工作，加强服务短板的针对性改进和培训，不断提升客户接触点的全业务服务能力，有效杜绝越级投诉的发生。加大渠道建设力度，渠道服务更加专业化、技术化，电信市场营销朝着精细化、精确化、个性化以及中国电信转型业务的迅速发展，对营销渠道的服务要求更加专业，更加有技术含量。量质并重，颠覆格局。

【文化建设】 开展丰富多彩的各种活动，主动邀请员工家属参与，增进员工、家属与公司之间的情感，感受到泸县电信公司大家庭的温暖。先后开展庆新春亲情游园活动、“健康徒步行、欢乐方山游”庆“三八”节活动、“风雨同舟，感恩有你”户外拓展活动。员工能力提升明显，6名获省级荣誉，8名员工获市级荣誉，30%员工获优秀员工称号。及时收集信息进行发布，制作公司宣传展板，有效传递公司的正能量。

（撰稿人：宋焱）

移动
Mobile Communication

【概况】 中国移动通信集团四川有限公司泸县分公司是中国移动通信集团在泸县的分支机构，主要负责泸县范围内移动通信客户的发展、网络、维护等经营活动。截至年底，有干部职工81人，其中中共党员26人，职工队伍全部具备大专及以上文凭，平均年龄31岁左右。公司设立4个中心和7个营业部，渠道商家400余家，商家队伍建设规模2000余人，构建遍布城乡的营销和服务体系，成功打造一个拥有网络技术优势、服务质量上乘、员工整体素质较高的通信企业。2016年，获县级最佳文明单位、泸县互联网协会常务副会长单位、消费者满意单位、诚信维权单位等县级荣誉，获四川移动公司“模范区县分公司”“泸州移动先进分公司”等荣誉称号。

【通信网络业务】 公司紧紧把握发展要点，践行社会责任，推进信息化建设、网络建设、渠道建设，设置营业厅166个，客户38万多户，收入与2015年同比增长3.57%，通信业务覆盖泸县各级政府机关、教育、卫生、园区、乡村建设等多方面。网络运行质量持续保持业内领先。截至年底，全县251行政村实现移动宽带100%覆盖，有线宽带端口数9万余个，专线建设3000余条，移动基站建设720多个。

【企业文化】 通过组织开展兴趣小组和“三八”“六一”等节日活动，走访关爱困难员工，建立完善“职工小家”“职工小小家”的软硬件设施等多项举措，提升员工对企业文化认同感、认知感，建立员工间关爱互助的氛围。积极践行社会责任，传播正面企业文化，对奇峰镇长林村、红木村，云锦镇龙井村贫困户进行帮扶慰问，倾情回报社会。

（撰稿人：沈昭利）

联通
Unicom

【概况】 2016年，面对发展新常态，按照集团公司聚焦、创新、合作战略牵引，中国联合网络通信有限公司泸县分公司在资源布局、渠道布局和队伍布局上取得阶段性成果。综合改革整合后公司在职员工31人，下设综合职能部门1个和建设维护中心1个，根据公司发展和营销资源整合需要，将公司4个网格整合为城区网格、乡镇网格2个综合业务营销单元，开展网格精细化营销管理和客户服务。公司经营范围为固定通信业务、移动通信业务、宽带业务、通信设施服务业务，智慧城市行业应用服务业务、数据通信业务、网络接入业务和各类电信增值业务等为一体的综合电信业务。

【业务拓展】 贯彻落实创新、协调、绿色、开放、共享的发展理念，不断优化“销售模式、产品业务、支撑模式、服务模式、运营管理模式和商业模式”六大转型，与县政府成功签约互联网+战略合作协议。按照网络为本，渠道为王，产品为纲，经营为细，服务为根的相关要求，坚持增存并举、效益优先发展模式，全面增强公司综合竞争力和可持续发展能力。新增移动网用户2.17万户；新增固网和宽带融合业务用户2963户；以4G+数据流量职能化应用和大数据分析处理为重点，智慧龙城WiFi，数字化城市管理和泸县法院指挥中心及监控平台等智慧城市信息化项目成为公司综合业务拓展新亮点；公司全业务收入完成全年预算的90.16%，位居全市第二。

【渠道建设】 以“扩渠道、提效能”为抓手，渠道建设与现有渠道效能提升双管齐下，各类渠道在“互联网+”平台运营中走向互联网化，社会渠道销售模式走向多元化，现有厅店业务拓展走向全面化。新建合作营业厅2个，专营店7个，代理店6个，老店精品化改造2个。按照电话用户实名制登记管理要求，打造社会实体渠道销售和集团渠道销售为主导，互联网2I2C销售为亮点的营销渠道网。

【网络体系建设】 加快4G网络建设全覆盖步伐，完成宽带网络全光纤改造，稳步推进固定宽带面向农村，4G网络面向智能化应用普及的同时，4G匠心网络正紧锣密鼓地建设。新建4G基站43个，形成4G匠心网络全覆盖。县城区域全面完成FTTH光纤网络升级改造，光纤宽带接入行政村社增加至139个。

【文化建设】 围绕公司“聚焦、创新、合作”理念，建设“学习、创新、执行、绩效、服务、合作、阳光、诚信”的企业文化，继续助力智慧龙城打造成为公司努力实践伟大中国梦的必修课。每月定期组织员工进行行业应用知识和企业文化培训，月月开展先进技术、先进文化和优秀员工对话交流会，不断通过各类竞赛活动和素质提升活动，组织全体员工参与到企业文化建设中来，确保团队凝聚力得到持续提升。

（撰稿人：李宗友、呙莉萍）

商品贸易与招商引资

MERCHANDISE TRADE & INVESTMENT PROMOTION AND CAPITAL INTRODUCTION

商贸综述
Business Review

【概况】 2016年，全县有个体、商业企业1.81万户，其中商贸企业1850家，从业人员3.5万人。实现社会消费品零售总额107亿元，比2015年增长13.9%。全县实现白酒产量30.7万千升、酒业销售收入68商业贸易亿元，利率总额4.8亿元，入库税金1.13亿元。全县商务工作目标考核获市一等奖，酒业发展工作目标考核获全市一等奖。

【国内贸易】 累计建设综合农贸市场58个。再生资源回收站点240户，从业人员800人。餐饮住宿业1200家，从业人员5000人。美容美发、保健浴足443家，从业人员3500人。洗染企业30家，从业人员120人，交通运输物流企业175家，从业人员4000人。新建、改扩建农贸市场3个；引进投资5000万元物流项目1个，商贸物流入库税金完成1.5亿元。电子商务交易额约15亿元，带动就业3000余人。

【对外贸易】 全县有自营进出口备案或自营进出口经营资格证的企业53家，其中外资企业3家，从业人员7069人。实现外贸自营出口1902万美元，自营进口9万美

8月26日，县委副书记、代理县长肖刚（右二）指导电商企业发展工作

元。在获得自营进出口备案或自营进出口经营资格证的53家企业中，只有7家企业有自营进出口实绩。实际到位外资利用1000万美元。全县有泸县建筑安装工程有限总公司、四川泸县金海建设有限公司2家获得国家级对外工程承包经营资格证的公司。

【酒业发展】 围绕泸州市打造“中国白酒金三角”核心腹地、建设现代化“中国酒城”战略，把传统优势产业——酒业确定为县域经济主导产业，突出质量提升和结构调整，强化市场拓展，促进品牌培育，加快园区建设，扶持产业龙头，推进行业治理，进一步做强“中国优质白酒产业大县”，呈现出健康、稳步发展的良好态势。全县有生产性酒类企业122户，其中规模以上企业46户，泸州市“小巨人”酒类企业8户。窖池1.15万余口；有全国工业品生产许可证117张，配制酒证8张；有中国驰名商标6件、四川省著名商标10件、四川省名牌产品9件。全县实现白酒产量30.7万千升、酒业销售收入68亿元，利率总额4.8亿元、入库税金1.13亿元。

（撰稿人：李梅）

粮油
Grain and Oil

【概况】 泸县粮食工作以“抓收购、保供给、稳粮价”为中心，以“宏观调控、现代物流、产后服务、市场监管和队伍建设”为目标，实施“粮安工程”“放心粮油工程”和“川粮产后服务工程”，着力提升粮食经济增长质量和效益。2016年，获市粮食流通工作综合目标考核一等奖、县综合目标绩效二等奖、安全生产目标考核一等奖、党风廉政建设责任制考核一等奖、工会工作目标考核一等奖、开放合作突破工作目标考核二等奖、党建目标考核三等奖、泸县粮食现代物流产业园区项目建设获得县2016年度重点项目建设一等奖、局机关支部被县直机关工委表彰为“先进基层党组织”。

【粮企改革】 继2002年完成粮食购销市场化改革后，再次深化国有粮食企业改革，由开元公司吸收合并泸县国家粮食储备库，完成“一县一企，一企多点”战略重组。有效盘活存量资产，降低企业运行成本，进一步完善企业法人治理结构，建立现代企业制度，推进粮食企业向集团化、规模化方向发展，更好地发挥粮食购销主渠道作用。

【粮食安全】 按照泸县人民政府《关于贯彻落实粮食安全责任制的意见》（泸县府发〔2016〕28号），明确各部门主要职责和工作目标，制定粮食安全责任制考核方案，并将粮食流通工作纳入对各镇农业农村工作目标考核。全年未发生粮食安全事故。

【宏观调控】 开展对县域内30户城镇居民、120户农户的社会粮油供需平衡调查；落实42个粮油价格监测网点，为政府宏观调控、保供稳价提供决策依据。新增加县级储备小包装大米80吨，使应急小包装大米达到200吨；修订完善《泸县粮油应急预案》，开展

10月25日，省粮食局副局长王海林（前排右二）到开元公司检查工作（钱春燕/摄）

粮油应急供应实战演练，切实保障突发公共事件时粮油应急供应安全；核定2个国有企业和9个粮食经营、加工企业的最低最高库存；认真执行稻谷最低收购价政策，切实保护种粮农民利益。

【粮油购销】 在全县落实粮食订单面积27.2万亩、完成重点粮油基地建设4.45万亩，培育发展粮食专业合作社2个。全年粮食收购82224吨、油料收购600吨，分别完成目标任务的123%、200%；全年粮食销售9.34万吨、油脂销售700吨，分别完成目标任务的115%、100%。

【粮食财会】 进一步加强行业财务指导，严肃财经纪律。加强会计、统计队伍建设，规范财务行为，认真执行相关粮油财政政策，切实加强粮油信贷资金的沟通与协调工作。进一步强化企业绩效目标考核，促进国有资产保值增值。国有粮食企业实现利润109万元。

【粮油仓储】 按照“数量真实、质量良好、储粮安全”的要求，狠抓粮食安全储藏工作，坚持以“管理行为规范化、业务操作标准化、管理手段信息化、管理制度科学化”的原则，积极推广储粮新技术，并对全县粮食系统的仓储人员进行业务知识培训，全面提升泸县粮食仓储管理水平。县粮食局每季度对粮食企业开展粮食数量、质量检查，保证各级储备粮账实相符、数量真实、质量合格，做到“一符三专、四落实”，“四无”粮油比率达98%以上，确保各级储备粮安全。

【行政执法】 组织开展《粮食流通管理条例》颁布12周年学习宣传活动，组织学习4次，发放宣传资料1860余份，悬挂标语12幅，解答问题28件；扎实抓好政策性粮食监督检查和全社会粮食流通监督检查工作。全年开展粮食行政执法检查36次，出动执法人员186人次，检查粮食经营者81个，查处违规涉粮案件2件，并处罚金额2000元。

【项目建设】 投资9000万元，建成泸县现代粮食物流产业园并投入使用。投资840万元，完成4万吨低温库项目；投资393万元，完成智能粮库基础设施建设；投资1000万元，完成泸州鑫禾农业发展有限责任公司日产200吨大米加工生产线；投资120万元，在现代物流产业园区内安装一套日烘干能力100吨的粮食烘干设备；投资438万元，完成嘉明库区第一期5000吨收纳库建设；在10个镇新建10个“川粮便民连锁店”。

【惠民工程】 积极做好服务“三农”工作，为民办实事。在春节、“八一”建军节，组织到嘉明部队、武警中队、消防大队开展走访慰问活动。到得胜镇龙阴沟村开展结对帮扶户慰问活动，为27户特困党员、弱势群体、残疾儿童对象送去慰问金及慰问品,向13名帮扶户发放2600元帮扶金。县局纪检监察干部先后5次到泸县太伏镇沙河村，走访老党员、村民代表及干部群众55户87人，面对面与村民进行互动交流，听取村民诉求及意见和建议，调查了解干部队伍作风问题，发现问题线索1个，收集群众诉求15个（其中现场解决4个、移交反馈12个）。将农户科学储粮工程与精准扶贫工作相结合，向方洞、牛滩、得胜等镇种粮贫困户无偿发放“小粮仓”2000个。

（撰稿人：李筱）

烟草专卖
Tobacco Monopoly

【概况】 2016年，四川省泸县烟草专卖局、泸州市烟草公司泸县分公司实现卷烟销售收入48706.8万元（不含税）,单箱销售收入25079.02元（含税），比2015年同期的24278.93元增加800.1元，增长率3.30%。税利同比大幅度上升，2016年全年实现税利14109.31万元，同比增加2813万元，增长率24.90%；实现利润总额11909.37万元，比2015年同期的11639.05万元增加270.3万元，增长率2.32%。

【卷烟销售】 全年卷烟销量22722.95箱。其中销售娇子系列（含三类以上雪茄烟，下同）1976.8箱，较2015年同期增加1204.4箱，增幅155.9%；销售地产烟4073.6箱，较2015年同期增加837.9箱，增幅25.9%，销售四、五类地产烟2092.5箱，较2015年同期减少367.0箱，减幅14.9%。

【网络营销】规范和完善网建痕迹化资料，入网销售零售户电子结算面100%；网上及手机订货工作全面推开，12月网上订货成功率85%以上；全面推进终端建设工作，实现170户现代零售终端建档、扫码规范销售；烟草易付进一步扩展，发展在线支付客户671户。需求预测工作有效推进，客户盈利水平保持在13%以上，客户满意度93%以上。自主品牌培育跟进终端建设，拓展销售渠道。

【财务管理】严格执行财务相关法律法规和行业规定，本着厉行节约的原则开支各项费用、严格审核把关，严格控制成本费用，2016年接待费、会议费等费用与2015年相比都有不同程度的下降，“三公经费”得到严格控制，精细化水平不断提高；完善报账制度，加强票据管理，按时向相关部门申报上缴各项税利。

【专卖管理】全年对假、私、非卷烟进行重点打击，对新型物流快递涉烟违法案件加大打击力度。县局查办各类涉烟案件193起，其中非渠道案件139起，无证运输案件8起，无证经营案件7起，假冒卷烟案件36起，走私烟案件3起，查获违法卷烟242.36万支，涉案金额121万元，罚没款21.5万元。

【活动宣传】开展“元春活动”“娇子永相随”等活动，宣传骄子系列产品。营销人员在拜访工作中定期进行标杆客户陈列指导，每月开展检查并评选出优秀陈列客户给予奖励。开展专项社会库存摸底调查，汇总调查情况进行深入分析。开展地产烟寄送“亲情服务”主题活动，全年收集外出人员信息数2367人，邮寄卷烟3045条。配合银行推出“烟草类BOSS”烟草贷记卡工作，向30户重点客户宣传、发放“烟草类BOSS”信用卡，缓解零售户资金压力，增强客户经营能力。

4月1日，中层干部竞争上岗大会（杨帆/摄）

【安全生产】通过完善“党政同责、一岗双责”制度，明确岗位职责，将安全管理绩效与考评挂钩，印发制度文件，建立领导带班制度和24小时值班制度，签订安全生产目标责任书，保障重点时段安全生产；开展隐患排查整治，组织开展安全承诺我承担、隐患大家查、危险源辨识、消防安全演练等活动，提高职工的安全意识和操作技能，提升掌握危险源辨识能力和现场处置能力；安全检查覆盖面、隐患及时整改率均达到100%；11月中旬，县局（分公司）顺利通过省局岗位达标复评验收，并获省局安全检查组的良好评价。

【队伍建设】县局（分公司）按2016年年初拟定教育培训计划，以专卖、营销岗位技能鉴定为抓手，通过多种形式培养专卖、营销员工敬业的职业心态，更好地支撑现代专卖营销建设；倡导并鼓励员工积极参与技能鉴定考试，鼓励已有初、中级证书的员工报考更高一级职称，提高员工的专业知识和技能水平；扎实开展鉴定培训，根据报名情况，分工到人、明确责任，扎实推进专卖管理师和营销师岗位技能鉴定培训工作，确保年内行业专卖管理师和营销师持证率达80%以上。

【党建工作】 通过开展党团组织活动，丰富员工文化生活，提高党团组织凝聚力，以党建带工建、团建，工会定期组织开展劳动竞赛活动、文化体育活动。在重大节日期间，组织开展慰问活动，全年开展慰问活动2次。县局（分公司）党支部严把党员发展关，新吸收5名入党积极分子，创立“三考三问”党员发展机制，开设“考试关”“面试关”“考察关”，让优秀青年能被组织吸收，有1人被评为全省优秀共产党员，2人被评为市优秀共产党员，2人被评为市先进党务工作者。开展“两学一做”学习教育、“六有支部”活动，推动“从严治党”向一线延伸，使党员身份意识更加牢固、基础工作更加扎实、作用发挥更加明显。不定期召开职工大会，听取职工对领导作风建设的意见，切实把党员干部作风建设落到实处，促进单位整体工作的协调发展。

【企业文化建设】 在5月和9月开展QC培训，通过以点带面的学习形式，在全公司营造企管学习氛围，全年成功开展QC课题1个、精益课题1个。坚持收集员工合理化建议，全年收集建议60余条，对提出切实可行的公司级建议的员工进行奖励，激励大家主动发现周边可改进的问题，主动作为，为企业良性发展贡献力量。在重大节日期间，组织开展专题活动，拜访离退休职工、困难职工、重病职工，积极解决职工困难和诉求，做好宣传解释工作。8月，在全市首届财务竞赛上，县局（分公司）获团体二等奖、个人三等奖的好成绩。

（撰稿人：杨帆）

供销合作经济

The Supply and Marketing Cooperation Economy

【概况】 2016年，泸县供销社认真贯彻《中共中央 国务院关于深化供销合作社综合改革的决定》和《中共四川省委 四川省人民政府关于深化供销合作社综合改革的意见》精神，推进全省供销合作社综合改革试点工作，发挥供销合作社在农业社会化服务、农村现代流通、农村电商发展中的重要作用，加强基层组织建设，提升供销合作社为农服务能力，全省综合改革试点取得阶段性成效。全县供销社系统实现商品销售总额12亿元，系统汇总实现利润1265.96万元。县供销社获泸州市供销社2016年度区（县）供销社综合业绩考核特等奖，被市供销社评为年度综合改革试点先进单位、基层组织建设先进单位、业务工作先进单位，被省供销社评为全省供销合作社系统综合改革先进单位、经济发展先进单位、安全生产工作先进单位、会计基础工作优胜单位。

【综合改革试点】 发展新型镇级供销合作社和县农村合作经济联合会，以开展农村电子商务、推进现代流通服务体系建设和农产品标准化基地建设为突破口，改革探索创新，成效明显，通过省供销社阶段性评估验收。该项工作得到全国供销总社和省委、省政府的肯定。9月2日，县委书记薛学深在省委、省政府召开的全省深化供销合作社综合改革电视电话会议上作题为《推进综合改革试点 提升供销合作社为农服务能力》的经验交流发言。9月12日，县供销社主任赵军代表泸县在全国供销合作社电子商务工作会议上作经验交流发言。

【电子商务发展】 升级改造供销社传统经营服务网点，建成县电子商务孵化运营中心1个，县特色农产品电商展示中心1个，镇村级电商服务店（站）271个，实现镇村电商服务网点全覆盖。自主开发“泸县农产品质量安全追溯系统”和“泸县电商智慧物流管理系统”，全省率先试点承接邮政业务，开展进镇到村配送、揽收业务，电商物流配送网络覆盖全县90%以上区域，实现放心消费和“县村直达”两级电商物流配送。泸县电子商务众创空间被国家科技部认定为“国家级众创空间”，实现泸县国家级众创空间“零”的突破。全市电子商务进农村工作现场会在泸县召开，与会领导参观泸县电子商务孵化运营中心、玉蟾街道龙脑桥电子商务服务店。新华网、搜狐网、《中华合作时报》《四川政要参考》等新闻媒体先后报道泸县农村电商发展模式。

【重点项目建设】 “泸州市龙城现代物流农产品冷链物流”和“泸县电子商务产业园”建设项目列入市、县重点项目。“泸州市龙城现代物流农产品冷链物流”建设项目计划投资1.2亿元，占地42.79亩，总建筑面积约47396平方米，完成1号冻库主体工程建设。“泸县电子商务产业园”建设项目计划投资5000万元，占地13.66亩，建筑面积约22320平方米，完成电商中心大楼主体8层。

【农资储备】 开展农资市场需求调查，加强农资市场信息动态监测，强化农资储备供应，提供优质服务，确保全县农资供应不断档、不脱销，保证全县农业生产供应。全县供销社系统组织供应各种化肥48081吨，供应各种农药77.97吨，农地膜150余吨，中小型农机具2600余套（件），实现农资销售总额8921.46万元。

【合作社发展】 根据县政府办印发《泸县新型基层供销合作社建设的实施方案》和《泸县组建新型基层供销合作社工作方案》要求，探索“1+N”模式，按照“五有”“四联结”标准组建新型基层供销合作社，吸纳各类涉农企业、农民专业合作社、家庭农场、种养殖大户等新型农业经营主体，村集体经济组织、农村经纪人、农村经济能人、村“两委”负责人和原有基层供销合作社职工等出资组建新型基层供销合作社。组建潮河、得胜、毗卢、福集、云锦5个新型镇级供销合作社。

【组织建设】 强化对农民专业合作社的指导、扶持与服务力度，稳定数量，提高运行质量。指导新发展农民专业合作社2个，新建和规范县级行业协会8个，培育新增市级以上农民专业合作社示范社6个。潮河后湾龙眼、雅龙水稻等3个专业合作社被市委农村工作领导小组表彰为先进农民合作组织。太伏镇龙马祠种养殖、蜀汉天府种粮、嘉渔水产专业合作社被省农业厅、省发改委、省供销社等10个部门命名为四川省第八批农民合作社省级示范社。科裕果业专业合作社被农业部、发改委、财政部、供销总社等9部委认定为2016年国家农民合作社示范社。5月，泸县在重庆召开的中国农产品流通经纪人协会第二届四次理事会上作《发挥行业协会作用 构建为农服务平台》的经验交流发言。

【品牌创建】 推进国家龙眼栽培综合标准化示范区建设，12月，泸县熟龙龙眼专业合作社联合社完成示范目标任务，通过全国供销总社项目考核组的考核验收。组织开展有机产品认证，新增龙眼、高粱、葡萄等有机产品认证4个，分别获得有机产品认证证书。

【资金争取】 “泸州市龙城现代物流农产品冷链物流”项目列入省发改委预算内基本建设投资计划支持项目，“泸县6000亩优质晚熟龙眼标准化生产基地改扩建项目”列入省级农业综合开发现代农业产业带发展项目，“泸县400亩龙眼标准化基地新建项目”列入国家农业综合开发产业化经营财政补助项目。泸县5万吨生猪粪污循环利用改扩建项目和泸县龙城粮油公司、泸县新大地生态科技公司的农发产业化贷款贴息项目等已启动建设。共争取到位财政专项资金897.5万元，其中中央财政189.5万元、省级财政资

1月11日，县委副书记、县长薛学深（前排左一）陪同市委书记蒋辅义（前排左二）考察泸县电子商务孵化运营中心（宁顺光/摄）

金708万元。

【技能培训】 县供销社、县农合会组织机关工作人员参加四川省2016年度“提升扶贫攻坚能力做人民满意公务员”主题培训和会计、统计人员从业人员岗位知识培训。充分发挥“全国供销合作社行业特有工种职业技能鉴定点”作用，开展庄稼医生、电子商务、再生资源回收从业人员、烟花爆竹安全经营管理、农民专业合作社经营管理人员和电子商务应用等各类实用人才培训班26期，参训人员2620人次。

（撰稿人：洪代富、宁顺光、谢冬冬）

招商引资

Investment Promotion and Capital Introduction

【概况】 2016年，全县引进市外国内到位资金209.15亿元，完成全年目标任务的102.52%。新履约项目76个（含技改），其中工业项目48个。新签约入园项目16个，总投资56.65亿元。全年开放合作工作居全市第一。

【平台招商】 举办2016年泸州医药产业园区年度工作会暨专家座谈会，邀请50余名国内、省内知名专家参会，引进驼人集团等知名企业。西博会期间，举办泸县投资推介会暨重点项目签约仪式，签约11个项目，总投资102亿元。四川知名企业四川行活动开展重点产业项目对接签约仪式，签约引进全国最大药品配送商九州通集团。借助中国国际酒业博览会川南经济区投资贸易洽谈会，泸州市在北京、广州、南京专题推介会，台湾生技会展等平台，签约协旭集团瓦楞纸及纸箱生产线、奇格曼神经节苷脂钠原料药生产线等项目。

【国际招商】 在上海举办泸州—台湾医药产业交流会，邀请20余名台湾医药企业家参会；刘强市长、刘云常委分别率队赴台湾开展专题招商活动，参加台湾生技展，拜访对接企业超过100家，与台湾天明制药等企业签订意向合作协议7个，台湾实创国际生技落地医药园区。县领导随刘强市长赴欧洲参加投资促进活动，对接德国企业，促进德国BIO NRW DR.Christph Block等到访，达成合作意向。与美国博瑞山公司Potrero Medical签订投资合同。

【联动招商】 积极争取国家、省、市食药监局、西南医科大学下派领导和专家，推动医药招商工作。通过国家食药监局于江泳处长（下派泸州任市长助理）、全国GMP认证专家（下派医药园区管委会任副主任）广泛拜访对接在外知名企业，对接广州万孚股份、深圳迈瑞医疗、苏州艾隆科技、上海康达医疗器械、天圣制药等企业。

【服务外包】 与中国医学装备协会、北京玉德未来《E药经理人》等开展委托招商。通过代理机构，对接天士力集团、浙江海正辉瑞、浙江英特集团、福建鹭燕集团等。分别与苏州朗润医疗公司签订医疗器械生产基地项目，与独墅联盟签订战略合作框架协议。

（撰稿人：艾光照）

12月15日，市委常委、副市长许先春赴深圳参加四川省医药产业（广东）推介会（普懿/摄）

财税　金融

FINANCE AND TAXATION

财政
Finance

【概况】 2016年，县财政按照“稳增长、促改革、调结构、惠民生”的工作思路，通过“量化分解、细化考核、狠抓督查、密切协作”等工作措施，促进全县经济健康发展，圆满完成全年收支预算任务。全县地方一般公共预算收入完成13.09亿元，同比增长13.6%，完成年初任务的105.15%，位居全市前列。财政总支出573403万元，同比增长16.9%。全县一般公共预算支出438128万元，同比增长7.6%。安排民生支出334016万元，占一般公共预算支出的76.2%，同比增加13727万元，增长4.3%。

【资金争取】 全县争取到位上级资金504502万元，同比增幅近50%，居全市第一。其中一般性转移支付184052万元，专项转移支付86631万元，基金5455万元。政府性基金收入97946万元，同比增长32.3%。全县置换债券资金17.22亿元，同比增长187%；新增地方政府债券资金5.19亿元，同比增长403.9%。置换额度与新增额度均排名全市区县第一。完成融资项目20个，融资额度18.2亿元。其中新增项目19个，到位资金17.9亿元，续贷项目1个，到位资金3000万元。

【国库建设】 开展国库管理标准化建设，严格执行国库集中支付制度，强化用款计划管理，优化资金审核流程，加快资金拨付进度，规范财政专户管理和加强对外借款、暂付款管理；加强预算执行动态监管，确保财政资金安全和规范运行。

【财税体制改革】 按照县委、县政府、上级财政部门的安排部署，积极稳妥地推进部门预算、国库集中支付、政府集中采购、公务卡、绩效评价等改革，强化财政监督，加强国有资产管理，严格债务管理，不断完善县镇财政体制，认真抓好党风廉政建设和业务培训，依法理财水平不断提高。

（撰稿人：张晓东）

国税
National Tax

【税收收入】 2016年，泸县国税

局组织税收收入62652万元（其中，四大行业“营改增”收入1.09亿元），完成市国税局调整后下达计划的116%。其中所得税12384万元，增值税45677万元，消费税2513万元，车购税2077万元。全年实现地方一般预算收入16411万元。

【税收改革】县局接收并核实确认、新办登记“营改增”纳税人2864户，其中金融保险业35户、建筑业316户、房地产业66户、生活服务业2447户。通过加强征管合作、加强风险合控、加强文化共建，国地税合作从深度向广度延展，呈现“全景式”合作新气象。1月8日，金税三期系统正式单轨上线，税收信息化建设迈上新台阶，全年纳税人满意度位列全省区（县）级单位第44名，位列泸州市第一名；纳税服务科团队获由市妇联颁发的“巾帼文明岗”荣誉称号。

【税收优惠】落实增值税税收优惠税额2164.75万元；车辆购置税减免税额1157.41万元；免抵退424.12万元；税控设备享受优惠113.98万元。落实小微企业所得税减免税额233.41万元；资源综合利用退税2户，减免税额100万元；高新技术企业低税率优惠减免所得税额25.01万元；西部大开发减免企业所得税217.57万元；固定资产加速折旧金额60.02万元。

【依法治税】对116个纳税户开展风险核查、纳税评估工作，查补税款1129.9万元，涉及行业包括金融企业风险核查、进出口企业风险核查、混凝土行业专项核查、副食品批发零售企业风险核查、医药行业风险核查等。对金融保险、投资管理、物流、电力、大型连锁商业零售、房地产和建筑安装等行业开展专项检查，检查纳税人59户，稽查查补入库税款1383.6万元。全年共追缴欠税3193.51万元，其中陈欠682.89万元、新欠2510.62万元，全市清欠共5000余万元。

4月27日，泸州市国税局局长苟茂林（左二）调研泸县政务大厅“营改增”工作

【队伍建设】围绕“班长抓班子，班子带队伍”，坚持党组中心组学习制度，优化班子成员分工。组织会计、财务、稽查、信息技术、法律研修等系统外培51人次，7人通过会计从业资格考试，4人通过会计初级职称考试，1人通过会计中级职称考试，1人通过注册会计师考试。大力引进优秀人才，招录新进大学生公务员、考调干部、转业干部共9人。加强青年人才培养，推进“岗位大练兵、业务大比武”，并获集体三等奖，其中1人被纳入省局2016年素质提升“115”工程专业骨干项目，2人被纳入市局2016年素质提升“115”工程岗位能手项目。进一步规范人员去向告知系统使用，强化劳动纪律，强化非在编员工管理，规范招聘程序和合同签订手续，强化数字人事档案专项审核工作。完成国税系统四级以下单位第三步规范津补贴、职务与职级并行、2016年度退休调待、在职人员和离休干部调标、在职人员养老保险基础数据采集等工作。

【党风廉政建设】纪检组长不分管与监督职能无关的工作，调整党风廉政建设工作领导小组；层层签订党风廉政建设工作目标责任书；向纳税人开展政风行风问卷调查，广泛收集纳税人提出的意见和建议，纳税人满意率达95%。

向关键环节和变换岗位人员发出“廉政提醒卡”“廉政警示卡”。有针对性地开展重大节假日廉政提醒，严格落实“五个严禁”。组织开展党组书记上党课，组织收看廉政警示教育片《贪欲打开堕落之门》，针对县地税局某所长违纪案开展专题讨论剖析。重点针对纳税评估、税务稽查以及税务代理监管等方面可能存在的廉政风险，进行分析排查，落实廉情预警分析。配合市局对税收优惠政策的落实情况、小微企业税收优惠执行情况、三证合一执行情况、代开发票等进行督导检查。首次对相关责任人进行问责，在税收执法督察方面共对59人次分别进行通报批评、书面检查、批评教育等问责处理。

（撰稿人：曹莞路）

地税
The Local Taxation

【组织收入】 2016年，泸县地税局组织地税总收入98892万元，完成省、市局调整任务的122.2%，同口径增收24522万元，同口径增长38.9%。其中组织税收收入94938万元，完成省、市局调整任务的122.5%，同口径增收24308万元，增长41%；其他收入完成3954万元，占省、市局任务的116.3%，增收214万元，增长5.7%。完成地方一般公共预算收入66095万元，完成县政府调整目标任务的101.7%，超收1095万元。

【纳服质效】 县地税局利用“互联网+税务”模式，采取系列举措将纳税服务质量提升到新的高度。年初，“金税三期”税收管理系统在泸县地税局正式上线运行。为确保“金税三期”系统平稳运行，办税大厅设置窗口17个，新增窗口10个。新增征收人员10人，在确保“一岗一人”的基础上，设置相应数量的机动人员和辅导人员，保证纳税人数量较多岗位的办税工作效率。重新梳理“二维码”一次性告知事项内容，对全国统一使用的税务登记、税务认定、发票管理、申报纳税、优惠办理、证明开具等6个大类112项业务逐一进行整理，精心排版“二维码”一次性告知专题文档。自助办税终端机亮相办税大厅，将传统的“人人交互”办税模式转化为“人机交互”的涉税业务办理新模式，实现“指尖办税”。6月，全市地税系统纳税服

5月18日，泸县地税局干部职工参观泸州市党员干部法纪教育中心（陈林锋/摄）

务暨共建办税服务厅工作现场会在泸县地税局召开。

【“营改增”试点】 全面推开“营改增”试点工作，按时间节点分两批次向国税局传递“营改增”纳税人信息5.6万余条。配合国税部门开展“营改增”纳税人调查和确认工作，及时与国税部门对接，确认地税机关代征税款和代开增值税发票的委托对应关系，落实双方的衔接部门及承办部门的联络人员，做好代征税款和代开发票的机具准备和人员培训工作，全年组织相关人员培训60余人次。

【纳税评估与联席】 3月，泸县地税局正式成立纳税评估所，对9个单位进行纳税评估，包含房地产、学校、酒类等行业。入库税款32万元，收缴滞纳金6.4万元。执行联席会议制度，县国税局、县地税局召开10余次联席会议，形成4期会议纪要，就共驻办税大厅、二手房、个人集资建房、重点工程项目管理、税收宣传、营改增工作、联合稽查、风险评估、干部挂职交流、税收业务政策培训等方面工作进行商议，达成合作事项，夯实征管基础工作。

【队伍建设】 严格选拔制度，全面落实干部人事管理工作。全年选拔基层税务所所长2人，系统中干副职6人。办理职级晋升8人。安排上挂市局锻炼1人。全年全县地税系统组织各级各类培训461人次，人均培训天数13天，做到对全系统122名干部职工的全覆盖。全局网络学院培训人均学分2087.8分，完成全年的学分任务。全县地税系统职工在职学习590人次8364学时，人均培训68.56学时。

【精准扶贫】 2016年，帮扶泸县兆雅镇型家村建档贫困户54户159人。投入资金约2000万元，推进该村公路硬化、小农水改造、农网改造、土地整理等9个项目的建设。拿出7.5万元，用于对型家村贫困户养殖业的扶持发展。党员干部职工全年不少于4次到联系点兆雅镇型家村开展帮扶工作，机关职工为贫困户送去的衣物40余件(价值6000多元)、棉被4床、米和油等生活用品。积极开展“扶贫一日行”活动，为住户打扫卫生和改善居住环境等。

【党风廉政建设】 结合“两学一做”学习教育活动，泸县地税局班子成员为党员上党课。开展惩防体系“三化”建设和干部廉洁从政“三早三卡”预警机制建设，提升反腐倡廉建设科学水平。全年开展2次预防职务犯罪专题讲座，组织干部职工观看《廉政中国》《贪欲打开堕落之门》《作风建设在路上》等专题警示教育片，学习警示教育读本《忏悔实录V》。认真开展巡视检查和明察暗访，坚持在元旦、春节、清明、“五一”、端午、中秋、国庆等重要节假日，对各基层税务所、县局稽查局、各股室认真执行中央“八项规定”，省委、省政府“十项规定”，市委、市政府“十二项规定”精神以及纳税人反映强烈的“四风”问题进行明察暗访。全年开展明察暗访和巡视检查80余次，检查基层单位和部门21个。发放廉政短信380余条，提醒党员干部廉洁过节。

（撰稿人：殷锐）

工商银行泸县支行
Luxian Branch of Industrial Commercial Bank of China

【概况】 2016年，中国工商银行股份有限公司泸县支行有员工43人，所辖对外网点3个，离行式自助银行6个。各项存款余额11.74亿元，较年初新增1.29亿元；各项贷款余额15.86亿元，较年初新增2亿元；实现中间业务收入4218.52万元；实现利润9791万元。

【业务拓展】 拓展优质信贷市场，强化“以市场为导向、以客户为中心”，大力推进资产业务快速增长，成功投放全省首笔县支行城建项目贷款5亿元，不断调整支行信贷结构，扩大票据融资、开办进口信用证等业务；突出特色产品、加快经营转型拓展客户，利用工行先进互联网产品，为企业配置多样化金融服务，成功将本土企业登上工行“融e购”电商平台；以商贸集聚群为抓手、以“工行进市场、服务进商户”

为突破口，深入市场拓展个人消费贷款、个人经营性贷款等；加强同准入按揭楼盘的合作，重点营销个人住房贷款，集中锁定优质市场客户资源，加快贷款的收单、送审、投放进度；加强市场调研，对优质客户实行名册制及认领制管理，加强客户关系维护与企事业单位走访，采取上门服务方式大力推进公务卡、信用卡、ETC卡的发展，高度重视个性化产品——融e借白名单业务的发展，进一步做好金融市场品牌。

【渠道建设】 截至年底，设有支行营业室、龙城支行、玉蟾支行3个物理网点及嘉泰路、蓝波湾、原野市场、龙脑大道、绿园路、泸县二中6个离行式自助银行42台ATM自助设备、智能终端机等，并大力推行POS布点，覆盖县城城区及部分乡镇，进一步扩大服务辐射范围，完善服务网络，提升客户服务能力。

【风险防控】 加大发展业务力度，加强风险防控，遵循严管强控观念，坚持把防范操作风险、细化内控案防工作与支行的发展目标结合起来同安排、同检查、同考核，强化管理、从严治行，做好内控案防水平的提升，加强对发现问题的整改落实和员工培训，确实做到抓实、抓细、抓出效果，有力确保支行各项工作的健康有序发展。

（撰稿人：周燕）

建设银行泸县支行
Luxian Branch of Construction Bank of China

【概况】 中国建设银行有限公司泸县支行位于泸县玉蟾街道花园路11号，2016年，有员工17人，设有营业网点1个，自助银行服务点3个。截至年末，存款余额107485万元，各项贷款余额59855万元。

【业务经营】 支持地方经济，积极挖掘优质企业和项目，加强信贷投放。结合实际，服务中小企业，按照大数据管理原则，创新推行低利率、纯信用的小微快E贷、POS贷、税易贷等小微企业贷种，为小微企业解决融资难融资贵的问题。强化优质服务，走访企业、行政企事业单位、乡镇、街道等上门办理公务卡、高速过关免停车ETC卡等；推行助业贷款、装修分期贷款和汽车分期等个人贷款业务；在乡镇、社区设置65个POS缴交网点、在支行开设绿色通道为居民养老保险提供缴交服务。加快电子银行、自助银行的建设，截至年底，县支行设自助银行网点3个、新增自助服务终端6台，设立ATM自助设备8台、POS机28台；免费为客户开通手机银行支付、龙支付等新功能。

【经营服务】 秉持“客户至上”的服务理念，通过打造“优质服务标杆网点”、加快综合化网点转型工作，不断提升服务环境、服务技能、服务效率，为客户提供热情、周到、满意的综合化金融服务。保持“四川省银行业文明规范服务百佳示范单位”、市级“文明单位”、县级“文明示范窗口”等称号。多次组织员工利用休息时间到学校、乡镇宣传金融知识，开展送金融进校园、送金融服务下乡等活动。针对泸县是务工大县的情况，为回乡务工人员专属定制“温馨团圆 惠福到家”的惠福新龙卡等系列服务；为拆迁居民提供最快捷、最优惠、最放心的专享金融服务。

【内控案防】 加强员工的警示教育，增强员工的风险防范意识和合规操作的自觉性；加强业务检查监督，有效防范案件风险；加强对消防、安保等案防实施的日常检查。确保各项业务稳健运营、客户资金的安全管理。实现连续十年无案件、无违规事件、无责任事故发生。

【帮扶工作】 号召全体员工伸出援助之手，多次对对口扶贫村——立石镇天堂村捐款捐物，并与镇上、村上干部一起分析每户贫困户致贫原因，研究脱贫措施，实施“精准扶贫”，千方百计提高困难群众经济收入，取得良好效果。

（撰稿人：许宏图）

农业银行泸县支行
Luxian Branch of Agricultural Bank of China

【概况】 中国农业银行股份有限公

司泸县支行位于泸县福集镇，2016年，有在职员工181人，内设部室4个，下辖营业机构14个，遍布泸县城区及主要乡镇，形成便利的结算汇兑金融网络。在玉蟾街道、玄滩镇、云锦镇、云龙镇先后设置5个自助银行。该行主要提供存取现金、转账结算、消费、理财、贷款、电子银行、代发代付等金融服务，在泸县金融市场中占主导地位。县支行一贯秉承以客户为中心的经营理念，坚持审慎稳健经营、可持续发展，立足县域和城市两大市场，实施差异化竞争策略，着力打造“伴你成长”服务品牌，依托覆盖全国的分支机构、庞大的电子化网络和多元化的金融产品，致力为广大客户提供优质的金融服务，与广大客户共创价值、共同成长。全年实现拨备前利润9556万元，拨备后利润6887万元。

【资产业务】 作为服务“三农”试点行、中小企业优先发展重点行、电子渠道建设整体推进行、省级新农村建设示范片之一，立足县域经济，积极支持社会主义新农村建设，支持中小企业发展，支持教育行业基础设施建设。充分利用县域信贷政策和市场资源，大力拓展法人和个人优质客户，实施信贷结构调整，促使资产结构更加合理。截至年底，泸县支行各项贷款余额为143682万元，比年初净增13689万元，其中法人贷款余额69857万元，个人贷款余额73825万元。

【负债业务】 扎实做好旺季筹资各项准备工作，继续保持储蓄存款稳定增长。全年深入推进网点的二次转型，强化考核，加快打造“标杆”网点示范群，加强优质客户的维护，个人优质客户稳步增长，由单一业务营销服务型向以客户为中心的综合服务型转变。年末各项存款余额608150万元，比年初净增550593万元，其中个人存款余额532023万元，对公存款余额45983万元。

【服务“三农”】 发放全省金融机构首笔农民住房财产权抵押贷款58万元，发放农民住房安家贷款7997.5万元，为农民进城购房提供有力保障。成功突破户村扶贫小额贷款，截至年底，向泸县各村社建档立卡贫困户发放扶贫小额信用贷款196笔共计24.4万元。

【内控与风险防范】 坚持依法合规经营，建立健全内部控制领导组，加强对工作的领导和指导。截至年底，全行不良贷款1005万元，完成市分行年计划100.9%，法人贷款无新增不良记录，小额农户贷款在前期诉讼催收的基础上，继续加强一户一策多渠道催收，收回已核销小额不良贷款本金60万元，收回已核销小额不良贷款利息14.8万元。开展财会、运营、信贷等条线培训，推进“三化三铁”创建和后台中心集中建设，落实安全生产责任，信息系统稳定运行。加强信访维稳和舆情管理，风险、案件、员工行为排查等成效显著，合规文化“六个一”活动持续开展，法律事务和反洗钱工作力度加大。全年无重大案件和重大责任事故发生。

（撰稿人：岳源、李霞）

农业发展银行泸县支行
Luxian Branch of Agricultural Development Bank of China

【概况】 中国农业发展银行泸县支行认真履行农业政策性银行职能，充分发挥政策性金融在“稳增长，调结构，惠民生”中的作用。截至年底，各项贷款余额5.29亿元，较年初下降1528万元，全年累计实现信贷投放32870万元；各项存款余额为75161万元，比年初上升55768万元；“四无”工作目标降26万元；无新增不良贷款，不良贷款继续保持零余额；贷款利息收回率100%。

【信贷支农】 全年发放贷款32870万元，其中省专储粮食储备贷款1190万元，未发生区域性“卖难”和收购打“白条”；产业化龙头企业贷款14480万元，农村流通体系建设短期贷款6000万元，龙头加工粮食购销流动资金贷款1200万元，非经营性县级水利建设固定资产贷款1亿元，为粮油收储、农业农村基础设施建设、农业产业化发展等提供有力支持。完成基金项目的申报、调查、审批工作，批复基金项目10个，投放基金5.86亿元，为地方民生工程项目的建设投资提供强大的金融支撑，势必带动地方经济有效提升。

【脱贫攻坚】 作为泸县易地扶贫搬迁贷款主办行，县支行积极配合发改、财政、扶贫局做好异地扶贫搬迁项目有关资金拨付工作。截至年底，支行账户累计到位中央预算内投资、省级地方政府筹集债务资金、专项建设基金、国农公司贷款2848万元，拨付2826万元。

（撰稿人：熊娟）

交通银行泸县支行
Luxian Branch of Communications Bank

【概况】 交通银行股份有限公司泸县支行于2013年1月22日正式对外营业。2016年，县交行在编人员10人，具有大学本科及以上学历的人员占比为100%，干部员工队伍稳定。截至年底，各项存款余额70698万元，人民币各项贷款余额34959万元。建成在行式自助银行1个，离行式自助银行1个。全年县支行经营管理进入新的发展平台，经营效益持续向好，业务基础稳步夯实；渠道建设有效扩展，网点延伸服务功能逐渐放大；渠道性产品不断提升，产品业务覆盖面和影响力的规模效应放大显现；业务收入途径增多，业务范围扩大；优质服务成效显著，内控管理日趋完善。

【地方经济发展】 认真落实交行的政治责任和社会责任，坚持以链条式营销，源头式营销为发展手段，“狠抓重点项目，贸易融资不放松”。将政府、行政事业单位、酒业、物流等作为客户营销的重中之重。主动向县委、县政府汇报，重点突破一批在当地市场有影响力的项目。着力加强对县域经济的金融支持力度，进一步将金融服务辐射到县域区域，响应党中央、国务院支持县域经济发展、服务“三农”的号召。努力解决在区域上发展不均衡的问题，落实地方政府和监管机关要求，着力做好对“三农”的金融支持工作，加大对县域经济的支持力度。

【服务小微企业】 按照国务院解决小微企业“融资难、融资贵”和银监会关于支持小微企业发展的具体要求，总行开发下达“税融通”产品，交行与泸州市国税局、泸州市地税局签订“银税互动、征信互认”的三方合作协议，并就该项业务进行大力宣传和推广，并做好小微贷款的信贷支持。9月末，泸州银监分局组织举办2016年泸县“助推普惠金融发展，实现银企互信共赢”银企对接签约活动，县交行积极参加此次银企对接活动，与参会企业初步达成意向融资需求。

【内控案防】 根据业务发展及内控管理需要，组建成立相应的职能机构和领导小组，配套建立相应制度和管理办法，并签订目标责任书。开展弘扬交行精神及群众路线教育活动，狠抓“四风”整治，抓好“三严三实”专题教育和正直进取价值观主题教育，坚持“三会一课”制度，扎实开展“两学一做”学习教育，为改革发展提供坚强政治和组织、思想保证。开展作风建设活动，强化履职尽职意识，提高全行工作质效。

交通银行泸县支行外景

【服务质量提升】 坚持“一个交行、一个客户”的服务理念，以客户为中心，进一步提升客户服务水平。实施服务提升工程，将服务工作纳入日常化、动态化进行量化管理。加强员工业务技能培训和业务知识学习，不断提高业务流程办理水平，提高服务效率。完善服务质量提升长效工作机制，以服务工作规范化、标准化为要求，全面强化日常管理，围绕星级网点创建做好优质服务工作。加大硬件设施投入，美化服务环境，加大宣传力度，强化品牌效应推广。积极参与政府和职能管理部门组织的各类形象宣传展示，履行社会责任。

【企业文化】 弘扬“拼搏进取、责任立业、创新超越”的交行精神，倡导泸县支行“敢于亮剑、善于创新、勇于拼搏、乐于奉献”的创业精神，以此引领全员增强竞争意识、创新意识和开拓意识，为泸县交行的转型发展营造积极进取的良好氛围。积极履行社会责任，依法合规经营，树立良好社会形象。坚持以客户为中心，努力提升金融服务水平。坚持从严治行，强化内部管理，培育优良企业文化。全行和谐稳定，工作秩序良好。班子团结有力，廉洁自律。全行发展健康稳健，实现了案件事故零目标。

（撰稿人：秦莹）

泸县农村信用合作联社
Luxian Branch Rural Credit Cooperatives

【概况】 2016年，泸县农村信用合作联社夯实业务基础，强化内部管理，在提升经营管理、深化改革转型、加大支农服务、履行社会责任等方面取得重要成果。截至年底，县联社下辖网点53个，联社本部设8个职能部门，在岗员工382人，各项存款余额1033309万元，比年初净增132335万元；各项贷款余额578663万元，比年初净增61467万元；不良贷款占比4.46%；实现各项收入71568万元；各项支出59264万元；实现利润总额12305万元。

【县域经济发展】 大力支持实体经济，做好农村市场调研，摸清县域信贷需求情况。年初，组织员工对农户、个体工商户、工业园企业进行调研，及时了解信贷需求及变化情况；结合县域实际，推出“安居贷”“房易贷”“农房贷”“税金贷”“放心贷”“卡贷通”等金融产品，解决农户购房按揭难等问题。积极承担农民住房抵押贷款等试点业务，切实方便农民融资；加强银企政企合作，与工业园区管委会、经信局保持密切联系，对新入驻园区的企业积极营销支持。

【对口帮扶】 县联社对口帮扶海潮镇尖山村，派去驻村“第一书记”负责帮扶对接工作，联社党委统筹安排各支部参与结对帮扶，将帮扶责任落实到人，开展送春耕化肥、工作经费、金融知识等活动，积极落实易地搬迁、危房改造、饮水安全等扶贫项目，多措并举帮助贫困户增收致富。截至11月底，经市、县验收，海潮镇尖山村已符合退出贫困村标准，该村69户179人符合脱贫退出标准。

8月17日，泸县信用联社到海潮镇尖山村开展精准扶贫工作　（杜亮/摄）

【精准扶贫】 以四川农信“惠农兴村”工程为载体，竭力为贫困地区提供“普惠、灵活、高效”的金融服务，扎扎实实地开展信贷扶贫工作。截至年底，对辖内的15341户授信评级7882户，其中政府分配给县联社服务区域的7个乡镇共4791户贫困户建档立卡、评级授信，建档立卡面100%，评级授信面100%，对于有信贷业务需求的100%满足需求。累计发放小额扶贫贷款177户，金额155.66万元，现有175户，余额145.56万元，发放产业精准扶贫贷款2户，金额2780万元。

（撰稿人：杜亮）

邮储银行泸县支行
China Postal Savings Bank Limited by Share Ltd Luxian County Branch

【概况】 中国邮政储蓄银行股份有限公司泸县支行于2008年5月23日挂牌成立，内设综合管理部、综合业务部两个部门，在岗员工62人。全县有61个全国联网营业网点（4个自营网点，57个代理网点），数量居泸县金融机构之首。开办个人、公司、信贷等多项业务，是全功能的国有商业银行。

【经营管理】 邮储银行泸县支行以当前经济金融形势为背景，结合自身实际，转变经营思路，创新管理模式。大力倡导“精简高效，勤俭办行”的管理理念,强化财务管理，实现增收减支，清收不良贷款，提高资产质量。发展新兴业务，创新人才管理，优化岗位配置，全体员工团结一心，推动各项业务快速发展。加大网点改造力度，拓宽服务渠道，方便群众。新增离行式自助银行1个、POS机68台、商易通10台，方便广大客户办理银行业务。

邮储银行泸县支行龙脑大道网点召开晨会（赵维丽/摄）

【业务经营】 全行各项存款余额76.7亿元，其中个人储蓄存款余额72.96亿元，比年初增加8.5亿元；公司业务存款余额3.74亿元，全年净增-0.41亿元。全年投放信贷资金6.11亿元，与2015年同期相比增长55%；全年新增贷款1.69亿元，结存贷款余额5.65亿元，结存贷款余额与2015年末相比增长49.5%。

【服务“三农”】 坚持“服务‘三农’、服务中小企业、服务社区”的定位，支持地方经济发展，服务社会民生，走出一条商业可持续的“普惠金融”发展之路。坚持市场定位，积极做好“三农”业务发展，全年发放小额贷款392笔，金额3984.5万元。

【信贷业务】 加大信贷投放，信贷规模稳健增长，截至年底，信贷规模为5.65亿元。大力支持县域经济发展，刺激消费，拉动内需，发放一手房、二手房等消费类贷款723笔，金额1.73亿元。支持中小企业发展，立足县域经济，重点解决企业融资问题，全年发放小企业贷款29笔，金额1.7亿元。支持民营经济发展。重点解决个体工商户、微小企业融资难问题，全年发放个人商务贷款721笔，金额2.11亿元。做好再就业贷款工作，发放再就业贷款167笔，金额1550万元，为泸县广大人民群众就业、创业提供极为重要的金融支撑。创新“扶贫小额”贷款产品，认真解决金融服务最后一公里，及时在石马建立金融扶贫服务站，累计发放扶贫小额贷款 205 笔，金额 165.5 万元。

【惠民工程】 全年代收社保、医保、非税约 20.4 万笔，金额 6500 万元，笔均 318 元；累计代付社保、新农保、低保等 240 万笔，金额 7.32 亿元，笔均 305 元，其中新农保 190 万笔，金额 1.6 亿元，笔均 75 元。邮储银行成为全县“新农保”服务参与度最高的金融机构。

【内控管理】 规范财务收支核算，防范财务风险。加强对账工作管理，提高对账回收率。认真贯彻落实反洗钱规定，及时准确报送可疑交易报告。加强对关键风险点的监控。加强党风廉政建设责任制和“一岗双责”要求。上半年，成功完成定岗定编定员工作，制定和完善岗位职责，明确各部门、上下机构之间、各岗位之间的职责划分，切实达到横向和纵向相互监督、相互制约的要求。全行各级层层签订案件防控工作责任书，认真履职，确保支行全年无案件和风险事件的发生。

【企业文化】 开展丰富多彩的文体活动，丰富职工的业余生活。结合“强基固本”建设工程和党员“政治生日”主题活动，深入开展“两学一做”学习教育活动，努力深化“四风”问题整治回头看、巩固和拓展党的群众路线教育实践活动和“三严三实”教育活动成果，严格遵守中央“八项规定”和集团公司党组 20 条意见等有关要求。积极履行企业社会责任，关注弱势群体。在春节、重阳节对牛滩敬老院进行慰问，为他们送去温暖；在教师节对牛滩小学进行慰问，为广大师生送去关怀，为构建和谐社会做出企业应有的贡献。

（撰稿人：汪玲）

泸州市商业银行泸县支行
Luxian Branch of Luzhou City Commercial Banks

【概况】 泸州市商业银行泸县支行于 2014 年 12 月 18 日正式成立并对外营业，2016 年，支行在编人员 10 人。县支行的成立实现了泸州市商业银行在 4 县 3 区的全覆盖。泸州市商业银行泸县支行始终坚持“立足地方，服务中小，关注民生，贴心市民”的经营宗旨，秉承“先你所想，融通有道”的经营理念，努力将泸县支行打造成精品支行，为泸县社会经济的发展做出积极贡献。

【业务经营】 在存取现金、转账结算、代收代付、贷款等传统业务基础上，充分发挥泸州市商业银行一级法人银行决策链条短、信息传导快、机制灵活的特点，根据县域情况针对性地进行产品创新、制度创新、流程创新，为客户量身定制金融产品和金融服务。作为地方性的城市商业银行的县域分支机构泸县支行，主要为泸县的各机关事业单位、国有企业、个体工商户和小企业等发展提供优质金融服务。截至年底，支行存款突破 10 亿元大关、贷款突破 10 亿元大关。与各级政府对接，将信贷资源投入到泸县医药园区建设、泸县经开园区建设、重点项目建设、市政融资建设、小微企业发展，支持泸县地方经济建设；响应民生号召，制作和发放社保卡 4 万余张；积极推行“酒城卡”零费用惠民行动，异地异行取款转账全免费，把更多实惠让渡给泸县企业和市民。

【内控案防】 重视风险管理，落实关键环节和薄弱部位的风险管控，扎实开展员工合规教育，加强问题的落实和整改。坚持“案防工作要月月讲、天天讲、时时讲，常讲常新”的工作要求，认真贯彻执行总部关于纪律作风、操作风险的文件精神。通过晨会、周会、月会、案防工作会以及业务讨论、学习考试等方式，形式多样的开展内控学习，有效防范案件事故的发生，确保实现支行全年零案发。做好党风廉政建设、案防、安防、内控、综治、维稳、消防、爱卫、计生、保密、信息安全、优质服务和精神文明等相关工作。及时传达总行相关文件和要求，加强对员工思想的教育，强调信息保密的重要性；认真开展员工风险排查，随时掌握员工思想变化；并签订一系列责任书，层层落实责任，确保支行各项工作的平安运行。

（撰稿人：江梅）

中国人保泸县支公司
China Life Insurance Company Luxian County Branch

【概况】 中国人寿保险股份有限公司泸县支公司为国有绝对控股上市公司。内设经理室、综合管理部、客户服务部、团险销售部、银行保险部、个险销售部；在19个乡镇分别设立营销服务部，营业网点遍布全县各镇，在岗职工15名，个险及团险、银保营销人员400余名。公司主要经营各类人身保险、健康险、意外险等。

【业务经营】 公司以“诚信为先，稳健经营，价值为上，服务社会”为经营宗旨，锐意改革，不断创新，规范运作，2016年业务得到较好的发展。全年总保费收入1.18亿元，新增保费收入5000余万元，各类满期给付近9000万元，理赔金额近2700余万元，其中大病补充医疗保险赔款近1800万元。上缴税款各类税款近120万元。

【企业文化】 作为国内最大的专业寿险公司，中国寿险行业的中流砥柱，公司秉承“成己为人、成人达己”的企业文化核心理念，遵循“诚信为本、稳健经营”的企业宗旨。坚持合规合法经营、努力做大做强做优，充分发挥保险的社会“稳定器”和“助推器”作用。公司将继续以振兴民族寿险业为己任，本着“忠诚服务、笃守信誉”的宗旨，为构建和谐泸县做出更大贡献。

【精准扶贫】 承办精准扶贫保险、承保农村小额人身保险和泸县城镇居民和农村居民的大病补充医疗保险，为全县人民提供全面的死亡、伤残和医疗保险保障，为减轻人民群众负担，为泸县的全面脱贫攻坚工作做出一定贡献。在努力发展保险业务的同时，公司通过各种方式和途径，吸纳社会无业人员260余人；积极参与“精准扶贫　爱在国寿”“慈善一日捐”“栋梁工程”等社会公益事业。

（撰稿人：王小洪）

中国财保泸县支公司
People Insurance Company of China Luxian County Branch

【概况】 中国人民财产保险股份有限公司泸县支公司是一家国有控股公司，内设经理室、综合部、业务一部、业务二部、业务三部、业务四部、农村保险事业部、农村普惠金融事业部，分别在潮河、喻寺、玄滩、兆雅设立4个营销服务部。公司有合同制员工30人，营销人员400多人。主要经营各类机动车辆保险、企业财产保险、家庭财产保险、各类责任保险、短期人身保险、学生平安保险、信用保险、保证保险、政策性农业保险、电（网）销车险等200多个险种的保险业务，拥有财险市场上最完备的产品体系，在泸县辖内财产保险市场上处于主导地位。6月，获中国人民保险集团2015年度“农村保险先进单位”称号。

【业务经营】 实现保险费收入8060万元，其中商业险保费收入5774万元，净增734万元，同比增长14.56%，农险实现保费收入2285万元（扣除划出业务同比增长5.6%）。赔付支出3455元，同比下降25.33%，其中商业险赔付支出2522万元，同比增长13%，农险赔付支出933万元，同比下降59%。

【业务服务】 不断提升和完善自身的服务能力和服务水平，为客户提供协作修理厂和住院治疗协作医院；继续完善各类伤人案件伤残评定、大额医疗费用跟踪处理和提前预付等措施；开通“95518”全国服务专线“4001234567”电话车险直通车专线业务，积极开展“同城通保通赔”和实施绿色通道救助服务等，成立人保之友客户俱乐部，为广大客户投保和索赔提供方便快捷的服务。

【文化建设】 坚持“忠诚服务，笃守信誉”和“人民保险服务人民”的宗旨，以各种文明创建为契机，开展党风廉政建设和行风建设，完善企业文化，提高服务质量。大力倡导“以市场为导向，以客户为中心”的经营理念，强化以人为本，努力做到内强素质，外塑形象，强化内部管理以提高员工服务水平。积极开展社会公益事业，资助联系乡镇的孤残儿童和镇敬老院、乡村学校少年宫、帮扶“三结合”户，多次为受灾地区和群众捐款捐物等，较好地树立起泸县人保财险公司的优质企业形象。开展文明创建工作，连续多年保持“省级文明单位”“泸州市文明示范窗口”和“省一级档案工作达标单位”等荣誉称号。2016年被四川文明消费宣传活动组委会评为“重文明、守信誉、诚信经营示范单位”。

【重大赔付】 公司车险支付赔款2007万元，其中1月24日发生的拖挂车与牵引车相撞的交通事故，单笔赔付金额85万元。非车险支付赔款513万元，其中监护人监督责任险单件赔付在10万以上的有13件，赔款总额超过130万元，政策性农业保险赔付933万元，其中水稻、玉米等赔付2.5万亩，金额444.37万元；养殖业育肥猪等赔付0.83万头，金额367.31万元，公司各项赔款及时支付到户，为企业、农户恢复生产,维护社会稳定,保障人民群众的生命财产安全起到积极作用。

（撰稿人：张江兰）

教育　科技

EDUCATION & SCIENCE AND TECHNOLOGY

教育综述

Education Overview

【概况】 2016年，泸县有中小学95所，其中普通高中5所（省一级1所、省二级3所、市重1所），中等职业技术学校3所（国重、省重各1所，含民办2所），单设初中23所（含民办1所），单设小学36所（含民办1所，另有村级校点123个），九年一贯制学校26所，进修校1所，特殊学校1所。全县有中小学生近16万人。有农民文化技术学校7所、幼儿园99所（其中民办76所），在园幼儿28366人。全县有在职教职工7800余人、退休教职工近3000人。

【学前教育】 强化体制机制建设，构建学前教育独立的办园体制和"广覆盖"的学前教育服务网络。全县公办幼儿园在编教师395名，设立公办中心幼儿园20个，覆盖率100%；设立片区园42个，覆盖率100%；设立村级园（班）134个，覆盖率60%；设立民办园76个，其中普惠性民办园48个。县域公益性、普惠性幼儿园覆盖率90%。全县6个幼儿园创建成为市级示范幼儿园，22个幼儿园创建成为县级示范园。

【义务教育】 扎实开展"三开减负

12月23日，泸县举行镇域教育发展年终督导流动现场会

三开放”工作，全县中小学校100%实现图书室、体育器材保管室和计算机教室“三开放”。注重中小学术科考核，不断优化小学科学实验操作和中小学体育学科教学质量抽测，全市率先对中小学音乐和美术学科开展抽测。广泛开展感恩教育、诚信教育、文明友善教育和日常行为规范教育。大力开展阳光体育大课间活动。坚持集体视导和到联系乡镇蹲点视导相结合，有效指导学校教育教学。落实县级经费保障，统筹薄弱学校建设。

【普高教育】 优化普通高中教育质量的评价，引导高中学校加强内涵建设。推进高中学科教研联组深度参与教育教学研究和管理，联组成员参与高中教学视导、开展学科专题研究形成常态，构建县域内高中教学资源共享平台，有效提升全县高中联合教研水平。强化高中教育教学动态管理，积极探索构建高中“自主管理和自主课堂”即“两自主”育人模式，稳步提升高中教育质量。2016年泸县高考实现泸州市26连冠，泸县二中卫冕高考泸州市27连冠。本科上线总数达到3951人。其中应届本科上线首次突破3000人大关，达到3401人，比2015年增长423人，增长率14.2%。

【职业教育】 加强“双师型”教师队伍建设，大力开展各类教师培训、技能竞赛。加强骨干特色专业建设，全县开设有9大类21个专业，有省级重点专业2个，市级重点专业5个。完成中职招生3266人，完成率102.1%；实现中职对口升学508人，比2015年增加40%。泸县建校国家中等职业教育改革发展示范校项目建设完毕，正在接受国家3部委验收。在全市率先成立社区教育学院，成功举办泸县第一届全民终身学习活动周。泸县成为泸州市首个入围国家级农村职业教育和成人教育示范县创建的县区，成功申报全国社区教育实验区。

【成人民办教育】 以构建终身教育体系、打造学习型社会为目标，完善以县社区教育学院为龙头，镇农民文化技术学校（社区教育学校）为骨干，村农民文化技术校点（社区教育学习中心）为基础的成人教育网络。成功申报全国社区教育实验区。2016年有社区教育学院1所，农民文化技术学校20所，村级成人教育教学点297个。全县有民办教育机构106所，在职教职工1065人，在校（园）学生26386人（其中民办幼儿园76所、幼儿8562人；民办小学1所、学生1282人；民办初中1所、学生4248人；民办中等职业学校2所，学生6000人；民办非学历培训机构26所，参训学生约6294人）。

【教育科研】 构建泸县“县—片—镇—校”四级立体式教研网络，为泸县教师的成长、教育的内涵发展提供良好的研究平台。全县在研教育课题165项，成功举办川南片区教育科研成果推广会，组织开展第三届“龙城校长论坛”主题培训。遴选置换研修教师136人到高校学习，组成送教下乡培训团队，针对中小学12个学科和学前教育5领域，培训乡村教师850人；信息技术能力提升培训教师4087人，校本研修与网络研修整合培训教师2737人，教师工作坊网络研修500人。培训小学语文、数学、英语，初中语文、数学、英语等中小学9个教师研修工作坊。开展校本研修示范校创建活动。评选出“泸县校本研修示范校（园）”15所、“校本研修先进校（园）”9所，确认“校本研修合格校（园）”63所。

【高中教育改革】 高中教育坚持“控制规模、调整结构、整合资源、突出品牌”的发展策略，泸县四中与兆雅镇教育资源整合工作逐步实施，逐步调整一中、四中、五中办学规模，泸县九中建设“以普高为主体、中职为辅助、艺体为特色的精品综合高中”启动。

【教学结构改革】 全面推进高中“自主管理与自主课堂”课改专项活动，整体提升泸县高中教育品质。推进全县中小学教学结构改革分级评估工作，选拔10所学校参加全国“基于数据的课堂教学改进”创新实践活动，探索推进基于信息技术的课堂教学改革。组织召开2016年度群文阅读工作现场会，推动“群文阅读”活动纵深发展。

【教育质量综评】 完善泸县中小学教育质量综合评价数字化管理平台系统，完成全县中小学教育质量监测评价报告，启动全县中小学年度考核方案的修订。代表泸州接受教育部评价改革工作调研，并作《县域中小学教育质量综合评价改革实践与探索》经验交流。

【体育改革试点】 中小学体育学科教学质量抽测实现常态化，阳光体育大课间活动实现所有校点全覆盖，泸县二中、一中、四中、五中和城北分校等4所学校顺利通过省级阳光体育示范校复检，泸县二中被表彰为全国学校体育工作示范校。

【制度建设】 依法办学、自主管理、民主监督、社会参与。以市级试点学校泸县建校为依托，确立10所学校为县级首批试点学校并逐步向全县推进。建立群众评干部、学生评教师、家长评学校、社会评管理等“四评”制度，完善学生会、团委会、教职工代表大会、家长委员会、德育工作委员会、校企合作委员会等民主管理机构，制定学校章程。

【教育技术装备及教育现代化】 “三通两平台”建设成效明显。完成《2016—2018年泸县智慧教育三年建设方案》。实施国家全面改革项目，投入资金2497.72万元，在全市范围内率先实现宽带接入校校通100%、班班通100%，师生网络学空间注册率100%，100%的学校音乐、美术和实验室等功能教室配套交互式，多媒体等计算机网考学校100%，教育管理平台和教育资源平台同步得到完善，云校教育资料平台顺利达建并得到有效使用。组织2328名教师参加“信息技术应用能力提升工程”培训，开展2016年“一师一优课”活动，录制视频资源165节，推荐41节优课送市参评，顺利通过3所教育信息化试点学校的市级验收，参加全国电脑制作大赛、教师信息化教学应用赛课等，获省级奖9名、市级奖27名。

【教师队伍建设】 面向社会招聘教师369名，通过直接考核引进免费师范生、研究生以及中级以上职称人员34名，政策性安置退伍士官12名。面向社会认定教师资格393名，其中县教育局认定幼儿园、小学、初级中学教师资格人员315名，报市教育局认定通过78名。选派100名教师参加心理健康能力培训，600名乡村教师到绵阳、重庆等地培训学习，对新招考的300余名新教师开展入职培训，举办泸县第15期校（园）长任职资格培训班及后备干部培训班。推荐评选四川省优秀乡村教师5名，推荐评选市优秀教师、市优秀班主任、市先进教育工作者59名，推荐评选市“最美文明友善教师”6名，评选表扬县优秀教师、县优秀班主任、县先进教育工作者、县师德标兵、县教坛新秀380名。成功组织第32个教师节优秀教师先进事迹报告会。常态化组织省级骨干教师、名师、省市学科带头人、优秀青年教师送教到偏远学校以及中心校教师“走教”到村校等活动；选派4名干部教师赴甘孜州稻城、乡城县挂职锻炼；选派25名教师到木里县和合江县支教。

【教育民生工程】 争取上级各种资金2.7亿元，其中建设项目资金8400余万元。新建或改建校舍4万余平方米，建设项目148个。严格落实教育资助政策，实现教育资助全覆盖。完成大学生生源地助学贷款2800万元，资助3500人左右。争取资金7000多万元，受助学生达15.3万人，覆盖全县从幼儿园到高中阶段所有学生。强化教育保障。提升高中阶段学校绩效财政保障力度，所有高中学校政策性绩效全额保证。解决公办幼儿园生均公用经费50元/生·年，保障幼儿园正常运转。落实80万元专项资金，600名乡村教师参加市外培训。投入资金1000余万元，完成全县120个村级校点的“五有”建设（有网络、有电脑、有教师伙房、有休息室、有天然气），建成984套教师公租房。

（撰稿人：莫道江）

泸县教师进修学校
Luxian County Teacher's Continuing Education School

【概况】 泸县教师进修学校建于

泸县教师进修学校（孙成刚/摄）

1956年，2005年6月，创建成“省级示范性县级教师培训机构”。2013年4月，成功创建“国家级示范性县级教师培训机构”。2016年6月，泸县县委机构编制委员会批准，泸县教师进修学校增挂“泸县社区教育学院”牌子，负责全县城乡社区教育工作。2016年，学校在职人员38人，其中高级教师21人、全国教育系统先进工作者1人、省级名师2人、省级骨干教师17人、市级名师5人，获泸州市区（县）教科研机构考核第一名。学校以“教师为本、服务基层、追求卓越”的办学思想，紧紧围绕“课改·质量·创新·提升”开展工作。

【教研工作】 协助县教育局研发全县中小学排课、上课检测工具。举行音乐、体育、美术和信息技术等术科的质量监测抽查。教学视导中通过查课表、访谈师生，督促中小学校开齐开足国家课程和地方课程，因地制宜开设特色校本课程（教材）。牵头制定“创建特色学校”方案，规定“课程建设”项目占“特色学校”评估的16分。全年全县有33所学校申报“特色项目学校”和“特色学校”，有22所学校得到复评确认。

【教学视导】 视导学前教育30余次，组织“送教下乡”（5个班级）、教师工作坊、乡村教师能力提升、幼儿园园长专题培训等项目。义务教育阶段视导19所学校，现场剖析30多位教师的课堂教学实例，为学校教学改革献计献策。普通高中阶段每期开展至少两轮的教学视导，全年达20余次，指导学科教研工作深入开展，促进教学质量稳步提高。职教阶段全年对3所中职学校视导达13所（次）。

【教研测评】 开展学科优质课竞赛，语数外学科复习研讨会、诊断考试、模拟考试，工作室研修会、学生技能大赛等活动。春期组织1~8年级各学科教学质量检测。秋期组织1~9年级各学科教学质量检测。试题质量良好，组织规范有序，分析反馈及时。组织全县各学校参加2016年国家义务教育质量监测、泸州市义务教育质量监测、中小学群文阅读监测等教育监测（检测）工作，2016年获国家义务教育质量监测实施“县级优秀组织单位”荣誉称号。通过校镇县三级选拔，发挥集体智慧，组织全县部分优秀教师，参加省、市级展评活动，获市级一等奖以上23项、省级奖10项、国家级奖10项。

【科研参评】 参加泸州市教科所、省教科所组织的课题研究阶段性成果评审，获得等级奖13项，上报市级以上立项课题12项，获市级立项5项。建立并完善县级普教科研课题立项、过程管理、结题、申奖等基础性工作，细化课题研究的过程管理，对全县所有在研课题分别指定教研员给予定点指导。定期召开全县性的教育科研例会，检查落实在研课题的研究情况。光明学校《农村学校提高课堂效率策略研究》、石桥小学《新时期农村小学传统孝道文化传承实践研究》等6项课题通过结题鉴定。全县有20项课题县级立项，推荐其中5项课题参与省、市立项。

【科研活动开展】 11月，成功举办四川省2016年川南片区教育科研成果推广活动，开展省级群文阅读研究等课题成果推广活动。开展高三优秀微成果评选活动，评出一等奖23项、二等奖42项、三等奖58项。开展全县优秀论文评选活动，参加泸州市市级论文评审，泸县获市一等奖15篇，占全市18.8%；二等奖25篇，占全市13.9%；三等奖41篇，占全市14.2%。全县有6项课题被市级立项，其中泸县教师进修校人员担任课题负责人的在研课题有5项。

【师培工作】 春季，组织全县4087名教师按方案完成国培项目各项学习任务。5月，选派41名教师、教研员（含兼职教研员）参加国培示范性项目短期集中培训选派工作培训。选派10名教师、2名培训管理者参加薄弱学科和校长高研班省级培训，55名校长参加泸州市长江校长论坛。开展泸县第15期中小学幼儿园校园长及后备干部任职资格培训，参培68人。结合“校本研修与网络研修整合”“教师工作坊”等培训项目，开展小学语文、数学等学科培训和群文阅读、视动数学等专项培训。对264名新教师采用为期1年的“五段式”培训模式，助推新教师专业化成长；对近3年参加工作的1200余名新教师，分科开展分教材教法培训。开展学科教材教法培训、研讨、交流，每学期每个学段至少1次；派出相应学科教研员，指导、规范镇级教研；将基层学校参加市级教研的情况与单位年终考核挂钩。制定实施“乡村教师支持计划”，选送636名任教15年以上且从未到市外参加培训的公办教师，组成12个特色班级，到成都、重庆等市外先进学校培训。成立59个教育研修室，涉及各学段、各学科、管理等，各研修室及时启动并开展集中研修活动。建立倒逼机制，20个评估受助的星级工作室开展为期10天成果展示活动。2016年泸县教师“国培”工作绩效评估，获得全省64个项目第一名。

【“优课”评选】 协助县教育局制定全县学校信息化建设规范方案，开展2016年度“一师一优课、一课一名师”活动。高中学段评出“优课”一等奖23节、二等奖22节；初中学段评出“优课”一等奖28节、二等奖54节、三等奖240节；小学段评出“优课”一等奖20节、二等奖40节、三等奖149节。向市推荐“优课”48节。组织参加第三届“文轩教育杯”微课大赛，泸县教师获省一等奖1个(小学科学)，市级获奖作品16件，泸县获该项目“优秀组织奖”。

【信息中心工作】 完善教师培训网络报名系统和学时管理系统，录入学时7万多人次。完成大型活动的摄录、编辑、压缩、上传培训项目集中培训视频50多小时的内容。组织5次教师培训电子问卷调查，并导出调查结果进行统计。加强“泸县教师研修网”运行管理工作，对网站内容的安全性与合法性随时进行监督与审查。组织300多人次的电大网络考试。7—8月，组织全县1500名学时不足教师参加网络培训。收集市县各类学科考试数据进行分析统计。接待2次县组织部和教育局的利用计算机网络的培训和会议。

【社区学院创建】 6月，由泸县县委机构编制委员会发文，在泸县教师进修学校增挂“泸县社区教育学院”牌子。9月，增设社区教育办公室，负责全县城乡社区教育工作，增加事业编制3名，用于泸县社区教育工作。10月，泸县教育局和社区教育学院共同商议，开展泸县全民终身学习活动周的活动，推动泸县社区教育工作的开展。教育学院联合其他部门，在11月29日，开展社区工作者心理健康教育能力培训，近60名社区教育工作者参加培训；在12月2日，开展社区家风家训活动展，近40人参加此次展演活动；在12月6日，与农工办合办幸福美丽新村建设培训，有100余人参加此次培训活动。

【财务工作】 严格执行财务管理制度，学校财务公开、透明，实行四坚持：坚持执行县物价局规定的收费标准，不乱收费；坚持校长审批一支笔制度，收支两条线，精打细算，做到先批准再报支，实行民主理财；坚持票据规范，分类分项，一级明细，汇总无讹；坚持管好用好学校财产，领物要登记，收交有记载，损坏要赔偿，借出有票据。认真学习领会泸县委办、泸县财政局相关文件精神，推进厉行节约，反对浪费的原则，严把学校全部经费收支关，认真审核原始凭证，按要求使用公务卡。努力为学校教研、师培工作提供强有力的后勤保障。

【总务工作】 组织春、秋两季九年级“二诊”“一诊”、九年级毕业会考及全县中小学期末检测试卷的征订、汇总、统计和制卷等工作，协助教研室不断提高各类试卷的印刷质量。注重临工的思想教育，以食品安全、消防安全为重点，健全和完善相关规章制度，强化责任制和监控力度，适当调整和改进临工工作思路，努力提高服务质量。加强外单位来校租用场地的接待管理工作。做好会场、教室的调整使用的统筹安排，采购物品严格履行审批制度，节约为本。对进修校所有资产进行清理，登记，上报。完成校园墙面“牛皮癣”清除工程和宿舍楼下水道排污管维修改造工程，对学校校园内两条主电缆进行安全维护，规范校园内小车、自行车、摩托车的停放位置。

【党建工作】 扎实开展“两学一做”教育实践活动。全体党员重温入党誓词，全体教师重温人民教师誓词，做出庄严承诺宣誓。领导带头开展“约谈提醒”工作；完成党员“一卡一表”建档。开展党员示范岗、示范团队、示范单位创建，制作法治宣传专栏2期，举办法治教育专题讲座3场。学校孙成刚老师参与四川省地方教材《家庭·社会·法治》编写。评选表扬校先进党员5人，曾莉莉被县教育局党委表彰的“优秀共产党员”，刘朝贵被评为县级“共产党员示范岗”，师培部被评为县级“共产党员示范团队”，泸县教师进修校党支部被评为县级“先进基层党组织”。全年党员干部带头讲党课4次，专家学者讲座10余次。组织教职工学习《习近平谈党风廉政建设》《教育部师德十项规范》《泸州市中小学(幼儿园)教师五项纪律规定》等。全年在省、市级宣传媒体发表政务信息、政务调研报告70篇，编印《泸县研训》6期。单位门户网站网页更新及时、准确，无僵尸栏目。

（供稿：办公室）

四川省泸县第一中学
The First Middle School of Luxian County

【概况】 2016年，四川省泸县第一中学（以下简称泸县一中）高中部有教学班73个，学生4196人；初中部有教学班30个，学生1781人。在岗教职工371人，其中高级教师92人、中级教师130人、初级教师86人。专业技术人员351人（研究生学历7人，本科学历334人，专科学历10人）。学校提出围绕“学生有成绩、学校有发展、社会有声誉、教师有尊严”的愿景，创办优质的省二级示范普通高中，紧盯泸州市联考和高考阶段性目标，不断深化教育改革，健全各项管理制度，扎实抓好各项常规，强化队伍建设，加强和改进党的建设，开展丰富多彩的活动，努力开创学校内涵强校发展的新局面。

【教育教学】 2016年，重点本科上线人数为541人，高考成绩稳居泸县第二。学校教师不断革新教育教学方法，优化集体备课，向课堂要效益。进一步探究和完善班级过程管理性方案，强化分层教学。规定学生作业量，减轻课业负担。进一步添置完善多媒体教室。学校历来重视体育工作，逐渐成为学校体育特色。校田径队在市、县中小学生运动会上获初中组市级、县级团第一名，获高中组市级团体第四名、县级团体第三名。校高中女子篮球队获省级C组第一名、市级第三名、县级第一名，校高中男子篮球队获市级第四名、县级第二名。校男子足球队获市级第四名、县级第二名。校摔跤队获省级比赛团体第五名。大课间市级、县级评比获一等奖。科技创新大赛和科幻画比赛，获得泸县7个一等奖，泸州市3个一等奖。

泸县一中金秋艺术节文艺会演

【“两自”管理】 结合实际，实施“日行一善”教育实践活动，完成德育成果展示节，开展学生干部从学校到年级部不同层面的自主管理经验交流活动，对各班级自主德育课进行评比展示并评选“学习之星”“诚信之星”“文明之星”“管理之星”等。特邀泸县人民检察院检察长一行到校进行法治教育专题讲座。自主管理指导办公室每月召开工作例会，举办班级文化建设布置与评比、德育课课件制作等活动，完善德育课安排与考核、学校大课间考核、学校卫生考核机制，启动自主管理研修工作室工作，完成学生干部培训10余次、对学校后勤服务检查3次。与尚领集团合作，完成学生干部培训等事务性工作。

【科研工作】 推进“三环六步”思维性课堂课改模式，运用思维发展型自主课堂教学理念，制定并落实课堂教学评价细则，实施“三有”[有感（学习体验好）、有用（减负增效）、有内涵（思维含量高）]、“五转变”（课程焦点转变，课程流程转变，课程资源转变，由题海战术向规律挖掘转变，互动设计方面转变）的策略方法，开发自主课堂，实现心智教育。围绕课改，问题导向，创建实施备课组“教·培·研·说”式个性化活动模式，举行考试规律与思维规律研说活动，加强试题研究，推进各年级各科试题与全国卷接轨，提升教师教学科研水平，形成“三位一体”的教研格局。

【科研成果】 完成教师研究展示课、优质课108节（省级1节、市级18节、县级89节），获省奖1人次、市奖7人次、县奖37人次。教师外出交流发言45人次（省级4人次、市级11人次、县级30人次）。截至年底，学校有省级课题1个（《中学学科思维可视化教学实践研究》）、市级课题4个、县级课题5个、校级结题10个，立项课题13项。教科研成果获市级一等奖2个、二等奖4个，三等奖7个，县级奖23个；论文获奖（发表）国家级8人次、省级10人次、县级102人次。开发有课程专题62个，参与教师79人，学生3000余人。科技创新作品也获省奖2人次，市奖5人次，县奖11人次。

【党建工作】 县一中党委有党员139人，分属6个支部（其中退休支部12人）。积极开展“两学一做”活动，组织校务会成员到泸州市警示教育基地进行警示教育。通过实际调查、问卷（存在问题、满意度）调查，撰写报告讨论、班子成员、党员代表查摆问题。先后4次集中开展“四爱五爱”教育活动，全校师生深受教育；开展德育渗透与德育榜样活动，评选并表彰“最美教师”4人，并刊登宣传专栏；评选“四爱”教师12人、“五爱”学生15人；开展关工委活动2次，泸县一中—云龙学校结对共建乡村学校少年宫系列活动1次；组织师生员工观看重大革命历史事件题材系列影片。全年被县委、教育局党委表彰8人次，学校党委评选表彰56人。

【工会团委工作】 按照服务大局、服务职工的工作方针，校工会组织职工篮球比赛、乒乓球比赛、教职工“三八”节50里远足等文体活动20余项，评选出“三八红旗手”“五一”劳模、校级优秀教师、校级优秀班主任、优秀备课组长等200多人次，各级各类赛课获奖60余人次。携手“畅享”音乐社，策划和组织泸县一中2016年秋期校园歌手大赛；组织和策划泸县一中第七届风筝节、泸县一中高2013级成人礼；携手教务处完成泸县一中2016年度读书节；举办泸县一中雷锋月活动等校内活动。完成法制微电影《贷价》的录制与后期制作、纪念长征胜利80周年演讲视频的录制；举办第三届语言节暨“少年传承中华美德”系列教育活动等校外活动。学校团委获2016年度县团委考核一等奖、泸州市“五四”红旗团委荣誉称号。

（撰稿人：张雪平、曾伟国）

四川省泸县第二中学
The Second Middle School of Luxian County

【概况】 2016年，四川省泸县第二中学（以下简称泸县二中）有应届127个教学班，学生7531人；往届12个班，学生667人；教职工504人，其中专业技术人员474人(研究生67人、本科405人、专科18人、中专42人、高中以下10人)，退休人员77人。有高级职称162人、中级职称139人、初级职称128人、其他45人。继续推进“四个三”理念，全面落实五大工作要点和“123”工作思路，各项工作顺利开展，获得“全国学校体育工作先进学校、空军招飞优质生源中学、四川省文化活动治校示范学校、清华大学2016年生源中学”等荣誉称号。

【班子建设】 2016年，根据泸县教发〔2016〕87号文件指示，免去王东副校长职务，学校班子现有校长1人、党委书记1人、副书记1人、副校长4人。结合实际，调整班子成员分工，完善年级部管理体制，高2014级、高2015级施行年级大主任负责制，高2016级施行轮值主席负责制，进一步充实中层干部队伍。继续坚持“四个三”的教育改革理念，推进“四自管理”“四大管理”，提出并践行“123”新学年工作思路。

【队伍建设】 加强管理队伍建设，通过公开竞聘选拔，顺利完成中层干部换届。全面落实《领导干部述职公示制实施方案》，校级领导和中层正职在教职工大会公开述职，中层副职书面述职，并将述职内容和结果在学校办公平台公示；进一步强化“年级主任论坛”和“班主任论坛”管理，加强学科中心主任和年级教研组长队伍建设。继续加强教师队伍建设，试行《高考学科、非高考学科、职员工人卓越绩效考核方案》和《关于规范教师流动管理的实施意见》，坚持走出去、请进来，广泛吸纳，学习课改理念，并邀请教育专家到校举办讲座培训。全年48人次获县级以上表彰，31人次获教学技能竞赛县级以上奖(其中全国一等奖1人、省一等奖4人)，泸州市普通高中“高三优秀微课成果奖”一等奖6人、二等奖9人、三等奖5人、优秀奖2人，65名教师荣获第二批“课改先锋”称号。

【校园建设】 进一步改善学校办学条件，建设教师书吧“尚书斋”和学生书吧，个性化改造教师办公环境。利用捐资71万元进行绿

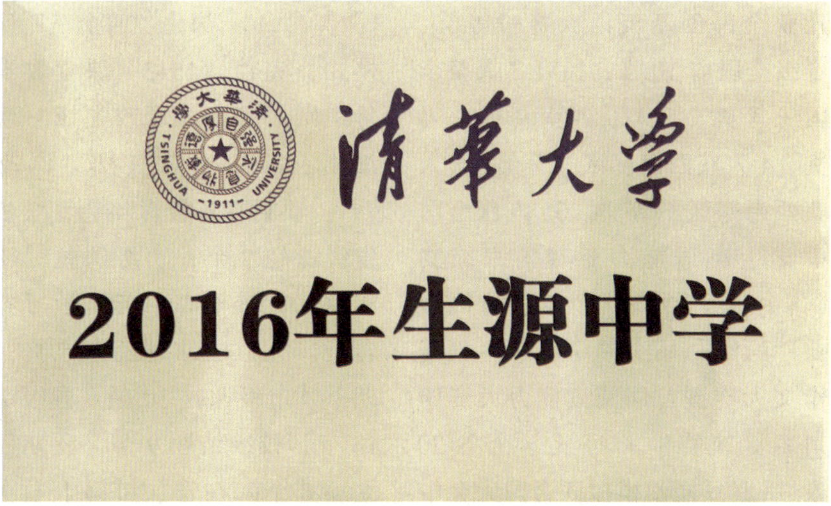

12月5日，泸县二中获“清华大学2016年生源中学”称号

化景观改造，完善十大树阵建设。安装节能路灯，完善镜子文化，推进校园文化建设。在中国教育后勤协会中小学后勤分会第一届三次理事大会上，作《绿色后勤服务师生，健康环境培育英才》主题交流发言。

【教育教学质量】 2016年高考，泸县二中重本上线1365人（含省外、单招共1407人），本科上线2502人（含省外、单招共2568人），分别创校史、泸州市纪录，获泸州市高考27连冠。应届重本上线率达55.7%，居泸州市第一。6名学生考取空军飞行员，蝉联全省第一、全国第二。应届生刘璇同学考取新加坡公费留学，胡航瑞同学通过中科大少年班考试（全省7人，全市仅1人），弘毅学堂文科班均601分，理科班均639分，重本上线率均达100%。高考录取总人数2568人。

【教学成绩】 2016年，54人获奥赛国家级奖，103人获省级奖，杨凡获全国创新英语大赛一等奖，晋级全国前10强，另有3人获全国三等奖、5人获西南赛区一等奖、4人获西南赛区二等奖、8人获西南赛区三等奖。35人获全国中学生英语能力竞赛国家级奖（其中一等奖3人）。李杭轩同学获“第十一届全国中小学生创新作文大赛暨首届阅读能力大赛四川赛区决赛”一等奖（全省20人）。罗月同学模拟联合国大会中获得荣誉提名。市传统诗词创作大赛获一等奖1人，二等奖2人，三等奖5人；市中小学生楹联大赛1人获一等奖，3人获二等奖，2人获优秀奖。校学生运动队在省市篮球、足球、田径等项目竞赛中均获佳绩。

【安保工作】 全面落实“党政同责、一岗双责、失职追责”，坚持“安全第一、预防为主、综合治理”和“五级五覆盖”“五落实五到位”。在创新社会治理中融入校园法治教育新元素、丰富新载体，深化班级值日和校长助理团制度。每日填写安全日志，每周安全短信，每月安全、违纪、周边警情通报，班级安全主题教育、常规安全消防检查；重大活动必有安全预案；学期综治平安普法禁毒量化考核奖惩。国家禁毒办副主任、中国禁毒基金会秘书长李宪辉率队考察泸县二中毒品预防教育工作，对学校探索总结的“一二五十”和“双向三级”教育管理模式给予肯定。

【教育科研】 深化“四个三”课改模式，完善“1513”课堂教学评价细则；完善“课改先锋”管理细则，评选出第三批“课改先锋”；顺利召开教育年会，学校有省级课题2个；市级课题《新课程改革背景下高中英语学习方式转型研究》已结题还未申奖，秋期申请市级课题30项；县级课题13个；校级结题9个，秋期校级立项8个。在省、市第十七次优秀教育科研成果中1人获省级奖，5人获市级奖。青少年科技创新大赛获县级奖31人，学校获县优秀组织奖，陈生贵、王智勇获县优秀辅导员称号。承办四川省2017年高考备考策略研讨会、四川省教育科研优秀成果推广现场会，获得圆满成功。

【对外交流】 党委副书记刘大连带领学校芝加哥访问团一行7名师生，于11月3—8日回访泸县二中的三所国际友好学校——美国East -west University，Faith llighSchool 和 Chicago Hope Academy；国际部主任李燕率高一、高二的19名学生赴美国加州南麓私立学校开始为期14天的插班学习，感受中美文化差异；海外夏令营团11人在加拿大伦敦国际学院作为期15天访学之旅。美国芝加哥希望高中校长Scott一行2次到校交流访问；美国Avila大学国际处处长Bruce访问泸县二中，正式签约结为友好学校；加拿大伦敦国际学院Holly校长率队访问泸县二中，教学主任Harrison在六艺楼学术报告厅作“东西方文化差异”报告。

【宣传工作】 全年在县级以上发表文章455篇，其中国家级9篇、省级160篇、市级228篇、县级68篇；学校校园网站发表文章1400余篇。泸州电视台制作专题宣传节目9期。在《泸州晚报》推出小红帽、大课间、领导力、课改等专题报道，学校招生政策解答、学校办学优势2个专整版，泸县二中高考名师指导文章6篇，长江校长论坛会议期间推出一个整版介绍学校课堂创新改革文章。全面介绍泸县二中空飞教育的纪实文章《飞向空天的教育之舞》在国家级《德育报》、省市级媒体华西都市读本、《川江都市报》发表。学校被评为县宣传先进集体，殷涌被评为县宣传先进工作者，程富斌被评为县宣传先进个人。

【爱心扶助】 加强学生资助中心建设，完善学生资助管理，及时完成贫困学生资助金发放。全年资助学生545.467万元（春期受资助3733人、秋期受资助3677人）；6位校级领导每期为高2017届33班残疾生喻永波、1班车祸双腿截肢女生黄欢捐款2400元，每月食堂为2人各补贴生活费300元；学校组织为身患白血病的高2017届B部10班龙鑫捐款18.9万元；新年慰问退休校级干部和困难教职工。教职工为“大爱无疆、携手扶贫”活动捐款2.52万元。

【党建工作】 县二中党委有党员教职工310人，分属12个支部（其中离退休支部党员19人，城北分校支部党员59人）。开展“两学一做”活动，高2017届B部年级管理组被评为“县‘两学一做’共产党员示范团队”，12人被评为县教育系统“两学一做”共产党员示范岗，4个团队获评县教育系统“两学一做”共产党员示范团队，学校获评县教育系统“两学一做”共产党员示范示范单位。校党委获县直属学校党建目标考核一等奖。

【工会工作】 充分发挥民主管理、监督职能。顺利完成教代会换届，选举正式代表91名，列席代表6名；召开九届一次教代会，听取2015年学校工作报告和学校财经工作报告，审议通过《高考学科教师卓越绩效考核方案》《关于规范教师流动管理的实施意见》《学校章程》修正意见；收提案5件，落实上届会议提案6件。表彰校“三八红旗手”、模范丈夫、工会工作先进个人，组织开展教职工登山比赛、篮球比赛、定向越野赛、“六一”教职工子女游园活动等，坚持一年一次女教工去县医院妇检和教职工的常规体检；春、秋期2次为“满十”教职工过集体生日，校职工婚丧及重病住院坚持慰问看望，每月10日组织离退休教职工聚会；坚持慰问困难教职工，设教职工子女升学奖本年为1.42万元。林德兴、文礼书家庭评为“四川省最美家庭”。

【社团工作】 团队工作坚持“抓基层、抓实事、抓落实”，成功举办“青年教师风采大赛”；成立学生社团联合会，规范学生社团管理；积极开展主题班团队活动和实践教育活动、“学雷锋、树新风”青年志愿者系列活动、“校园十佳歌手”大赛、“歌声响彻校园”等活动；组织全校玉蟾之春诗歌演诵赛、纪念“五四”运动大型文艺晚会；举行国旗班交接仪式；组织开展旧书交易、校园涂鸦和社团活动；评选“十佳团支部书记”“十佳班长”“十佳优秀学生”。

（撰稿人：傅启毅、付六全）

四川省泸县第四中学
The Fourth Middle School of Luxian County

【概况】 2016年，四川省泸县第四中学（以下简称泸县四中）有77个教学班，在校学生4472人，在岗教职工277人，其中特级教师1人、高级教师78人、中级教师103人。继续坚持“稳定规模，走内涵发展道路”的指导思想，把“精品高中，西部名校”确定为奋斗目标。深化自主管理和自主学习的“两自”教育教学改革，实施“五步四环”课堂教学模式。

【基础设施建设】 进一步改善学校硬件设施及办学条件，7月，泸县四中公租房工程正式验收。8月，完成教学楼前树林亮化改造工程，新建大型垃圾库。9月，完成教学楼教室“标准化考场”的设备安装。10月，安装完校内LED电子显示屏，添置校园宣传橱窗，实现校园标语无纸化，完善学校网络改造、升级工作。

【教育教学】 2016年高考，泸县四中本科上线451人（不含艺体），重本上线70人（不含艺体），超额完成市下达任务，应届重本、本科上线创校史新纪录。泸县四中获泸州市普通高中教育质量综合评价（A类学校）二等奖，获泸州市初中教育质量综合评价“优秀学校”，获泸县2016年度高校招生工作量化考评一等奖。1月下旬，校女子排球在四川省中学生排球锦标赛获得第十二名。6月上旬，男子篮球获泸州市、泸县中小学生篮球赛市第四名、县第三名，男子足球获泸州市第七届城市运动会乙组第三名，甲组第四名。6月24日，顺利通过“四川省阳光体育示范校”复查。11月3日，被泸县教育局评为泸县2016年度教育宣传工作“先进集体”。12月下旬，校高中男子足球队获泸州市校园足球联赛高中组第四名。

【科研交流】 外派教师培训986人次，申报市级课题2个、县级课题5个、校级课题127个，信息技术组课题结题并获奖，15篇教师论文获省级奖励获发表、32篇教师论文获市级奖励、26篇教师论文获县级奖励，8人次上市级展示课、22人次上县级展示课。3月13日、20日，组织部分教师赴河南西峡一高参加“三疑三探”的“影子培训”。3月18日，组织高三全体教师和高一、高二备课组长参加泸州市组织的“课改培训”。3月25日，组织“传承经典、书写文明”现场书法大赛。5月中下旬，组织开展泸县四中第二届“课改先锋”课堂教学展评活动。9月14日，承办泸州市高中化学优质课教学展评活动。10月10日，承办泸州市教育学会中学语文专业委员会理事长工作会。10月26—28日，何淑清、徐大荣、徐志华参加“四川省中学校长协会教学部第四次年会”，学习棠湖中学的新高考背景下的选科走班教学经验。11月14日，尚领教育集团率河南西峡一高的数学、物理、历史、地理4位教师到校指导课堂教学改革工作。12月15日，教科处组织全校市级以上骨干、名师、学科带头人，开展“泸县四中2016年学术生命力研讨活动”。12月27日，进行“泸县四中2016年校级微型课题成果”终评工作，评出一等奖30项、二等奖42项、三等奖52项。

【德育工作】 建立“家校共育”的互动机制，强化德育和安全宣传教育。3月14日，举行“泸县四中2016年春期德育工作会暨两自经验交流会”。4月20日，德育处组织评选“优秀主题班会”，评出一等奖18人、二等奖17人。5月12日，德育副校长俞洋组织召开“泸县四中2016年教育民生工程暨生源地助学贷款推进会”。5月26日，泸县九中到校开展德育工作管理经验交流会。6月22日，德育处向高2013级全体班主任传达“泸县2016年栋梁工程、大学新生路费资助、生源地助学贷款”的相关政策。9月，组织编写《四川省泸县第四中学德育序列化实施方案》，并发放给年级部和全体班主任组织广泛讨论。10月13日，德育处主持召开“泸县四中2016年秋期教育扶贫工作推进会”。11月17日，德育处开展“学宪法，说宪法”演讲比赛，并上交参赛视频。

【安全工作】 落实安全责任，层层签订安全责任书，强化问责；完善管理与隐患排查长效机制，学校、职能部门、教职员工齐抓共管，警校共育、家长互动共育、班级安全委员带动学生自主管理，每周一由分管安全的校长组织召开安全工作例会，加强安全宣传，强化安全意识。举行丰富多彩的安全宣传教育系列活动，定期开展寝室、教室安全疏散演练、每月进行寝室安全和管制刀具拉网大检查，构建平安和谐校园。3月7日，全校教职工学习《学生溺亡事故频发原因简析及治理对策》。5月17日，安办组织召开全校走读生及其家长的安全管理工作会。12月12日，学校与川油天然气有限公司、泸县住建局联合主办“燃气安全进校园宣传活动”。

【党建工作】 泸县四中党委有党员教职工106人，分属5个支部。11月3日，泸县四中被泸县教育局评为“2015—2016年度教育信息宣传工作先进集体”。11月18日，党委办石半丁被评为“2016年泸州市教育宣传工作先进个人”。按照县委、县教育局党委的安排部署，4月25日，开展“重师德，正师风，做合格人民教师”

教育活动。5月20日，开展和“学党章党规、学系列讲话，做合格党员”的学习活动。7月1日，举行中国共产党成立95周年庆祝暨表彰大会。10月21日，组织全体教师及部分学生集中观看“纪念红军长征胜利80周年大会”央视直播。11月23日，泸县四中2016年结对帮扶兆雅镇古佛村精准扶贫取得阶段性成果，基本完成帮扶任务。

【群团工作】 工会充分发挥民主管理、监督职能，3月7日，在泸县四中第十二届教代会第九次代表大会上，审议、表决通过《泸县四中绩效工资分配方案》，拟定《泸县第四中学校工会委员会换届选举办法》。3月8日，表彰“三八红旗手”“工会积极分子”。5月13日，工会、团委组织青年教师座谈会。5月18日，组织教师进行户外拓展训练等活动。团委工作求本务实，强化常规工作及社团建设。3月17日，组织开展“学雷锋月”演讲比赛。4月12日，成功举办“四中讲堂”，对学生学科培优补差。4月27日，刊发《云影方塘》2016年春季刊。5月4日，举行迎“五四”青年节暨新团员入团宣誓仪式。6月2日，开展高三考前心理减压游园活动。7月12日，组织参加泸县第七届雏鹰练翅大赛片区交流展示活动。12月30日，主办2017年元旦文艺晚会。

（撰稿人：石丰丁）

四川省泸县第五中学
The Fifth Middle of Luxian County

【概况】 四川省泸县第五中学（简称泸县五中）创建于1958年8月，是四川省示范性普通高中，占地面积191亩，2016年有教学班86个、学生4700余名、教师300余名。学校继续秉承“立足厚道，求真求上”的办学理念，深入践行“三三”主体教育实践理论成果，在各方面取得良好成绩。2016年高考本科上线396人，重点本科上线63人。重点、本科完成任务率居泸县第一位。重点、本科上线人数和完成任务率刷新校史记录。学校连续八年获泸县人民政府教育督导考核高中类学校第一名，连续五年获泸州市人民政府A类学校教学质量评估一等奖，初中部连续五年被评为泸州市教学质量优秀学校。

【办学理念】 泸县五中坚持“德才并举，知行合一”的育人目标，坚持“以人为本，依法治校”的管理思想，确立“师生重品德，管理重品位，学校重品牌，大力提升教育质量”的办学目标，形成“勤学、乐学、会学”的学风和“团结、求实、开拓、创新”的教风。在学校建设上，发展内涵铸造文化校园，个性施教孕育特色校风，励精图治成就卓越人才。

【教学课改】 继续围绕课堂教学改革开展各项工作，教师“青蓝工程”师徒结对工作持续开展，多次举行青年教师交流活动。针对新教师开展“亮相课”展评活动，评选出教坛新秀。持续开展跨学科听课、评课。为提升教师教学水平，开展解题能力大赛等活动。承办泸县高中教育质量分析会、泸州市初中教师信息化教学应用赛课活动、泸州市高中生物展评课活动等多次教学教研活动。

鸟瞰泸县五中校园

【德育工作】 坚持以“德育为先、德智并重”为目标，深化落实学生“吃、穿、住、行、学”五项德育行为修炼。围绕自主管理，创新提出新办法——班级停课值日制度，让学生参与到德育管理中来，学生既是管理者，又是被管理者，做到“事事有人管，人人有事做”，学校环境卫生状况，学生日常行为规范都得到进一步提升。开展法制讲座，应急演练等多种形式的活动强化师生法制意识、安全意识。

【教研师培】 继续开展“三三”主体教育实践活动，以“三三”教育实践活动为主题的教师论文集《樟林世道》成书发行。针对青年教师举办一场《樟林世道》读后感写作比赛，将“三三”主体教育实践活动推向纵深。学校坚持以“引进来”和“走出去”两种方式，加强对教师理论、素养、技能进行全方位的培训。先后派遣教师到上海、浙江等新高考地区学习，为以后适应新高考环境做好“预习课”。

（撰稿人：蒲鹏）

四川省泸县第六中学
The Sixth Middle of Luxian County

【概况】 四川省泸县第六中学校（以下简称泸县六中），学校位于泸北重镇——喻寺镇；创于1941年8月，始名“私立泸县衣锦中学”。1951年1月更名为“泸县民办建业中学”。1952年9月更名为“泸县私立泸北中学”。1952年11月，学校由人民政府正式接办，定名为“泸县第二初级中学”。1955年1月，学校由喻家寺搬迁至福集镇。1958年9月，应喻寺民众要求，泸县政府对泸县第二初级中学进行拆分，把59级、60级家住喻寺各两个班的学生分回喻寺，在喻寺复办中学，取名为“泸县第六初级中学”。2005年4月创建为“四川省泸县第六中学”，升格为县直属高完中。2010年创建为“泸州市示范性高中”。2012年4月，泸县县委、县政府决定对泸县高中资源进行整合、泸县六中自2012年9月起停招高中；2014年9月起，泸县六中成为纯义务教育初中学校。现有学生800余人，教职员工79人，其中高级教师25人，一级教师32人，有市县各学科骨干教师10人，绝大部分是本科以上学历，市级优秀教师8人，县级优秀教师20人。学校现为泸州市现代教育技术示范校、泸州市实验教学示范校、泸州市校风示范学校、泸州市德育先进集体。2016年度全校获得各级颁发的集体奖项有：“泸县通讯工作一等奖”“泸县安全工作一等奖”“泸县党建工作一等奖”“组工网宣与信息化工程先进集体”“泸县教育督导评估二等奖”“共青团工作一等奖”、泸县第三十二届青少年科技创新大赛优秀组织奖等，全年有186名学生、51位教师受到各类表彰和奖励。

【办学理念】 泸县六中坚持“健康体魄、健全人格、全面发展”的育人目标，立足“对每一个学生成长负责、为每一个学生成才奠基”的办学宗旨，本着“立德立行 求实求真”的办学理念，形成“律己育人、严谨求索”的教风和“进取守纪、刻苦思变”的学风，铸造“自强不息 ，拼搏创新”的学校精神，步入“打造泸县精品初中”的轨道。

泸县六中校门

【办学条件】 2016年利用校舍维修改造资金，排除学校运动场安全隐患，改造学校校门，改建学校文化墙，对学校“天网”工程进行改造，更新多媒体教室设备9套。

【教育教学】 大力实施课堂教学结构改革，优化课堂教学模式，取得阶段性成绩。成功举办第三届课堂教学结构改革展评活动，开展“课改论坛”，推进“课改”的纵深发展，参加泸州市课堂教学结构改革展评活动，其中《泸县六中课改手册》获市二等奖、县一等奖。语文学科的书法大赛，文综、理综、数学的知识竞赛，英语学科的“校园首届英语节”促进了学生学习激情，丰富了学生的知识面，拉动了学生学习风气的转变。2016年，教学质量整体提高，2016年中考升学人数136人，其中泸县二中硬上线18人。大力开展读书活动，丰富学生知识，校刊《古榕》成为学生展示读书成果的平台。

【德育工作】 围绕德育工作中心，继续开展常规检查与考核，开展感恩、诚信为主题的教育实践活动，改进升旗仪式和国旗下讲话的模式，改进大课间活动，开展优秀小组、优秀寝室、优秀学生和管理之星的评选活动，学生的文明礼貌、综合素质和自主管理能力得到进一步的提升；德育工作以“珍惜、知足、感恩”主题实践活动为主线，以学生行为规范养成教育为主要内容，有效整合德育资源。在深化班级问题的同时，提出在全校实施“四生教育”，将教育的视角放到生存能力、生活能力、升学能力、生命教育四个维度来研究。精心办好“读书节”“科技节”“艺术节”“体育节”“德育节”等五大节会，让学生在直接参与中受到锻炼，陶冶情提影显德育的特色。多角度、全方位强抓安全教育，全年学校无一起重大安全事故发生。

【教研师培】 顺利完成继教师培任务。2016年全员参与“国培”，合格率100%，学校被教育局评为“校本研修合格学校”；2016年全校教师立项校级小课题60余项。通过完善改革教研机制，搭建好教学研究的有效平台。紧扣教学一线重点难点，丰富教学研究内容；创新教师培养机制，促进教师专业成长。深化课题研究，提高课堂教学效率。强化内部常规管理，构建生态、人性、阳光的管理模式。强化对考查科目的监督管理，规范义务教育课程开设。促进远程教育、图书资料、实验器材的使用，实现教学手段的现代高效等办法和途径来完善教研、师培工作。

【体育艺术教育】 学校顺利举行39届田径运动会，运动会上刷新17项校记录；在没有外请编导的基础上，自主设计成功举办第八届古榕之声校园文化艺术节，受到与会领导的高度肯定；学生体育达标率90%以上，体育课成绩及格率96%以上。学校排球队参加泸州市学生排球比赛获得男子组一等奖和女子组二等奖的成绩。开展阳光体育活动，学生中开展跳绳、跑操、韵律操等活动，增强学生体质，丰富课外生活。

【科技创新】 学校为泸州市科技教可示范学校，一直以来通过各类估动不断培养学生的创新能力，每年举办科技创新节作为师生创新交流的平台，取得积极的效果。在第32届创新大赛中，易非凡、调陈冬发明的“多用清洁浇水器”，周旭发明的“反光免举伞”，月中元、胡志豪发明的“带液囊的刷子”，向繁发明的“多用方便勺”，张雷发明的“小巧的胶带环”，侯鹏发明的“新型茶杯”，王涛发明的“滤油汤勺”等获泸县青少年创新制作项目一等奖；其中周旭荣获泸州市32届科技创新小英才奖；侯猴华老师获泸州市32届科技创新“十佳科技辅导员”奖和泸县第三十二届青少年科技创新大赛优秀科技辅导员奖；学校获泸县第三十二届青少年科技创新大赛优秀组织奖。

（撰稿人：陈文华）

四川省泸县第九中学
The Ninth Middle of Luxian County

【概况】 四川省泸县第九中学（以下简称泸县九中）始建于1958年，位于隆纳高速路牛滩出口500米处，交通便利。学校占地215

亩，2016年有教职工239人、教学班65个、学生近4000名。学校创新角色定位，创造性地提出“艺体特色，综合高中”的办学思路，推动学校走“普职并重，艺体特色，多元办学，差异成才”的综合高中之路。

【干部队伍建设】 学校通过整合干部队伍，锤炼作风，筑牢干部理想信念根基，激发干部潜能，提高履职效率；树立干部服务意识、规矩意识、廉洁自律意识；强化宗旨意识，落实主体责任，践行群众路线；继续完善岗位、管理、评价和监督“四大体系”制度建设，进一步明确学校规矩要求，落实工作责任，依法依规管理。

【教师队伍建设】 调整教学人员结构，优化岗位配置，提高一线教学人员待遇，发挥一线教学人员工作积极性，提高教学实效；调整职员岗位，精简职员数量，提高服务质量。改革绩效分配，建立分类目标考核激励机制；改革职称评定、评优晋级方式，建立公平竞争激励机制；改革工作量分担，实行定岗定员定责考核，建立奖勤罚懒，多劳多得分配机制。

【德育工作】 进一步修改和完善《泸县九中学生一日常规》，落实具体时段的做法和要求，以纲铸行；以德育修养训练为突破口，提升师生“自主”管理自觉性。借助尚领国际教育集团力量，规划、挖掘、设计德育修养内容，打造学校“自主”管理模式，进一步充实和完善各项措施，搞好自管会建设，通过不断完善，提高学生参与“双自主”管理的积极性，不断推进学校师生自我教育、自我管理、自我约束和文明律己的行为自觉；以活动为依托，丰富“自主”教育内容。抓住社会主义核心价值观，做活传统节日和纪念日活动；通过进一步改革升旗仪式，强化榜样教育作用；借助年级文化、班级文化打造，激发师生德育灵感，提高参与兴趣；结合“德育节”“读书节”“校园文化艺术节”等大型文化活动，扩大“自主”管理成果，让德育教育内化于心，外化于行；利用校讯通、家长委员会、警民共建等载体进一步打通学校、家庭、社会三位一体育人通道，强化育人功能，搞好大德育教育。

9月5日，泸县九中庆祝第32个教师节（李清/摄）

【教学工作】 探究新课程模式，改革评价办法，突出过程监管是2016年学校推进新课改的主要做法。学校围绕泸州市“四分两促一提高”教学模式和学校“121学案导学”模式进行不断探究实践，回归教育自然，夯实知识基础，分类别分层次，合理推进各学科教学，促进个性发展，提高教学的有效性；出台《泸县九中大力推进“双自主”改革过程考核评价方案》，将质疑、交流、合作、互动作为课堂教学评价的新指标，把教师教学过程，学生学习过程考核纳入学校评价体系，通过不定期领导巡查、上级专家视导和自主课堂展示、同课异构教学展评、课改精英赛以及师生督导团检查等形式，不断跟进过程监督检查考核，并将考核结果与期末教学质量奖挂钩，促进过程落实。

【科研工作】 以研促教，以改促研是学校教育科研的基本思想。学校以课题立项为引导，夯实学校层面、学科层面和教师层面三级科研体系建设。2016年，围绕三级层面，学校成功立项市级课题《农村中学课堂教学结构改革实施策略研究》，县级课题《农村高中地理课堂有效教学策略研究》《高中数学典型教学案例分析研究》等课题，在推进学校教育质量提高中发挥积极作用。以打造“双自主”课堂为抓手，优化课堂教学结构，以导学、小组建设为重点，发挥教师导学智慧，激发学生展示、质疑、合作潜能，提高了课堂实效。以骨干教师培养为载体，提高课堂教学后劲。学校借助“一师一优课”“一课一名师”平台，抓住国培计划、外派培训、学习参观、技能竞赛等契机，有的放矢地培养学科青年骨干教师，形成外学内培的共享机制，让教师们在学习中开阔眼界，在参与中锻炼成长。特别是学校对新教师的工作视导和全校精英赛的开展，促进青年教师迅速成长，为学校教学增添强劲动力。

【安全工作】 学校将《泸县九中安全风险点及防控措施》作为安全工作指南，重点抓好六个方面的工作：整合学校监控设备，提高安全管理效能。进一步调整和规划校园监控设备，建立综合监控室，落实监控人员，做到监控全覆盖，安全全知晓；坚持值班制度，优化精细化值班管理。合理组建值班队伍，明确工作职责，严格过程监督，做响精细化管理名牌；强化校园巡查和校门管理。认真落实重要时段和重点区域的人员巡查工作，严格出入校门刷卡和登记制度，做到安全工作日日记载；健全安全应急预案，加强安全教育和安全演练，实施安全考核奖惩管理。加大安全检查力度。进一步落实安全工作责任，坚持“一岗双责”，做到安全检查常态化。搞好校园周边综合治理。加强与社区、牛滩派出所的联系，建立联动机制，适时进行综合治理，确保校园安全稳定。

【党建工作】 围绕党的群众路线教育实践活动、“三严三实”主题教育活动以及“两学一做”学习教育等，进一步建立和完善党建工作制度，健全基层党组织，制定发展规划，增添整改措施，紧紧围绕学校工作中心，认真开展组织活动，凝聚党员信心，激发工作热情。学校党总支认真挖掘学校优质资源，培育先进典型，积极推荐优秀教师入党，扩大组织影响，充分发挥党员先锋模范作用。学校重点组织学习《党章》《纪律处分条例》《廉洁自律准则》《党风廉政责任制》《泸州市教育局关于进一步规范校（园）长职务行为的通知》《泸州中小学（幼儿园）教师五项纪律规定》《四川省中小学教师职业道德规范》等，通过对不作为、慢作为、乱作为和庸懒散浮拖软的专项整治，认真做好党风廉政和行风建设，严格落实党风廉政建设责任制，搞好党务公开和校务公开，健全监督网络，严格责任追究，规范党员干部行为，开创学校风清气正的良好局面。组织党员集中观看《论共产党员的修养》《共产党要接受监督》等专题片，观看《四风之害》《忏悔》等警示片，学习本省、市、县新近的典型案例通报，通过典型人的忏悔和身边人的诉说，切实触动大家的思想，增强法纪意识。

【后勤工作】 学校从健全制度规矩着手，强化风险防控，落实责任管理。建立管理规范。学校从清理后勤服务项目协议，完善规章着手，严格执行《泸州市教育局关于加强学校后勤服务监督管理的通知》，出台《泸县九中后勤风险点及防控措施》《泸县九中物资采购管理办法》，列出学校采购、基建、保险、后勤项目、收费、学生资助等诸方面存在的风险点，并增添措施。落实管理责任。设立食堂超市管理员、校产管理员、学生宿舍管理员、后勤服务项目管理员，定人定岗，责任到人。加大指导、检查和监督力度，确保各项目规范从业，价格合理，质量可靠。加强校产登记管理和追踪使用管理，实施赔偿制度，提高校产的利用率、保护率。发挥资金服务功能。严格学校经费收支管理，完善《泸县九中财务管理办法》，出台《泸县九中公务接待管理规定》和《泸县九中差旅费报销管理办法》，整合有限资金，实现工资、福利按时兑现，引资结息、费用报销常态化，教师活动不断增加，工作餐不断改进，教职工生活、工作条件不断改善，让教职工共享学校红利。

【校园建设】 以公租房建设为依托，进一步完善配套设施建设，实现水电气入户，花草树木落园，院坝平场落实，公租房隔离围墙落地。积极推进学校基础设施和项目建设。修缮学生宿舍后倒塌围墙、重建操场侧教师宿舍楼背面垮塌堡坎、撤除曾家大院、整固维修学校抽水船等，彻底排除学校安全隐患；此外，启明楼加固维修工程、停车场已建成；艺术苑修缮、塑胶球场建设、运动场平场等工程实施。从提高花草树木维护管理能力出发，落实校园绿化、美化公司化管理，做到及时维护、修剪，保持花草树木常年美观大方。从提高校园人文气息出发，增添光亮工程、休闲座椅等，提高校园幸福指数。

【工会工作】加强学校职工之家建设，建立职工俱乐部，建成篮球、钓鱼、健身、亲子等协会，充分利用节日（纪念日）契机，积极组织文明健康的文化体育活动，为教职工创造宽松和谐的生活工作环境。充分发挥教代会的功能，增强教职工的主人翁意识，积极为学校发展献言献策；及时准确反映教职工的思想、生活情况，随时关心教职工的疾苦，尽最大努力为教职工办好事、办实事，推进和谐幸福学校建设。

【共青团工作】切实搞好共青团组织建设，做好学生的思想政治教育工作，定期向学生宣传团的知识，积极做好团组织发展工作；积极组织开展丰富多彩的团队活动；充分发挥好学生会、团委会的功能，提高学生自主管理能力。

【特色艺体】 泸县九中艺体独具特色。学校设立指导教师，实行文化与专业双边管理、双边考勤。每生每期建立艺体生个人档案。实行严格考勤，严格管理，定期进行总结。2016 年，学校把艺体的发展放在更重要位置上，通过改革艺体学生升入本科对专业和文化老师的考评、引进艺术培训学校、同四川传媒学院、四川电影电视学院等艺体类高校签订战略合作协议等形式，对艺体教育进行深入探索，为高效开展艺体教育奠定良好的基础。在科学、合理地配置各门类艺术、体育教师的基础上，加强艺体教师工作责任心，鼓励艺体老师任班主任和年级领导，不断提高教师素养，成就一批技术水平高，业务能力精的艺体教师队伍；学校举办三场大型体现“艺体特色 综合高中”的文艺晚会，营造艺体教育氛围；要求全校学生绝大多数都会武术，全校女生都会女子防身武术，大课间以武术展示为主；学校与中国国家跆拳道示范团、泸州市青少年俱乐部等国家、省市有关单位合作，打造跆拳道，促进专业化发展，积极引进排球、射箭、皮划艇等传统项目，与国家资格考试对接，培养专业人才；建成简易武术馆、美术室、钢琴房、电子琴室、练声房等硬件设施。高考艺体双上线 113 人，上线率达 91%，获泸州市一等奖。学校艺术团有多个节目参加泸县春晚。

（撰稿人：徐泽燕）

泸县中宏特殊教育学校
Luxian Zhonghong Special Education School

【概况】 泸县中宏特殊教育学校原名“泸县初级特殊教育学校”，2009 年冠名为“泸县中宏特殊教育学校”，是一所以招收聋哑、智障残疾儿童为主的九年一贯制义务教育寄宿制学校。学校位于泸县清溪横街 45 号，占地 15.5 亩。2016 年，有教学班 10 个，其中 5 个聋教学班、5 个培智班，在校学生 136 名，另送教 10 名。教职工 32 人，其中教师 26 人。在 26 名教师中，具有本科及以上学历 21 人。副高级教师 3 人，一级教师 11 人；市、县级骨干教师 4 人，市、县级优秀教师 2 人。

【管理工作】 学校以“一切为了学生的人生幸福和人生发展”为办学宗旨，以“办人民满意的特殊教育，为社会培养自食其力之才”办学目标，沿着“重视基教，强化职教，突出艺教，语训康复，功能补偿”的办学思路，不断深化“替学生生存着想，为学生自立奠基”的办学理念，坚持特殊教育课堂教学改革，大力改善办

4月12日，副县长周昌海（右一）参加四川师范大学实习基地落户泸县特殊教育学校授牌仪式

学条件；以“严谨、善导、敬业、爱生”的教风要求教师，促进“好学、会用、有志、自强”学风的形成，努力营造“博爱、和谐、勤勉、成才”的校园风貌，不断提高教师素质，逐步建设一支高素质的特教队伍。学校坚持“制度+人文”的管理策略，各项管理制度都提交教职工大会讨论，表决通过后执行，坚持校务公开。

【教育教研】 坚持“教研强师，科研兴校”为指导，以课堂教学为主阵地，以课题研究为载体，开展多种形式、多个层面的教育科研活动。组织教师上“见面课”、研究课，提高教师专业水平。县级课题《提高特殊教育教师职业能力的对策研究》顺利结题。学校认真贯彻各级各类指导精神，积极开展各项工作，年终获直属学校教育综合督导评估一等奖、综治安全工作一等奖、党建工作一等奖。

【师培工作】 组织教师开展三笔一画、手语竞赛等校本培训；组织教师参加县教研室的各类培训与优质课竞赛，5月，赵春梅老师在泸州市特殊教育优质课竞赛获一等奖；派教师到宁波参加培教材与课程培训；鼓励教师撰写论文投稿，全年在国家、省、市、县等刊物上发表论文数篇，有10多篇论文获县级以上奖励。通过多种途径的培训，教师专业素养得到显著提升。

【艺体活动】 2月，参加2016年泸县春节联欢晚会及元宵节晚会文艺演出；6月，举办第九届学生艺术节活动暨庆“六一”活动；11月，组织学生参加四川省残疾人艺术节，舞蹈《白鹭》获得银奖；11月，召开第九届师生运动会。

【重要活动】 4月12日，泸县特校举行扶贫启动仪式，全面启动扶贫工作；4月21日，四川师范大学实习基地落户泸县特校；4月28日，泸县特校开展送教上门活动，推进教育扶贫工作；5月6日，泸州市人大领导到泸县特校检查扶贫工作；9月23日，泸县清溪社区医院到泸县特校免费为全校学生做体检；10月18日，泸县随班就读暨送教上门研讨会与泸县培智课堂展评活动在泸县特校召开；12月12日，泸县特殊教育专委会年会在泸县特校召开。

（撰稿人：张小丹）

泸县城北初级中学
Luxian Chengbei Primary School

【概况】 泸县城北初级中学校位于泸县玉蟾街道草街北段3号，成立于2001年6月，前身是泸县福集镇初级中学校。2016年，学校有48个教学班，3000余名学生。在编在职教职工168名，全部为专业技术人才。其中高级教师48人、中级教师62人、初级教师46人。省、市、县各级学科带头人、骨干教师、名师50人。县城北中学是泸县二中教育集团的有机组成部分，与国重泸县二中实行一脉相承的管理，文化底蕴厚重绵长。

【学校特色】 推行“三环五步”课堂教学改革，以小组合作学习为载体，倡导自主学习、自主练习，提高课堂效率。推行“三级六部”

城北中学艺术节

制，由学生自主管理，在班级、年级和学校分别设立“生活部”“阳光体育部”“纪检部”“环保部”“学习部”“安全部”，校园环境得到治理，学生行为习惯得到加强。在初一、初二全面实施的校本课程，根据学生意愿实行自主选班、自主选课、走班制教学。不断开发各学科不同课型的教学模式，鼓励学生敢于质疑、勇于探索，学生在参与中得到知识的巩固和提升，体验学习的快乐。让学生参与阳光体育，分年级组织手语操、韵律操、武术操和激情跑操等，锻炼学生身体素质。在办公室、楼道、实验室、教室、厕所张贴“温馨提示”标志，营造良好的育人环境。2016年，被泸县教育局评为“特色学校”。

【获奖情况】 连续15年获泸县公立学校教育教学综合质量评估一等奖，获四川省阳光体育示范校、泸州市初中素质教育评估优秀学校、泸州市现代教育示范校、泸州市实验教学三开先进集体、泸州市校本研修示范学校、泸州市中小学教学结构改革先进学校、泸县知名校、泸县教育科研先进集体、泸县教育宣传工作先进集体、泸县校本研修示范校、控辍先进集体、绿化先进学校、师德建设先进集体、教育宣传先进集体、综治先进单位、群文阅读实验学校联盟、巾帼文明岗、泸县“十二五”教育科研先进集体、县级园林式单位等一系列荣誉称号。学校教育教学成绩显著，中考成绩逐年攀升，稳居泸县公立学校第一名。

（撰稿人：胡远朋）

泸县实验学校
Luxian Experimental School

【概况】 2016年，泸县实验学校有2个教学区（本校区、西校区），66个教学班，3965名学生，在职教职工171人。以开展“有效教学年”为契机，立足课堂改革教学方式、提高课堂教学质量为重点，强化教学常规管理，落实校本教研，扎实推进课程改革，获泸县“平安校园”“校园安全文化示范校”、泸县教育质量综合督导评估一等奖。

【教育教学】 在泸县二中外国语实验学校组织的龙城杯竞赛中，48名学生获得免费公助班奖励，286名学生获得优胜奖。参加泸县中小学生田径运动会获一等奖，参加泸县中小学生篮球运动会获男子组二等奖，首次参加泸州市足球联赛即进入前十强。

【德育教育】 学习贯彻《小学生守则》等行为规范，促进养成教育，开展文明礼仪教育、安全教育、社会主义核心价值观等主题教育；定期开展“六一艺术节”“开笔礼”等大型文化活动，努力营造活动育人的氛围；重视家庭教育工作，定期举办家长开放日活动，通过学生才艺表演、家长进课堂、家长讲座、亲子游戏活动等多种活动形式，增进家校联系，共建家校乐园；大力推进“龙文化书香校园”进程，以优美的环境，浓郁的校园龙文化发挥环境育人的作用，着力把学生培养成为刚健正直、知书达礼、德智体全发展的谦谦君子。

【教育科研】 继续以开展“有效教学年”为契机，深化校本教研，升华课程改革，扎实推进科研课题的研究，充分发挥教研工作在教育改革中的灵魂作用。截至年底，学校有市级课题3个、县级

9 月 26 日，泸县实验学校举行“开笔礼”活动（程瑜/摄）

课题 3 个、校级课题 6 个。秋期市级立项 1 个，校级 8 个。教师参加县级以上各类教学竞赛有 24 人次获奖（国家级 2 人次、省级 1 人次、市级 5 人次），参加县级以上论文竞赛有 30 篇获奖（市级 8 篇）。承办市、县级各学科教研活动 16 次。秋期，被评为“泸县校本研修示范校”。

【安全工作】 学校各项安全制度责任到人，落实到位。校长、班主任、任课教师、家长层层签订安全责任书，提高认识，加强防范，明确责任，确保安全。结合季节变化经常对师生进行防火、消防、饮食卫生、交通、防踩踏、防溺水等方面的安全教育，全面提高师生的安全防范意识。门卫认真做好验证登记制度，严禁闲杂人员进入校园，上学、放学期间，及时疏散校门前聚集的学生和家长，确保校门畅通。坚持开展防火、防震等应急演练，做好安全隐患排查，填好安全台账。

（撰稿人：曾艳）

泸县二中外国语实验学校
Foreign Language Experimental School of The Luxian Second Middle School

【概况】 泸县二中外国语实验学校前身是国家级示范性普通高中四川省泸县第二中学的初中部，始创于 1941 年秋，学校占地面积近 150 亩。2016 年，开设 78 个标准规模班，有教职工 360 余名。学校以传承泸县二中文化积淀为根本，形成为学生成人负责，为学生成才奠基，为学生幸福人生导航的办学宗旨与民办精办，民办心办的学校精神。学校校训是“见贤思齐，学而不厌”，核心价值观是“爱学校 做主人，爱事业 做能人，爱学生 做贵人”。2016 年学校获泸州市初中教育质量综合评价优秀学校称号、泸州市校本研修示范学校称号、泸州市先进基层党组织称号、泸州市青少年科技教育示范学校称号、泸州市群文阅读实验学校称号、泸州市首批健康学校称号、泸州市首批文明学校称号、县中小学特色学校称号、县人民政府教育督导教育工作评估考核一等奖、县安全工作目标考核一等奖、县直属学校党建目标考核一等奖。

【教育教学】 在 2016 年中考中，有 112 人成绩在 600 分以上，泸州市前 10 名该校占 6 人，取得泸州中考十连冠。在泸县二中自主招生考试中艺体被录取 59 人。先后获得泸州市中小学生篮球比赛女子组第二名，泸州市中学生羽毛球比赛第二名，泸州市中小学乒乓球比赛男子团体第一名，泸州市中小学乒乓球比赛女子团体第二名，泸县第十四届中小学生篮球运动会女子组第一名，泸县第十四届中小学生篮球运动会男子组第一名。

【科技参赛】 学校重视科技创新，举办第十三届“科技节”，活动内容包括教师竞赛和学生竞赛 2 个系列共 8 个项目。组织参加泸县第 32 届青少年科技创新大赛，学生获得一等奖 23 项、二等奖 17 项、三等奖 9 项，老师获得一等奖 2 项、二等奖 3 项、三等奖 3 项。组织参加泸州市第 32 届青少年科技创新大赛，学生获得一等奖 1 项、二等奖 1 项、三等奖 3

项，老师获得一等奖1项、二等奖2项。学校“机器人”社团参加四川省第14届机器人竞赛,总分排名第一，获省一等奖。11月17日，学校承办四川省教育科研优秀成果推广会。

【安全工作】 学校采取多种措施确保校园平安，构建平安二外。落实“党政同责”“一岗双责”安全职责制，校长是安全的第一责任人，通过层层签订安全责任书，明确安全责任、强化问责。利用德育课等时间进行安全法规教育，坚持每天放学前3分钟安全教育。制定治安事件、交通安全、消防安全、公共卫生与食品安全、突发安全事故等安全预案。开展监控检查、实验室检查、消防检查、体育器材检查、信息安全检查、校园生活及教学安全检查、游戏及运动安全检查、饮食安全检查、公共卫生检查、校园暴力排查、校园周边环境整治工作。

【党建工作】 学校有党员125名，其中教师党员117名，女党员77名。设有3个年级党支部和后勤保障党支部。在学校网站建立“党建之声”栏目；党员活动室设置廉政文化书架，加强廉政文化学习；建立学校党员QQ群；坚持“三会一课”，践行“两学一做”，争做优秀党员。10月27日，学校承办“四川省家风现场会”。

（撰稿人：王乾平、廖远华、周娇）

泸县梁才学校暨泸县二中城西学校

Luxian Liangcai School & Chengxi Primary School of Luxian Second Middle School

【概况】 四川省泸县梁才学校（泸县二中城西学校）是一所集幼儿园、小学、初中教育于一体的民办公助学校，是国家重点示范性高中泸县二中教育集团学校之一。学校始建于2006年春，2014年秋整体搬迁至城西新校区，增挂泸县二中城西学校校牌，增设初中部。学校占地120亩，总投资2.5亿元。2016年，有教学班72个，教师192人，学生2923人。学校以“做真教育，育栋梁才”的教育理念引领学校教育教学工作，大力推进“和乐”教育，培养“习惯+文化+特长”的梁才学子，先后获“四川省标准化学生食堂”“泸州市群文阅读优秀实验学校”“泸州市标准化宿舍管理学校”、泸州市“健康学校”、泸州市安全常规管理“标杆”学校、全国美术考级定点单位、泸县“校本研修示范校”、泸县“特色教育示范学校”等荣誉。

【教学教研】 小学部积极打造“和乐”课堂，提出“有活力的课堂，有效度的课堂，有深度的课堂”三条标准，开发并实施“品德与美习、语言与阅读、数学与智慧、艺术与审美、科技与创新、体育与健康”六大类课程，合称“梁才六艺”。初中部大力倡导“和师乐友”合作学习模式，以学生自主合作学习新形式提高课堂效率。建立集体备课、备题机制，实行新课“四备法”，共享教师集体智慧。全校教师积极参加国培、网培、校本研修、课题研究，新增省级课题2个、市级课题2个、县级课题5个、校级课题11个，成立（申报）研修工作室5个。

【教学交流】 承办市、县各类教研

4月29日，学校十周年校庆（许刚/摄）

活动 13 次，邀请泸县教师进修校教研员调研我校初中各学科教学，先后与合江白鹿中学和泸县天兴中学进行联合教研。举办学校首届教育教学成果展，评出一等奖 12 项。10 月 18—20 日，加拿大教育专家佐治亚·尼尔肯女士访问学校，就英语课堂教学等内容作现场交流。11 月 17 日，“四川省教育科研优秀成果推广运用”现场会参会领导调研学校“小学生艺体素养培养模式”开展情况。12 月 28 日，香港恒爱会教育专家团访问学校，举行联合迎春音乐会。

【德育工作】 打造每月“最美学生”“十佳美习少年”“十佳和美家庭”等优秀学生评选活动，树立学生学习榜样，引领学生健康成长。实施社会、家庭、学校“三育共举”策略，邀请泸县二中唐远琼、唐莉莉等心理教育专家进行专题讲座，开展“家长开放日”活动，实现家校共育。充分利用班团（队）课对学生进行思想教育，谈家风、感恩父母、中秋晚会等主题班会给学生深深触动。开展慰问敬老院老人、穿越丛林、爱心义卖、为双腿截肢学生罗星宇和白血病患者朱慧君同学义捐、艺术节歌唱比赛、校园歌手大赛、风筝节、现场书法大赛、亲子运动会、假期作业展评等活动，积极贯彻“活动育人”教育方针。

【十年校庆活动】 4 月 29 日，泸县梁才学校“十周年教育成果汇报会”及“和乐魂”文艺会演在学校运动场举行，学校董事会成员，全校师生以及省内外部分学校、企事业单位代表，历届校友和家长朋友近 5000 人参加此次盛典。当代教育家、著名教育文学家傅东缨老先生应邀参加此次盛会，教育部原副总督学郭振有为梁才校庆题词。

【队伍建设】 继续完善、深化教师队伍建设，新增 2 名校级领导，继续推行并完善年级组管理制度，制定《中层干部量化考核实施细则》，强化干部管理。选举产生学校首届教职工代表大会代表，制定并通过《教师年终考核方案》和《职称评聘量化考核方案》。丰富教师“国旗下的演讲”和“师德演讲”内容，提升教师职业操守。推行教师结对“青蓝工程”，坚持“请进来，走出去”教师培养原则，先后邀请陶研会专家姚文忠、杨东到校进行专题讲座，提升教师核心素养。先后外派教师 46 名到山东、陕西、深圳、杭州、成都等地考察学习。校长熊兴权在第二届“川派初中名校长”评选中，被评为“川派（初中）名校长”。

【获奖情况】 姚光桥老师获全国小学科学优质课展评一等奖，舒兰老师获全国小学数学优质课现场赛课二等奖，孙方利老师获四川省群文阅读教学设计二等奖。学校教师参加泸县“优课”大赛，获一等奖 6 个、二等奖 9 个、三等奖 4 个。市、县各学科赛课，获市级奖 3 个、县级奖 13 个。全年有近 200 人次在论文、教学设计等各级各类比赛中获奖。学生参加四川省机器人大赛、四川省初中数学竞赛、川东渝西地区“荣创杯”武术邀请赛、泸州市第七届城市运动会、泸县第 32 届青少年科技创新大赛、泸县第七届雏鹰练翅大赛、泸县中小学生田径运动会、泸县中小学生篮球赛等各级各类比赛，获奖 500 余人次。六年级学生王子炫被评为“四川省优秀少先队员”。

（撰稿人：许刚）

泸县建筑职业中专学校
Luxian Build Vocational School

【概况】 四川省泸县建筑职业中专学校（以下简称泸县建校）是泸县教育局直属公办学校、泸县职教中心、国家级重点职业中专、国家中等职业教育改革发展示范校。占地面积 76203 平方米，在校生 4105 人，专任教师 206 人（其中外聘 31 人），离退休人员 61 人。学校以“创名牌职校、建特色专业、育实用人才、立一流业绩”的办学目标，深化“长技能、宽基础、高素质”立体育人体系，建立“全员参与、项目负责、成果导向、过程监控”管理机制，制定系列管理制度，做到组织管理分级化、过程管理常规化、经费管理专门化、成果管理特色化。

【发展改革】 5 月，学校被教育部

确定为全国27所“教学诊断与改进试点学校”之一。11月，被四川省教育厅、四川省经济和信息化委员会确定为第二批“省级现代学徒制试点单位”，试点专业为建筑工程施工。被评选为教育部“全民终身学习品牌项目学校”，成功创建“泸州市标准化宿舍”“泸县校本研修示范校”。开展中高职衔接，和泸州职业技术学院签约实施建筑工程施工专业“3+2”贯通式培养，招生72人；和四川西南航空职业学院合作，定向招生125人。

【基础设施建设】 将400米泥土运动场塑胶化，修建新的教学用房2845.4平方米。改建女生宿舍达到公寓标准，增加空调、空气能、卫生间。装修学术报告厅、教学综合楼外顶棚，迁建图书馆、阅览室、砌筑实训场。购买会议室座椅及桌子258套，添置采购学生课桌600套，添置学生用床100张。添置钢琴、云课堂、投影仪、测量仪器、计算机，总价值200万元。

【教育教学质量】 2016年高考，参考学生389人，本专科上线382人，上线率98.2%。2015级参加泸州市中职学校2016年文化课统一检测，语文获第一名，数学获第二名；德育及格率第二名，其余2项第四名。2015级参加泸州市2016年专业抽考信息类专业和非信息类专业的信息技术全市排名第三。先后获2016年全国文明风采大赛优秀组织奖、2016年度综合考核泸州市一等奖、泸州市“岗位学雷锋”先进集体、泸州市中职生技能竞赛建筑、信息、学前教育三个项目团体一等奖、泸县教育系统先进基层党支部、泸县中小学生篮球比赛一等奖。

【专业建设】 改革学校管理层级，强化专业内涵建设，设立土木工程系（建筑工程施工、工程造价、道路与桥梁工程施工、楼宇智能化设备安装与运行）、环境艺术系（建筑装饰、园林绿化）、教育艺术系（学前教育）、信息技术系（计算机应用）、机电工程系（机械加工技术、西航定向班）、公共管理系（客户信息服务、西航定向班）6个专业系部。2016年新招生增加楼宇智能化设备安装与运行、园林绿化2个专业。新申报市政工程施工专业，于2017年开始招生。

【队伍建设】 继续实施“一二三五”新教师发展规划，制订教师专业化成长培养规划，加强后备干部的培养培训，实施中层干部竞聘、中层干部述职，强化专业系组的建设。加大走出去培训力度，先后送培138人次。在各级各类比赛中，有27人次获县级以上表彰，73人次获教学技能竞赛县级以上奖。建筑工程施工组、工程造价组获泸县教育系统“示范团队”称号。

【社会服务】 学校组织开展退役士兵职业技能培训230人，SYB创业培训260人，创业实训培训30人，国税员工计算机技能培训80人，罗桥、马溪农村实用技术培训55人，茅山大酒店员工岗前培训75人，四川阿斯特医疗器械有限公司开展品牌培训82人。学校和建工局合作开展建设类岗位培训750人。开展市外技能鉴定202人，叙永人社局鉴定439人次，校内技能鉴定1780人，社会培训鉴定123人。普通话等级检测1501人，计算机考级314人。

【质量报告】 按教育部要求，2016年开始，国示国重学校启动质量年度报告工作。学校引入第三方兴合田职业教育研究院，对学校的基本情况、学生发展、质量保障措施、校企合作、社会贡献、举办人职责、特色创新、主要问题和改进措施，进行全面的梳理和自查，客观分析学校办学质量，形成《四川省泸县建筑职业中专学校2016年年度质量报告》，向社会公示。

（撰稿人：魏祥群）

泸州市电子机械学校
Luzhou Electronic Machinery School

【概况】 泸州市电子机械学校于1999年3月由朱国良、杨良超、程荣洲3人联合创建，时名为“成都电子机械高等专科学校泸州教学点”，租用泸州市龙马潭区鱼塘镇鱼塘中学部分校园校舍办学。

2004 年 4 月，泸县人民政府同意“成都电子机械高等专科学校泸县分校”落户泸县。6 月，校党支部经泸县教育局党委批准建立。7 月，经泸州市教育局审核批准，“泸州市电子机械学校”成立。学校占地面积 4 万平方米，在校师生 3500 余人。学校坚持以德育教育为主体，技能培养为主线，就业升学为主导，服务地方经济发展为根本的办学宗旨，坚持以人为本，自强不息，和谐发展的办学思想，培养科学化教育，技能化培养，亲情化服务，人性化管理的管理观念，实现办现代化特色职校、育创新性优秀人才的目标。

【师培工作】 8 月，罗正华完成中高职一体化人才培养模式改革教材《电工技术基础与技能》（上册），由上海交通大学出版社正式出版发行；《电工技术基础与技能》（下册）作为教学读本在学校投入使用。简波夫完成泸州市中高职一体化人才培养模式改革教材教学读本《机械制图习题集》（加工制造类）的编写工作。朱国良、杨良超、程荣州、罗正华、张云获高级考评员资格；朱国良、罗正华被聘为泸州市教学诊断与改进工作专家组成员。学校组织全校教师全员参与“同课异构”促进教师成长的教研主题活动。春季学期完成语文、数学、英语、德育、体育学科教师的“同课异构”；秋季学期完成全校专业教师的“同课异构”活动。

【技能竞赛】 重视学生技能训练水平的提高，成立技能大赛专委会，由学校校长朱国良负责，教务和德育组织实施。2016 年，孔令辉、先义焱、杜军伟、林远深 4 位同学代表泸州市参加《汽车维护与保养》项目技能大赛获四川省二等奖；汽修专业教师熊明波参加市教师技能大赛获一等奖，代表泸州参加省赛获二等奖；教师张盛平获数控车工项目一等奖第一名，教师熊明波获汽车维修工一等奖第一名，教师邓江获工具钳工二等奖第一名；汽车专业教师张盛平被评为泸县优秀教师；泸州第十二届技能大赛学校 9 位教师获指导教师奖，38 名学生参赛获奖，获市级团体奖 2 个。

9 月 27 日，四川省第六届农民工技能大赛泸州选拔赛在泸州市市电子机械学校举行

【校企合作】 与重庆市綦江区就业服务管理局、重庆市万盛经济技术开发区就业服务管理局、华硕电脑、长虹集团、广东溢达集团、广东惠州永昶电子工业有限公司、佛山市南海祥发织造制衣有限公司、四川恒威活塞环有限公司、泸州川油钻采工具有限公司、泸州刘氏汽车服务有限公司、力帆汽车有限公司、深圳风向标汽车科技有限公司等多家政府部门和大型企业签订校企合作或合作培养协议。与刚落户泸县的泸州高新区医药产业园内多家单位签订合作培训订单。校企合作确保学生实习就业渠道的畅通，让学校更直接地接触到社会一线人才培养需求和标准，推动教学的进一步改革和发展，有力地促进学校工作的全面提升。

（撰稿人：林能志）

泸州市天宇中等职业技术学校
Luzhou Tianyu Secondary Vocational Technical School

【概况】 泸州市天宇中等职业技术学校前身是泸县第十一高级中学，始建于 1975 年的泸县立石镇三溪口水库（现址位于玉龙湖景区），1977 年招收第一届高中学生，校长冯高楷。1993年，学校从泸县立石镇搬迁到现住址（泸县云锦镇郭堰）。1997年，学校更名为“泸县三溪职业高级中学校”。2004年4月，学校由公办泸县三溪职高改制而成，更名为“泸州市天宇中等职业技术学校”，简称天宇职高。学校以学历教育为主，是泸县公助民营、长期致力于高考升学教育的主要职业学校。学校位于泸永路旁,建筑面积15551平方米，在校学生1580名。教职工89人，其中高级职称6人、中级职称10人、初级职称5人。2016年，参加高考人数81人，本专科上线64人，升学率84%。

【教学服务】 围绕服务地方经济社会发展的要求，与各职业学校同发展、共进步，在服务中培育优势。重点发展学前教育，较好的服务于泸州及周边地区对学前教育的需求；开设电子商务、服装、模具、计算机应用等专业，服务泸县地方经济建设的需要服务。社会培训与地方经济发展相对应，围绕应用型人才培养目标，转变思想观念，全面落实人才培养工作规划。开设汽修专业劳动预备制，与泸州经济发展相对应，面对农村开设种养殖等特色产业进行专业培训，培养一批技术骨干。

【党建工作】 天宇职高党支部成员15人，分属1个支部（其中退休党员12人）。按照县委、县教育局的安排部署，积极开展“两学一做”活动，积极发展新党员，全年发展入党积极分子4人，党支部先后进行集中的3次活动。建立党员教师学习党章、遵守党章、落实党章、维护党章的机制。

【获奖情况】 天宇职高学生参加泸州市第十二届中职学校学生技能比赛获信息技术类（办公自动化）一、二、三等奖各1名；信息技术类广告创意与设计二等奖2名；信息技术类微网站设计与开发三等奖2名；学前教育类幼儿教育活动设计二等奖3名，三等奖1名；手工作品纸艺二等奖2名，三等奖4名；手工作品废旧物二等奖2名；三等奖3名；手工作品布艺二等奖1名；三等奖1名；手工作品泥工三等奖1名。2016年泸州市第四届中等职业学校文明风采大赛征文《规划人生、展望未来》一等奖获得者1名、二等奖2名、三等奖4名；《诚信立身、友善待人》二等奖1名；《崇国敬业、展望未来》二等奖1名；《做一名友善诚信的中职生》二等奖1名，《诚信之国》二等奖1名，《诚信待人》二等奖1名；《传播星火、瞭望未来》三等奖1名；《做个友善的人》三等奖1名。2016年泸州市第十二届中职学校技能比赛教师获得学前教育类（幼儿教育活动设计）二等奖3名；（手工作品展评）一等奖1名、二等奖2名。

（撰稿人：唐明芳）

科技工作
Science and Technology work

【概况】 2016年，全县立项各类科技项目22项，立项资金698万元，推广新品种43个、新技术40项。创建国家高新技术企业2家，高企更名复查1家，国家知识产权优势企业1家，泸州市科技型企业57家。全社会研发投入（R&D）支出占GDP比例0.5%，企业研发投入占全社会研发投入比例达70%，全县高新技术企业产业实现总产值32亿元。通过市、县级科技成果鉴定9项，获得市政府科学技术奖励7项，县政府科技进步奖励8项。实现专利申请量581件，其中发明专利123件，获得专利授权195件，其中发明专利授权20件。获国家级众创空间备案1家，省级科技型企业孵化器备案2家，市级众创空间认定4家，全县孵化载体面积达1.4万平方米。县政府与四川农业大学签署县校战略合作协议，建立泸县博士工作站。组建种植业、养殖业和教育卫生三大科技特派员团，向40个贫困村派驻科技特派员，助推脱贫攻坚。

【科技“双创”】 支持万众创新与大众创业工作，出台并落实《泸县众创空间认定和补助管理办法（试行）》《泸县小微企业研发检验测试费补助实施办法（试行）》等系列“双创”配套政策，全年安排“双创”科技经费500万元，

11 月 7 日，泸县召开 2015—2016 年度科技进步奖专家评审会

兑现科技进步奖励、高新技术企业奖励等资金 163 万元，11 家科技型企业获得市级小微企业研发检测费补助、高新技术企业奖励、市级众创空间补助近 80 万元。泸县电子商务创新孵化运营中心获得国家级众创空间备案，泸州医药园区孵化器管理有限公司和泸县创新创业孵化园获得省级科技型企业孵化器备案；获市级众创空间认定 4 家，组织认定县级众创空间 5 家，全县孵化载体面积达 1.4 万平方米。成功举办全市创客星火启航活动周孵化载体现场观摩考察活动，孵化载体的建设及成效得到《泸州日报》等媒体的宣传报道。

【科技计划项目】 成功组织四川科瑞德制药有限公司的“注射用广谱抗癫痫药物的研究与产业化应用”等 12 个项目申报省科技计划项目，四川泸州派克斯液压机械有限公司等 8 个项目获得省、市科技计划项目立项，立项资金 454 万元。组织安排县级项目 25 个。其中县应用技术研究与开发项目 14 项，县专利实施与促进项目 5 项，县创新资金项目 3 项，县科技成果转化项目 3 项，安排项目资金 244 万元。完成对 2014 年 22 个县级科技计划项目的验收。通过市、县级科技成果鉴定 9 项。获得市政府科学技术奖励 7 项，县政府科技进步奖励 8 项。

【科技扶贫】 制订《科技扶贫 2016 年工作计划》，安排县级科技扶贫项目 9 个，实现贫困村的良种应用率和实用技术普及率 65% 以上。完成科技特派员换届工作，召开选派科技特派员到贫困村工作会，印发《关于 2016 年选派科技特派员到贫困村开展工作的通知》，选派 40 名科技特派员到 40 个贫困村对口帮扶，组建种植业、养殖业和教育卫生三大团队。全县科技特派员共组织农民培训 5 万人次，发放技术资料 13 万余份，推广新技术 11 项，引进新品种 32 个，创建科技特派员创业示范基地 2 个，全县科技特派员创业示范基地累计达到 9 个带动农户增加收益 199 万元。

【知识产权工作】 出台《泸县专利资金管理办法》，设立专利专项资金 200 万元。资助专利 321 件，兑现资助金 41.65 万元。科瑞德制药股份公司被评为国家知识产权优势企业。新引进成都弘毅天承知识产权代理公司、成都行之专利代理事务所，泸县知识产权服务机构增至 4 家。全县实施专利 55 项，新增产值 6.5 亿元，新增利税 2.1 亿元。

【科技示范镇认定】 组织开展 2015—2016 年科技特派员创业示范基地认定申报工作，对特派员张启贵领办的泸县青龙中药材种植基地等 3 家示范基地进行现场核实，泸州隆庆寨大健康产业园获得泸州市市级科普基地认定。全县累计创建市级科技进步示范镇 7 个，认定农业科技专家大院 10 家。

【国家粮食丰产科技工程】 完成国家粮食丰产科技工程第三期“川南杂交中稻集雨抗旱节肥技术集成与示范”项目年度工作任务。完成示范面积 1.1 万亩，平均亩产 708.2 公斤，比非示范区增产 56.9

公斤，核心区平均亩产735.5公斤，比非示范区增产84.2公斤。核心区、示范区共增加稻谷产量77万公斤，增加产值211万元。

【科企创建】 四川阿斯特医疗器械有限公司、泸州派克斯液压有限公司成功创建为高新技术企业，科瑞德制药股份公司通过高新技术企业复查更名；泸州大洲化工有限公司、泸州名泉酒业有限公司、四川维思达医疗器械有限公司、泸州供销电子商务有限公司、泸县兴旺牧业科技有限公司等57家企业被认定为首批市级科技型企业。

【政产学研合作】 县政府与四川农业大学签署县校战略合作协议，建立泸县博士工作站,系川内第一家县级博士工作站，助推脱贫攻坚取得新突破。组织科技人员到成都高新区、隆昌县等先进地区考察学习企业孵化器建设和科技计划项目管理等工作。组织四川科瑞德凯华制药有限公司等企业参加北京科技博览会、陕西杨凌农高会、绵阳科博会。邀请来自四川大学、四川农业大学、西华大学等专家、教授到企业开展对接服务，签订产学研合作协议9项，技术交易合同登记8件，登记交易额620万元。

【科普宣传】 抓好“科技之春”“三下乡”“专利宣传月”（知识产权宣传周）、“科技活动周”活动，加大科技宣传力度。全县参加宣传活动干部1000余人次，举办各类讲座124场，悬挂宣传标语15幅，发放各类宣传资料10万余份（册），出动宣传车12天次，接受群众咨询1350余人次。组织开展知识产权各类培训班（会）7次，新任科级领导干部、各镇（街道）分管领导、科技干事、科技型企业负责人和技术人员等接受了培训，有效提升科技管理人员综合能力和企业申报项目整体水平，提高知识产权风险管控能力，促进科技更好地服务全县发展。

（撰稿人：游富坤）

文化　体育　传媒　旅游

CULTURAL AND SPORTS & MEDIA TOURISM

文化市场管理
Cultural Management

【监督执法】 深化综合执法改革、净化社会文化环境、确保文化市场经营安全为重点，查办文化市场违法违规案件，开展各类专项整治，研究文化市场新形势、新常态、新措施，扎实做好文化市场日常监管和安全生产工作。全年出动执法人员2966人次，检查经营单位1162家次；受理举报15件，完结率100%；函告工商、电信信息2件；编辑综合执法简报14期；上报信息37条，其中被文化部采用6条，省文化厅采用5条；开展联合执法专项行动4次，协同县关工委开展未成年人思想道德建设调研活动2次；立案查处26件，当场处罚5件。吊销网吧经营许可证1家；取缔无证经营户16家，其中歌舞娱乐场所2家，打字复印14家；取缔黑网吧2家，没收电脑46台；处罚金额3.35万元；查缴图书光碟680套（册）；开展安全集中整治4次，口头警告46家次，发现一般安全隐患并下达责令改正通知书71处，其中发现限期整改的安全隐患并下达责令改正通知书29份,截至年底,全部整改到位。

【网吧监管】 加大对网吧市场的日常监管，围绕重要节假日、重大活动、中小学开学等特殊时期，增加错时检查频率，加大执法力度，2016年春期、秋期中小学开

正月十五，龙舞闹元宵活动在人民广场举行（肖鹏/摄）

学之际，分别组织2次网吧专项整治，加大对网吧接纳未成年人、实名上网登记不到位等突出问题的处罚力度，2015年11月初至2016年10月底，办结22起涉及网吧违规经营的行政处罚案件。

【娱乐场所监管】 加强娱乐场所日常监管，突出抓好特殊时期、特殊时段的监管巡查，节假日和重大活动等节点坚持全天候巡查市场。办结涉及娱乐场所违规经营的行政处罚案件3件、取缔无证经营户2家。

【“扫黄打非”】 深入开展“扫黄打非”执法行动，严厉打击出版物和印刷市场违法违规经营行为。全年检查书店94家次，检查印刷企业、打字复印店67家次，收缴非法出版物680套（册），办结涉及出版法市场违规经营的行政处罚案件3件，涉及印刷市场的行政处罚案件4件，其中“泸县四中为高三学生提供的部分教辅资料为非法出版物”案件为省扫黄打非办重点督办案件。通过检查，督促5家书店、8家打字复印店办理经营许可证，较好地维护新闻出版市场秩序。

【安全教育】 加大安全培训和宣传教育，每季度集中召开1次文化市场从业人员的安全生产培训会，集中举办4次安全培训会、2次消防安全应急演练。印发有关人员密集场所用电安全、火灾逃生知识、消防器材操作方法图解、安全生产告知书等相关资料发放给广大业主和从业人员；定期集中一段时间利用晚上6点到9点的黄金时间通过全县广播“村村响”和县广播电视台进行《中华人民共和国安全生产法》和人员密集场所安全知识的宣传教育，起到较好的效果。

（撰稿人：杜作正）

群众文化
The Mass Culture

【群众文化活动】 承办“向党95周年华诞献礼——曲艺名家新秀走进泸县”示范演出暨泸县“中国曲艺之乡”授牌。举办春节期间系列活动，举办中国传统民间节日四川·泸县第四届二月二“龙抬头”民俗文化活动，举办“携手扶贫 决胜小康”脱贫攻坚捐赠暨义演活动，举办“弘扬好家风 和谐大家园”走进怡园社区文艺演出；“梦约牛滩·百姓舞台”等主题演出。推动文艺扶贫活动，“扶贫惠民巡演”新春来临之际走进贫困村慰问演出8场，文化志愿者走进全县40个贫困村开展激情广场大家乐。2016全年举办大型群众文化活动100余场，参与群众30万人次。

【文艺创作】 大型原创跨界融合舞台剧《龙城宋韵》在泸州大剧院隆重首演。原创舞蹈《薅·歌》、歌曲《玉蟾之恋》获泸州市第六届群众文化旅游艺术活动大赛二等奖。原创小品《老爸有事儿》登上中央电视台《我爱满堂彩》栏目。徐非的小说《带个媳妇回家》获四川省农民工原创作作品大赛文学类一等奖；程中学的小说《蓝裙子》获四川省农民工原创作作品大赛文学类二等奖。集中创作、编印期刊《泸县文化》4期、编印《2016泸县农民演艺大舞台》。

【文艺会演】 2月4日下午，一年一度的泸县春节联欢会再次在泸县县城人民广场与龙城市民见面。此次春节联欢会以“花开龙城”为主题，分为“金猴闹春”“百鸟朝凤”“和谐龙城”以及序和尾声5个部分，加大了曲艺节目的分量。从正月初五到十四，10个乡镇组团参加“农民演艺大舞台”，以其风格迥异、魅力独特的演出向全县群众展示了风采。把握展示机会，拿出看家本领，纷纷亮出品牌节目。猴年元宵节，“龙舞闹元宵”民俗活动在县城花园干道隆重举行。来自全县20个镇（街道）的龙舞表演队依次登场表演。各类龙舞表演轮番登场，特色鲜明，精彩绝伦。

【免费辅导】 在周二、周三、周四免费开展舞蹈、声乐、器乐、书法、绘画培训，全年共开展400个班次，参与群众2万人次。派出专业人员，开展对各镇和各艺术团队的业务辅导，全年辅导达2000余次，接受辅导群众达20万人次。为老年大学授课100余次，为其他单位排练节目。泸县文化馆按照文体新广局总体安排，结合精准扶贫的中心工作，对20个镇(街道)及40个贫困村进行一次专业的广场舞培训。

【百姓乐坛】 泸县文化馆每月免费开展1次“百姓乐坛”展演活动，培训延伸到课外展示演出，文化馆利用每周二下午开展“百姓乐坛”培训课，学习泸县地方曲艺、原创音乐作品。演出时结合社区居民互动，以自娱自乐的形式，既增加演员和群众的积极性，又增加免费开放的覆盖面。“百姓乐坛”参加得胜镇高石塔村扶贫演出，玉蟾街道怡园社区“弘扬好家风，和谐大家园”专场文艺演出。

【艺术培训】 组织农民演艺团队到四川川剧院观摩学习“说唱四川歌颂中国——首届四川曲艺新人新作展颜”；到中国酒城大剧院观看《天赐泸州》；到泸县大礼堂观看话剧《蒋兆和》；组织演艺团队参加“向党95周年华诞献礼·曲艺名家新秀走进泸县”示范演出；组织泸州十强的泸县演艺团队到武汉观摩学习全国第十一届全国优秀舞蹈节目展演。

【农民演艺品牌】 泸县农民演艺走进泸州市江阳艺术宫周末剧场演出。泸县农民演艺团队参加泸州市第六届群众文化旅游艺术活动“演艺团队星级评定”大赛，其中4支荣获泸州市五星级团队称号，2支荣获四星级团队称号，3支荣获三星级团队称号。

(撰稿人：杜作正)

文物工作
Archaeological work

【公共文化建设与遗产保护】 免费开放泸县文化馆、泸县图书馆、泸县20个乡镇（街道）综合文化站、村级文化活动室。泸县文化馆、泸县图书馆、泸县玄滩镇综合文化站、四川龙城文艺演出中心等4家单位入选国家公共文化政策研究试验基地，王胜连、陈巧玲、高大源、叶顺有等8人被基地聘任为实验基地特约观察员。泸县农民演艺积极申报四川省第六批省级服务业标准化试点项目。

【“一普”工作】 完成历时4年多的泸县第一次全国可移动文物普查工作。全县普查文物1404件（套），珍贵文物482个件（套），其中5件文物入选《四川省第一次可移动文物普查成果图录》。统计、编写、排版完成《泸县第一次全国可移动文物普查——文物名录》《泸县第一次全国可移动文物普查数据公报》《泸县第一次可移动文物普查工作报告》。完善泸县第一次全国可移动文物普查档案资料的整理和建档工作。

【文物单位维护】 完成全国重点文物保护单位屈氏庄园文物主体维修工程；对屈氏庄园修缮工程进行安全消防检查和工程质量的细化工作检查，开始实施电力工程、展陈设计工程等。完成全国重点文物保护单位泸县龙桥群和玉蟾山的保护规划编制和抢救修缮方案工作，完成泸县龙桥群的抢救修缮立项报告。设计并准备龙脑桥河堤二期维修工程。完成东林观的寨墙维修工作、鸿雁桥的抢救通行工作、龙盘寺路道保护修缮工作。完善圆通寺、尹氏宗祠、延福寺加固排危工程的技术方案。召开各镇文化干事例会，与各镇签订文物安全责任书。全面检查各镇“四有”工作落实情况，个别镇补立标志碑。协调办理云龙文物被盗、子母桥和风水桥保护范围建设问题。完成上报文物保护单位开放情况调查系统的录入。完成涉及泸县文物的人大代表建议和政协委员提案回复工作。

【博物馆工作】 完成泸县宋代石刻博物馆内部展陈设计方案招标工作和展陈设计评审工作，配合完成可移动文物预防性保护方案的编写、专项补助资金申请、网上填报等系列工作。配合完成第二批宋代石刻保护修复的采购参数编写、政府采购等工作，积极联系，为石刻修复做好前期准备。完成17件馆藏书画文物的保护修复验收工作。每周加强日常安全巡查工作，认真排查并落实解决文物库房存在的安全隐患。全年完成讲解工作125次，其中龙脑桥49次、宋代石刻35次、玉蟾山21次、屈氏庄园20次，共接待人数1300余人，完成各项解说任务。

【文物安全】 对各级文物保护单位安全巡查117次。检查全国重点文物保护单位35处73次，省级文物保护单位7处30次，市县级文物保护单位9处11次；文物库房及新溪子古街3次。对全县文物保护单位和文物库房消防安全大检查42次，检查全国重点保护单位3处7次，省级文物保护单位4处23次，文物库房和办公区域9次。3—4月，完成对太伏镇永利村的文物保护单位及点现场踏查工作。5—6月对尹氏宗祠、龙蹯寺、圆通寺进行白蚁的现场勘察工作。7—9月，开展汛期安全生产大检查工作。10月，开展文物保护单位安防消防防雷工程工地检查。

【文物宣传】 围绕“博物馆与文化景观”的主题，通过媒体宣传、免费开放、发送宣传单等方式，开展“5·18”国际博物馆日的宣传活动。通过宣传，让更多的群众了解文物保护法，了解馆内现有的文物，增加广大群众对文物保护意识。配合县文化馆，开展以“让文化遗产融入现代生活”为主题的第十一个“文化遗产日”的宣传活动。接待各级媒体的采访工作，配合各级部门收集文物保护的相关资料，并做好即将在泸县拍摄的电视剧《铁血护国之青年朱德》的相关文物保护方案。

【“非遗”挖掘及保护】 开展泸县第四批非物质文化遗产申报工作，对具备列入“非遗”保护名录的进行申报程序，新增28个县级非遗保护项目。“非遗”保护项目泸县鼓书、泸州五斗粮酒造技艺、云锦木偶、洪门武功、唐添宫家传秘方养生酒制作技艺等进入泸州市第六批“非遗”保护名录程序。举办“泸县庆祝第十一个全国文化遗产日”活动，包括文化遗产精品展播、弘扬传统文化讲座、文化遗产日“非遗”展演。组织泸县“非物质文化遗产”参加2016中国国际酒业博览会展演。

（撰稿人：杜作正）

图书事业
The Book Business

【全民阅读】泸县图书馆开展一系列形式多样、内容丰富的全民阅读推广活动，打造“书香龙城”品牌。在第21个世界读书日和四川省首个“书香天府·全民悦读”活动日期间，举行“书香龙城·悦读经典”全民阅读推广活动启动仪式。7—9月，图书馆工作人员上门免费到各县级机关单位为职工办借书卡。为县公安局、人社局、文体新广局、文物局、教育局、文化馆等办证547张。每周通过“泸县全搜索”微信平台，为全县读者推荐一本好书。10月21日，泸县举行“辉煌龙城暨县城迁建20周年系列成就展示诗歌散文诵读比赛”。泸县图书馆每季度为官兵送去图书800本，全年更换图书4次。7月15日，泸县图书馆结合“两学一做”精神和2016年“阅读，从图书馆出发”的全民阅读推广主题，把流动图书车开到驻嘉明的77148部队，为官兵们送去1100余册图书。

【馆校共建】 由县图书馆主办，兆雅镇杨九学校承办的主题为“书香浸润·美丽校园”经典诗文诵读会在杨九学校操场举行。暑假期间，根据实际情况，充分利用资源优势，积极营造浓郁的阅读氛围，为广大青少年和留守儿童准备一系列内容丰富、形式多样、寓教于乐、全免费的“暑期阅读套餐”活动，让青少年们和留守儿童做到“离校不离教”，度过一个“健康、文明、安全、快乐”的假期。7月，举行“龙文化”专题讲座。8月，泸县图书馆开展主题为“书童荐童书”的新好书推荐活动。

【文化扶贫】 结合县委、县政府的工作重点，因势利导，对贫困村开展文化扶贫，为他们解放思想，宣传党的扶贫政策，送去种养殖类的书籍、光盘，利用掌握的信息资源为他们出谋划策。太伏镇青桥村贫困户胡方华，利用图书馆提供的信息和养鸡手册。1月，与文化馆、文物局联合到太伏镇青桥村开展主题是“书香农家·我们的节日”的新春扶贫送文化活动，为贫困户们宣传党的惠民政策，为他们创业脱贫歌颂加油，让他们增强脱贫信心，丰富他们的节日生活。

【“一卡通”工作】 积极争取资金，与相关部门及时沟通，通过招投标确定完成一卡通的公司，实现251个农家书屋、20个镇（街道）的全覆盖。把网络服务点的图书信息全部记入泸州市的图书数据库，配备电脑、扫描仪等设备，并办理500张借阅卡。1月15日、8月29日，举行泸县第9期和第10期农家书屋管理员培训，对新建成的泸州市“一卡通”农家书屋服务点管理员和部分镇文化专干进行培训，提高书屋管理员的业务素养和管理水平，为泸州市“一卡通”的全面实施提供技术和人员保障，为实现农家书屋的规范化向自动化奠定基础。

（撰稿人：杜作正）

体育工作
Sports work

【体育活动】 3月，组织相关人员赴杭州参加泸州市文体广局举办的体育管理干部培训班学习。5月，由泸县总工会、泸县文体新广局、中共泸县直属机关工委、团县委主办，泸县羽毛球运动协会承办的泸县庆“五一”职工羽毛球比赛在全民健身中心举行，镇（街）、企业和县级机关51支代表队参加比赛。5月18—20日，泸县老年人健身气功代表队参加在叙永举办的市健身气功比赛，获得2项第二名。8月8—9日，泸州市第二届业余围棋联赛在泸县举行，全市30多支队伍参加此次比赛。8月8日，泸县庆祝第八个全民健身日系列活动启动仪式在音乐广场举行，此次全民健身日将历时近3个月，开展篮球、羽毛球、钓鱼等一系列的赛事活动。9—11月，第十二届龙城进球篮球赛在泸县全民健身中心举行，由县直机关工委、总工会、文体新广局主办，全县机关单位、乡镇31支队伍参加比赛。

【竞技体育】 举办泸县第四届老年人运动会，设置门球、信鸽、棋牌、太极拳、健身操等15个项目。3月，泸县文体新广局、泸县教育局主办，泸县龙城青少年体育俱乐部、泸县一中承办的第二十届中小学生田径运动会在泸县一中举行，来自全县中小学60多支队伍参加此次比赛。4月，泸州市中学生田径比赛在奥体中心举行，泸县二中、泸县一中分获高中组和初中组第一名。5月上旬，泸州市中、小学生足球比赛在泸州举行，泸县二中、泸县四中、泸县一中、泸县五中、二中外国语学校、城西梁才学校参加比赛，其中城西梁才学校获得小学组第二名，并有2名队员入选市足球队。5月27—29日，由国家体育总局篮球运动管理中心主办、四川省篮球协会承办的2016中国三对三篮球联赛（四川赛区）在四川省体育馆举行。泸县二中作为泸州市冠军队伍代表泸州市参加四川赛区青少年组省级总决赛，并获冠军，将代表四川参加西南大区赛。9—10月，泸县代表团组织各项目队伍参加泸州市第七届运动会，分别参加篮球、足球、田径、武术套路等项目的比赛，其中武术套路田径项目分别获得单项金牌数第一名，金牌总数位列全市第二名。

【体育民生】 推进体育场设施建设，广泛动员社会力量修建体育场地设施。动员机关、企事业单位和社会力量投资修建体育设施，鼓励和支持企事业单位、个人兴办面向大众的体育服务经济实体。5月，完成25个篮球场、20条健身路径的招标工作。9月，完成30副篮架、74张乒乓球桌、14条路径文化扶贫体育健身器材招标，将全县40个贫困村健身器材全覆盖。

【体育产业】 改善县体彩管理站办公条件，慰问体彩销售业主，新发展体彩销售网点2个；以会代训，对60余人次的体彩销售业主进行业务培训；开展春节、“五一”大型户外即开型销售活动；加强体彩销售网点的维权服务和宣传促销工作，确保体彩销售安全运行，在前三季度完成销售近600万元。

（撰稿人：杜作正）

新闻出版
press and publications

【概况】 截至年底，全县农家（社区）书屋实现全县各村（社区）全覆盖，共建有251个农家书屋、43个社区书屋。设有“扫黄打非”工作站294个（全覆盖），新闻出版经营单位共有77家，其中印刷企业19家、图书零售58家。

【农家（社区）书屋】 全县农家书屋251个、社区书屋43个，实现全域覆盖。向每个书屋补充更新220册图书，并制定一系列管理制度和规定，包括书屋管理规定、出版物借阅制度、管理员岗位职责等。做到制度上墙，接受群众的监督，配备出版物登记本、借阅登记本、图书需求登记本，对图书保存和流转情况进行认真记录，做到制度科学、管理规范。

【“扫黄打非”工作站】 随着“扫黄打非”网格化管理工作的推进，全县各村（社区）全部建有“扫黄打非”工作站，并配有网格管理员。全县有印刷企业19家，其中包装装潢类6家、其他印刷类13家。包装装潢类企业主要分布在城区周边，其他印刷类主要分布在各乡镇。总产值24033万元，从业人员1065人。全县原有书刊零售店55家，新增3家。城区主要分布于中心区域，乡镇主要分布于学校周边。

（撰稿人：杜作正）

广播电影电视
Telecast

【内宣工作】 适时推出大型系列报道《回眸“十二五”》和《畅想“十三五”》，为泸县实施“十三五”规划营造浓厚的宣传氛围。做好泸县“两会”、党代会、春节氛围营造、脱贫攻坚、重点项目推进、民生工程建设、春耕备耕、换届选举、建党95周年以及重大节日和民俗活动的宣传，为泸县和谐发展营造良好的舆论氛围。做好策划，改进宣传形式，更加突出新闻的现场感，更多地以系列报道、连续报道、访谈和评论等形式，让新闻更加立体，增加其厚重感。重点推出“潮起龙城决战脱贫”“同城共振 潮起扬帆正当时”“半年工作回眸”“春耕进行时”“道德模范事迹展播”等系列报道。全年采制新闻2656条，播出系列报道42期。

【新媒体发展】 泸县全搜索2.0版本上线，内容包括《泸县新闻》（视频）、新闻、泸县文化、泸县农信、龙妹说事、美食、住宿、休闲、旅游、活动、演艺、爱车、超市、生活服务内容及商城等。泸县广播电视台新媒体部成功图文直播泸县“中国曲艺之乡”授牌仪式，醉美泸州·泸县农民演艺大舞台——国家公共文化服务体系示范项目交流演出暨“周末剧场”启动仪式，中共泸县第十三次代表大会以及泸县2016年助力脱贫攻坚捐赠暨义演活动等会议活动，并举办“田坎上的超市”第二季、龙城萌宝宝投票评选活动、“田坎上的超市”第三季、国庆重阳晒照片投票、泸县育才幼儿园亲子投票、第二届“双十一浪漫约会”等活动，受到领导和网友的一致好评。

【文旅联动宣传】 文化旅游频道对自办栏目《印象泸县》进行重新包装，以全新的面貌与观众见面，改版后的片花更能突出旅游主题。栏目组采编《探秘屈氏庄园》《探秘奇峰渡槽》《探秘新溪子》等系列节目；采编《春游生态园》《精彩马戏团》《灯光展亮起来》《舞动龙城》《春游黄瓜山》《舞蹈培训下乡来》等部分龙桥百花洲活动。在暑假期间制作《丽江旅游攻略》《香格里拉旅游攻略》《桂林旅游攻略》《九寨沟旅游攻略》。在国庆期间制作《国庆去哪儿》《话说黄金周》《经典颂龙城》《脱贫攻坚在行动》等节目。制作《龙城播报》120期，制作国卫复审、生态园创AAAA、全民预防保健、宅基地制度改革、省现代公共文化服务示范县创建、扶贫攻坚等专题。进行泸县第二届道德模范、扶贫义演、春节联欢会、龙舞闹元宵、农民演艺大舞台、人代会、政协会、党代会、全市地质灾害现场演练的现场录制与短片制作工作。

【创新宣传】 泸县广播电台围绕泸县建设“四个新区”发展战略，加强动态新闻报道，除做好政治、经济、文化、民生工程、社会事业发展等方方面面的日常新闻宣传以外，策划播出《名医热线》《专利行政执法办法》《中华人民共和国专利法》《农房管理宣传》《医保知识问答》《每日廉政播报》《早安阅读》《国卫复审迎检特别节目》《曝光台》《党代会》《扶贫攻坚》等节目。专门为“村村响”准备《早安龙城》《884为你服务》《龙城夜航》节目，切实发挥泸县广播电台三农工作宣传平台的作用。

【外宣工作】 上送泸州电台稿件368条。在泸州电视台播出新闻260条，四川电视台播出新闻18

条，中央电视台播出新闻 8 条。大型系列片《泸县人的抗战》获 2016 年泸州市十大文艺扶持项目、2016 年中国电视艺术家协会第四届推优活动一等奖。作品《平凡的世界》获泸州市广播电视政府奖评审活动优秀奖；《挤出时间多陪陪孩子》获泸州市第五届群众文化旅游艺术展示活动一等奖；《泸县人的抗战》《秋瑾》《父亲节感恩回馈季》《与你同行》《多彩泸县风》《曲艺天地》《轻轻按动拇指手机帮你养鱼》荣获泸州市广播电视政府奖评审活动提名奖，《魅力潮河》获泸州市广播电视政府奖评审活动二等奖。

（撰稿人：杜作正）

旅游工作

Travel to work

【概况】 泸县是全国 100 个千年古县之一、“中国龙文化之乡”。主要资源有国家 AAA 级旅游区、省级风景名胜区玉蟾山，国家 AAAA 级旅游区、龙桥文化生态园，市级风景名胜区道林沟，省级风景名胜区玉龙湖以及龙脑桥、宋代石刻、泸县龙桥群、屈氏庄园、玉蟾山摩崖石刻、奇峰镇罗盘嘴宋墓群、光明茶马古道等 7 个国家级文物及全国非物质文化遗产雨坛彩龙。全县共建成对外开放的各类景区共 7 处，其中国家级文物 3 处，全国休闲农业与乡村旅游示范点、中国美丽乡村 1 处，国家 AAAA 级旅游区 1 处，国家 AAA 级旅游区 1 处，省级森林公园 1 处，省级风景区 2 处，市级风景区 2 处。旅游商品生产基地 10 处，二星级宾馆 1 家，三星级宾馆 1 家，农家乐 20 余家，星级农家乐 7 家。2016 年，全县接待国内外游客 500.22 万人次，同比增长 24.43%，实现旅游综合收入 38.65 亿元，同比增长 36.09%。旅游行业从业人员 3200 余人，解决农村剩余劳动力 2600 余人。

【旅游创建】 积极指导龙城大酒店、茅山大酒店星级饭店年度复核工作，成功通过市星评委复核。指导和协助龙桥文化生态园景区成功创建为国家 AAAA 级旅游景区。指导创建乡村民宿达标户 2 户，三星级农家乐 1 家，特色业态 1 个。

【旅游节庆活动】 3 月 10 日，泸县方洞镇举办四川·泸县第四届雨坛彩龙民俗文化活动，活动以“龙抬头·游方洞”为主题，主要由祈福表演、龙游方洞组成。活动期间接待来自泸州及周边游客 3.5 万人，直接经济收益 80 万元，拉动地方旅游消费 100 万元。3 月 11 日，在云锦山举办泸县第七届题为“畅游梨乡共赏梨园春，品位隆庆寨展现新风貌”梨花节活动。5 月 14 日，泸州玉龙湖第九届放生节活动在泸县立石镇举行，接待来自川渝及其他地方游客 3 万人，直接经济收入 65 万元。6 月 18 日，川南荷花节在福集镇生态园举行，此次活动以“水韵香荷”为主题，主要开展启动仪式、动漫水世界、快乐向前冲、特色婚庆活动、自助采摘等活动。9 月 2 日，潮河第五届金秋龙眼节在潮河镇后湾村举行。活动除开展专家、媒体龙眼品鉴、龙眼飘香文艺演出、特色农产品展示展销、潮河百年龙眼摄影作品展、生态垂钓等活动外，还与春秋旅行社联营开展“一日游”。

（撰稿人：贺兵才）

踏雪龙脑桥（周凤丹/摄）

居民生活与社会保障

RESIDENTS LIVING AND SOCIAL SECURITY

卫生与计划生育
Health and Family Planning

【概况】 2016年，全县出生人口10350人，出生率9.63‰，人口自然增长率4.66‰，出生人口性别比102.7，符合政策生育率96.22%，各项数据指标全面完成。全县医疗卫生机构1287个，床位3118张，卫生专业技术人员5295人，其中执业医师1280人、执业助理医师684人、注册护士1907人；村卫生室1102个，乡村医生1424人。6月14日，泸县荣获2011—2015年度“全市无偿献血先进区县”荣誉称号，全县1671人荣获无偿献血奉献奖，其中一等奖22人、二等奖236人、三等奖1413人，有26人荣获无偿献血促进奖，县卫计局等19个单位获无偿献血先进单位奖。

【体制改革】 泸县人民医院、泸县第二人民医院、泸县中医院继续推进全面取消县级公立医院药品加成政策，县财政按2012年药品加成的20%进行补助，补助资金204.39万元。办理各项卫生行政许可事项1803件；麻醉药品、第一类精神药品专用卡办理、换发780件。

【医疗卫生服务】 县级医疗机构全年门诊36.54万人次，门诊增幅

3月8日，泸县启动2016—2018年联合国儿童基金会卫生应急项目

12.48%；住院人次5.02万人次，住院诊疗量增幅3.75%；床位使用率93.78%。镇（中心）卫生院、社区卫生服务中心门诊46.92万人次，门诊量增幅5.89%；住院人次5.13万人次，住院诊疗量增幅14.78%。县域内就诊率92.13%，县级医院开展远程会诊占院外会诊比87.65%，医师多点执业3人。医联体内上转5412人次，下转953人次。辖区内门诊均费用总增长率-1.8%，住院次均费用总增长率-6.7%。二级公立医院药占比28.1%。个人卫生支出占卫生总费用的比例为24.96%。公立医疗机构100%参加医疗责任保险。

【医疗扶贫】 对全县2016年建档立卡农村贫困人口44411人进行精准健康评估，全县建档立卡农村贫困人口患病7098人，其中一次性救助208人，不可逆转维持治疗1303人，慢性病需持续救助4499人，其他救助1091人。从1月1日起，全面实施贫困人口在县内医疗机构住院就医“零支付”，1—10月，建档立卡农村贫困人员住院13254人次，住院医疗总费用3832.84万元，通过城乡基本医疗保险、大病医疗保险、医疗机构减免等，个人自付费用371.4万元［各镇（街道）通过“一卡通”补发到建档立卡贫困人口银行账户］。其中医疗机构减免个人自付部分5%，截至12月20日，医疗机构减免金额为44.85万元。从11月1日起，建档立卡贫困人口在县域内的（自主选择的）村卫生室、镇（中心）卫生院、社区卫生服务中心以及县级公立医院发生的门诊医疗费用，实现个人“零支付”。截至12月15日，公立医疗机构免收一般诊疗费7.58万元，院内会诊费0.59万元，门诊检查费和化验费减免0.53万元。

【“平安医院”创建】 开展“平安医院”创建活动，全县公立医疗机构100%参加医疗责任保险，全年共受理医疗纠纷31起，调解成功率96.7%（其中1例还在调解过程中），未发生群体性聚集的“医闹”事件。

【对口支援】 3所县级医疗机构派遣105人次分片区对口支援基层医疗机构；3所县级医院分别派1名医务人员对口支援乡城县医疗卫生工作；派出10名医务人员分别到凉山州喜德县的两所卫生院开展对口支援民族地区工作；派遣1名中心卫生院业务副院长对口支援普格县乡镇卫生院。全年，对口支援补助资金25万元全部划拨至各支援单位。

【中医药建设】 全县有国家二级甲等中医医院1个、县级综合医院2个，均设置中医临床科室；能开展中医药服务的社区卫生服务机构5个；标准设置中医科、中药房、中医馆的镇（中心）卫生院19个；设置中医科的民营医院30个；设置中医科的门诊部15个；中医诊所57个；设置中医科的医务室4个；能提供中医药服务并配备中医诊疗设备的村卫生室865个，占全县村卫生室的80.24%。各镇（中心）卫生院、社区卫生服务中心均能为老百姓提供10种以上中医药技术方法，全县中医服务量超过45%。

【人才培养】 全县有卫生技术人员3869人，其中注册执业（助理）医师1873人，中医类别注册执业（助理）医师657人，占全县注册执业（助理）医师总数的35.07%。全县镇（中心）卫生院医师382人，其中中医类别医师125人，占医师总数的32.72%；全科医师36人，其中中医类别全科医师10人，占全科医师总数的27.78%，占中医类别医师总数的8%。全县乡村医生1207人，具有中医资质或中西医兼通的乡村医生1023人，占全县乡村医生总数的91.18%。

【健康管理】 全县对65岁以上老年人、0~36个月儿童、高血压及2型糖尿病患者开展中医药健康管理工作。截至2016年10月31日，中医药健康管理目标人群覆盖率分别为81.62%、83.13%、85.31%、84.68%，均达到国家要求。2016年省财政厅、省中管局共拨款224万元，分别用于泸县中医医院“四川省中医药养生保健示范区建设项目”，云龙中心卫生院、奇峰中心卫生院、得胜镇卫生院、百和镇卫生院、嘉明镇卫生院、玄滩镇卫生院、天兴镇卫生院、海潮镇卫生院中医馆建设项目及每镇2个村卫生室中医角建设项目。

【教育培训】 全县举办健康教育专栏1051期，发放健康教育宣传资料30.82万份，举办健康讲座和宣传活动997场。举办泸州市第七届心内科学学术年会和第五届泌尿外科膀胱灌注学术年会，获县科协项目申报奖励资金1万元；举办《医学人文与医疗纠纷防范处理沟通艺术》专题培训，邀请北京积水潭医院医患关系办专家授课；组织医务人员参加省、市级相关业务培训1200余人次；分别派出10名、2名医务人员参加住院医师规范化培训和助理全科医师培训；开展继续医学教育学分校验工作，组织近4000名卫计专业技术人员参与继续医学教育。

【安全生产与应急管理】 对下属单位开展安全检查344次，下达隐患整改任务32条，完成29条，其余3条制定中长期整改方案，对11个单位进行安全生产工作警示约谈，将7个单位交县卫生和计划生育监督执法大队重点查处。受理举报投诉案件33起，调查处理33起，办结率100%。组织85个检查组开展安全检查，检查人员1530人次，受检单位446个，警告3次，责令改正、限期整改、停止违法行为39起，打击非法违法、治理纠正违规违章行为9起，处罚金8.1万元，排查治理隐患单位38家，排查一般隐患12家，整改率100%，取缔无证游医摊点35个，没收非法行医药品3箱，医疗器械20余件，收缴10张宣传治疗效果的标牌标语。立案查处无证行医案件19件，超范围执业和使用非卫生技术人员案件20件，其他案件23件。

【疾病防控】 全年有效处置聚集性疫情42起，报告处置乙丙类传染病18种2103例，完成艾滋病自愿咨询检测446人次，检出HIV抗体阳性94例，艾滋病初筛检测78704人次，检出HIV抗体阳性492人次。查治结核病482例。完成碘盐随机抽样监测，检测居民户盐样300个；完成持续消除碘缺乏病尿碘监测与病情调查工作，抽检8~10周岁儿童尿样200份和孕妇尿样100份。

【白内障复明工程】 泸县人民医院、泸县第二人民医院、泸县中医医院共同承担泸县贫困白内障患者复明工程的筛查与手术工作。截至12月20日，完成103例手术，超额完成市上分配的80例目标任务，完成任务的128.75%。其中建档立卡贫困人口49例，全部实现医疗扶贫救治“零支付”。

【疫苗接种】 全县常规免疫规划疫苗建卡、建证率均100%，全县免疫规划一类疫苗报告接种121146针次，报告接种率99.91%，二类疫苗报告接种66379针次；麻疹疫苗补种率95.86%（1530/1596），脊灰疫苗补种率95.89%（1912/1994）；5月1日起，全县停止使用三价脊灰糖丸，封存销毁糖丸5882剂，改为1剂IPV+3剂bOPV，累计报告接种bOPV11586剂。

【慢性病管理】 累计建立高血压病、糖尿病患者健康档案106953人份（现场核实数据高血压人数56688人，糖尿病人数16737人），高血压病患者管理率45.62%，糖尿病患者管理率26.11%；重性精神疾病患者规范化管理3061人，规范化管理率85.62%；对健康老年人进行一年一次健康体检，健康体检老年人84103人，规范化管理率90.64%；城乡居民健康档案规范化电子建档率96.24%。

【妇幼卫生】 孕产妇健康管理7807人，系统管理率96.93%，住院分娩率100%，孕产妇死亡率为零。0~6岁儿童健康管理61544人，健康管理率97.15%，5岁以下儿童死亡率7.88‰，婴儿死亡率3.94‰，新生儿死亡率1.97‰，新生儿疾病筛查率93.59%，听力筛查率79.18%，出生缺陷率41.35/万。农村待孕妇女新增叶酸服用人数13781人，完成125.28%；农村孕产妇住院分娩补助7735人，完成122.78%。预防艾滋病、梅毒和乙肝母婴传播项目咨询、检测8194人次，完成100.11%。农村妇女宫颈癌检查人数20375人，完成101.88%，乳腺癌检查人数7900人，完成103.95%，接受免费婚检4995对，婚检率 84.66%。《出生医学证明》签发 3442 份，废证率 0.058%。免费计划生育技术服务 1960 例，发放避孕药具经费 113504.4 元。组织计划生育手术并发症鉴定复查 640 人，552 人符合。有 7 人申请病残儿医学鉴定，鉴定 5 人，其中符合再生育 3 人、不符合 2 人。

【农村卫生工作】 省卫计委为泸县配置健康一体机 48 台，4 月健康一体机全部发放到位，并由江苏康尚医疗器械有限公司相关工程技术人员进行培训。6 月，各镇分别对 48 台健康一体机进行验收，省、县分别进行抽查验收，均验收合格。6 月底，中国医师协会到泸县举办“基层高血压防治”培训班，分别在玉蟾街道、玄滩、云锦 3 个片区举办 4 期培训班，全县 900 余名乡村医生参加培训。9 月，在云锦、云龙、立石、喻寺、牛滩镇开展基层医师团队网格化服务试点工作。12 月 4 日，组织 2016 年四川省乡村医生执业注册考试，115 人报名，113 人参加考试，110 人通过考试。2016 年泸县新增申请享受超龄乡村医生领取生活困难补助 51 人，死亡退出 18 人。全年全县享受超龄乡村医生领取生活困难补助 1060 人 1166.5 万元。

【全民保健】 截至 12 月 30 日，全县完成健康体检 403128 人,其中 0~6 岁人群开展体检 51034 人，7~64 岁人群体检 254606 人，65 岁以上人群体检 96160 人。建立纸质健康档案 403128 份、电子健康档案 403128 人；体检结果反馈 403128 人；中医药体质辨识 361783 人。新发现慢病患者按基本公共卫生要求实施精准管理。

【奖扶特扶政策】 享受计划生育奖励扶助 45846 人、计划生育特别扶助 1461 人（其中独生子女三级以上伤残 392 人，独生子女死亡 1069 人）、计划生育三级以上手术并发症特别扶助 1217 人（其中二级 2 人、三级 1215 人）。全县奖扶特扶享受总人数为 48524 人，发放资金总量 5523.34 万元，其中中央、省级财资金 4929.11 万元，县级财政资金 594.23 万元。对取得“独生子女父母光荣证”的夫妻，每年给予 120 元/户的奖励金，全年发放 5093 人 305.58 万元。将 24 户失独家庭纳入 D 级危房改造工程，按每户 6 万元的标准共计补助 144 万元，对 50 户新增失独家庭按每户 2 万元的标准给予困难救助 100 万元，为 32107 名参加城乡养老保险的农村年满 60 周岁以上的独生子女父母增发养老补助金 1765.72 万元。完成计划生育“三结合”帮扶户 1294 户，新建或巩固帮扶基地 39 个。

【流动人口服务】 全面开展全员流动人口信息采集，清理全县流出人口 32.05 万人，清理出流入人口 3019 人。完成现居地流入人口信息采集率 92%，户籍地流出人口信息采集率 92%，采集信息入库率 92%，流动人口成年育龄妇女电子婚育证明建档率 90%，流入人口婚育证明验率 100%。

【项目建设】 向上争取项目资金 12594.5 万元，完成 100.76%，下拨公共卫生专项资金 7629.56 万元。19 个乡镇（街道）全民预防保健项目、百和卫生院扩建项目、玄滩卫生院中医馆项目、喻寺卫生院改建项目、海潮卫生院改建项目、天兴卫生院扩建项目、嘉明卫生院迁建项目竣工，部分投入使用。县中医医院住院大楼项目、泸县公共卫生中心项目、石桥卫生院迁建项目、潮河卫生院综合楼项目加紧建设。县人民医院门诊医技大楼项目、县第二人民医院外科大楼项目抓紧前期工作。8 月，县中医医院住院大楼项目主体竣工，建筑面积 8300 平方米，总投资 2900 万元，其中中央资金 2000 万元、自筹 900 万元。11 月，泸县公共卫生中心项目主体竣工，建筑面积 12900 平方米，投资 3924 万元，其中中央资金 1466 万元、自筹 2458 万元。

【信息化建设】 电信公司使用 IPRAN 的专网技术，全县 5 个县级医疗卫生机构、19 个镇（中心）卫生院、社区卫生服务中心采用最新的专网技术接入卫计专网，带宽不低于 50 兆。建立区域心电信息系统，完成 19 镇心电信息系统的建设和 1 个卫生站的试点，建设 3 个县级心电诊断中心。建立区域 PACS 图形图像传输系统，一期实现 8 个镇卫生院区域 PACS

建设和3个影像中心的建设；建立区域LIS信息系统，完成全县19个镇（中心）卫生院、社区卫生服务中心检验设备接入区域LIS平台。建成人口信息健康平台，实现泸县人民医院和泸县中医院与人口信息平台的对接工作。加快数字化医院建设，县人民医院、县中医医院、县第二人民医院数字化评审通过验收。

【卫计执法】 出动执法人员410余人次，出动检查车辆126车次，取缔无证行医诊所3个，无证游医摊点62个，没收医疗器械200余件，没收药品4箱，查处非法执业案件45起，行政罚没13.04万元。公共场所及生活饮用水违法案件5件，罚没款9000元。

（撰稿人：秦晋）

泸县人民医院
Luxian People's Hospital

【概况】 泸县人民医院是一所二级甲等综合医院，医院占地面积3.87万平方米，现有外科大楼、内科大楼、门诊大楼、“120”急救中心、感染病区等医用建筑大楼。医院现有编制床位550张，职能科室22个，临床科室21个，医技科室10个，在职职工494人。2016年，医院门（急）诊总量达21.3万人次，收治住院病人2.77万人次，分别较2015年同期增长14.9%和9.5%；平均病床周转次数53.2次，同比下降0.5次；病床使用率94.5%，同比下降0.5%；出院者平均住院日6.2天，同比下降0.3天。

【人才队伍建设】 医院根据人才梯队建设计划，明确各科室近3年专业技术人员岗位设置数量，招聘专业技术人员和行政管理人员60余名。根据科室发展需要，通过科室推荐选举产生医院中层干部17名，为有能力的年轻人提供发展平台和空间。

【业务培训与学术承办】 派出职工参加各类短期培训142人次，安排继续教育学习讲座44次，选派11名医护人员到四川省人民医院、南方医科大学、西南医科大学附属医院、四川省骨科医院等三甲医院进修学习，2名护士参加专科护士培训，4名医务人员进行医师规范化培训。承办泸州市第五届泌尿外科和男科学学术会议暨省级继教项目膀胱灌注学习班，邀请四川省人民医院吴佳玉到医院开展病历书写与医疗纠纷培训。

【学科建设】 医院成立康复医学科，将输血科从检验科独立出来。在重点专科建设方面，医院有四川省医学重点专科建设项目1个(神经内科)，泸州市临床重点专科有2个（神经内科和泌尿外科），泸州市临床重点专科建设项目有3个（普外科、骨科、呼吸内科）。11月，儿科和放射科接受泸州市临床重点专科初评检查。

【科研建设】 医院全年新开展“脊柱椎体成形术”“髋关节置换术”“胃和十二指肠超声造影”“牵引床在手术中的应用”“纤维降解产物测定”“D-二聚体测定”等6个新技术新项目。发表科研论文11篇，其中A类期刊1篇、B类期刊10篇。申报2项泸县科学技术进步奖，其中“静脉溶栓绿色通道建立应用与示范”获二等奖、“关节镜微创技术在临床中的应用”获三等奖。

7月19日，泸县人民医院成立“三级医院创建领导小组”，启动三级医院创建工作（何莉红/摄）

【药物整治】 成立药事与药物治疗学管理委员会，按照国家规定的基本药物管理目标进行学习培训，定期进行考核监管。开展抗菌药物专项整治行动和基本药物考核制度。完善处方点评制度，加强合理用药监测，规范抗菌药物临床应用管理和强化基本药物使用标准，抗菌药物严格控制在35种以内。医院住院患者抗菌药物使用率由原来的47%下降到44.34%，使用强度由42.28DDD下降到38.64DDD；廉价基本药物使用率由55.75%上升为58.02%。

【临床路径与单病种管理】 医院加强临床路径管理，纳入临床路径病种数35个，开展临床路径3647例。医院各级医务人员严格执行相关病种的诊疗护理规范、常规，实行单病种治疗同质化，有效降低病人平均住院日和平均住院费用。

【优质护理】 按照医改“优质护理示范工程”活动的文件要求，医院继续加大对“优质护理示范工程”的建设和投入。2016年新增2个优质护理服务病房，全院优护病房数达13个，覆盖率由去年的84.6%上升到100%，患者平均满意度91.72%，护理服务质量明显提高。

【公共卫生服务】 在妇幼工作中，严格按照上级降消项目要求开展两癌筛查病理检查。活检1006例，开展产前检查、新生儿出生缺陷的监测等工作。开展传染病的报告工作，手足口病例采样175例，疟疾病人采样477例，HIV筛查18386例，全年诊治和报告传染病例1093例。报告死亡报卡187例，心血脑管报卡1307例，肿瘤报卡1451例，35岁以上居民首诊测血压44947人次（首诊居民人数48212人次），首诊居民测血压达93.2%。

【对口支援】 医院先后派出26名医务人员对口支援泸县玉蟾街道社区卫生服务中心、嘉明镇卫生院等9所乡镇卫生院，并派出6名医务人员对口支援凉山州喜德县的三所乡镇卫生院，帮助基层医院提高专业技术水平和管理水平。

【三级医院创建】 7月19日，医院成立“三级医院创建领导小组”，下设“三级医院创建办公室”，正式启动三级医院创建工作。其间，医院先后多次召开创建工作协调会、推进会，部署医院创建工作。多次请上级医院管理专家，对医院创建工作、医院管理进行指导。

【白内障复明工程】 医院继续开展白内障患者救治工作，按照县民政局、县残联等部门的要求，积极在全县开展白内障患者复明工程。全年筛查白内障患者2304人，405名患者重获光明，免费为贫困白内障患者手术49例。

【义诊和公益活动】 派出医务人员214人次，出动车辆38台次，开展泸县“三下乡”“120”急救日、艾滋病防控日、世界麻风病日、全国义诊周等义诊活动，服务群众3800人次，发放宣传资料7500余份，宣传各类疾病的防控知识，同时为群众提供各项健康检查及医疗服务。医院组织全体职工进行“送温暖一日捐”“扶贫一日募捐”“栋梁工程”等捐款活动，募集捐款7.5万元。

【医疗保险及新农合管理】 医院与医保局签订相关协议，实行基本医疗保险付费总额控制，全年城镇职工医保病人住院总金额983.4万元，报销金额676.8万元，报销比例68.8%；城乡居民保险病人住院总金额9639.6万元，报销金额4575万元，报销比例47.5%。收治建档立卡贫困病人2384人次，医院减免住院费用16.3万元，医院垫付贫困病人自付费用30.7万元。

【基础设施建设】 医院新采购全自动血凝仪、全自动生化分析仪、血液透析（滤过）机、冰冻切片机、妇产科手术能量系统、双极宫腔电切镜、脑外科手术显微镜、眼科手术显微镜、高清鼻窦镜系统等一批设备共计2552.8万元，报废设备价值102.7万元，有效保障医疗服务需求。7月，在残疾人鉴定室、彩超室、心电图室和胃肠镜室设立电子排对叫号系统。9月，集自助挂号、缴费、查询为一体的银医卡投入使用，有效缩短患者的就诊等候时间。

【信息化建设】 完成信息系统二期工程，机房、网络、等级保护实施完成，顺利通过数字化医院评审，医院获得二星数字化医院等级。为强化医院系统化、科学化管理，使医院等级评审和日常管理工作有机结合，医院引进“医院等级评审管理软件”。开通泸县人民医院微信公众号。

（撰稿人：何莉红、杜永丹）

人力资源
Human Resources

【就业与再就业】 累计实现城镇新增就业6731人、城镇失业人员再就业1635人、就业困难人员再就业518人，分别完成目标任务的120.2%、125.77%、115.11%；城镇登记失业率3.56%，控制在目标任务4%以内。开展青年劳动者技能培训2225人，完成目标任务的117.11%。

9月19日，“天府人文讲坛·酒城讲坛”走进县人社局（许辉/摄）

【创业工作】 全力打造创新创业服务平台，为科研人员、大学生、返乡农民工等各类创新创业者提供全方位服务，建成各类孵化基地6个。其中“泸县电子商务孵化营运中心”成功申报为国家级众创空间，“泸县大学生创新创业园”成功命名为省级大学生创新创业园，“泸县创新创业孵化园”和“泸县农民创业园”成功创建为“市级创新创业孵化园”，医药产业园完成“省级科技企业孵化器”申报工作，各类孵化载体面积达到5.9万平方米，吸纳157个创业项目入驻，带动就业3400余人。

【人事工作】 全年公开招录公务员（参公人员）81人、招聘事业单位工作人员808人、新招募“三支一扶”人员5人。开展机关事业单位公开考调工作，全年公开考调207人，其中考调县外人员90余人。引进法律、金融等政府部门特殊紧缺12人。直接考核引进硕士研究生、中高级专业技术等紧缺急需人才99人,其中研究生26人、中级及以上职称7人。

【人才工作】 协助企业引进医药产业方面人才9人、酒业人才4人。积极推进职称制度改革，创新思路，采取“三规范、两侧重”，认真做好中级职称下放扩权试点县评审工作。设置建筑工程、中小学教师、农业技术、群众文化艺术、综合工程等5个初中级专业技术职务评审委员会。全年组织评审中级职称939个，初级职称524个，认定初级职称41个，确认初级职称32个。加强专技人员继续教育，培训建筑、医药、教育等行业专技人员2万余人。扎实推进公务员职务与职级并行政策，办理审批70余人。积极落实乡镇工作补贴、农村教师补贴。顺利完成全县公车改革司勤人员安置工作，安置正式司勤人员108人、非正式司勤人员101人。探索创新公务员平时考核，完善考核评价机制，为省市提供经验。

【劳动保障】 全年主动监察各类用人单位438户，涉及劳动者21362人，补签劳动合同303份，督促用人单位为979名劳动者办理社会保险登记，补缴社会保险587.4万元。处罚限期整改拒不整改用人单位4家，罚款0.7万元；为7478名劳动者追讨工资待遇9114.02万元。推进和谐劳动关系建设，四川科瑞德制药有限公司创建为省级劳动关系和谐企业。全年共接待来访群众1350余人次，受理劳动争议245件，涉案金额1520余万元，涉及劳动者347人，已结案245件，到期结案率达100%，有效地维护社会和谐稳定。加强对基层调解组织的业务指导工作，及时有效将部分劳动争议化解在基层，化解在萌芽状态。加强基础设施建设，全力争创省级示范仲裁院。

（撰稿人：罗江）

社会保障
Social Insurance

【社会保险】 全县企业职工养老、城乡居民养老、城镇职工医保、工伤、生育和失业保险人数分别达13万人、45万人、4.07万人、2.83万人、1.55万人、2.26万人，分别完成目标任务数的100.31%、103%、104.37%、105%、103%、122.97%。城乡居民基本医疗保险参保96.7万人，参保率98.28%，居全市第二位。全年五项社会保险缴费136万人次，征收基金16亿元，支付待遇43.1万人，按时足额支付19.4亿元。

【基金监督】 创新养老保险资格认证工作模式，改变村社自行认证模式为县、镇统一组织实施的方式，严格执行死亡零报告制度、待遇领取公示制度，启动冒领追收机制。将认证结果分社公示，公示期不少于7天，公开县、镇举报电话，有效防止养老金的漏、缓、冒现象发生。全年资格认证16.95万人，认证完成率98.6%。失业保险稽核参保用人单位42户，稽核人数6802人,补缴0.2万元，补缴回收率100%。养老、工伤、生育保险事前实地稽核企业12户，稽核参保1.29万人次，稽核欠缴社会保险费260万元，基金到账率100%。医疗保险稽核定点医疗机构262家次，对33家有违规操作和不合理收费行为的定点医疗机构拒付统筹基金40万元。扣除91家次医疗机构不合理报销费用和总控扣款费用248万元；立案调查处理医疗机构22个，给予约谈警告和黄牌警告，并处罚违约金8余万元，有4家定点医疗机构被暂停医疗保险服务1个月。

【管理服务】 全面梳理基本公共服务100个事项，逐项编制办事指南，优化办事流程42项，努力为群众提供优质高效服务。其中优化公共就业创业服务服务流程16项，减少提交资料27项。与移动公司签订信息化合作协议，推行OA办公系统，实现无纸化办公；利用MAS短信服务平台发放短信100万条宣传人社政策；开发公众微信号，推进与服务对象的互动交流。结合智慧人社建设，做好社保卡应用。全县制卡68.4万张，发卡62.6万张，发卡率91.5%，持卡人数位居全市前列。

（撰稿人：罗江）

民政工作
Civil Affairs work

【救灾救济】 充实救灾物资储备库，开展“5·12”防灾减灾宣传活动，加强镇、村级灾害信息员培训。有效应对暴雨洪涝等自然灾害，及时完成“6·23”“7·14”“7·18”洪涝灾害的灾情上报、转移安置、资金保障等工作。制订冬春生活救助方案，开展“走基层·送温暖”活动，慰问敬老院、优抚对象、孤儿、“五保”、低保、老复员军人、高龄老人、受灾群众、留守儿童等困难群众3万余人，发放棉衣被25214床，发放763.54万元，确保困难群众能够安全温暖过冬。

【慈善福利】 通过多种形式在全县范围内贯彻学习《中华人民共和国慈善法》，积极开展“送温暖，慈善一日捐”和慈善福彩帮困助学等活动，收到捐赠款49.15万元，资助困难对象550余名。为全县238名孤儿发放245万余元基本养育费。加快养老项目建设，继续推进2015—2017年养老服务体系重点建设任务，实现养老机构常态化管理。建成区域性养老服务中心3个，新增和维修改造养老机构床位700张，建设城乡社区日间照料中心15个，为15350名困难家庭失能老人和80岁以上高龄老人提供居家养老服务，完成目标任务的100%。建立养老护理从业人员岗位补贴和养

3月29日，泸县召开2016年民政工作会

老机构责任保险保费补贴制度，发放补贴资金2万余元。

【城乡低保】 严把低保“入口关”，扎实推进低保精准识别工作，依托社会救助信息管理系统平台，初步建成全县数据统一、管理操作规范、系统运行顺畅、保障监管有力的低保动态信息系统。坚持“三级联审”制度，严防关系救助、人情救助。进一步提高城乡低保标准，从1月起，农村低保保障标准提高到每人每年3200元，实现低保线和贫困线“两线合一”，农村低保人均月补助水平达到160元以上，完成目标任务的106%；城镇低保从7月起，将原来的人均月收入380元调整到450元，累计月人均补助398.5元，完成目标任务的132.6%。

【医疗救助】 出台《泸县城乡医疗救助管理办法》，提高医疗救助标准，充分满足困难群众的救助诉求。对建档立卡扶贫对象在县域内县级及其以下基层定点医疗机构住院产生的费用，实行零支付。全面建立完善“一门受理、协同办理”工作机制，加大对民政定点医疗机构的管理。加大供养机构床位改造力度，逐步改善供养条件，提高集中供养满足率。加大临时生活救助力度。城乡医疗救助45616人次，支出医疗救助金1500.76万元，城乡医疗救助政策范围内住院自负费用救助比例达70%。城乡困难群众重特大疾病医疗救助260人，127.6万元。

【“双拥”工作】 开展“拥军优属，拥政爱民”系列活动，全县“双拥”“八个一”工程成绩显著，实现“法律进军营”活动标准化、常态化和品牌化。推进“全国双拥模范城”创建迎检，广泛开展纪念“红军长征胜利80周年”爱国主义教育活动。成功举办烈士公祭日活动。认真落实退役士兵安置教育培训政策，退役士兵接收安置任务全面完成，军休干部政治和生活待遇全面落实。建立优抚医疗“一站式”服务工作制度。完善泸县光荣院、泸县军休所、泸县优抚医院基础设施。健全涉军协调机构，加大推进涉军维稳力度。

【优抚安置】 成立联合退役士兵报到工作站，完成接收自主就业退伍士兵277人、转业士官13人接收安置任务，完成接收任务的100%，退役士兵岗位实现“阳光安置”。确立符合政府安排工作条件的退役士兵服役表现量化评分与理论考试相结合的办法，公开选择岗位和成绩，按综合成绩高低顺序选择岗位，形成《泸县退役士兵安置工作方案（试行）》，推行“阳光安置”方式，做到用人单位、退役士兵、安置部门三满意，安置率100%。完善自主就业退役士兵教育培训。认真贯彻学习新《中华人民共和国兵役法》和《退役士兵安置条例》精神。制定下发《泸县民政局关于认真做好退役士兵教育培训宣传工作的通知》文件，充分利用征兵、退伍报到、“八一”、春节及“双拥”活动等时机，开展退役士兵安置政策的宣传活动。

【学员培训】 建立从上而下、层层落实的责任机制。严格考评，协议规范，与培训机构签订培训协议，按照协议内容运作。严明纪律，加大奖惩，根据学员在培训期间的表现情况，按照考评要求进行奖励，培训机构共表彰优秀学员45名，颁发证书和奖励金，对不遵守培训纪律的学员，给予严肃处理。注重培训实用性。采取由培训机构"订单式"培训模式和负责推荐就业措施，落实自主就业退役士兵就业创业扶持政策，8名退役士兵参加高考和成考，并被录取。10月，泸县建筑职业中专学校被四川省教育厅评为退役士兵终身学习品牌项目，被中国成人教育协会评为"终身学习品牌项目"。

【基层建设】 全面完成第十届村（居）委会换届选举工作。强化社区阵地建设，投入资金4000余万元，新建阵地14个，改扩建5个，全县阵地建设达标率90%。大力提高社区服务水平，社区功能布局完善，继续推动社区减负工作，依法规范社区工作事项。进一步村务公开规范。严格按照"提出—审查—讨论通过"的程序实施，以公开时间与公开内容相适应为原则，明确公开内容及公开目录。全县251个行政村均建有固定的村务公开栏。探索"三社联动"新模式。充分发挥社会组织、社工、社区联动作用。动员187人参加社工考试和组织人员参加培训，14人通过社会工作职业水平考试。坚持以项目为推动，争取省和县本级安排福彩公益金58万元，引入社工机构为全县1000余名留守老人、留守儿童开展关爱服务。

【社会组织管理】 加强对社会组织的监管力度，积极发展行业性协会和农村专业技术协会。依法登记社会组织80个，全县有社区组织478个。开展民办非企业单位自律与诚信建设活动，完善法人治理机构，建立内部规章制度的社会组织达到95%以上。组织各支部开展"两学一做"教育活动，依法开展社会组织登记、年检和换证工作。开展社会组织非法集资活动专项清理工作，提高风险防范意识。

【社会事务】 建立农村留守儿童数据库，筹划建设泸县农村留守儿童关爱保护中心和镇级关爱保护点。大力宣传殡葬改革政策法规，开展殡葬改革宣传周活动，提倡绿色殡葬、环保殡葬。推进撤县设区工作，新增设3个社区；"二普"工作已进入收尾阶段。19个镇和县城玉蟾街道完成门楼牌的重新编排和设置。规范街路牌设置，引进社会资金150余万元，设置城镇街路牌351块，规范地名的设置和命名，地名数据库新录入1.5万余条。配合公安部门实施"一标三实"工作，清理整治规范标准地名。大力推进婚姻登记规范化建设。加强婚姻登记信息化管理，完成婚姻登记处搬迁。规范收养领养程序，实施流浪乞讨救助450人次。

（撰稿人：刘朝俊）

扶贫工作
Poverty Alleviation work

【概况】 泸县属扶贫开发工作任务县，按照市上统一安排部署，泸县目标任务是完成11235户30878名贫困人口脱贫，32个贫困村摘帽退出。全县确定18个专项扶贫计划，378个脱贫项目，投入17.12亿元，其中政府性投入8.06亿元。截至年底，全年目标任务全部完成。

【产业扶持】 安排到户产业补助资金2044万元，对13021名有劳动能力又有发展意愿的贫困户进行产业扶持全覆盖，发展农业产业230个以及包括旅游、商务、粮油加工等在内的4个其他产业，产业扶贫项目进度达100%；建成特色经作园1.2万余亩，新养殖生猪2万头、小家禽15万羽；针对建档立卡贫困劳动者开展免费技能培训1509人，落实培训补贴资金110余万元，帮助贫困户实现转移性就业6330人，促进成功创业30人。

【教育扶持】 对6203名贫困学生全覆盖，全面完成贫困学生调查登记，按时落实各项教育资助政策，通过特殊教育儿童送教等方式，确保2016年退出的贫困家庭义务教育阶段学生全部入学，入学率为100%。

【医疗扶持】 对14535名因病致贫户全覆盖，推进医疗扶贫全民预防保健、基本医疗保险、商业附加险、应救必救"4个100%"，医疗扶贫政策从2月开始执行，全县建档立卡贫困户住院报销7872人次，报销比例达到90.38%，剩余部分通过财政兜底全部补贴到贫困户，实现县域内住院、门诊"零支付"。按照现行医疗扶持政策，全县建档立卡贫困户住院报销可以达到90%以上。进一步解决贫困户看病难、住院贵的问题，从11月1日起，泸县建档立卡农村贫困人口在县内基本医疗保险协议管理医院住院治疗，个人不负担医疗费用，即个人医疗费用支出实现"零支付"，切实减轻贫困户负担，防止因病致贫、因病返贫。

【低保兜底】 对16296名无法通过自身努力脱贫的贫困户全覆盖，低保兜底精准识别结束，全县农村居民最低生活保障线将调整到每人每年3200元，实现低保线和扶贫线"两线合一"，确保贫困户全部兜底脱贫。

【保障住房】 贫困户危房改造全面完成，建成4401户，竣工率100%；易地扶贫搬迁882户2087人，160个搬迁安置点住房建成，水、电、路、气等配套基础设施配备完善。搬迁以集中安置为主、分散安置为辅，将建档立卡贫困户中的626户1477人安置到35个集中安置点，占安置总人数的71%，其余256户610人安置到130个分散安置点，占安置总人数的29%，住房保障工作经验在省、市推广。

【基础建设】 对照贫困村摘帽标准，对基础设施和公共服务项目提档升级。超额完成通村公路建设，全县任务是40.3千米，至年底投入1.8亿元，完成建设99.5千米。投资2459.4万元，建成管网延伸166.52千米，抗旱井4口，新建及改造山坪塘56口，新建及整治泵站6座，拦山堰3座，打井47口，工程完成进度98%。全县40个贫困村纳入农网改造计划，32个村农网改造完工。32个贫困村配套设施全部达标并提档升级，广电、通信、网络、文化室、卫生室实现全覆盖。通过自主经营、与专合社龙头企业联合经营等方式，32个贫困村集体经济全部达到退出标准。

【产业脱贫】 大力扶持刘氏泡菜、天凤黑木耳、巨星牧业公司等扶贫龙头企业，采用"公司+农户"的方式加快农业产业化发展。在嘉明、得胜、天兴、立石、云龙等镇300多户贫困户参与蔬菜"订单"种植；在方洞打造庆丰村年出栏3万头的生猪寄养示范片。在潮河镇王坪村实施"资产收益股权化"试点，将扶贫资金用于建设规模化养猪场，扶贫资产以优先股形式平均量化给缺劳力、缺技术的贫困户，以量化的股权进行养殖收益分红。在方洞镇庆丰村党支部与巨星牧业公司和仙山养猪专业合作社合作，利用财政资金投资的资产入股参加经营，新建生猪寄养小区5个，设计规模年出栏1万头左右，收益一部分分配给贫困户，一部分作为村集体收入。

【脱贫攻坚】 开展"百企联百村"活动，动员企业参与到扶贫工作中。改变以前送钱送物"输血式"扶持，重点实施"造血"式扶持。鑫福矿业集团公司捐款1000万元定向用于全县脱贫攻坚，佳乐集团在贫困村建设后勤物资保障基地，带动贫困户发展绿色有机农业，科瑞德集团定向收购贫困户农产品，包装成礼品赠送公司客户，泸州十建司为贫困户提供技术培训且吸纳就业，帮助贫困户脱贫。成功举办"扶贫日"义演捐赠活动，积极倡议各界人士、成功企业家、在外商会等开展扶贫捐赠，累计募集扶贫资金2800余万元，为脱贫攻坚加油助力。

（供稿：县扶贫移民局）

移民工作
Resettlement

【概况】 泸县有三溪口、艾大桥水库、流滩坝电站大中型水利水电工程3座。核定登记水库移民人口为15131人，占泸州市移民总数的74.8%，分布在立石、毗卢、海潮等19个镇（街道）131个村。三溪口水库移民13547人，艾大桥水库移民557人，流滩坝电站移民686人，三峡移民300人，省外迁入移民18人，省内市外迁入移民28人，县外市内移民1人。截至11月底，全县移民14985人，因取消和死亡原因，核减移民146人。全县纳入建档立卡贫困移民数量1276人。截至第三季度，累计发放移民后扶直发直补674.33万元。2015年12月，下达2016年移民后扶资金971万元，在3月规划完毕，涉及11个镇（街）50个移民村，主要用于改善移民库区、移民集中安置区、困难移民聚居区的基础设施建设、帮助特殊困难移民种养殖等产业发展。9月，下达移民后扶项目资金、整体脱困项目资金合计1531万元。

【后期扶持】 加强项目和资金管理制度的执行力度，结合省、市相关文件精神，对现有项目规划、申报、定点、验收等流程进行梳理和规范，重点完善移民项目管护机制，落实项目管护责任，鼓励移民参与。结合实际，拟定移民项目验收办法，规范移民项目报账方式。对全县移民工作具体经办人进行项目管理、财务报账等项目培训10次。联合玉蟾街道办、村相关人员召开座谈会，引导移民了解和掌握国家的移民安置政策，自觉遵守党纪国法，依法维权，依法信访，及时化解矛盾。责成涉及移民的相关镇（街道）每月对辖区移民进行统计，相关社（队）长要对本社（队）移民人口进行逐一核查，登门入户。将人员信息报镇移民工作机构，发生人员变动的，要将变动信息报于镇（街道），由镇（街道）级部门负责备案保存。县局则每季度对全县移民人口进行统计核定，对移民人口数量进行动态管理。将所有移民资料进行整理归档，由县档案局统一管理。

【监督检查】 加强对项目镇（街道）工程进度、项目管理、资金使用等方面进行检查评估，对发现的问题责成责任单位进行整改，并上报情况说明，确保工作顺利开展。积极配合省、市、县组织的内部审计工作，并围绕审计出的问题，进行细致研究，查找问题根源，制定整改措施，向相关部门上报整改审计问题整改情况报告和佐证材料。特别是吸取教训、举一反三在全县范围内，对近年来的项目建设、资金管理等方面进行全面清理，查出问题立刻整改，确保移民项目资金管理规范、高效、安全。

【基础设施建设】 全年新建、加宽公路17.1千米，新建、整治机耕道29.06千米，新修泥结石路3.5千米、新建入户便道、人行道25.8千米；新建电灌站1座，山坪塘6口，排污管网1500米，自来水管道3600米。进一步完善移民安置区内的农村路网体系，库区和移民安置区运输费用大幅降低，农副产品成本销售成本随之降低，示范片基本实现交通建设与经济发展良性互动；通过实施电灌站和山坪塘项目，缓解生产用水紧张状况，保证农业灌溉用水需要，降低用水成本；安装排污和自来水管道，有效提升移民安置区域水污染处置和安全饮水水平，保护区域内生态和卫生环境，提高移民生活质量。

【旅游发展】 立石镇玉龙村在移民后扶项目实施后各项基础设施得到较大发展，独特区位优势和玉龙湖景区相结合打造，在玉龙村移民新村休闲文化广场注入文艺商演、停车购物功能，村级综合服务中心增加旅游接待、管理服务设施，移民新居更体现旅客接待、风情展示元素。

【规划编写】 组织编写“十三五”移民规划，成立由分管副县长任组长的泸县移民后期扶持“十三五”规划编制工作领导组，县扶贫移民局主要负责人任副组长，从农业、林业、畜牧、农机、水务、交通等部门抽调15名既有理论知识又有实战经验的专业技术人员为成员，领导组下设基础信息收集、特殊困难移民、基础设施规划、产业发展规划、综合编撰5个小组分工负责，初稿于7月完成，上报省局待审批。

【项目规划】 在立石镇按照“谁投资、谁收益、谁所有、谁管护”的原则，项目建成后，在村民委员会指导下，入股移民户可以联合自主经营，也可以通过承包、租赁、与其他经营主体合作经营等形式，实行市场化动作，提高项目的使用效率和养护水平，让项目发挥应用效能，移民户长期受益。产业发展项目以专业合作社为平台，采取多种方式经营，生产经营性设施（大棚）要确权到村委会，每年由公司（或专合社）分红到村委会，每年分红按经营性设施投资总额的3‰交给村委会，作为村集体经济收入。5年为1个周期签订合同，每年分红资金用于移民安置区基础设施建设。龙虾养殖按照承包地属性，由农户负责管理。公益性基础设施（生产便道、泥结石路）交村民小组负责管护。

（供稿：县扶贫移民局）

老龄事业
Aging Cause

【概况】 全县有60岁以上老年人222429人，其中100岁以上61人，80岁以上31941人。全县有老年人协会22个，分会301个。县老年大学1所，镇老年学校20所，村（社区）老年学校65所。全年创建第二届省级敬老文明号单位3个，省示范性基层老年人协会2个。

【老龄保障】 新型城乡居民养老保险覆盖全县60岁以上的老年人，生活困难的老人都得到城乡低保救助。实施80岁以上高龄老人生活津贴补助，80~89岁每年200元，90~99岁每年1320元，100岁以上每年6000元。城乡居民医疗保险覆盖全县60岁以上老年人，实现老有所医。全县敬老院建设水平走在全市前列，养老服务设施得到极大改善，民营养老院发展较好。

【老龄教育与活动】 老年教育得到进一步的发展，老年人受教育面稳步提高，县老年大学被省老龄委授予“B级老年大学”。城乡老年文化体育活动开展较好，县、镇每年都开展文体比赛，广大老年人的身心健康，生活质量不断提高。基层老年人协会不断发展，有会员12.8万人，占老年总人口的57.7%，大部分协会正常开展活动。

（撰稿人：王盛）

镇与街道

TOWN AND SUBDISTRICT

玉蟾街道
Yuchan Subdistrict

【概况】 泸县玉蟾街道地处川渝结合部，是泸县县城所在地，东邻得胜镇，西、北与福集镇相连，南与天兴镇、牛滩镇接壤，辖区面积79.5平方千米。辖10个社区、12个行政村，总人口9.67万人。境内濑溪河、九曲河、马溪河三河环绕，厦蓉高速公路、川黔铁路、国道321线贯穿全境，地理区位优势明显。辖区内有国家AAAA级旅游景区龙桥文化生态园、国家非物质文化遗产龙脑桥，国家AAA级旅游景区“川南明珠”玉蟾山、玉蟾温泉国际度假区、宋代石刻博物馆等旅游资源。是国家生态乡镇、全国小城镇建设重点镇、全国休闲农业与乡村旅游示范点、全国美丽乡村、全国残疾人之家、全国综合减灾示范社区、四川省先进基层党组织。

【经济发展】 2016年，玉蟾街道完成国民生产总值37.26亿元；其中第一产业增加值完成2.31亿元；第二产业增加值完成18.72亿元；第三产业增加值完成16.24亿元；规模以上工业增加值完成12.35亿元；全社会固定资产投资59.19亿元；社会消费品零售总额完成14.93亿元；农民人均纯收入14708元；城镇居民人均可支配收入32062元。财政税收1.104亿元

3月24日，泸县“走进群众、服务群众、引导群众”主题教育推进会在玉蟾街道龙华村召开（曾利/摄）

(其中地方财政一般预算收入6488万元)。

【农村经济】 玉蟾街道宅基地制度试点村有龙桥社区、玉蟾村、黄金村、白龙塔村等4个村(社区)。全年宅基地拟退出复垦面积470.92亩，拆旧复垦农户529户1907人，规划农民集中居住区4个，总面积84.44亩。完成白龙塔、马溪河2个村定向财力转移支付资金项目经作园荔枝、枇杷产业建设120亩。

2月28日，省科协到玉蟾街道开展“走基层、强服务”专题调研（曾利/摄）

【工业发展】 继续加强以产业集群发展为先导，坚持按照“优一强二壮三”的思路，帮助企业加快转型升级的步伐，依托经开区和医药园区积极开展招商引资和产业发展；积极培育规模以上工业企业，培育1个规模以上工业企业（泸州芦台春酒业有限公司）；推进泸州国之酿酒业有限公司与北京红星股份有限公司抱团发展，积极为泸州芦台春酒业有限公司与贵州茅台酒股份有限公司牵线搭桥，积极推进酒类企业团结一心，抱团发展，提质增效。

【第三产业发展】 加快推进以旅游业为龙头的现代服务业快速发展。以开展多元化的文化节目为契机，有效与旅游产业发展相结合，协同发展。利用玉蟾春会、白龙塔的枇杷节、龙桥文化生态园的荷花节、花园干道的元宵舞龙等盛大节日，与旅游项目结对发展，有效地彰显文旅融合的独特魅力，吸引游客约120余万人次，极大促进地方经济发展，形成良性循环。

【基础设施建设】 完成水利工程蓄水237.7万立方米，完成整治山坪塘12口，维修养护渠道22千米，渠道清淤15千米，新建蓄水池2口，加高加固囤水田坎500余处。完成农田水利基本建设总投资244.45万余元。完成抗旱应急水源打井1口，投资30万元，解决人畜饮水250人；完成定向财力转移支付资金项目贫困户新建蓄水池17口，分散打井56口，投资21.05万元，解决人畜饮水232人；完成清平、龙桥社区长江水自来水管安装，投资150余万元，解决4550人的饮水困难。开展种养殖业培训94人次，发放鸭子3450只，发放种兔35组。

【社会救助】 全年对享受城乡低保待遇的2378户2687人进行精准识别，取消不符合低保的城乡人员954户1100人，发放低保金564万元。提供网上救助841人次，医疗救助57人次，救助金额14.62万元。通过街道民政专项经费救济（助）临时困难家庭442户，救济（助）金额48.46万元。为282名重点优抚对象发放抚恤金和生活补助金376.6万元，发放高龄老人补贴26.758万元，为392名“五保”老人发放保障金199万元。

【残疾人救助】 完成残疾人危房改造5户，安置残疾人就业16人，完成比例114%。完成白内障患者复明手术10人，为266名精神病患者提供免费服药，为残疾人配发用品用具240余件。重度残疾人护理补贴696人，补助金额为464250元，残疾人扶贫对象生活补贴116人，补助金额为130860元，阳光家园计划残疾人托养服务（家庭）资助完成74人，补助金额为4.44万元，残疾人创业补助3人，补助金额为4万元，残疾人机动车燃油补助21人，补助金额为7665元；城乡残疾人居家灵活就业310人，农村贫困残疾人改善生产生活45人，精神病关爱行动240人，助残助学37人，脑瘫儿童康复完成6人。

【就业与再就业】 玉蟾街道城镇新增就业1600人，城镇失业人员再就业500人，就业困难人员再就业280人，就业登记2万人，青年劳动者技能培训230人，创业培训120人，促进高校毕业生实现创业18人，建档立卡农村贫困人员技能培训50人，促进成功创业人数380人，带动就业人数390人，建成创客空间1个，失业保险新增扩面460人，创业担保贷款89人。

【脱贫攻坚】 强化"五个一"驻村帮扶制度，建立分片包村联系机制，将街道承担的重点扶贫专项建设任务分解落实到人，严格督查问责。街道现有建档立卡贫困户801户2498人，重点扶持白龙塔发展63亩"枇杷经作园"、扶持马溪河发展70亩"荔枝经作园；开展低保精准识别和"两线合一"工作，建档立卡贫困户低保兜底587人，"两线合一"补贴资助建档立卡贫困户344人116名残疾人享受残疾扶贫补贴13.86万元，94户残疾人享受3.2万元产业扶持，养种兔36组、鸭3450只；白龙塔、玉蟾、马溪河、黄金4个点46户136人易地扶贫搬迁全面入住；建档立卡贫困户农村危房改造任务215户全面完成，其中D级任务151户、C级任务64户；减免幼儿保教费57人，实施雨露计划20名，栋梁工程资助贫困学生30名，完成助学贷款申请300名；全面落实贫困人口"八免五补助"，开展医疗救助490人次，发放残疾人辅助用具108件，免费提供白内障康复手术7例。

【文化旅游】 与县级相关职能部门团结协作，完成县上总投资4亿元的项目攻坚任务，在龙桥生态园新建观光车道、游客接待中心、AAA级标准厕所等各类服务设施；推进智慧景区建设，开通微信公共信息服务平台，设置自助购票、电子刷卡、电子验票等系统；完善中、英、韩、日4种语言导视系统和各种公共信息，并设置有文化特色的休憩设施；建立数字虚拟景区系统和电子商务平台，为游客免费提供网上浏览、在线预定、在线查询等便捷服务。11月，龙桥文化生态园成功创建为国家AAAA级景区，为玉蟾街道的旅游文化提供强有力的辐射与示范支撑，进一步拓宽街道旅游产业的发展途径。

【党建工作】 落实主体责任清单，解决民生诉求192件，制定村（社区）干部管理、考核、绩效等办法，强化效能监督督查，提高干部服务效率和素质,使换届选举工作取得圆满成功；充分利用"两坛一堂"、广播"村村响""三下乡"等载体，重点就十八届五中、六中全会精神、习总书记系列重要讲话精神、社会主义核心价值观、农村政策、脱贫攻坚、民生服务等进行宣讲。全年邀请专家开展专题讲座4次，开展各类宣讲100余场次，现场解决群众疑难问题280余个。为切实转变工作作风，形成工作合力，街道专门成立效能建设督查组定期与不定期开展督查，重点对上班签到、参会情况、在岗情况、挂牌上岗、值班值守等进行督查。全年开展效能督查12次，发出通报4期，通报人数15人次，扣减绩效考核1600元，发放提醒卡249张、警示卡12张、纠错卡3张。

(撰稿人：谢丽娜、蒲若楠)

福集镇
Fuji Town

【概况】 福集镇东邻方洞镇，西接富顺县，北与嘉明镇、喻寺镇相连，南与天兴镇、泸县玉蟾街道办事处接壤。全镇辖区面积82.4平方千米。辖3个社区、16个行政村、160个村（居）民小组，总人口5.68万人。福集镇交通体系成熟，隆纳高速公路、隆叙铁路、国道321线、省道437线、福清路、福永路、福代路贯穿全境，辐射八方，川南城际铁路、泸州城市轻轨在沙土村建站设点，距离云龙机场约20千米，泸州市区约35千米，是泸县北部综合交通枢纽、内泸至贵州城镇发展带上的通道节点、北部门户。镇域内自然资源丰富，三大产业各具特色，社会经济综合实力位居全县前列，基础设施配套完善，经济社会协调发展。2016年获泸县综合目标绩效考评、党建目标考核、开放合作突破工作目标考核、农业农村经济工作一等奖，脱贫攻坚工作目标考核先进镇。

【经济发展】 2016年，全年实现GDP 8.8亿元，实现目标任务98.4%；完成地方公共财政收入1178万元，实现目标任务117.8%，完成目标任务排名全县镇（街道）第二位；完成固定资产投资11亿元，实现目标任务98.5%；实现规模以上工业增加值2.94亿元，完成目标任务101.8%；实现社会消费品零售总额3.9亿元，完成目标任务97.5%；实现城镇居民人均可支配收入31447元，增速8.5%；实现农民人均纯收入13425元，增速10.2%。

【农村经济】 农业生产结构进一步优化，优势特色产业初具规模，在小冲子、团仓、李子等村建成葡萄、龙眼、砂糖橘、花木、水稻示范基地，初步形成农业观光示范带；大力对接泸州高新医药园区，发展黄栀子、车前草等中药材种植，种植面积近5000余亩；农村集体土地使用权、宅基地、集体林权、小型水利工程等确权颁证，农村产权制度改革顺利实施；农村宅基地退出改革试点取得阶段性成效，农村综合配套改革走在前列。畜牧水产业发展前景良好，全镇淡水养殖面积3380亩，水产品年均产量748吨；建成标准化生猪规模养殖场12个，畜禽专合组织、家庭农场6个，实现生猪年出栏8.1万头。大坪龙贯山油茶商标完成工商登记注册，赵岩花木专合社成功申报为泸州市示范农民专业合作经济组织，清华林下土鸡、小冲子利农葡萄、永青灵芝等农产品享誉市内外。农业产业增加值年均增长5%以上，农业产业化、规模化生产跃上新台阶。

3月28日，福集镇党员精准扶贫项目启动会（官小川/摄）

【工业经济】 大力实施“工业强镇”和“双提升”发展战略。通过扶优扶强、改造提升和技术改造等方式，促进传统产业转型发展。围绕泸县“1+3”产业发展战略，对酒业、建材、轻工纺织等传统产业，有针对性地制定转型发展计划。重点以政策为推手，促进纯粮酿造，推动健康开发，探索保质收储，鼓励酒类企业抱团发展，打造企业方阵。推动泸特酒业咖啡养生保健酒研发项目、三十六坊酒业年产2000吨白酒生产线项目、鑫隆原浆酒业年产1000吨白酒生产线项目建设，促进酒类产业转型发展；鼓励华韵建材等建材企业，通过对建筑废渣及新原料利用的技术改造和技术创新，开发新型环保节能建材，大力构建循环产业链；支持明升服装生产线技改项目建成投产，力争打造成西南地区户外服装生产顶尖企业，引领区域服装行业发展。福集镇实现工业增加值3.6亿元，全社会固定资产投资11亿元，社会消费品零售总额3.9亿元。

【第三产业发展】 以永青农场、利

农葡萄专合社、李子山庄为平台，配套餐饮和娱乐设施，举办永青农场果蔬品鉴、利农葡萄采摘、黄栀子观赏等活动，形成覆盖李子、团仓、小冲子等村的农业观光示范带，带动乡村旅游发展，实现产业化经营带动农户达到70%，全年接待游客5万人次，营业收入约500万元。推动电子商务进农村，以“农产品进城”和“网络商品下乡”为核心，坚持规划先行，打通农村电子商务双向流通渠道，全镇建成镇村级电商服务站20个，实现镇村电子商务服务站（店）全覆盖。

8月8日，县委书记薛学深（左二）督导福集镇易地扶贫搬迁工作

【基础设施建设】 投资350余万元启动太和场引用长江水项目，天洋供水站管网延伸8.04千米至螺蛳山村；建成清华村、草坝村抗旱机井，小型蓄水池4个，分散打井93口,全面解决到户安全饮水问题。投资407万元，建成太和污水处理厂；投资70万元，在团仓、草坝、清华、石鸭滩4个村7个点建小型污水处理设施。投入资金1400余万元，完成螺蛳山村、清华、大坪、团仓、李子、茂盛、大桥等村26千米乡村道路修（改）建；川南城际铁路泸县站落户沙土村，高铁征地工作全面启动。投入资金2342万元，完成清华、李子等12个村农网改造。新建和改建金钱村、天洋社区、大田社区等5个日间照料中心。投入近300万元，高标准建成大田、清华、螺蛳山文化广场，其中大田文化广场配套大屏高清LED显示屏。

【社会保障】 严格落实低保“五保”、残疾人补助等制度，大力保障和改善民生。全年有低保户1070户1245人，“五保”户503名，发放低保“五保”资金491.4万元，城乡居民养老保险参保27542人，城乡医保参保50911人，参保率98%。全镇有残疾人2067名，享受重度残疾护理补贴417人，困难残疾人生活补贴483人，扶贫补贴73人，享受温暖万家行、阳光家园补贴等政策265人，发放资金77.16万元；免费发放辅具88件，免费实施白内障手术52人，开展残疾人就业培训8人次。城镇新增就业314人，促进成功创业165人，带动就业231人，劳动力登记1733人；积极举办各类技能培训，培训学员500余人次，城镇失业率控制在3.5%以内。

【文教发展】 投资918万元，新建李子幼儿园、金银幼儿园、龙脑桥中心小学教学楼。投资108万元，维修加固天洋小学教学楼，启动镇中心幼儿园改扩建工程项目，保证各个村小校点基本达到“五有”的要求。组织参与龙舞闹元宵等活动，举办“五四”“六一”“七一”、中秋、国庆等主题文艺演出等活动5次，开展科技文化卫生下乡活动20余次，积极打造螺蛳山村幸福美丽新村文化院坝，开设“农民夜校”19个，免费放映农村公益电影210场次，组建文化演绎队伍10支，开展“龙城讲堂”“坝坝讲堂”20余次，群众文化娱乐生活进一步丰富。

【脱贫攻坚】 围绕“八大扶贫攻坚行动”和“18个扶贫专项行动”，按“一低五有”和“两不愁三保障”标准，细致开展因户施策，精准落实“五个一批”。落实到户扶贫资金39万元，覆盖贫困户484户1474人；举办各类农业技术培训11期，实现贫困家庭就业人口400余人；为160名镇内幼儿园、小学、初中贫困学生提供费用减免及补助；医疗保险全覆盖，申请医疗救助450余人次，落实医疗救助资金40余万元。全镇196户C、D级危房改造完工，投资678万元，建成清华、螺蛳山两个易地扶贫搬迁集中安置点，安置贫困户49户113人，配套建设砂糖橘、生猪寄养等产业扶贫基地。2016年实现360户1068人稳固脱贫，清华、螺蛳山2个贫困村成功摘帽。

【社会治理】 进一步健全安全生产“五级监管体系”，深入推进隐患治理力度，排查整治重大安全隐患105处，全年无较大以上安全生产事故发生，全镇安全生产形势持续好转。“大调解”工作体系不断深化，全年接访群众130余人次，走访群众3000余户，排查不稳定因素56项，破解历史遗留问题5起，化解矛盾纠纷180余起，调解率100%。深入开展“法律七进”活动，着力营造依法治镇的浓厚氛围；把政府工作全面纳入法治轨道，成功创建法治示范镇。进一步完善食品药品监督管理体制，严格执行农村家宴申报制度，做好学校等重点场所食品安全监管，全年无食品药品安全事故发生。

【党建工作】 专题研究党建工作8次，听取村（社区）党建工作专题汇报6次，开展党课宣讲20次，走村入户近200次，现场解决问题23个。全年开展中心组学习12次，专题部署意识形态工作5次，深化“两学一做”学习教育，突出正面宣传引导，积极做好学习贯彻中共十八大精神、社会主义核心价值观氛围营造；开展政策理论宣讲102次，专题讨论40余场，发放知识读本2000余册，网络传送学习资料800份次，组织演讲比赛、知识竞赛、示范评比等实践活动6次，评选出各级优秀代表112个，做到全镇1418名党员全覆盖。通过项目捆绑、向上争取、财政补助等方式，整合资金700万元，建成8个标准化党群服务中心，转化2个后进党组织，落实村（社区）工作经费、干部基本报酬。依托“支部+党员+贫困户”“党员大户+贫困户”等结对方式，成立各类专业合作社16个。专题研究党风廉政建设工作6次，定期开展督查24次，构建惩防体系，深化“三早三卡”制度，开展“送党章党纪下基层”巡讲、“以案释纪漫画”巡展20次，全年发放廉政风险提醒卡36张、警示卡26张、纠错卡2张，行政处分1人，批评教育8人。专题研究部署镇、村（社区）两级换届工作12次，完成镇党委、政府班子和村（社区）“两委”班子换届。

（撰稿人：曹原）

嘉明镇 Jiaming Town

【概况】 嘉明镇地处泸县北大门，东与喻寺镇相接，西与富顺县毗邻，南与福集镇接壤，北接隆昌县山川镇，镇政府驻地距隆昌、泸县县城均为12千米。全镇辖区面积46平方千米，辖10个行政村、1个社区，92个村（居）民小组，全镇人口4.3万人，其中农业人口3.91万人。该镇历史文化悠久，是蜀汉尚书令董允故里，存有明代的风水桥、鸿雁桥和清代的金龙桥等3处国家级文物保护单位，明代的狮子山明墓群和清代的董允石刻故里、永嘉桥和观音桥等4处县级文物保护单位；风光秀丽，环境宜人，境内秀水河环绕流淌，界牌山蜿蜒起伏，既有九曲河的滨河美景，又有青木寨、粘帽寨等森林风光；交通便利，隆叙铁路、隆纳高速、国道321穿境而过；经济社会发展良好，拥有全县唯一一个镇级工业园区——嘉明镇工业园区，建成全省首批新农村建设示范片——罗桥、狮子、石燕村示范带，先后被评为全国群众体育先进镇、农机推广先进镇，四川省工业型重点小城镇建设镇、中小企业创业园、文化先进镇，泸州市“普九”先进镇、工业经济大镇。

【经济发展】 2016年，全镇实现国内生产总值22亿元，同比增长15.9%；规模以上工业增加值15亿元，同比增长17.19%；全社会

10 月 18 日，扶贫搬迁项目安康公寓入住（范敏/摄）

固定资产投资21 亿元，同比增长 24.4%；社会消费品零售总额 4 亿元，同比增长 15.52%；财政一般预算收入完成 2114 万元；城镇居民可支配收入 30603 元，同比增长 8.73%；农村居民可支配收入 14133 元，同比增长10.65%。

【现代农业】 充分发挥泸县现代农业园引领作用，探索“大园区+小业主”模式，发展返租种植 9 户，面积 1033 亩。依托刘氏泡菜，劳务输出 600 人次，劳务收入 210 万元。新建年出栏 4000 头生猪寄养场 1 个，新培育种粮大户 8 户，种植面积 1135 亩，免费发放优质杂交水稻种子 2740 公斤、肥料 184 吨；做强做大水产产业，改良引入健康养殖模式，养殖水面达 7200 亩；结合扶贫产业项目，在贫困村复兴村发展食用菌基地 8 亩。

【农村经济】 农村产权制度改革工作有序推进，截至 2016 年年底，完成农村集体承包土地权属调查，确权农户 1100 户。同时，利用宅基地改革试点契机，扎实推进大同、葛林湾、复兴等 3 村拆旧复垦工作，复垦面积 589.8 亩，拆旧地块 191 个图斑，拆旧复垦农户 546 户 1678 人，腾退节余宅基地指标 539.8 亩；村集体经济进一步发展壮大，规划新村聚居点 5 个，面积共计 27013 平方米，可安置村民 365 人；启动少华、双河口、团山堡 3 个村新一轮宅基地改革工作，宅基地制度改革工作走在泸县前列。扎实推进小型农田水利改革试点工作，完成小型农村水利确权颁证 175 个。

【集体经济】 探索建立“一园五业”集体经济发展模式，依托泸县现代农业园，带动发展“集体资产出租业、专合社入股分红业、劳务合作社服务业、物业管理经营业、农村改革红利业”，实现集体经济收入 807 万元。融合 5 个村、5 个产业经济体和 400 余名党员，成立泸县现代农业园党委，投入 90 余万元，将园区党委创建为市级示范党群服务中心。

【工业经济】 工业园区形象提升工程进入规划、设计阶段；观宇玻璃新型化妆品包装瓶生产线建设点火投产；兴业玻璃、和鑫陶业、晶盛玻璃等企业加快煤改气能源升级转型步伐；明胜纺织、罗桥机械外贸市场有序开拓；宇森玻陶转型升级进展有序；淘汰落后煤矿企业 1 家。新引进企业 2 家，引资 3000 万元。

【基础设施建设】 完成农贸市场防洪隐患治理工程、穿心街改造、1 万平方米停车场工程、国道 321 亮化工程规划设计；新建地埋式垃圾库 2 个，新增垃圾桶 50 个，清理排污沟 3.7 千米；新安装智能电表 1.8 万只，实现全覆盖；新增绿化面积 3 万平方米，“创卫”成果持续巩固。新建公路 8 千米，改扩建公路 2 千米；投资 160 万元，完成大同中心村 1.6 千米街道路面升级改造；投入 600 万元，现代农业园高效节水灌溉二期工程进入招投标阶段。新建信息化提灌站 1 座，整治山坪塘 2 口；启动饮水安全巩固提升工程，分散打井 90 口，抗旱应急水源工程打井 3 口，管网延伸 3.5 千米。持续改善用电条件，实施第二批农网升级改造项目，惠及复兴、罗桥等3个村。启动省级现代农业产业带（龙眼）发展项目，推进省级投资土地整理项目、全国新增千亿斤粮食生产能力项目进入省级项目库。嘉明中学教师公租房修建完成并投入使用，卫生院搬迁和派出所迁建工程加快推进。建成“妇女儿童之家”2个，“星级留守学生之家”2个。投资25万元，建成复兴村日间照料中心1个；投资40万元，在嘉明敬老院建成区域性养老服务中心1个。罗桥小学、双河口小学等村校改造提升工程加快建设。完成中心幼儿园、教师公租房、卫生院一期等工程新建，卫生院二期工程加快建设，预计12月初完成修建。镇卫生院成功创建全国基层中医先进单位，全国中医先进镇创建工作有序推进，现已通过县级验收。全民预防保健取得阶段性成果，累计健康体检1.6万人。

【社会救助】 就业促进政策全面落实，新增公益性岗位217个，开展农民实用技术培训2.6万人次，帮助下岗再就业66人，促进成功创业115人，带动就业166人。深入推进“大众创业，万众创新”，建成秀水创客空间1个。各项基本保障制度全面落实，发放农村低保953人次、228万元；城镇低保42人次、21万元；灾害生活补助24万元，医疗救助3.5万元，临时困难救助31万元，高龄老人补助17.5万元，低保、“五保”网上医疗救助1524人次。城乡居民养老保险参保率51%，医疗保险参保率99%。

【脱贫攻坚】 整合扶贫资金1500万元，大力实施安全饮水、危房改造、电网改造等扶贫项目14个。整合投入项目资金555万元，完成易地扶贫搬迁项目——安康公寓建设，31户易地扶贫搬迁贫困户全部入住。全面落实“五个一批”政策，惠及3810人次，其中生产和就业发展1736人，易地搬迁安置81人，低保政策兜底1039人，医疗救助扶持743人，教育帮扶211人。实施医疗救助脱贫工程，建档立卡贫困户住院医疗费用实现零支付。实施教育发展脱贫工程，加大对贫困学生补助力度，对所有建档立卡贫困户家庭学生实行应保尽保，没有一名学生因贫失学。投资173万元，完成农村C、D级危房改造136户，建档立卡贫困户危房全面消除。

【干部帮扶】 落实干部一对一帮扶，将脱贫责任落实到人，措施细化到户，全年落实“五个一批”政策2212个；促产业精准，开展种养殖培训4期，落实扶贫资金

现代农业产业园一角（范敏/摄）

44万元，发展家禽养殖1.8万余只；促项目精准，带头探索出宅基地改革与易地扶贫搬迁相结合的路子，易地扶贫搬迁28户、58人入住安康公寓，完成农村C、D级危房改造101户，实施广播电视“户户通”，安全饮水等工程。贫困村复兴村建成2500平方米食用菌基地，完成农网改造、2.4千米通村水泥路建设。

【党建工作】制定党建责任清单，落实领导班子分管领域、部门党建责任，年度召开专题会议4次，听取党建工作履职情况汇报8次；村（社区）党组织书记年度向党委、党员群众“双向述职”，主动晒工作、接受监督评议。建立分管工作月初计划、月末总结交账制，通过“原本学、专家讲、实地参观”等形式开展党委中心组学习14次。开展“一竞双选”，12名35岁以下青年干部走上中层岗位，培养勇争一流的竞争意识。扎实推进村“两委”换届工作，村“两委”班子平均年龄下降5岁；围绕“两学一做”学习教育，扎实开展“五学五讨论”、手抄党章一百天、“党在我心中”演讲比赛等活动，印制宣传漫画200余份，评选命名党员示范单位10个，党员示范岗20个。新建1个、提升3个村（社区）党群服务中心，实现全镇党群服务中心达标率100%；扩保障覆盖，严格落实村（社区）工作经费和村（社区）干部报酬，落实困难老党员关爱基金，向91名70岁以上无经济来源的老党员发放生活补助2万余元。

【党风廉政建设】严把党员教育关，年度带头讲党课2次，带头约谈提醒20余人次，组织警示教育片观看30余场次，开设廉政党课13次；严督查关，突出正风肃纪、反“四风”、侵害群众利益、“三不”等专项整治重点，制定完善10余项管理制度。全年开展脱贫攻坚、换届选举专项督查8次，督查工程项目5个，走访贫困户320户，召开换届纪律专题会议11次，专题谈心谈话活动4次，发放换届纪律明白卡500余张。开展效能督查32次，通报6期，对6名机关干部、2个单位通报处理。建立社情民意联动工作机制，办理群众意见建议52个，满意率98%，信访举报件11件，办结率100%。对违规违纪行为“零容忍”，全年立案6件，党纪处分6人。

（撰稿人：支露）

喻寺镇
Yusi Town

【概况】喻寺镇地处泸县北部，紧邻内江市隆昌县和重庆市荣昌县，距隆纳高速公路仅9千米，辖区面积76.5平方千米，耕地面积3.6万亩，人口4.9万人。全镇辖11个行政村、101个农业社和2个社区、6个居民小组。是“四川省小城镇建设试点镇”“四川省文化先进镇”“四川省卫生乡镇”“泸州市社会治安综合治理模范镇”“泸州市义务教育示范镇”“泸州市生态乡镇”“泸县教育名镇”及首批县级“平安镇”。

【经济发展】2016年，全镇实现地区生产总值8.92亿元，同比增长14.2%。其中第一产业增加值2.02亿元，第二产业增加值4.2亿元，第三产业增加值2.7亿元；规模以上工业增加值2.41亿元，同比增长19.7%；全社会固定资产投资12.65亿元，同比增长20%；社会消费品零售总额5.38亿元，同比增长14.1%；一般公共预算收入1282万元，同比增长112.5%；农民人均可支配收入12518元，同比增长11.5%；城镇居民人均可支配收入27894元，同比增长12%。

【农业经济】发展红心柚200亩，建成特殊经作园170亩，投资60万元建成生猪寄养场2个，年出栏生猪1200头。在福清路沿线新建水稻高产项目1277.4亩。完成退耕还林2129.3亩，实现零星造林400亩，发放1334.3亩天然林生态效益补偿金。发放支持农业保护补贴440.24万元，涉及农户12177户。首个新农村聚居点兴隆村聚居点建设完工，达到入住条件，全镇11个行政村完成新农村建设规划。

【工业经济】持续加大对企业的跟踪服务和招商引资力度，多渠道引进投资项目，全力做好落户项目服务工作，及时有效解决企业在落户、建设、投产、运营过程中出现的困难和问题。2016 年成功引进泸州晋亿川商贸有限公司和泸县聚久源商贸公司，全镇 17 家企业共上缴税费 1050 万元。引进投资 2 亿元，占地 1600 亩，“大地飞歌”现代农业产业园。

【社会事务】 公共服务能力不断加强。争取资金 200 余万元新建属丰幼儿园、喻寺小学大门和胡楼小学教师午休室；投资 163.2 万元新建喻寺镇公共卫生服务中心，全镇实现体检人数 15744 人。民政优抚工作有序开展。全年城镇新增就业 280 人，实现下岗人员再就业 49 人，就业困难人员再就业 18 人；发放低保金 209 余万元，发放“五保金”148 余万元，享受“五保”供养人员 321 人，享受低保人员 684 人；发放临时困难救助和医疗救助金 17.97 万元，冬令春荒救助金 21.76 万元，残疾人救助金 38.4 万元。安全维稳工作卓有成效。完成食药监所标准化建设，开展各类抽检 109 次；排查调解各类矛盾纠纷 65 起，受理各类信访件 14 件，较 2015 年下降 41.6%。

【基础设施建设】 投资 1400 万元的抗旱应急水源项目建成投运，濑溪河河水可以灌溉全镇。投资 350 万元的桐梓林水库维修加固工程完工。投入 47 万元完成鲤鱼石水库维修加固工程。认真开展农村安全饮水工作，贫困村谭坝村完成自来水全覆盖。投资 337.6 万元完成喻寺至石桥镇银朝村总长 4.15 千米的公路建设。新建通社水泥路 2.7 公里。

【脱贫攻坚】 投资 1405.3 万元在周堰村和谭坝村建设安置点 4 个，安置贫困户 91 户 254 人，其中周堰村石板咀搬迁点是泸县规模最大、建设速度最快的搬迁点。争取资金 174.94 万元，帮扶贫困村贫困户 99 户发展产业，实现年人均增收 2600 元。投入资金 298.5 万元进行危房改造 172 户。投入 28.2 万元开展教育扶贫，涵盖建档立卡贫困学生 309 人。投入各项民政救助资金 306.6 万元，实现贫困户县域内住院“零支付”、全民预防保健和基本医疗全覆盖，医疗救助扶贫实现“4 个 100%”。积极引导社会扶贫，募集扶贫资金 70.68 万元，联系热心人士资助贫困学生 8 名。2016 年全镇 464 户贫困户、1249 名贫困人口全部脱贫，省级贫困村周堰村脱贫“摘帽”，全镇实现全面脱贫。

10 月 21 日，泸州市人大常委会副主任王波（右三）到喻寺镇调研脱贫攻坚工作（李旭东/摄）

【宅基地改革】 探索农村宅基地有偿使用、有偿退出机制。在兴隆村一社平坝子建成“升级版”新农村。项目占地面积 15.13 亩，建设住房 25 套，总造价 1000 万元，相关配套设施齐全。土地占用方式为一次性补偿，永久占用，权属归聚居点建房户所有。占地补偿标准参照当地征地补偿标准，经双方协商一致，按照每亩 2.88 万元的标准进行计算，补偿金除政府每亩补助 2 万元外，剩余部分由建房户分担。对建房户原有住房拆除的，按照上级规定的标准进行补贴。

【党建工作】 全镇有党组织 56 个，其中，党委 1 个，党总支 13 个，党支部 42 个。在册党员 1275 名，2016 年新发展党员 20 名，培训入党积极分子 92 名。2016 年改建陈

喻寺镇谭坝村易地扶贫搬迁安置点（李旭东/摄）

沱村办公阵地1个，至此全镇13个村（社区）办公阵地全面达标。围绕班子建设，结合换届选举工作，严格按照程序，调整镇党委领导班子成员5名，调整村级党总支书记5名，新提拔1名村党总支书记进入镇党委领导班子。认真开展"两学一做"学习教育等专题活动，镇机关组织讲党课2次，村（社区）组织讲党课14次，召开座谈会10场次，切实转变作风推动基层党建工作。2016年办结违纪案件4件，其中重点案件1件，开除党籍1人，完成4个村的村级财务监督审计工作。全面加强服务型党组织建设，严格执行班子成员定期开门接访和进村下访制度，全年收集并处理群众诉求64件，社会满意度进一步提升。

（撰稿人：李旭东）

方洞镇
Fangdong Town

【概况】 方洞镇位于泸县东北部，与重庆市荣昌县安富街道、清江镇、清升镇相邻，与内江市隆昌县李市镇接壤，距泸县县城14千米。全镇辖区面积73.15平方千米，耕地面积3930公顷；总人口4.9万人；辖12个村民委员会、2个社区、146个村民小组、6个居民小组。文化底蕴深厚，旅游资源丰富，拥有国家级非物质文化遗产——"雨坛彩龙"，国家级文物保护单位——"屈氏庄园"，国家级历史文化名村——"石牌坊村"3张国家级名片。2016年成功创建为"省级生态乡镇""市级文明单位"。方洞镇物产丰富，历来是泸县的"粮仓"，生猪生产历史悠久。雨坛牌仔猪、雨坛牌种鸭蛋为方洞特产，雨坛肉鸭、甲鱼、稻泥鳅、大雁成为泸州独具特色的旅游产品。

【经济发展】 全镇实现地区生产总值10.91亿元。其中第一产业完成28805万元；第二产业完成53488万元；第三产业完成26770万元。地方财政一般公共预算收入完成1318万元，其中国税529万元、地税789万元。规模以上工业增加值35405万元，全社会固定资产投资119840万元，社会消费品零售总额34541万元。城镇居民可支配收入28214元，农村居民人均纯收入13944元。

【农村经济】 发展红粮、杂交高粱、常规高粱8600亩。生猪出栏5.8万头；优质仔猪外销12.45万头，占全县的12%；小家禽出栏215万多羽；年销售种鸭蛋1350万枚。稻鳅产业年销售收入3000余万元，实现纯利润1500万元。大雁、甲鱼、鹅、小龙虾初具规模。畜牧业总产值达3亿元，占农业总产值的68%。转移农村剩余劳动力1.83万人，劳务收入6.2亿元，占农民人均纯收入的57%。基础设施全面升级。农田水利方面，投资2934万元，涉及三界、雨锋、屈湾、增湾4个村的现代农业项目抓紧实施。投资1380万元，涉及邹寺、屈湾、增湾3个村的土地整理项目验收。代表泸县成功迎接泸州市2016年年终流动现场会。

【工业经济】 大洲化工全年入库税

国家文物局检查屈氏庄园修复工作（陈路生/摄）

金1274万元。众邦制药第一期投产，众邦制药上市前期工作有序开展。龙盛源玻璃恢复生产。关闭铁丁山煤矿，全镇退出煤炭行业。加强对建筑行业的扶持，积极协助圣弘工程、鼎盛园林公司提升资质，扩展业务。成功引进方材建筑公司入驻。全年完成招商引资9.24亿元。

【产业园区建设】 硬化园区环线公路5千米，新建生产便道10千米，整治河道600米，安装路灯100盏；实施绿化打造8.65万平方米，整治环境6千米，风貌塑造50户；建设社会化服务综合体200平方米、文化阵地1个，园区村容村貌极大改善。建设泥鳅、大白鹅、小龙虾基地1个，生猪寄养场38组，家庭农场16个；发展稻鳅1.15万亩，生猪5万头，甜橙1万亩，蔬菜1万亩，产业园建设初级规模。传统农业稳步发展。全镇大春粮食播种面积4.61万亩，产量3.85万吨。水稻高产示范片6500亩，实现全程机械化和加工销售一体化。

【教育工作】 投资560万元的雨坛片教师周转房、雨坛中学食堂、增湾村校建设工程建成投用；天宝小学食堂、教学用房新建工程正在招投标。方洞中学获泸州市课堂教学改革先进学校称号，方洞幼儿园顺利通过市级示范幼儿园验收，2016年中考全镇人平总分居全县乡镇中学第一名。成功承办泸州市“区县教育局长行”活动。成功举办方洞镇第四届校园文化艺术节暨运动会。雨坛中学、雨坛小学荣获县级文明单位荣誉称号。

【文卫工作】 方洞镇党政机关成功创建为“市级文明单位”，郑英兵和赖成荣夫妇、黄祖萌、刘森荣等获泸县第二届敬业奉献、助人为乐、孝老爱亲道德模范荣誉称号。举办“三下乡”“龙舞闹元宵”等主题活动，公益电影放映168场，农家书屋实现“一卡通”全覆盖。向阳社区、新联村、石牌坊村办公阵地建成投用，向阳社区新建村级老年日间照料中心1个。开展全国第二次地名普查工作，全镇普查登记地名信息345条。完善乡镇卫生院及村卫生室硬件设施建设，医疗卫生服务能力持续提高，完成卫生计生机构整合，三级医疗服务水平不断提高。

【社会保障】 新增城镇就业182人，城镇失业人员再就业52人，就业困难人员再就业44人，促进高校毕业生实现创业3人，促进成功创业完成131人，创业带动就业完成143人，青年劳动者技能培训完成138人，创业培训完成113人，开发村和社区就业困难对象公益性岗位253人。争取县财政就业专项资金163万元。完成失业保险新增扩面目标76人，城乡居民养老保险覆盖人数目标23019人，城乡居民医疗保险参保目标43694人，完成领取养老金待遇人员实名制资格认证10328人，养老金资格认证率98%以上，发放社会保障卡3.22万张。

【计生工作】 全年出生人口456人，符合政策生育率96.49%，全镇奖励扶助对象2065人，累计发放补助资金241.11万元。全民预防保健健康体检试点工作全面推进，全镇完成体检人数15453人，其中65岁以上5458人，贫困人口1303人。落实手术288例，孕前优生健康检查378人次，任务完成率111%。

【基础设施建设】 福集到清江高标准通村公路建成通车，方洞纳入县城20分钟经济圈。太阳城2期工程完工。与泸县福业家政服务有限公司签订垃圾清扫保洁收运协议。投入资金60万元新增垃圾坑100余个、垃圾箱40个、大型地埋式垃圾转运库1个。争取项目资金约20万元新建1座地埋式垃圾库，有效促进城乡环境整治和改善。政府职工周转房启动建设。公路建设总投资1437万元，完成喻寺至李市公路改造、王河坝至拱桥，杨松坪至拱桥、檀木山至石堰桥、油房至上码头、产业园区断头路等公路硬化工程。

【文化事业发展】 成功举办第四届四川泸县“二月二·龙抬头”雨坛彩龙民俗文化活动，邀请50家媒体开展采风活动，参与群众8000余人次。立足雨坛彩龙、屈氏庄园、石牌坊传统村落三张“国字号”名片效益，打造“彩龙之源，庄园之乡”特色文化。加强文化旅游项目建设，投资1350万元的屈氏庄园第一期维修工程竣工，顺利接受国家文物局委托专家组初步验收。总投资300万元石牌坊传统村落周边环境整治项目已开工建设。

【脱贫攻坚】 全年完成易地扶贫搬迁77户206人。危房改造C级维修加固93户，D级重建225户完工，实现水、电、路、广播电视“四通”，贫困户全面入住。建档立卡贫困户参加养殖技能培训6期157人，公益性岗位安置235人。产业发展投入财政扶贫资金53万元，将生猪、羊、花椒等产业确定为脱贫重点项目。落实产业扶贫周转金20万元。建档立卡扶贫对象享受低保576户，692人。享受教育扶贫281人，享受各类补助25万元。贫困户享受医疗救助扶持573人次161.79万元。邹寺村建立九叶青花椒种植示范基地30亩。庆丰村与巨星公司发展预计年出栏5万头的生猪寄养38组，带动贫困户可实现就业增收1.8万元。投资13.08万元，完成贫困户分散打井44口。整治山坪塘1口，修建泥结石路公路2.5千米。

【改革试点工作】 深化农村综合配套改革，探索推进农村土地“三权分置”，全面完成农村土地制度“三项改革”，形成一批可复制、可推广的改革经验。创新农业经营体制机制和经营方式。推进村集体经济改革，村级组织开办实体经济，推进农村集体建设用地入市，壮大村集体经济。转变招商理念，突出农业、文旅产业等方面差异化招商。全国农村宅基地制度改革创新推进，完成旧房拆除复垦508户，退出面积340.38亩。增湾马道子聚居点一期建设完工。

【综治维稳】 启动“七五”普法工作，加强平安建设，持续推进法律援助工作，开展“深入村社，送法到家”活动。从严落实“五级五覆盖”“五落实五到位”责任

方洞镇薛湾村万亩产业园核心区（杜开强/摄）

制，全员开展安全宣传教育培训，开展安全生产月和“百日攻坚”等活动，夯实村（社区）安全生产基层基础体系建设。推进人民调解，坚持领导包案、干部下访制度。开展“大下访、大排查、大化解”活动，全年排查矛盾纠纷54件，成功化解52件，化解率98%。较大以上生产安全事故“零发生”。打黑除恶、道路交通安全整治专项行动成效突出。信访维稳、人民调解、应急管理、防灾减灾等工作卓有成效。打黑除恶、食品药品打假、道路交通安全整治专项行动成效突出。

【党建群团工作】 完善从严落实党建责任制工作机制。落实“两个主体责任”，坚持党要管党、从严治党理念，落实“一岗双责”，健全完善基层党建工作推进机制。带头示范，到村（社区）开展党建和村级党组织换届工作。做好镇、村（社区）党组织换届和风气监督工作。完成全镇、村（社区）党组织换届工作。在机关35岁以下的年轻干部中实行“舞动青春、服务基层”培养工程，2名年轻干部走上中层岗位。加大村级后备干部培养力度。培养村级后备干部8人，其中7人走上村干部岗位。培养积极分子18名，吸收13人为中共预备党员，15人转为中共正式党员。慰问困难党员28人，将10名身患重病、家庭贫困的党员纳入县委帮扶基金进行帮扶。扎实推进“两学一做”学习教育。组织开展“两重温两对照”“固定党日”“五学五讨论”“五个讲党课”“村情村史教育”等系列活动，落实后进村、社区项目资金400余万元，修建和改建党群服务中心1080平方米，新建硬化水泥路350米，硬化院坝900余平方米、排水管线220米、燃气管道130米。

【党风廉政建设】 制定《关于印发〈方洞镇党风廉政建设工作约谈方案〉的通知》，镇主要领导约谈科级领导干部7人次，分管领导（班子成员）约谈提醒一般干部88人次、约谈提醒村（社区）干部56人次；任前谈话新录公务员和岗位调整人员14人次，发放提醒卡14张，对5名村支书主任诫勉谈话，发放警示卡5张。谈话函询村党支部书记1人，村主任2人，镇卫生院副院长1人。成立12个村、2个社区纪检小组，监督村（居）务公开。签订党风廉政目标责任书39份，签订主体责任书49份，新进人员签订廉政承诺书5份。

【党团宣教】 方洞镇党政机关创建为“市级文明单位”。镇党委中心组集中学习12次，其中邀请党校专家专题宣讲2次，职工开展政治学习20余次。组建领导、专家、群众宣讲队伍15人，先后组织开展中共十八届六中全会等7项主题宣讲活动25场。贯彻落实意识形态工作责任制，强化理论研究。《农村闲置宅基地管理的思考》在泸县主要期刊《龙脑桥》上发表。完成县级以上外宣发稿量361余件，其中市级109件、国家级稿件20件、省级117件。“彩龙故里庄园之乡方洞镇”政务微信公众号上线，全年发稿54篇。成立镇群团工作服务中心和14个村（社区）群团工作站，召开群团联席会议4次。

（撰稿人：陈路生）

得胜镇
Desheng Town

【概况】 得胜镇位于泸县南郊，毗邻龙马潭区，距泸县县城10千米，距离泸州市主城区25千米，境内国道321纵贯南北，合牛路横跨东西，港城大道贯穿全境，素有泸县南大门之称。辖区面积88平方千米，辖14个农业行政村、3个社区、141个村民小组和5个居民小组，总人口57995人，其中城镇人口1.03万人。得胜镇是省级生态镇、省级卫生镇、小城镇试点镇、四川省民间文化艺术之乡，市级敬老模范镇、科普示范镇。

【经济发展】 实现地区生产总值8.969亿元，同比增长13.4%，规上工业增加值1.195亿元，同比增长16.9%；社会消费品零售总额5.071亿元，同比增长12.4%；固定资产投资17.87亿元，同比增长8.9%；农民人均纯收入同比增长14%，城镇居民人均可支配收入同比增长13%。地方公共财政收入1793万元，同比增长61.2%。

【农村经济】 坚持培育农业发展领头羊，成功培育种养大户12个、家庭农场2个、农民合作社1个、农业龙头企业1个，发展标准化规模养殖场（小区）11个，第一产业实现产值2.47亿元。坚持技术支持农业发展，罐顶山村、得胜村2个村实行高产创建面积700亩，在罐顶山村集中示范旱地育秧30亩,项目实行“六抓、六统”(抓组织领导、抓目标考核、抓指导现场、抓示范现场、和良种统供、旱秧统育、规范化统栽、配方肥统施)。在高石塔村发展经作园58亩,种植优良柑橘品种青见2000余株。在罐顶山、仁和已连片发展血橙产业3000余亩，对血橙种植农户进行培训5次，施肥4次，防病虫4次。培育家庭农场2个。借助企业助力农村经济发展，引导四川泸州刘氏生态农业科技有限公司在接官坝、仁和、东皇殿、白象等村建立和扩大蔬菜种植基地，开展蔬菜深加工。

【工业经济】 得胜镇有规模以上工业企业6个，全年生产总值完成43479万元，同比增长17.63%。2016年，四川省新康意彩印有限公司包装及BOP膜生产线项目新增2条生产线，全年生产总值达2872万元，同比增长27.7%。得胜镇有规模以下工业企业43个，全年生产总值45240万元，同比增长18%。泸州市一圣鸿包装有限公司，全年完成投资7000余万元，生产总值达3000余万元。

【重点项目建设】 市级重点项目德贤商业广场棚户区改造工程项目投入资金1.4亿元，竣工6幢，完成建筑面积约3.3万平方米。县级重点项目现代得胜房地产开发项目投入6500万元，完成小高层建筑1幢、多层建筑2幢，建筑面积约2.4万平方米。

【民生工程】 完成全镇第十届村（居）民委员会的换届选举工作；完成全民预防保健和公共卫生目标任务，全民预防保健规范化电子档案建档率为100%，体检人数18.46万人次，实现全民体检；扎实有序实施全面两孩政策；完成全镇在册城乡低保人员的精准识别；新建区域性养老服务中心1个，改造智能消防设施设备，广泛吸纳社会老人入住敬老院；投入资金672.75万元，实施农村危房改造489户；减免幼儿园在读幼儿“三儿”保教费197人次，减免金额9.81万元。其中建档立卡贫困家庭子女58人45090元。廉租房租赁补贴调查核实19户家庭户，投入18570元，完成17户22人廉租房补贴发放。

【基础设施建设】 全力实施“4+1”民生工程升级版。强化道路交通建设，完成岔路口—云台寺、高石塔—石马寺公路建设；强化电网建设，泸县城北110千伏输变电线路建设项目完成塔基和线路架设工作；配合完成泸县城东截污干管和自来水复线工程占地、青苗补偿、征地等工作；整合资金75万元修建高石塔关大井水库。完成顺河—新桥施工设计，完成顺民村、高石塔村扶贫村道路建设。

【脱贫攻坚】 整合资金1900万元，实施“八大扶贫攻坚行动”和“18个扶贫专项计划”，全面实现建档立卡贫困户“两不愁、三保障”，2854名贫困人口、2个贫困

11月29日，得胜镇第七届人民代表大会第一次会议（邱鹏儒/摄）

8月5日，市委常委、市总工会主席刘云（中）到得胜镇调研泸县融入泸州主城区发展工作（邱鹏儒/摄）

村达到脱贫摘帽标准。完成贫困户C级危房改造203户、D级危房改造170户；扶持贫困户580户1960人发展产业，实现人均增收1000元以上；为677名贫困户办理低保；医疗保险参合率及补贴率达100%，187户贫困户享受医疗帮扶政策；投入850万余元推动2个贫困村水利、电力、道路等基础设施建设，完成顺民村农网改造项目、高石塔村易地搬迁聚居新村和5千米道路建设项目。高石塔村、顺民村易地搬迁示范点建成。

【党建工作】 得胜镇有14个农村党（总）支部、3个社区支部、3个机关党支部、6个教育系统党（总）支部、7个非公有制企业党支部、1个卫生系统支部，党员1442名。全年专题研究党建工作14次，听取党建工作汇报35次，指导党建工作47次；到村（社区）党组织解决“两委”换届、党群服务中心建设等党建难题15个;开展专题培训5次、谈心谈话564人次，制定风险防控措施17条；深入开展“四级四讲”等党课教育5次。邀请联系县领导、专家学者开展“两学一做”专题党课4场。抓好基础基层保障，投入188万元，落实村（社区）公共运行经费，投入200多万元，用于村（社区）干部保险落实、工龄工资发放和离职村干部补贴；投入500余万元，建设顺江社区、宋观社区、高石塔村、顺民村与大水坝村党群服务中心；投入110万元，打造仁和村、白象村全省家风家训现场点。

【党风廉政建设】 全年发放提醒卡163张，签订责任书66份；开展各类督查212次、廉政文化茶园活动5场、廉政漫画巡展3场，发放明白卡1100张；约谈干部293人次、提醒谈话2人次；立案并办结5起、处分5人。抓准脱贫攻坚工作，投入帮扶资金2360万元，实施危房改造、产业扶持、低保兜底、医疗帮扶和水电路基础设施建设等扶贫项目。顺民村成功脱贫摘帽，432户1320人成功脱贫，高石塔村、桐乐村、顺民村等易地扶贫搬迁点完成。

（撰稿人：杜勇）

天兴镇
Tianxing Town

【概况】 天兴镇地处泸县西北部，东邻牛滩，南接潮河，西通富顺，北连福集，隆纳高速穿境而过，距县城13千米、距泸州32千米、距成自泸赤高速瓦子出口3千米，交通便利，区位优势明显。全镇辖区面积48平方千米，辖8个行政村、73个社和1个社区、3个居民小组，总人口28904人。天兴镇是省级文化先进乡镇、农村中医药工作先进镇，市级敬老模范乡镇、科技进步示范乡镇。镇内环境优美、民风淳朴，拥有泸县第二高峰、佛教名山龙贯山（587米），龙贯寺、龙迹岩、卧佛、十七口古井、神龙洞等名胜古迹，其中传承千年的“天兴龙贯山草龙”于2010年被泸州市列入第三批非物质文化遗产保护名录。

【经济发展】实施“工业强镇、产业富民、旅游兴镇”发展战略，经济形势有效好转，地区生产总值完成10.45亿元，增长14.2%；规模以上工业增加值实现4.26亿元，增长17.5%；全社会固定资产投资实现9.11亿元，增长18.7%；社会消费品零售总额实现2.58亿元，增长11.8%；地方一般性公共预算收入完成1641万元，是2015年的3.5倍；城镇居民人均可支配收入实现28045元，增长8.93%；农村居民人均纯收入实现13747元，增长9.87%。

【农业经济】成立田坝村种养殖、兴田水产、正阳粮食种植等6个专合社，田坝村种养殖专合社无花果切片进入泸州市区大型连锁超市；兴田水产专合社投入1000万元实施基础建设，发展特种养殖200亩；优质龙虾种苗养殖基地选址场口村，前期投入120万元；全年水产养殖面积1545亩，出水成鱼1070吨，渔业产值1452万元；在板栗、场口、志城成片发展种植荔枝2000亩、茵红李800亩；集中发展规模养殖场4个，全镇年养殖生猪36200头、家禽40万羽，实现产值9500万元；全年开展各类农业技术培训2.6万人次，推广种植优质水稻、玉米、高粱、红薯，进行规范化栽培，粮食总产量达1.5万吨。

【工业发展】着重培育玻纤、兽药、机械主导企业，全力打造产业集群，逐步形成园区工业集中优势；天蜀玻纤、天兴玻纤投资近亿元改建生产车间、厂房及配套设施，年纳税超过千万元；泸州鹏腾钢结构投资9690万元建设年加工2万吨钢结构产品生产线；泸州开士乐投资9650万元建设年产1万根大中型工程施工机械专用车桥生产线；四川乾通动物药业投资9780万元建设年产20万件中药材兽药制剂生产线；按照工业、物流、建筑、商贸等四个行业，对镇域内106个企业分类针对性开展调研、分类指导，大力宣传营改增税制改革，唐氏运业、宏利运业、亚东运输公司、捷利运输公司发展稳中有升，全年实现增加值2.7亿元，同比增长12.3%；积极拓宽税收来源渠道，紧紧抓住营改增税收体制改革的大好机遇，秉承服务宗旨，坚持以情招商，招商引税，与在外成功人士搭建好友情桥梁，成功招引3个上亿元建筑项目，实现税收3000万元；全年共引进企业17个，其中工业企业5个、建筑企业3个、商贸企业6个、服务型企业3个。

3月27日，龙贯之春文艺演出会在天兴镇龙贯山举行（朱洪春/摄）

【城镇建设】完成龙城大道征地拆迁工作，征地405亩，拆除农房112户，搬迁坟墓426座，全线路基工程基本贯通；启动规划设计总投资2000余万元，长500米、宽24米的龙贯大道城镇连接线建设项目；投入1800余万元完成绍大路、一志路建设硬化工程，铺设天桐路、天金路沥青路面5.3千米；投入290万元建成天兴中学综合楼、教师公租房，投入40万元完成一心学校操场、堡坎建设，占地8亩、建筑面积3000平方米的天兴幼儿园迁建工程和1100平方米的一心学校中学教学楼新建工程进入招投标程序；投入400余万元，占地4亩、建筑面积1200平方米的镇卫生院综合楼二期扩建工程竣工。

【民生工程】 投入400余万元在志城村、板栗村实施“一事一议”交通建设项目，硬化公路9.6千米；整治公路15千米，新建生产道路5千米；投入1500万元实施农网改造工程，新增变压器40台，新立电杆1800余根，供电质量大幅提升。投入150万元建成板栗村村民活动中心，龙贯山新村建设初具规模；完成廉租房补贴6户，发放廉租房补贴资金2.2万元；推动天兴老粮站30户6000平方米棚户区的改造。投入1100万元全面实施全镇安全饮水工程，建成天兴水厂一期工程，完成板栗、志城、田坝、垣山、一心主管网建设；投入300余万元维修整治山坪塘19口，新建囤水田坎7根，整治渠道7千米，新建蓄水池4口，微型水利工程50亩。

【文化活动开展】 在龙贯山成功举办“龙贯春会”，近3万人共享文化盛宴。1月，泸县新春扶贫惠民巡演活动启动仪式在板栗村隆重举行，免费开放乡镇文化站1个，放映公益电影96场。

【社会救助】 不断完善城乡居民最低生活保障、残疾人补助等制度，大力改善民生。2016年，全镇有低保户515户604人，散居“五保户”137户139人，集中供养“五保户”72人。临时救助低保户、“五保户”40余户，救助资金4.5万元；无偿献血164人次，献血量3.3万毫升，开展“医疗救助一站式服务”，简化低保、“五保”对象医院结算程序，组织残疾人业务及种养培训2次，为残疾人免费发放果树种苗500余株；开展青年技能培训60人次、创业培训31人次，新增就业人员88人，困难再就业133人，就业登记1602人，创业担保贴息贷款24万元；城乡居民养老保险覆盖14728人，城乡居民医疗保险覆盖27669人，发放临时救助金11.3万元；扎实开展全民预防保健工作，体检人员超过1万人，超额完成县上下达任务。

8月31日，田坝村集体公司授牌仪式（任志国/摄）

【扶贫攻坚】 实施“两不愁三保障”“四个好”“五个一批”等扶贫攻坚行动。投入近4000万元改善贫困村道路、饮水、电力等基础设施建设；采取农民自筹+政府补助的模式，改造危房116户，完成率100%，实现农村D级危房动态消除；投入近600万元，新建板栗村、志城村及垣山村的易地扶贫搬迁点，安置44户106人；投入70余万元为贫困户发放果树苗、黑木耳、鸡、鸭、鹅苗等，大力扶持贫困户发展种养殖业；通过企业资助、职工捐款等形式，为贫困村筹集扶贫款近30万元；积极实施雨露计划、朝阳工程、栋梁工程捐款、助学贷款等，为贫困学子争取到90余万元的资助金；完善医疗救助，实现建档立卡贫困人口2016年住院“零支付”；顺利通过市、县脱贫攻坚检查。精准识别低保对象569户710人，比识别前少127户116人。

【宅改试点工作】 2016年，田坝村退出宅基地125户，复垦面积113亩，完成集体收益384万元。田坝新村综合体建设完成8000余平方米农民公寓及村级阵地建设，水、电、气、路、绿化、排污、文化打造等全面完成。田坝经验得到中央、省、市、县各级领导高度肯定。其余各村实施宅基地复垦700余亩，积极探索推进农村集体经济“一改三化”路子，推行以创办服务实体、土地集中流转、盘活资产资源、项目资金入股为抓手的“一核四型”增收模式，彻底消除“空壳村”，实现群众增收。

【信访维稳与矛盾排查】落实“一岗双责、党政同责”“五级五覆盖、五落实五到位”要求，重点抓好非煤矿山、森林防火、烟花爆竹、道路交通、危化品、食品药品、学校等行业（领域）的安全生产工作，全镇组织检查组1917组次，组织检查人员6543人次，受检企业2914个次，查出隐患76条，整改73条，安全生产态势平稳；开展人民调解员、法律明白人、网格员等各类培训20余次，发放法律常识读本800册、法治宣传单7000份，制作法治宣传展板13块，举办法律知识讲座6场次,开院坝会116场次；积极开展领导干部接访和下访活动，办结四川省网上信访3件、书记市长信箱1件、“12345”市长热线23件、网络问政2件、人民网信访件1件、社情民意12批次55件、本级来信来访13件、上级转办信访件1件，化解纠纷53起，营造和谐平安的发展环境。

【党建工作】天兴镇党政班子带头履行“一岗双责”，分别与村（社区）、学校、企业签订16份党建目标责任书，签订36份党风廉政建设责任书；制定《软弱涣散基层党组织整改实施方案》，落实50万元后进村帮扶资金，对板栗村进行升级改造；以扎实开展“两学一做”学习教育为契机，开展党务培训4次，干部讲党课30余次，机关干部学习培训会25次，专家、业务能手专题讲座20场；建立中层干部能上能下机制，坚持干部月考评公示和季度述职制度；落实村干部报酬等工作经费115万元，村（社区）干部基本养老保险和离职村（社区）干部生活补助20万元；结合党员精准扶贫“三带工程”，在板栗村实施黑木耳、茵红李种植，志城村实施生猪养殖项目，建成5个项目基地，实现产值48万元；认真贯彻《准则》和《条例》，构建惩防体系，开展廉政谈话160余人次，督查督办事项12件，处理违纪党员4人。

（撰稿人：杨蒲渊）

海潮镇
Haichao Town

【概况】海潮镇位于沱江之滨，地处泸县西部，毗邻富顺县、江阳区、龙马潭区，距县城28千米，泸州市区18千米，辖区面积54平方千米，辖7个行政村和1个社区，69个村民小组。境内有流滩坝电航工程建设所形成的川南唯一活水湖、市级风景名胜区——海潮湖。镇内交通便捷，泸（州）富（顺）公路横贯东西，距隆纳高速公路9千米，沱江流经镇域21公里，水路运输发达。镇内气候温和，物产丰富。盛产水稻、玉米、大豆、高粱、甘蔗等，建成无公害蔬菜生产基地3000亩、泸州老窖高粱基地2170亩、龙眼基地3.4万亩。拥有国家级名优水果“海潮香桂圆”，市级知名特色品牌“李花生”“海潮糯米豆瓣”“海潮虫子蛋”。

【经济发展】全年实现生产总值55350万元，其中第一产业增加值15229万元；第二产业增加值19014万元，其中规模以上工业增加值5003万元，第三产业增加值21107万元。社会消费品零售总额19661万元，全社会固定投资总额85488万元。

【农商经济】以商贸物流、特色农业、乡村旅游为主的产业发展模式基本形成，新兴产业不断涌现。立足海潮“香桂圆”“李花生”“梁豆瓣”“虫子蛋”等特色优势产业，以促进农民增收为核心，狠抓农业特色产业发展，巩固桂圆基地、泸州老窖有机原粮基地、沿江蔬菜种植基地、水稻制种基地发展成果，新发展油茶籽基地600亩、广安青花椒基地1000亩，成立农业发展公司2家，农民专合社2家、家庭农场3家、粮食种植大户8户。电子商务、物流快递、特色餐饮等现代服务业不断涌现，观光农业、特色餐饮、邮电通讯、仓储物流等现代服务业正蓬勃发展，新注册泸州南谷酒业有限公司、泸渝广告有限公司、泸州欣雅盛制衣有限公司等企业17家。

【城乡建设】 动工建设海潮沱江大桥；加快胡瓦路一级公路建设，泸富路升级改造（海潮段）；硬化公路2.3千米，新建机耕道1.3千米，启动社社通公路建设，推动镇、村、社三级公路联网。投入近2000万元项目资金实施小农水、中型提灌站、一事一议项目，新建提灌站1座，技改提灌站2座，管网延伸25千米，整治山坪塘11口。新建村民活动广场2处、村民活动中心2处、楼台式垃圾库1座、液压式垃圾库1座；新装场镇太阳能路灯10盏。

【社会救助】 全镇新型农村养老保险覆盖15756人，城乡居民医疗保险参合率98.34%，"大众创新、万众创业"工作有序推进，城镇新增就业241人，城镇登记失业率控制在4%以内。开展城乡低保清零、精准识别工作，审定农村低保453人，全年发放低保金119万元；城镇低保27人，全年发放低保金32万元。农村散居"五保"274人，全年发放"五保金"100余万元。敬老院集中供养"三无"人员27人。开展全民预防保健工作，免费参检人数已达1万余人。开展残疾人"量服"工作，为771名办证残疾人发放各类补贴的同时，针对性地提供辅具、药品，使残疾人得到合理救助。开展"双拥"优抚工作，为100多名60岁以上的退役士兵发放生活补贴，为100多名重点优抚对象解决住房、医疗、生活方面的难题，全年发放优抚优待金100余万元。

【民生工程】 完成海潮小学迁建，高寨学校改扩建，海潮幼儿园改扩建，徐场、大中、龙岩、兴隆等校点维修加固等建设项目，极大改善办学条件。新建和改造村级卫生室5个；完成镇综合文化站改建，免费开放各村、社区农家书屋；完善卫生院硬件设施，加强公共卫生服务建设，强化中心卫生院以及村卫生站的管理，提高医疗应急处置能力和为民服务水平。

海潮湖拱桥

【脱贫攻坚】 继续推动脱贫攻坚工作，对542户1430名贫困人口进行因贫施策，完成贫困户危房改造171户，易地搬迁34户85人；投入产业扶贫资金62.3万元，发展龙眼、油茶籽、鸡、鸭、生猪、黑山羊等种养殖产业；实现建档立卡贫困户医疗保险全覆盖；通过"两免一补"、金秋助学、雨露计划等教育资助政策资助贫困学生700余人次，实现建档立卡适龄儿童义务教育零辍学；募集扶贫善款15.6万元；打井31口，电力线路安装96户，安装无线接收器132台，卫星接收设备72台，贫困户已基本实现"一超六有"。

【安全与法制】 开展"打非治违""安全生产百日攻坚"等专项行动，组织各类安全大检查27场次，排查水陆交通、危化品、烟花爆竹等领域安全隐患10项，整改10项；查处违法、违规行为3起。全年未发生安全责任事故，安全生产形势总体保持稳定。全年举办各类法制宣传讲座4场次，开展宣传活动8次，发放法制资料4000余份，张贴法制宣传海报、横幅、标语40余幅，调解各

海潮码头

类矛盾纠纷50余件，群众法治观念、普法意识进一步增强。

【党建群团工作】 全镇有7个农村党总支，1个社区党支部，2个机关党支部，2个教育党支部，1个企业党支部，1个卫生院党支部，有党员近千名。深入推进学习型党组织建设，不断强化理论武装。高标准高质量组织开展党委中心组学习，加强重大政策的学习领会，不断提升领导班子战斗力。按“三分类三升级”要求，突出先进党组织示范建设，整顿后进村、软弱涣散党组织，转变基层工作作风。围绕“两学一做”主题，全面落实从严治党，扎实开展“两重温两对照”“领导干部讲党课”“党员示范行动”等专题教育，采取请专家授课、内部微党课、观看影视资料等形式，提高党员干部学习实效，强化基层组织建设，强化党员干部教育，党的建设不断加强。突出党员先进性和示范带头作用。大力宣传优秀党员先进事迹，营造出学先进、当先进的良好氛围，深化和巩固党的群众路线教育实践活动成果，提高社会满意度，党群关系、干群关系更加融洽。

（撰稿人：吕懿容）

潮河镇
Chaohe Town

【概况】 潮河镇地处泸州北部、泸县西部，东与牛滩镇相连，南与海潮镇贴近，西、西北倚龙贯山与富顺县接壤，北与天兴镇毗邻，距县城福集21千米。潮河是泸（县）富（顺）边境物资集散中心，被列为四川省无公害优质水果生产基地，农业部南亚热带作物名优水果基地，素有“川南龙眼镇”“中国晚熟龙眼之乡”之称，是泸县农业大镇之一。全镇辖区面积82.5平方千米，辖13个农业行政村、119个农业生产合作社、2个社区、5个居民小组，总人口6.2万人，总耕地面积3.86万亩。主要农产品有水稻、小麦、高粱、玉米、大豆等，龙眼为本地特色产品。

【经济发展】 全年实现地区生产总值8.11亿元（其中，第一产业增加值24190万元，第二产业增加值30334万元，第三产业财税贡献大幅增加，实现增加值26591万元），实现规模以上工业增加值1.56亿元，增长14.2%；工业税金实现380万元，酒业税金实现1100万元；全社会固定资产投资完成10.5亿元，同比增长27.5%；社会消费品零售总额5.4亿元，一般预算收入916万元，同比增长64.1%，农民人均纯收入13673元，同比增长10.25%。

【开放合作】 引进投资超1000万元的胜科模具制造企业入驻县工业园区，协议引进投资3亿元的深圳市臣源光电科技有限公司进驻县工业园区，引进总投资1.2亿元龙城现代农产品冷链物流项目，古朝酒业顺利入驻镇酒业园区；新注册销售公司7家，其中博大京津冀商贸公司年销售收入可达3亿元。成功争取到王坪土地整理、天堂坝高标准农田、后湾龙眼产业带、里程滩饮用水源整治、农产品加工物流产业配套设施、瓦胡路、潮大路升级改造等项目，总投资3.5亿元。

【科教文卫】 投入126万元，完成

4月28日，潮河镇召开第七次党代会（陈传敏/摄）

尚春中学教学楼、毛坪村小教学楼改造；投入520余万元修建潮河学校学生公寓、教师公租房建设；投入260余万元修建清和幼儿园。2016年潮河镇参加中考学生437人，人均总分385.2分，位居全县乡镇前列。高中录取250人，其中泸县二中录取48人，比去年增加17人，省重点高中录取（一四五中）138人。全年新出生人口568人，出生率9.51‰，人口自然增长率1.89‰。全镇建成村级文化活动室14个，完成各村的“一卡通”图书阅览室建设，后湾村开展市级文化院坝示范点建设，伏鱼村成功创建市级文明村；投入4.1余万元，完成清和场公厕整改，潮河场信用社背后水沟疏通、场镇的街面维修，购买垃圾桶164个。

【乡村旅游】 依托龙眼特色产业，成功举办“第五届四川泸县潮河金秋龙眼节”，通过积极与市联营旅游公司和县旅游局合作，依托后湾游客接待中心，打造龙女山庄、龙眼王、百年龙眼林、生态垂钓、生态采摘等旅游线路的“一日游”活动，接待旅游团队15个，自驾游10团，游客1万余人。

【社会救助】 2016年全镇有低保1028户1172人，分散“五保”375人，集中供养122人，为680余人发放临时生活困难救助金25.75万元，全民预防保健体检完成目标任务的103%，新增人口568人，人口自然增长率1.89‰，城乡居民养老保险参保9000余人，城乡居民医疗保险实际参保5.5万人，新增城镇就业105人，完成10户地质灾害搬迁工作。

【脱贫攻坚】 全年发放“三儿”补助3.85万元，贫困家庭义务教育阶段学生全部享受“两免一补”政策。对444户541人实行低保兜底，113户131人享受低保特殊生活补贴，208名残疾人享受困难生活补贴，发放各类补贴125.6万元。利用扶贫专项资金53万元帮助贫困户发展生猪、鸡、鸭等养殖业，将所有贫困户纳入城乡居民医保，县域内门诊住院均为零支付。对119户贫困户实施农村危房改造，全面推进易地扶贫搬迁项目建设，集中建设6个安置点，共安置72户132人。争取扶贫资金100万元在王坪村试点生猪寄养项目；安排财政奖补资金208万元硬化贫困村通社公路14千米；唐寺村结合乡村旅游“专合社+基地+农户”的发展模式，推动万亩油用牡丹种植基地建设；投资206万元的后湾村龙眼批发交易市场加紧建设。

【生态环保】 大力开展植树造林，全年退耕还林1909亩，营建公益林1.32万亩；积极开展大气污染防治，严格秸秆和垃圾焚烧，空气质量明显改善；着力开展水污染防治，潮河污水处理厂建成投运，预计新增COD削减量21.29吨、氨氮削减量2.29吨。

【民生工程】 完成龙江村5.1千米森林防火通道建设，接通乡村断头路6.5千米，接龙至清和岔路口道路完成主线工程，龙城大道建设有序推进；绍大路潮河段通车；瓦子污水处理厂开工建设，唐寺农网改造全面完成，王坪农网改造启动；瓦子供水站建成，完成潮河集中供水工程管网延伸一期工程，投入资金3.5万元，帮助唐寺村、龙江村饮水困难户25户改善饮水条件。

【社会综合治理】 “七五”普法全面开展，矛盾纠纷有效化解，信访维稳形势可控，禁毒防邪管控到位，违法违章打击有力。全年限时各种网访件50多期，积极排查不稳定因素，起草制定各种制度方案，开展春节期间禁毒及返乡人员集中宣传活动、3月综治法制宣传月、“6·26”禁毒宣传日、“国家安全宣传活动”“防邪教教育转化专项活动”等宣传活动，发放宣传资料，开展禁毒走访，全面开展平安创建活动，有效维护社会稳定。

【安全生产】 积极开展省级安全社区建设，召开各类安全会议25次，认真贯彻落实上级会议精神。通过层层签订责任书，加大宣传力度，提高全民安全意识和安全技能。在交通安全、消防安全、食品安全、学校安全等方面开展大排查、大整治，发现各类隐患380条，均已落实整改，纠正查处各类违章行为1074起，实施处罚金额12万余元。

【城乡建设】 开展集镇建设、新村建设、易地搬迁点建设项目14个，建筑面积2万余平方米；深化城乡环境综合治理工作，开展场镇、村庄、建设检查36次，发现并制止、纠正违法建设。完成清和场公厕整改、潮河场信用社背后水沟疏通、场镇的街面维修、路灯设置与维护、市政绿化等工作。

【党建工作】 全镇有党委1个，党总支部15个，党支部45个，其中，机关党支部4个，教育党支部6个，“两新”组织党支部2个。全镇党员1401名，其中新发展党员16名。工会、团委、妇联、科协等群团工作均取得较好成绩，唐寺、潮河、朱家坪、红兴、瓦子等村（社区）阵地建设全部完成。坚持执政为民，切实加强政府自身建设，积极支持人大、政协视察调研活动，自觉接受监督，高度重视人大代表的议案、建议、意见和政协提案的办理工作，反馈满意率100%。坚持依法执政，全面落实行政执法责任制，坚持政务公开。加强干部队伍培训学习力度，不断提高干部队伍的综合素质和服务水平，扎实开展公开承诺、民主评议、社会评价等活动。

【党风廉政建设】 切实加强机关内部管理，推进机关作风和政府职能的不断转变。全面开展“两学一做”学习教育活动，组建8个指导组和4个督导组，分片指导、实地督导，经过学习教育活动，在全镇上下形成浓厚的学习氛围，人人学党章，人人学讲话，人人向先进看齐。

（撰稿人：余虹江、陈松、王孝荣）

9月2日，潮河镇第五届金秋龙眼节开幕（陈传敏/摄）

牛滩镇
Niutan Town

【概况】 牛滩镇位于泸州北部、泸县西南部，距泸州27千米、县城福集9千米，隆泸铁路、隆纳高速、成自泸赤高速公路、濑溪河穿境而过，交通便捷，区位优势较为突出。全镇辖区面积76平方千米，辖16个农业行政村、138个农业社、2个社区、11个居民小组，总人口 47300 人。

【经济发展】 实现地区生产总值 11.78 亿元，同比增长 15.8%；工业增加值 7.15 亿元，同比增长 16.8%；其中规模以上企业增加值 5.25 亿元，同比增长 16.5%;社会消费品零售总额 5.24 亿元，同比增长 14.5%；全社会固定资产投资 13.11 亿元，同比增长 24.7%；城镇常住居民人均可支配收入达到 30626 元，同比增长 10.5%；农村常住居民可支配收入达到 13784 元，同比增长 12.7%；实现地方财政一般预算收入 2187 万元。GDP 增长 12%，规上工业增加值增长 14%，全社会固定资产投资增长 22%，社会消费品零售总额增长 15%，地方公共财政收入均增长 13%，城镇常住居民人均可支配收入增长 12%，农村常住居民人均可支配收入增长 13%，城镇登记失业率控制在 4%以内。对比 2015 年，七大主要经济指标均保持两位数以上的增长速度。

【农村经济】 全镇发展龙眼、荔枝、甜橙、生姜等农产品 18830 亩；天全、寿尊等村完成高粱、水稻高产创建示范片及规范化栽培示范片 13000 亩。培育特色养殖业。继续在天全、新加、坳田等村打造以生猪、林下鸡为主的特色养殖发展示范区，不断优化养殖品种结构和区域布局,促进水产养殖加快发展。拓展农业新型经营主体。新增种粮大户 13 户，发展专合社、家庭农场 3 个。加快实施农业项目。覆盖新林、王坝、接龙、建设 4 个村的全国新增千亿斤粮食生产能力建设项目全面启动；新加、营山的荔枝、龙眼嫁接高换达 1000 亩。全年实现农业总产值 3.18 亿元，农民人均纯收入 12363 元。

【工业经济】工业经济止滑企稳。按照“稳中求发展，进中增效益”的总体要求，加强投资环境营造，主动提供优质服务，完善支持政策，引导企业在危机中抢抓行业机遇，在困难中实现产业发展，凯达化工、金钰水泥、金邦防伪、中龙柴配等 8 家企业投入技改资金 5.2 亿元完成产能提升技术改造。实现工业增加值 5.9 亿元，利润 1.2 亿元，入库税金 2121 万元。

9 月 9 日，牛滩镇庆祝第 32 个教师节暨表彰大会（夏利君/摄）

【基础设施建设】 全年争取并投入资金 1.2 亿元，先后启动实施各类项目 51 个。开工建设接龙至清河岔路口公路，完成天刘路（赵湾八甲段）波形防护栏建设 5.5 千米，实施村级道路硬化 3 千米，鸭儿滩大桥建设工程加快建设；实施农村困难户饮水安全项目，天全、寿尊小农水项目全面完成，维修水库 2 座、整治山坪塘 11 口，新建整治渠道 4 千米。完成玉峰社区、横江、天全、接龙阵地建设，建设、红旗阵地建设加快推进。

【社会事务】 城镇新增就业 310 人，失业人员再就业 69 人，开展农村青年劳动力技能培训 94 人，全镇实现劳务收入 3.6 亿元。新型农村养老保险覆盖 20013 人，城乡居民医疗保险参保人数 45396 人，劳动保障服务体系延伸到村、社区，医疗保险实现市级统筹，“一单制”结算。孤儿、残疾人、精神病人扶持政策全面落实。城乡低保应保尽保，全年发放低保、“五保”救济金 277 万元，发放医疗救助、救灾救济金等 38.4 万元，发放重点优抚对象补助资金 186.7

牛滩荷花龙（夏利君/摄）

万元。建立农村社区日间照料中心1个、农村幸福院2个。完成农村D级危房改造108户。教育事业争取项目资金近600万元，完成保安小学公厕改造、新林村校伙房及午休室建设等工程，启动玉峰中小学、幼儿园教师公租房建设和玉峰中学运动场扩建工程，牛滩小学迁建项目全面启动。中考再创佳绩，全镇中学58名学生考入国家、省级重点中学。卫计工作稳步推进。办理“单独二孩”申报手续57户，办理奖扶申报168人，落实各类计划生育奖励扶助资金292万元。国土工作有序开展。依法审批办理集体土地建设用地使用权证128户，国有土地买卖变更发证58户，接龙、营山、王坝土地整理项目加快推进，土地“双违”专项治理和农村宅基地改革试点工作有序实施。

【安全生产】安全生产“党政同责、一岗双责、失职追责”责任制全面落实，督促池窖集团、中龙柴配、沱江液压等规上企业有序开展安全生产标准化创建工作，百日安全、安全生产月、危化品、道路交通等各项安全专项行动成效显著，全年较大以上生产安全事故零发生。农村家宴监管不断规范，全年登记备案1500起，抽检大宗食品33批次；食药监所成功创建为省级标准化建设示范所，完成全省食品药品基层监管所标准化建设现场会。群众和信访工作领导机制不断健全，信访渠道进一步畅通，全年处理各类群众诉求25起，排查、调解矛盾纠纷64件，实现调解成功率100%。

【脱贫攻坚】精准扶贫计划深入实施，“八大扶贫攻坚行动”扎实开展。严格落实“一把手”责任制，成立由镇领导组成的“脱贫攻坚领导小组”，签订《脱贫攻坚责任书》，层层立下脱贫军令状；坚持公平、公开、公正原则，按照户申请、社村初审、镇复核的工作流程，通过精准识别，全镇确定建档立卡贫困户693户1993人，制作帮扶公示牌、公示卡709块。始终将精准脱贫工作和联村工作相结合，建立驻村帮扶制度，落实包联责任制，实行联村工作矩阵管理，构建镇村干部一对一精准帮扶体系，脱贫工作实现强力推进。

【党建工作】全镇下辖基层党组织42个，其中村级党总支11个、村级党支部7个、机关党支部4个（含老龄支部）、事业单位党支部7个、“两新”组织党总支1个、新经济党支部9个、新社会党支部3个，统计在册党员1357人。预备党员17人，流动党员32人。党员干部自觉接受人大、政协监督，人大代表建议、政协委员提案全面办理，办复件满意率达到100%。全面落实党风廉政建设责任，对“不作为、慢作为、乱作为”专项治理、扎实开展“三走到、三解决、三促进”专项活动；完善机关内部管理制度，严格落实中央“八项规定”及省、市、县有关规定，倡导厉行节约，强化“三公”经费管理力度；着力效能监督检查，严格落实党政“一把手”督查督办制度，严格考核落实，行政监察力度不断加强；工程招投标、政府投资工程管理进一步规范；政府信息公开、目标绩效管理、信息调研工作进一步强化。

（撰稿人：夏利君）

毗卢镇
Pilu Town

【概况】 毗卢镇地处泸县东北角，与重庆市永川区、荣昌县接壤，辖区面积72平方千米，人口42183人，辖12个农业行政村、3个社区、94个村民小组、9个居民小组，年末总人口42563人，其中城镇人口3875人。耕地25300亩。是中国“曲艺之乡”，四川省“文化先进乡镇”“小城镇建设试点镇”、泸州市委、市政府首批命名的“小康镇”。毗卢镇交通便利，旅游资源丰富。境内有“泸县第一峰”的万寿山、省级风景名胜区玉龙湖、万寿山九道寨门、明代佛教圣地五明寺遗址、洞子山东汉墓群，还有高阁龙桥、万寿山龙桥、杨湾龙桥、白鹤龙桥等省级重点文物保护单位。

【农业经济】 全镇流转土地400亩，培育特色产业。打造渔业健康养殖核心区300亩，实施渔业发展“六队”模式和“互联网+”营销模式。发展生猪寄养，新建年出栏生猪1000头规模养猪场14个；新增年出栏2万只以上规模养鸡户10户，养鹅专业户5户；发展莲花村血橙800亩、油用牡丹300亩，雄峰村花卉种植400亩，下林村花椒种植400亩。

【工业经济】 继续加大招商引资力度，成功引进四川魔方空间网络有限公司、泸县鹏晟运输有限公司、泸州全盛塑料有限公司等10家企业。2016年泸州正发新材料公司启动扩能技改。申通、圆通、同城、京东等快递公司落点毗卢，泸县美兴超市、黄忠家电等商贸零售企业不断发展壮大。

【社会事务】 2016年重点完善城乡居民医疗保险制度，城乡居民参保率98.2%；进一步推进城乡居民养老保险，参保率提高到56.5%；对低保工作做到动态管理、对城乡低保“五保”做到应保尽保，全面落实80岁以上老人高龄补贴；切实加强敬老院规范化管理，推广集中供养。积极组织家政服务，经济作物栽种、家禽养殖等技能培训，全年发放招工信息200余条，城镇新增就业109人，带动就业67人。投入500万元建成中峰学校教学楼及运动场，投入140万元实施中峰学校校门改建及附属用房建设项目；投入530万元建成毗卢、仙佛幼儿园教学楼；投入100万元建成烂庙子小学教学楼；投入110万元建成毗卢学校教师周转房；毗卢学校学生住宿楼二期工程完成前期工作；毗卢学校教学实验综合楼、仙佛学校综合教学楼建设项目开展前期工作；毗卢镇中心幼儿园成功创建市级示范幼儿园。完成全民健康体检15758人，规范村级卫生站建设，新建卫生室2处。完成国家免费孕前优生健康检查205对，新增奖励扶助373人，特别扶助10人。实现安全监管全覆盖，建立健全安全管理各项制度，坚持“党政同责、一岗双责”，落实“三个必须”，督促企业落实安全生产主体责任，“五级五覆盖”“五落实五到位”安全责任体系全面落实，未发生安全生产事故。防灾减灾应急体系进一步完善，地灾避险、防汛抢险等应急能力大幅提高。社会治安防控体系不断完善，矛盾纠纷有效化解，继续保持打击违法

9月26日，毗卢镇社会事务办公室在黄桷树社区宣传科普知识（阿木石布/摄）

犯罪的高压态势，社会保持平安稳定。对全镇各餐饮单位和学校、幼儿园开展从业人员健康体检，加强农村食品市场和农村家宴的规范管理。开展乡村医生医药知识、预防艾滋病等知识的普及。

【基础设施建设】 完成高楼湾坡耕地水土保持项目和罗汉坝—陈家河土地整理项目；实施雄峰、下林“小农水”工程整治渠道5千米，山坪塘10口；在罗汉坝村、下林村各新建一口抗旱应急机井；下林、坳丘、白合土地整理项目已完成前期准备工作；荞子坡——罗汉坝宅基地退出复垦工作正在有序组织实施。交通建设项目完成2.4千米；“一事一议”公路建设完成6千米；移民后扶项目公路建设、白合村观音桥于12月开工建设；“6·23”特大暴雨过后，落实资金50万元整治水毁公路安全隐患40处。自来水管网大幅延伸，新增农村用户409户，农村打井82口；二级场镇污水处理厂建成投入使用，全镇日处理污水1600立方米。农村电网改造投入700万元，改造电网20千米，增设变压器30台，整治低压台区34处。农村D级危房实现动态消除，完成非建档立卡贫困户改造38户。

【脱贫攻坚】 扶持下林、雄峰党员“三带工程”，兑现经费10万元，全体镇村党员干部联系286户贫困户，严格兑现第一书记相关待遇，加强第一书记日常考核。成立村集体经济公司12个，12个村集体收入合计8.75万元。带领党员干部成功应对“6·23”特大暴雨灾害，顺利通过省级验收组脱贫考核验收。实施“双培”工程（把党员培养成致富能手、把致富能手培养成党员），不断完善“党建+”扶贫、产业扶持、技能扶持，改善贫困群众基本生产生活条件，推动脱贫攻坚工作不断取得新成效。全年改造贫困户D级危房和维修加固C级危房146户，易地扶贫搬迁安置23户46人。低保政策兜底326户435人；教育扶持贫困学生250名；医疗救助231名，实现贫困人口住院医疗零支付。雄峰、下林2个贫困村投入产业扶持周转金20万元；公益性岗位安置贫困人口23名，补助岗位津贴8.556万元。积极联系泸县万福商贸有限公司、泸州西南健康产业园、四川宏亮投资有限公司等社会力量参与扶贫工作，动员各村（社区）、学校、医院、政府机关职工捐款40余万元，帮助贫困户发展产业，2个贫困村基础设施建设资金投入1400万元以上。

12月17日，县委副书记、县长肖刚（左一）到毗卢镇检查企业安全生产（阿木石布/摄）

【党建工作】 与27个党组织签订“两学一做”责任书。编发《“两学一做”学习资料汇编》，组织编写“两学一做”学习简报12期。组织机关支部开展集中学习4次，开展书记上党课6次。组织各级党组织通过邮寄、上门送达等为党员发放学习“知识卡”1300余份，组织“两学一做”知识竞赛、演讲比赛。明确不低于村级办公经费4%用于购买“两学一做”学习资料及培训。组织党委会研究党建工作18次，组织领导干部到村（社区）、学校、两新组织等调研30余次，解决脱贫攻坚、后进党组织转化、村级班子建设等难题20余个。深入村社宣传党的政策、精神，收集民情，召开“坝坝会”35场次，化解矛盾纠纷，建立民生诉求、信访维稳、困难群众、安全隐患4本台账283条台账信息，建立主要领导交办、班子成员领办、镇村干部承办、镇纪委督办跟踪机制。邀请市县专家学者到镇开展道德讲堂等讲座3场，安置社会主义核心价值观固定标语6处，打造幸福美丽新村文化院坝1处，组织机关“夜校”学习36期。与镇村干部、换届工作人员等开展谈心谈话80余人次。签订党风廉政建设责任书30份，镇财力投入4万元建设白合村廉政文化阵地。带队对落实党风廉政责任制12次督导考核，做到“三个在前”“三个结合”。坚持党建带群团，群团促党建，建立镇群团中心，成立15个群团工作站。投入60余万元改建坳丘村、新建下林村党群服务中心。

（撰稿人：阿木石布）

石桥镇
Shiqiao Town

【概况】泸县石桥镇位于泸州市北部，泸县东北部，东临毗卢镇，西临福集镇，南临玄滩镇，距泸州城区44千米，北临重庆市荣昌区双河街道，离重庆市荣昌县城24千米。境内的泸州市自然风景名胜区道林沟。辖区面积87平方千米，辖12个农业行政村和2个社区，总人口43889人，其中城镇人口4901人。

【经济发展】2016年全镇实现地区生产总值（GDP）8.16亿元，同比增长14.44%；税收收入2170万元，比2015年2370万元减少200万元，减少8.44%。规模以上工业增加值完成1.69亿元，同比增长16.55%；全社会固定资产投资完成11.82亿元，同比增长18.67%；社会消费品零售额完成3.25亿元，同比增长14.44%；城镇居民人均可支配收入28451元，同比增长1.28%；农村居民人均纯收入14092元，同比增长8.83%。实现服务业增加值2.53亿元，新增限额以上商贸企业1家。实施重点建设项目2个，其中市级重点项目2个,计划总投资8.32亿元，完成投资1.72亿元。

【农业经济】农业产值37282万元，优质水果种植面积400亩，改造劣质茶园300亩，新植200亩，实施大棚蔬菜种植200亩，新增优质鱼养殖面积300亩，发展水稻制种面积1200亩，新植中药材面积500亩（砂仁），建设现代林业产业基地2000亩，实施水稻高产创建绿色发展面积1.5万亩，蓄留再生稻1.65万亩，红果种植面积1200亩，实施土壤有机质提升项目2500亩，发放肥料100吨，溪河两岸生态农业建设项目200万元，种植优质水果150亩，养殖优质鱼50亩，徐氏生态水果采摘园面积500亩，项目投入资金20万元，发展家庭农场3个，创建市级专合社1个，新增100亩以上的土地流转大户4户。

【水利建设】全镇有小型水库8座，其中小（一）型1座，小（二）型7座；山坪塘263口；泵站36处；渠道160千米；蓄水池354口。总投资410万元，完成下松林水库、龙凼沟水库、黄角凼水库3座小（二）型病险水库的除险加固工程。工程完工后，恢复和改善灌面1500余亩，保障水库灌区农业生产用水。大王山项目区坡耕地水土流失综合治理工程涉及黄荆湾村和秦家坝村，完成水土流失综合治理4294.06亩，蓄水池54口，渠道13千米，田间道路17.98千米，沉沙凼126个，山坪塘整治10座。工程总投资1500万元，其中中央预算内投资1200万元，地方匹配300万元。项目实施后，项目区坡耕地保水、保土、保肥以及抗旱排洪能力大大增加。贫困村吉祥村2016年省级小型农田水利重点县建设项目完成。整治山坪塘任务7口，新建并完成拦山堰3处，PE管道14千米，解决吉祥村的生产生活用水需求。工程总投资274万元，其中群众投劳折资28万元。完成石桥镇296处小型水利工程确权工作，分别颁发工程所有权证和使用权证。

【畜牧生产】年出栏生猪5.78万头、仔猪6.63万头，家禽出栏48.26万羽，山羊出栏0.6万头，新建生猪寄养场1个，畜牧产值

9600万元。开展生猪、家禽、狂犬病的春秋季免疫和消毒，免疫生猪仔猪4.61万头，家禽26.77万只、犬2788头。检疫生猪6195头、家禽5.136万羽，检出病害生猪3头、家禽212羽。检查规模养殖场26个166次，抽检瘦肉精382头份。检查饲料兽药经营户22个125次，未发现违禁、过期、变质及无批文的兽药饲料。无害化处理监管，全年无害化处理生猪761头，家禽228羽，抽查无害化处理6次15户，未发现出售、抛弃病死畜禽的行为。组织开展养殖技术培训60余人次，带队到6个专业养殖场参观交流学习。发放各类宣传资料5000余份；开展乡村防疫人员业务培训2次。

【林业经济】 森林面积7.2万亩，覆盖率达48%，与泸县奇丰镇、方洞镇、喻寺镇、毗卢镇和重庆市荣昌区双河镇、清升镇6个镇有边界联防,联防长度为30千米，联防面积4万亩。全镇有退耕还林10416亩，有花木专业合作社1个，成员100余户，花卉面积5000亩，品种100多种，年产值2000多万元。全年林业产值103亿元。

【工业经济】 工业以煤炭、冶金、铸造、机械加工、服装加工、建筑材料、矿石、石材加工等为主，2016年工业总产值13.7亿元，拥有工业64家，职工4682人，其中煤炭开采企业3家。实现工业增加值3.47亿元，比2015年增加13%。截至年末，有商贸企业18个，职工375人，城乡集贸市场4个，年成交额1.18亿元。品牌产品有五仙山茶叶和道林沟山泉水。

【招商引资】 招商引资固定资产投资到位资金11亿元，泸州盛世源商贸有限公司、泸州宝成源商贸有限公司、四川起飞建筑工程有限公司、泸县立晨建筑工程有限公司、泸州裕丰和瑞商贸有限公司等10个企业落户石桥镇。

【财政与税收】 财税收入国税收入830万元，本级收入271万元，完成目标任务193万元的140.41%；地税收入1340万元，本级收入477万元，完成目标任务807万元的59.40%。预计一般公共预算总收入4429万元，比2015年（4800万元）减少371万元，减少8.38%。其中税收分成收入828万元，占年度预算税收收入1000万元的82.8%，比2015年（884万元）减少56万元，减少6.33%；上级补助收入2100万元，比2015年（1742万元）增加358万元，增长20.55%。上级专项追加财力2200万元，比2015年（1632万元）增加568万元，增长34.8%；税返收入135万元，比2015年（104万元）增加31万元，增加29.81%；基金收入80万元，比2015年（67万元）增加13万元，增长19.41%。专项上解540万元，比2015年（579万元）减少39万元，减少6.74%。

【基础设施建设】 大王山坡改梯项目区完成工程量90%。生态旅游特色镇建设项目顺利动工，760万元游步道建设实施。幼儿园迁建

10月31日，全市易地扶贫搬迁现场会暨工作推进会相关领导参观石桥镇易地扶贫搬迁安置点（曾理/摄）

工程完工，实现秋期顺利入学，银朝村和新屋咀村易地扶贫搬迁安置点及配套产业发展项目完成，57户121人全部入住。坝心头、马溪两座污水处理厂建成投用，元通污水处理厂建设前期工作有序推进，大王山柏杨桥重大安全隐患整治完成；君子口危桥改建启动。岚风坳至治安（石桥段）、双新路改扩建等工程前期工作有序开展，投资796.1万元，宽6.5米、长8.7千米的喻寺至银朝公路投入使用，新增社级入户路23公里，新增硬化村级公路10千米。改造农村电网25千米，新建线路36千米，新增配变电台区8个，投入64万元。在银朝村和新屋咀村易地扶贫安置点及场镇规划区内，装太阳能路灯121盏，广场大灯2盏。

【文化与体育工作】 进一步完善村级公共文化服务体系，加强村文化活动室，农家书屋建设和管理工作。5月，完成洪安桥、新屋嘴农民健身工程项目2个；同时完善兴盛村、秦家坝村篮球场建设。银朝新村文化院坝建设经过验收；农家书屋建设“一卡通”全面完成；做好文化市场督管工作，特别是对文化娱乐场所安全日常管理工作。净化学校社会文化环境，重点对电子游戏和网吧的监督管理工作。加大对演艺团体的管理，使演艺团体逐步壮大发展，长红、红豆歌舞团进入市江阳艺术农民演艺舞台演出。文物保护工作加强重点文物保护单位的安全管理工作，定期进行文物安全检查。推进板凳龙申报“非遗”工作；打造唢呐之乡的培训工作。全面完成县下达的文化民生工作。安装贫困户“户户通”无线数字电视370个。“2131”电影放映144场，完成全年任务。吉祥贫困村的文化体育设施完成通过验收。4月8日，第二届登山采茶节在道林沟景区举行，近400人参加登山比赛。开展演出、茶艺表演、古筝、采茶体验活动。5月，启动唢呐培训，有50名学生参加培训。

【脱贫攻坚】 落实产业扶持资金16万元，惠及11个村204户524人。帮扶贫困户养殖生猪256头、土鸡2459只、鹅290只、鸭1180只、山羊130只。教育扶持对象277人，其中幼儿教育35人，义务教育122人，在外就读120人。幼儿教育和义务教育阶段享受免除学杂费、在校生活费、意外险、教辅资料费等费用，中职教育享受一年初助2000元的生活费，高职教育学生享受2000~5000元不等的补贴。实施贫困户危房改造91户，补助资金138.25万元。实现动态消除D级危房，全面完成124户农村危房改造。为新增95户低保贫困户发放生活补差5.9万元。落实中央、省级财政扶贫资金145.36万元，完成公路硬化、饮水工程、生猪寄养、特色经济作园等项目建设。投入资金960万元建设银朝村和新屋咀村2个易地搬迁集中安置点，基础和配套上全面保证每户简装到位，水、电、气、网络“四通”，并配备电视、桌凳、床柜、灶具等家电家具。银朝村安置点代表泸县接受全市项目现场会检查。

【安全工作】 安全生产“党政同责、一岗双责、齐抓共管”责任制全面落实，全面推进“五级五覆盖”和“五落实五到位”责任制建设，继续深入开展“安全生产隐患排查治理”“打非治违”等专项行动，道路交通、企业、食品药品、森林安全、地质灾害点得到有效监管。6月，组织本镇农民演艺团体演职人员80人参加的安全培训会，增强演职人员的安全意识。12月22日，石桥镇人民政府、狐狸坡煤矿代表泸州市接受省政府安委会检查，获得督查组充分肯定。

【社会事务】 推进规范化村级卫生站建设，实现“小病不出村”的目标。社区卫生院派驻家庭医生32名，签订服务协议5850份，体检14819人，建立相对稳定的契约式服务关系。启动“一站一馆三区”（健康管理工作站、中医馆、基本医疗服务区）建设，增添先进医疗设备，建成儿童预防保健服务区、妇女保健和计划生育服务区、老年人日间照料服务区。2016年实际参保人数39722人，参保率98.13%，城乡居民医疗保险住院补偿10357人次，补偿金额1694.03万元。城乡居民医保参保率稳定在97%以上，人均

4月8日，泸县道林沟第二届登山采茶节（王倩/摄）

政府补助标准提高到380元，城乡居民医保住院费用支付比例达75%，省内异地就医即时结算，进一步让发展成果更多更好地惠及群众。城乡居民基本养老保险覆盖人数16163人；7449人完成城乡居民社会养老保险参保缴费。至12月底，发放城镇低保35户41人13630元，农村低保444户603人95990元，城镇“三无”人员76人41800元，农村散居“五保”234人85410元，自然灾害资金2万元，临时生活救助金10.3万元，医疗救助9.91万元，优抚医疗5.23万元，老年福利3万元，优待金40.81万元，退役士兵安置金34.1万元，社区阵地建设50万元，日间照料中心40万元。城镇新增就业261人，城镇失业人员再就业59人，就业困难人员再就业15人，高校毕业生实现创业2人，创业培训57人，组织青年劳动者技能培训86人，建档立卡农村贫困人员技能培训51人，促进成功创业120人，带动就业131人，建立创客空间1个，失业保险新增扩面135人，各村（社区）成立劳动就业和社会保障服务站，配备1名专职劳动保障协理员。教育民生工程逐渐完善。全镇所有学校配备远程交互式电子屏，图书室完成电子化管理。中小学全面实施“三免一补”，初中学生实施贫困住校生生活补助，幼儿园实施贫困幼儿“三儿”补助工程。完成县级科研课题2项，市级科研课题3项。

【道林沟旅游区建设】 制定《道林沟风景区管理办法》，严厉打击各类破坏风景旅游区违法乱纪行为。投入40余万元编制市级风景名胜区保护性规划，明确景区保护级别，向县政府请示取消道林沟水库饮用水源保护区、新增阳光水库为饮用水源保护区，加强景区管理和保护。强化道林沟自然风景旅游区开发保护的宣传力度。通过召开院坝会、宣传车宣传、分发宣传资料、设置宣传横幅等方式，对《道林沟风景区管理办法》进行宣传，要求村社把好关，强化风景区管委会监管，守护住道林沟景区的青山绿水，召开院坝会5次，发放宣传资料2000余份。建立双日巡查机制，了解景区动向，严厉打击各类违法乱纪行为，打击违法钓鱼6次。对景区内倒塌房屋情况、拟修建房屋的农户情况进行摸底排查。按照《风景区管理条例》要求，严格约束景区内违法乱建行为。景区内农房建设的选址定点和建筑设计交景区管理委员会审核，符合规划的才能修建，坚决制止新建、扩建、移地修建行为；对批准修建的，要求其必须进行风貌塑造，签订风貌塑造承诺书，缴纳保证金，全年景区内申请建房40余户，收取风险保证金近10万元。规划景区内农家乐广告设置40余处。争取到农发行专项建设基金7000万元，拟建设1200平方米景区游客接待中心、7千米景区栈道、16.5千米景区步游道、千丘塝游客集散中心、茶文化体验馆以及景区公共卫生系统、休闲亭台等基础设施等。举办第二届道林沟登山采茶节。道林沟特产土鸡、腊肉、香肠等通过微信方式远销海南、东北等地。与荣昌区清升镇对接，相互交流学习5次，完善规划，寻求异质性发展。

【党建工作】 召开党委中心组会议12次，邀请市、县专家开展专题讲座4次，领导带头上党课6次，举办基层党务骨干培训1期，与班子成员、党组织书记、部门负责人等交心谈心158人次，组织干部职工观看《镜鉴》《忏悔录》。开展《准则》《条例》网上知识竞赛，在国家、省、市等主流媒体刊登新闻稿件344篇，创办《石桥快讯》栏目，开办“石桥之声”栏目20期。十三坡社区通过市级文明社区验收，银朝村被评为市级文化院坝。2016年获宣传思想文化工作先进集体、文化文艺工作先进单位等称号。评选表彰先进基层党组织3个、优秀党务工作者8名，优秀党员23名，发展党员15名。与各党组织签订目标责任书27份；全年研究村（社区）干部管理、班子建设等工作24次；先后42次到村（社区）、学校、企业调研督促工作；制定村（社区）换届选举实施方案，完成14个村（社区）党组织换届工作；完善党员管理制度，建立支部书记年终述职制度；重要事项集体研究、决策制度；完善党委会、党政办公会制度；督促落实“三会一课”。投入12万元改建大王山村党群服务中心；足额保障村（社区）工作经费，落实离职村干部基本生活补助9.1万元，在职村级干部保险补助等22.7万元，慰问困难党员、群众624人次，发放各类救助、慰问金约80余万元；完成吉祥村后进村转化，落实“五个一”措施转化经费20万元；成立非公有制企业团支部2个，发放非公有制党建工作经费0.9万元。结合依法治镇建设，在银朝村投资50余万元完成打造廉政法治文化广场。6—9月，泸县纪检监察系统“‘两学一做’作表率执纪为民到基层”行动第十二督导小组累计开展督导55人次，走访群众511人，开展宣讲19次，收集群众诉求166件，现场解决和答复62件，移交反馈104个。严格落实“两个责任”，整改落实县审计局反馈问题。印发通报11期，开展效能督查15次，约谈8人次；处理信访件23件，案件查办4件，给予党内严重警告处分1人，警告处分2人，撤销党内职务1人，诫勉谈话2人。信访举报查处力度加大，全年办理上级转来信访件24件，镇级领导接待群众来访8件，排处矛盾纠纷151件，干部下访114人次。

（撰稿人：廖远清）

玄滩镇
Xuantan Town

【概况】 玄滩镇位于泸县东北部，与重庆市永川区和荣昌区接壤，省道泸（州）荣（昌）公路穿境而过，距周边市区均在30千米以上。全镇辖区面积115平方千米，人口9.2万人；城镇建成区面积3.2平方千米，常住人口3.5万人，流动人口2万人，辐射集聚周边地区约40万人口。玄滩镇历史悠久，资源丰富，交通发达，经济繁荣，历来是川渝接壤部重要的物资集散地和商贸中心。1995年列入国家建设部小城镇建设试点镇，2003年全省首批小城镇建设重点镇，2004年全国重点镇、四川省卫生集镇、四川省村镇建设先进镇，2013年四川首批“百镇建设试点行动”试点镇，2014年全国重点镇，2015年创建成四川省重点商贸流通示范镇。玄滩镇坚持以建设泸县副中心和打造泸渝边贸流通特色镇为发展方向，依托区位聚集优势、省级示范性高中泸县五中和泸县第二人民医院三大资源，做大做强小城市、教育文化和医疗卫生三大产业。2016年全镇实现地区生产总值13.07亿元、全社会固定资产投资16.04亿元、社会消费品零售总额8.51亿元、服务业增加值达4.9亿元。

【农业产业】 投入资金770余万元，完成金龙寺、老油房土地整理项目。本土籍企业家伍宗耀规划投入5000余万元在太平桥处建设占地10余亩的农业生态观光销售园、在济众桥处建立农业生态观光旅游园。大力推广生猪寄养模式，改扩建3处，规模均在年出栏6000头以上，通过生猪寄养模式，每年出栏可达3万头以上，实现农民增收400余万元。大力推广林下鸡养殖，发展养殖规模1000只以上的10余家，带动群众养殖出栏30余万只，实现农民增收500余万元。大力推广大白鹅养殖，实行订单式养殖。发展肉牛养

8月31日，玄滩镇曾观小学开展“传承好家风　弘扬好家训”主题教育活动（陈茂/摄）

殖10余户，年出栏300余头。

【工业产业】 2016年新引进铭笙建筑工程有限公司、四川丰硕园林建筑工程有限公司、泸县金焰置业有限公司、四川中太保险代理有限公司泸县营业部、四川科瑞泽医疗器械有限公司、泸县三和驾校等企业，每年增加财政税收300万元以上。

【第三产业】 以万福商业综合体为依托，加快发展商贸服务业。14万平方米的集购物、餐饮、娱乐于一体的大型万福商业综合体于11月11日全面开业，并引进苏宁易购、百家福电子商务等知名商家入驻，增强玄滩的吸引力和承载力，镇级具有如此规模和档次的商贸服务体在省内属首家。加快农村电子商务建设力度，全镇建设电子商务点10家。镇内有限额以上批发和零售企业8家、物流企业9家、国内超长客运企业1家、金融保险类企业9家、工业商贸类企业56家。新建4万平方米农副产品交易中心和规模化的建材、汽贸汽配交易场所。开发建成高档成熟住宅小区30余万平方米，均价为4000元/平方米，达区县级水平；分区打造有1.5千米的商业街和2千米的步行街，人潮涌动，商机无限。

【基础设施】 公路建设加快进程，修建通村公路3条6千米。全面完成玄滩至云锦“白+黑”公路改造工程。完成玉河至宝藏公路改造工程测绘工作，预计年底之前完成改道部分路基工程。治污工程逐步延伸，日处理生活污水600立方米的涂场污水处理厂完成土建任务。安全饮水加快解决，大力实施中线供水工程项目，饮用长江水覆盖玄滩城镇居民及周边二级场镇和农村居民5万余人。完成3个贫困村安全饮水工程和集中供水站管网延伸工程。低压台区改造有效实施，投入800多万元，改造完成涂场、易湾沙坝等33个低压台区。农村危房改造扎实推进，全面完成151户C级危房维修加固、151户D级危房修建。

【民生工程】 “五项社会保险”全面启动，机关事业养老保险改革有序推进。全面完成低保精准识别，完成1273户1516人低保对象精准识别工作，从7月起，按新认定的对象和标准发放相关经费。全面落实“五保”工作，全镇享受“五保”待遇580人（其中集中供养130人、分散供养450人）。社会救助、养老服务、优抚安置、就业扶持水平全面提升。投入资金30余万元，完成曾观敬老院维修工程、绿化工程等项目。发放残疾人扶贫对象生活补贴20万元，为困难残疾人送温暖300余人次，扶持128名残疾人发展生产。发放临时困难救助金22.6万元，医疗救助金16.7万元。

【精准扶贫】 按照“八大扶贫攻坚行动”“五个一批”要求和脱贫“一超六有”“一低五有”标准，严格落实各级扶贫项目政策和措施，严格考核办法，对脱贫攻坚工作实行月督查、季考评、年考核。如期完成39户、76人易地扶贫搬迁工作。争取和调配社会捐赠资金及物资420余万元，改善基础设施，帮扶贫困人口。全面

玄滩镇易湾新村

实现建档立卡贫困户“两不愁、三保障”902户2480人、3个贫困村全部达到脱贫摘帽标准。

【教育卫生】 全民预防保健扎实开展，争取县上新增编制22个，投入资金180余万增添设备和进行场馆打造，建设标准化的场馆。划拨40余万元工作经费，完成全民健康体检34614人次。教育投入持续增加，玄滩镇学校小学部、曾观小学教师公租房投入使用，喻坪学校围墙排危工程、玄滩镇学校校门移建工程全面完成。

【党建工作】 先后70余次到基层走访调研，9次召开党建专题工作会。每月专题研究信访维稳工作，全年排查出矛盾纠纷150件，成功调处148件，成功调处率98.7%。贯彻落实激励基层干部奋发有为二十条措施，制定机关干部目标考核办法。加强后备干部培养，2016年3名班子成员提任正科级领导干部，推荐1名中层干部提任副主任科员，提拔5名年轻干部担任部门正副职，选配2名优秀后备干部进入村级班子。全年培训村（社区）干部700余人次，对党组织书记进行专题培训156人次，组织党组织书记外出学习培训50余人次。严把党员入口关，制定党员发展规划，2016年新发展党员20名。顺利完成镇党委和20个村党总支部、5个社区党支部的换届工作。投入90余万元新、改建村级办公阵地5个；投入10万余元建设镇级群团工作中心和村（社区）群团工作站，规范基层阵地建设。

（撰稿人：吴洋）

云龙镇
Yunlong Town

【概况】 云龙镇位于泸县南部,辖区面积60平方千米，南与龙马潭区石洞镇接壤，东、西、北分别与泸县兆雅镇、得胜镇、奇峰镇相连,距泸州城区20千米，距泸县县城18公千米，省道泸荣公路和县道万得公路呈十字交叉贯穿全镇，区位优势明显。2016年，全镇实现国内生产总值29.6亿元，其中第一产业2.5亿元、第二产业24亿元、第三产业3.1亿元，全社会固定资产投资16.2亿元，城镇居民人均可支配收入31427元，农民人均纯收入14301元。

【农业和农村经济】 投资4000万元，完成朱梅滩渠系改造项目施工管理工作及协调工作；投资70万元，完成韩河沟水库除险加固项目；投资130万元，完成朱梅滩水库除险加固项目；投资200万元，完成龙河村2016年小农水项目；投资30万元，完成泸县战旗村2016年度抗旱应急水源项目；投资30万元，完成泸县龙河村2016年度抗旱应急水源项目。粮食生产稳固提升，全镇粮食播种面积7.51万亩，实现总产量3.91万吨；现代农业积极推进，推广机械耕作，水稻机械耕作2.8万亩，农机化水平达48%；开展水稻高产创建项目1200亩，建成优质高产水稻生产基地303万亩；强化畜牧发展，畜产品收入占农业总收入的40%；实施“天保”

工程，有效管护天然林1690亩，巩固退耕还林成果5300亩；开展全国基层农技推广示范工程，科技入户率100%，农户普及率96%；培育新型农业经营主体，新增农业专合组织2个、家庭农场10个，获市级优质果品2个，建成农产品集配中心1个、电商平台1个。农村产权制度改革、山坪塘水利使用产权制度改革、农村宅基地制度改革、农村确权登记等工作有序推进。

【工业经济】 全镇拥有各类大小企业189个，其中规模以上工业企业10个。云龙镇建立并完善领导联系企业制度，强化项目要素保障，以创新思路和扎实举措破解发展难题，引导企业主动对接政策，积极应对市场，全镇工业企业实现稳定增长。全镇扶持企业生产发展资金达1708万元，较2015年同比增长42%；实现工业总产值57.3亿元，同比增长18%；工业税收2800万元，其中酒类税收2448万元。

【招商引资】 按照县委、县政府“招大引强，提质增效，促进产业集聚升级”思路，充分发挥自身优势，积极整合招商资源，优化招商环境，重点围绕酒业、医药、新材料、乡村旅游、物流运输、商贸服务、现代农业等产业开展招商引资。2016年，成功引进云宇酒业等企业23家；实现招商引资到位资金11亿元，同比2015年增长12%。

【财政金融】 镇内有财政所1个，地税所1个。有农村信用社1个，邮政储蓄所1个，中国农业银行储蓄分行1个,泸县元通村镇银行1个。2016年，云龙镇财政收入11525万元，其中，地方财政一般预算收入3883万元，政府置换债务1027万元。

2月1日，云龙镇举办“爱在云龙 情暖家乡”精准扶贫大型爱心捐助活动 （张玲/摄）

【安全工作】 认真落实“五级五覆盖”“五落实五到位”安全生产责任体系建设，狠抓安全排查，重抓隐患整改，全年集中开展安全检查587次，整改隐患125起；引导企业投入资金700余万元，全面消除酒类企业消防安全隐患；强化交管办职能，全面落实交通安全“五统一、五联动”；组织开展应急演练5次；集中开展安全培训7次。

【新闻宣传】 云龙镇在泸县通讯、泸县电视台、泸州新闻网、《泸州日报》《泸州晚报》、四川在线、四川新闻网、网易网等各级媒体发稿300余条，外宣工作成效稳步提升。报送舆情信息241条，被市上采用3条。《泸县信息》采用6条，《政务信息》采用8条。

【普法综治】 健全机制，不断夯实普法基础；突出对象，扎实推进“法律八进”；依托阵地，积极营造法治氛围；普治结合，有效提升基层法治。创新社会管理，深化网格化服务，深入开展矛盾纠纷和不稳定因素排查，即时办理来信来访，全镇信访维稳向好发展。创新社会化管理，发挥网格化作用；大力开展群防群治，开展平安创建活动，确保群众满意；加大投入力度，完善“雪亮工程”；加大人民调解员的培训，深入开展矛盾纠纷和不稳定因素排查。

【卫计工作】 两孩政策有序推进，

12 月 28 日，云龙镇文联社科联成立（向锐/摄）

奖扶政策全面落实，主体指标有效控制。符合政策生育率 96.28%，人口自然增长率为 4.73‰，全年兑现各种奖扶资金 458 万元，发放计生困难家庭慰问金 2 万元，人均计生支出 4 元；云龙卫生院代表泸县接受省级免疫规划示范县验收检查并成功通过；云龙卫生院通过泸州市“一级甲等”综合医院评审。

【科教文体工作】 教育“两争一汇”工作成效突出。云龙学校、上坪学校教师公租房项目完善后续配套设施；云龙镇“三校一园”争取项目资金达 1100 余万元。云龙学校素质教育获全县第一名，跻身于泸州市 40 所初中先进学校行列，3 个学校获县教育质量督导评估一等奖。云龙幼儿园成功创建为市级示范园，茅坝分园建设动工，预计 2017 年秋期投用；通过审批引进民办泸县云龙镇七色光幼儿园。积极组织云龙镇老体协成员参加泸县第四届老年运动会比赛；积极组织开展国庆机关职工活动、“三下乡”、民间民俗文化、“农民演艺”、闹元宵等活动；自办村村响广播 42 期，为精准脱贫户安装地面无线数字电视 678 户；免费放映农村公益电影 160 余场次；举办道德讲堂 4 期。开展送演出、送医疗、送科技、送图书、送培训等群众文化活动 75 场次。争取项目、资金，完善两个贫困村的文化活动室、室外篮球场等设施建设，群众享受公共文化服务水平有所提高。

【民生工程】 就业促进、扶贫解困、教育助学、社会保障、医疗卫生、百姓安居、民生设施、生态环境、文化体育 9 项民生任务全面完成；城乡居民养老保险参保人数 46226 人；城乡居民医疗保险参保率 99.6%，全镇缴纳医保资金 581 万元，报账资金 1621 万元；发放农村低保金 186.5 万元、农村“五保金”156 万元，城镇低保金 75.4 万元；发放救灾救助优抚资金 174.8 万元。

【村镇建设】 坚持“城乡一体化、区域一体化、产城一体化”原则，明确“一心、三区、三带”的产业空间布局；依托“水陆铁空”多式联运潜力优势，综合统筹土地利用总体规划、城镇总体规划、产业发展规划、生态环境保护规划、新农村建设规划，谋划区域性全域规划编制，迈出推行“多规合一”的第一步；投资 1500 万元，基本完成集镇人行道综合改造和路灯；投资 439 万元，建设机场安置街；投资 1.1 亿元，建设机场限价安置房；投资 5000 万元，完成月亮湾三期商住小区开发；成功开发月亮湾三期旁 21 亩商住土地。2016 年，集镇建成区面积由 2 平方千米增加到 2.2 平方公里，常住人口由 2 万人增加到 2.2 万人，全镇城镇化率 43%，较 2015 年提高 3 个百分点，城镇综合承载能力大幅提升。

【环境治理】 制定和完善《全民参与共建机制》《生态建设投入机制》《镇容镇貌管理办法》《清洁卫生考核办法》《集镇卫生公约》《集镇文明公约》等制度，实现让地更净，让水更清，让山更绿，让天更蓝；严把企业环保关，坚持发展生态工业，绿色农业，鼓励产业“退二进三”。2016年，云龙镇以整治“五乱”为重点，按照“三个延伸”要求，狠抓城乡环境综合治理工作；进一步理顺关系，成功将集镇卫生管理交予达康社区，既提高管理效率，又降低运行成本；全年搬迁石材加工厂2个，关闭塑料加工厂2个、养殖场2个。

【基础设施建设】 电力设施不断改善，成功启动计划投资1156万元的35千伏变电站建设项目；投资520万元，新建10千伏线路2千米、低压线路36.6千米，新建改造配电变压器18台，全镇用电质量明显改善；危房改造扎实推进，完成农村D级危房改造89户，补助资金209万元，农村危房改造强力推进；中东线供水工程云龙段和云龙加压站全面建成，由政府补贴平衡水价，让近3万名群众真正喝上清洁、卫生、安全的自来水；在农村，为安全饮水困难户分散打井73口，群众饮水安全得到有效解决。

【交通运输与邮政事业】 云龙镇交通发达，泸荣公路10.6千米，万得公路9.4千米，有交通运输企业32个；投资1600万元，新建水泥路22千米，新建整治机耕道30千米，新增修复道路交通警示标志30处，新增减速梗20米，累计投入资金300万元；镇内有邮政代办所1个，职工7人。

【武装工作】 紧跟军事改革方向，完成民兵整组和兵役预备役登记统计工作，对调整后的营、连、班干部和基干民兵实施点验，并开展军事素养训练，点训率占基干民兵总数的100%。完成民兵预备役人员“当代军人核心价值观”的专题教育和全民国防教育。7月开展消防应急、地质灾害预防等演练4次，参加各类防汛抗旱、应急维稳等急难险重任务415人次,完成县人武部和镇党委政府赋予的各项任务。“八一”建军节对全镇民兵、复员军人代表进行国防知识教育培训，并召开复员军人座谈会。2016年夏秋征兵，足额完成上级下达的任务。

【党建与群团工作】 全镇共有22个党（总）支部，其中13个农村党总支部、1个社区党支部、1个机关党总支部、1个教育系统党总支部(3个学校支部)、3个非公有制企业党支部、1个非公有制企业党委、2个驻镇单位党支部，有党员1347名，其中新发展党员16名。2016年，云龙镇开展以“走基层、解难题、办实事、惠民生”活动和“在全镇党员中开展学党章党规、学系列讲话，做合格党员”等活动。以抓好党建为首任，认真履行党建第一责任；以优化队伍为目标，着力加强班子队伍建设；以强化落实为突破，夯实基层组织保障；以服务群众为导向，切实提升基层党建工作水平；以风清气正为保障，全面深化党风廉政建设。通过以上举措，先后组织党员干部走访慰问群众1300余人次，收集意见建议207条，解决机场建设征地等问题116个，化解矛盾纠纷85条，制定发展规划52项。推进重点项目21个，为全镇加快建设川南经济强镇和空港商贸特色镇奠定坚实基础。

（撰稿人：龚书梅）

奇峰镇
Qifeng Town

【概况】 奇峰镇位于泸州北部、泸县中部，距县城福集28千米，距泸州30千米。全镇辖区面积68平方千米，辖12个农业村、3个社区、114个村民小组，有耕地面积3.58万亩，人口4.88万人。奇峰镇文化旅游资源丰富，有胜利渡槽和华丰渡槽省级保护文物，镇域内为数众多的龙桥、宋墓也是奇峰的重要旅游资源。奇峰镇是省级“文化先进镇”、市级“村镇建设先进镇”、市级“招商引资先进镇”、市级“敬老模范镇”、市级“万亩甜橙先进镇”、市级文明单位。全年全镇实现地区生产总值87294万元，同比增长13.5%；全社会固定资产投资131794万元，同比增长18%；全社会消费品零售总额51128万元，同比增长13.7%；城镇居民人均可支配收入同比增长9.11%；农村居民人均可支配收入同比增长10.58%。

【农业经济】 奇峰镇创新发展成片特色种植业、养殖业。2016全年大春播种 45812 亩，总产量 2.52 万吨；小春种植 14980 亩，总产量 3600 吨；晚秋种植 37874 亩，总产量 4600 吨；华通村继续打造标准甜橙果园管理 500 亩；玉田村标准龙眼果园建设 1000 亩；共和村、宝丰村、阳高村新栽种龙眼 887 亩；红木打造无公害蔬菜基地 150 亩；长林村、共和村、渔庆村等村杂交水稻订单制种 2000 亩；在金鱼村、柿子村打造有机高粱成片种植 3000 亩；以长林村为主的订单优质水稻种植 1500 亩；新增稻田养鱼 260 亩；巩固退耕还林，做好后续产业；生猪、鸭、兔、鸡等家禽、家畜养殖、渔业水产健康发展。2016 年培育种粮大户 7 户，新发展专业合作社 1 个、家庭农场 3 个，创市级专合社 1 个；新增土地流转 100 亩以上 3 户。

【工业经济】 2016 年，奇峰镇实现规模以上工业增加值 26030.7 万元，同比增长 16.3%；引进市外省内资金 9.5 亿元，国内省外投资资金 3.5 亿元。新引进企业 16 家(工业企业 2 家，商贸服务类企业 3 家，建筑类企业 5 家，物流装卸企业 5 家)，落户园区医院 1 家，在全县开放合作中排名第三位。

【基础设施建设】 实施宝藏—三龙桥 2.8 千米的路面加宽工程和关山路口—喻寺茯苓村 2.3 千米县乡道改造路面硬化工程。通过实施“一事一议”项目，投资 389 万元，硬化宝丰、渔庆两个村道路 9.7 千米。全镇新安装变压器 43 台，完成红木、玉田两村整村农网改造升级工程。在宝丰、渔庆两村安装水管网 21 千米，解决 4000 人的饮用水问题。曹市社区文化广场项目建成并投入使用,投入 150 万元，占地 1780 平方米，建筑面积 754 平方米，绿化面积 150 平方米，居民活动场地面积 450 平方米。投资 583 万元用于危房改造和易地扶贫搬迁项目，C 级危房改造 60 户，D 级新建 71 户，易地扶贫搬迁 29 户，改善农村房屋面貌及居住环境。新建供水管网 5 千米、燃气管道 6 千米，排污管网 2.4 千米；新建垃圾坑 15 口、垃圾库 1 座，场镇基础设施和公共服务配套设施逐步完善，镇容镇貌得到较大改善。整治山坪塘 3 口。

3 月 2 日，奇峰镇在渔庆村举行脱贫攻坚誓师会（宋丹/摄）

【社会事务】 “五项社会保险”参保 6.9 万人次；城乡低保资金累计发放 318 万元，64 户城市低保户、1434 户农村低保户；敬老院 3 个，172 名“五保”人员妥善供养；1773 名孤儿、残疾人、精神病人得到积极扶助，发放各类补贴 33.6 万元；城乡医疗救助 75 人次，救助资金 14.4 万元；临时生活救助 400 余户，支出救助金约 14 万元；自然灾害救助金 3 万元，救助灾民 72 户。免费婚检、孕检 820 人；全民预防保健体检 16648 人，在家贫困人口体检 397 人；贫困人口免费白内障手术 4 人;计划生育家庭奖励扶助和特别扶助对象 2800 人，金额311 万元；计划生育手术并发症补助人员 24 人，金额 5.76 万元；“双创”工作加快推进，就业创业培训扎实开展，城镇新增就业 277 人、登记失业率 2.8%；农村劳动力转移输出 1.8 万人，实现劳务收入 2.23 亿元。

【民生事业】 全镇 2015—2016 年在册贫困人口 1615 人，579 户，

6月14日，县委书记郭庆（左二）到奇峰镇调研扶贫工作（宋丹/摄）

其中宝丰村、渔庆村为省级贫困村。投入省、市、县级专项扶贫资金及其他社会扶贫资金700余万元用于种植、养殖、危房改造及贫困村交通水利基础设施建设等脱贫项目，达标脱贫238户601人（其中省级脱贫33户100人，市级达标脱贫205户501人），渔庆、宝丰两个贫困村均脱贫“摘帽”达标；完成两个贫困村的文化室和健身广场的建设，全面实现宝丰村102户、渔庆村143户电视信号的覆盖；完成曹市社区、金鱼村、柿子村、华通村办公阵地和法制廉政广场建设。

【党建工作】 全镇设党总支14个，党支部47个，党员1340人。奇峰镇健全党建工作运行机制，扎实开展党的群众路线教育实践活动，全年发展党员21名，对全镇43名入党积极分子开展培训。严格实行上班签到制，干部职工上班挂牌制，外出办事去向告知制，着力强化监督管理。全年开展效能督查30次，通报12期，并将处理结果计入年终考核。培育和践行社会主义核心价值观，全年共开展道德讲堂4次、中心组学习12次，干部职工政治理论知识学习12次。2016年在《四川农村日报》《泸州日报》《泸县通讯》、泸县电视台等省、市、县报纸、杂志、电台、电视台、网络发表稿件400余篇（条）。

（撰稿人：宋丹）

百和镇
Baihe Town

【概况】 泸县百和镇位于泸县东部，辖区面积81平方千米，辖11个农业行政村、2个社区、93个农业村民小组、5个居民小组，人口49986人，其中城镇人口3221人。百和镇文化底蕴深厚，旅游资源丰富独特，有四川省首批省级非物质文化遗产——百和莲枪舞，是中国莲枪舞之乡；有始建于唐代开元年间（713—741）的道教圣地东林观；有落差77米、宽44米的高洞瀑布。全镇以构建“绿色工业特色镇，现代农业特色镇，生态宜居特色镇、旅游观光特色镇”为战略目标，致力推动场镇建设、产业结构调整、观光农业一体化发展，积极抢抓机遇，奋力攻坚克难，构建具有实力、充满活力、富有魅力的和谐百和。

【农业经济】 以农民增收为核心，发展百家和花木苗圃、骑龙白芷中药材种植、金龙山猪业合作社等7个专业合作社，突出抓好中药材、花木、养殖等支柱产业规划发展，成立“中药材”种植专业合作社，培育种植大户，在收货商和种植户之间搭建服务平台，实行订单式种植，减少市场风险，发展园林公司3家、苗木公司2家、花木专业合作社4家、苗圃2家、农场5家、水产养殖合作社1家，其中市级专业合作社2家。按照“民办、民管、民受益”的原则发挥联结带动作用，引导“公司+合作社+农户”的发展模式，新增2家中药材农场。一期投资3000余万元的泸州振声生态农业项目在蒋坝村落户并初见成效，发展花木种植3000余亩、白芷等中药材5000余亩、龙眼1750亩。

【工业经济】 2016年全镇生产总

值实现80160万元，较2015年增长18%；第一产业实现增加值23308万元，较2015年增长10%，新增规模以上工业企业6家，工业技改累计投入96840万元，淘汰落后生产企业1家；第二产业实现增加值36972万元，年均增长22%；第三产业实现增加值19880万元，年均增长15%，电子商务进入农村，建立电商网点2个；地方公共财政收入660万元，平均增长8.28%；2016年，全年招商引资入驻本镇企业20家，家庭农场1个技改扩建项目3个，其中泸州振声生态农业有限公司列入2017年市级重点建设项目，预计总投资1.1亿元。

【社会事务】 新增就业187人，失业人员再就业32人，开展建档立卡贫困户就业技能培训62人，农村公益性岗位安置贫困户人员59人，城镇失业率控制在4%以内。全镇养老保险、医疗保险参保率98%。发放残疾人辅助器具84件套，发放残疾人各项困难补助55万元，保障低保、“五保”、高龄人群1万余人，发放补贴575万余元。完成全国第二次地名普查工作，将365处地名录入系统。完成凉坪、郭坳村小厕所建设，凉坪村小综合楼改造围墙加固，五通小学、土主学校完成交互式电子白板改造，免除73名幼儿园学生保教费5万余元，发放百和中学、土主学校贫困住宿学生生活补助41万余元；落实“全面二孩”政策，全镇人口自然增长率保持在6.6‰，完成健康体检中心建设和卫生院改扩建工程，全民预防体检1.58万余人。

【脱贫攻坚】 2016年实施易地扶贫搬迁26户77人，实施农村危房改造247户，全面保障贫困户住房安全。建档立卡贫困户574户968人纳入低保，全镇贫困人员住院零自付，贫困户健康体检全覆盖。落实产业扶贫资金29万元，规划养殖林下鸡2.9万只，401户1190人受益。全镇建档立卡贫困户义务教育零辍学，12名建档立卡贫困大学生获“栋梁工程”资助3000元/人，联系企业资助建档立卡贫困户大学生20名。投资280万元实施安全饮水工程，解决朱巷、楼方咀村800余户村民饮用水困难问题；落实分散打井218口，解决全镇所有贫困户安全饮水问题。联系爱心人士、企业捐赠，集中采购电视机62台免费赠送给无电视的贫困户。东林观、四合村2个贫困村分别建立便民服务中心，新建四合村民活动文化广场2000平方米，配置健身器材，办公条件得到改善。积极扶持产业发展，贫困户人均增收800元。

【基础设施建设】 百和污水处理厂升级改造完成，升级后污水处理能力600立方米/日，出水水质达到一级A标。投入51万元完成五通垃圾库和百和地埋式垃圾库改造，新增垃圾池13个，新增垃圾果皮箱50个，新增路灯32盏,改造路灯20盏。新建四合村鸡山坪至檀厂、楼风丫至瓦房、东林观村曲酒厂至菜屋基、军大丘村大店坝至老鹰岩村等15条通村公路16.9千米。改善场镇摩托车停车位61个，小车停车位223个；改造路面430平方米，增设标志牌16块，投资26万余元整治维修街道30处。

6月30日，百和镇召开庆祝中国共产党成立95周年大会

10月26日，市妇联验收百和镇高洞社区“妇女儿童之家”建设工作

【党建工作】 全镇有农村党总支22个，社区党支部2个，企事业党支部10个，机关党支部2个，退休党支部1个，党员1343名。蒋坝村村级党群服务中心改扩建完成。推进学习型党组织建设，开展中心组学习13次，组织镇村干部学习教育20余次，培养推荐副科级领导干部2名，对3名在职取得大学本科学历机关干部进行补助，并向75名机关干部赠书100余册，采取下派、跨区域、交叉任职等形式，优化班子结构，换届后村干部平均年龄下降10岁，80%达高中及以上文化，培训入党积极分子41名，发展预备党员19名，转正14名，慰问贫困党员34人5万余元；在“两学一做”学习教育中，开展“两重温两对照”活动，创新开展“向党旗致敬”主题活动；推动“两个责任”落实，按照换届纪律“四必谈”要求，全年谈话500余人次；主持研究党风廉政建设工作12次，安排部署社情民意工作5次，亲自督办案件4件，给予党纪处分4人。

（撰稿人：李远霞）

立石镇
Lishi Town

【概况】 川渝边贸重点镇、四川省文化名镇——立石镇位于川渝结合部，是川南地区东大门。分别距泸州、泸县和永川城区38千米、53千米和40千米。泸州到永川的高等级水泥路省道307线纵贯全境，交通、通信便捷，水产、矿产资源丰富，文化底蕴深厚。2016年，立石镇地方一般公共财政预算收入1458万元；地区生产总值实现15.07亿元，同比增长17.3%；社会固定资产投资8.85亿元，同比增长12.7%；社会消费品零售总额5.04亿元，同比增长19.8%；规模以上工业增加值9.08亿元，同比增长16.5%；招商引资90808万元，同比增长11.6%；城镇常住居民人均可支配收入28466元，同比增长9%；农民常住居民人均可支配收入14107元，同比增长21.8%。

【农业经济】 全镇粮食生产种植面积44150亩，粮食总产量20210吨；水稻制种生产600余亩，已列入泸县种子生产核心基地；生猪出栏4万余头。培育特色产业和农村新型经营主体，成立家庭农场3家、专业合作社16个，其中泸县春雨农机专业合作社在2015年获得“省级示范社”称号；建立玉龙、水鸭池、中咀、渔塘、天堂等村为主的万亩现代农业示范园。新增稻虾养殖基地1200亩，建立榨菜原料基地200余亩，并与刘氏食品有限公司成功签订采购合同。以渔塘村为中心发展粮经复合型基地1800余亩。在玉龙、渔塘、天堂等村栽植龙眼4200亩、发展桑葚采摘园2000亩，套种蔬菜和药材2000亩，巩固和发展莲藕种植1100亩。

【工业经济】 新招商办理企业48家，落地项目资金突破45.6亿元。其中入住本镇24户，入住县城工业园区14户，优化了产业结构，使立石镇企业从单一的以酒为主，转变为以含商贸、旅游服务等多行业发展的格局。

【第三产业】 组织实施风景名胜区修编规划和老街保护规划，与移民后扶整村推进、新村建设等项目相结合，推进玉龙湖休闲度假区建设。成功举办玉龙湖第八届放生节。加快商贸物流业发展，2016年新注册旅游服务业公司2家。

【基础设施建设】 完成3万平方米的龙湖小区房屋建设。完成旅游大道征地工作。投资350万元整治古街，完成235户棚户区改造。开展“两违”专项整治，启动宅基地制度改革与不动产登记。不断推进环境综合治理，投入360万元建成立石场污水处理厂。新安装天然气4780户；投资5900万元新建城乡交通一体化公路20.5千米；投资780万元改造镇域内电力低压片区，新安装变压器13台；投资60余万元在天堂、渔塘等村新建沼气池157口；投资1500万元在玉龙、下湾村实施土地整理；投资1799万元实施农业综合开发高标准农田示范工程，投资1185万元实施小农水工程，整治山坪塘15口，建设排灌渠8.2千米，石河堰1处，蓄水池7口，提灌站7座。投资720万元整治河道1.2千米。投资380万元完成高坎丘渡改桥建设工程。城乡公交一体化硬化宝藏至三溪口公路6.6千米，玉龙村农村公路建设4.5千米，移民后扶整村推进项目建设硬化泥结石路4.9千米。安全饮水主管铺设项目已全面完成，工程已从云锦镇铺设到立石水厂。

【民生事业】 抓住移民后扶整村推进项目建设契机，充分发挥川渝结合部优势，以省级名胜风景区玉龙湖为依托，以玉龙、天堂、渔塘村为重点，大力加强农村基础设施建设，改善农村居民生产生活条件，调整农村产业结构，推进农村综合配套改革，打造具有川南水乡特色的新农村聚居点。以“花街柳湖步游道，荷塘果山钓鱼村”为目标，发展农村特色产业，种植莲藕3200亩、龙眼3000余亩，发展生态鱼示范养殖1200亩；开展风貌塑造，新建、改善民居565户，受益人口1915人；硬化公路29千米，沿湖路5.5千米，土地整治1120亩，新建提灌站2座，整治山坪塘8口，改造高压、低压线路1.7千米，玉龙、天堂村基本实现社社通水泥路，天堂村基本实现山山通生产作业便道；建成玉龙村村级综合体1259平方米，新建文化广场4800平方米，绿化1.27万平方米，安装太阳能路灯32盏。

【脱贫攻坚】 2016年立石镇现有贫困村2个，贫困户684户，贫困人口2125人。全年稳定脱贫819人，巩固脱贫1295人。柏杨、普照2个贫困村正全力开展脱贫

立石镇玉龙新村党群服务中心及文化广场

“摘帽”。贫困人口实用技术培训590人，从事种养项目958人，纳入农村低保477人，医疗救助212人。扶持生产发展542户989人，养殖母猪109头、仔猪503头、仔羊293只、仔鸡11877只、仔鸭2690只、仔鹅235只、仔兔20只、鱼苗5200尾，验收落实贫困户产业扶持资金106.4万元；扶持就业发展170户245人。危房改造持续实施，完成农村危房改造建档立卡189户。渔塘村、普照村易地扶贫搬迁项目建设于11月30日竣工，12月10日实现入住，安置贫困户54户。

【社会事务】 在冬春时段对农村生活困难群众进行临时救助，发放救助金20余万元，对贫困对象发放棉衣、棉被各684件，临时救助3000余人，资助困难学生11名，资助金额2.7万元。新审批“五保户”50户，场镇低保户19人、农村低保742人，全年发放低保金163万元。城镇新增就业232人，城镇失业人员再就业22人，就业困难人员再就业7人，城乡残疾人居家灵活就业299人，开展青年劳动技能培训614人。全面推进城乡医疗保险参保工作，解决“看病难”问题，立石镇参合人数37057人，筹集资金总额444.68万元，参合率达98%，新农合门诊住院报销达2528人次，报销总额60.25余万元，参合补偿人次覆盖率为20.07%。城乡居民养老保险覆盖19244人，参保缴费人数达到8118人。新办独生子女父母光荣证186例，发放独生子女父母奖励金14.23万元，奖励扶助2006人，发放奖励扶助金192.576万元，新增申报对象283人。特别扶助62人，发放特别扶助金33.72万元，新增特扶对象7人。孕前优生健康免费检查338人。计划生育幸福家庭覆盖人数0.4万人。2016年秋期，立石镇中心幼儿园校门口路面进行硬化；立石小学利用项目资金改建临街围墙；团结小学24套公租房完工，教学综合楼完成招投标，年底完成基础工程。

【党建工作】 立石镇有党组织58个，其中党委1个，党总支12个，党支部45个（农村党支部27个，机关党支部3个，教育党支部4个，卫生党支部1个，“两新”党支部10个）。有党员1205名，其中农村党员881名，占全镇党员总数的73.11%。围绕社会主义核心价值观狠抓精神建设，组织党委中心组学习12次以上，专家讲课3次，道德讲堂、群众故事等20次，抓各个节点开展宣传教育50余次，营造和谐氛围。

（撰稿人：秦小军）

兆雅镇
Zhaoya Town

【概况】 兆雅镇位于泸县东部，南依万里长江，西南与龙马潭区长安乡相邻，距泸州市区16千米、泸县县城33千米、重庆市永川区60千米。全镇辖区面积67平方千米，辖8个行政村、2个社区，117个村民小组、10个居民小组，总人口4.41万人，总耕地面积4.84万亩。泸永公路从东到西、万得公路从南到北贯穿全境。全镇地势东高西低，属亚热带大陆型季风气候区，气候温和，四季分明，适宜多种农作物生长。兆

9月7日，市委常委、市总工会主席刘云（右二）到兆雅镇型家村督导脱贫攻坚工作（雷洁/摄）

雅镇是全国“群众体育先进单位”“科普惠农兴村先进单位”，四川省第三批“百镇建设行动”试点镇、“亿万农民健身先进单位”“综治模范镇”“卫生先进单位”“卫生集镇”，泸州市“小康乡镇”“科技进步示范镇”“生态乡镇”“双拥模范镇”。新溪村被命名为全国第六批中国历史文化名村。

【镇域经济】全镇形成酒业为本，花木业为支撑，商贸物流、化工、建筑、纺织等产业为补充的多元化经济格局。拥有酒类企业31家，其中规模以上企业8家，窖池存量1816口。全镇花木业形成“万亩基地、亿元产值”规模，年出圃各种园林绿化苗木180余万株。2016年，实现国民生产总值20.25亿元，同比增长15.7%；第一产业增加值21957万元,同比增长4.12%；第二产业增加值15.76亿元，同比增长17.5%；第三产业增加值2.297亿元，同比增长15.4%；全社会固定资产投资9.47亿元，同比增长18.7%；社会消费品零售总额4.47亿元，同比增长13.5%；农村居民人均收入1.43万元，同比增长12%；城镇居民可支配收入突破3.15万元，同比增长11.5%；地方一般公共财政收入1565万元，同比增长31.5%。

【农业经济】引进社会资本，启动两河村皇帝柑种植园项目，完成前期200亩种苗栽种；依托扶贫项目，发展杭白菊200余亩，推广小龙虾规模养殖100余亩。继续扩大花木、优质稻、果蔬生产优势，在品质提升和产业链条延伸上下功夫，大力发展现代生态循环农业、观光农业，建成示范生产基地2个，新成立专合社2家。全年出栏生猪4.2万头，家禽类出栏130万羽，牧业产值超亿元，农户收入得到大幅提高。新增家庭农场2个，连片流转土地100亩以上种养户3户，兑现新型农业经营主体奖励补助12.6万元。

【工业发展】加快推进企业转型升级，组织企业积极参与酒博会、春交会，为企业搭建交流合作平台。鼓励企业进行科技创新，协助天之骄子实业有限公司申报“三高灵养生酒”“赛力丹保健酒”的药字号。以优势优先为原则，加强工业企业运行调度，收集企业困难和问题42个，解决25个。在行业发展困境中，全镇酒类企业没有一家关停，没有一家破产。全年完成规模以上工业增加值13.96亿元，同比增长18%；完成工业技改投入3.8亿元。

【基础设施建设】硬化农村道路约9千米；型家村、燕岩村整村农网改造全力推进；修建加压泵站1座，新建自来水管网1.2万余米；完成农村D级危房改造198户。基础设施建设成效显著。

【城镇建设】紧抓四川省“百镇建设试点”契机，加快城镇基础设施建设，完善城镇服务职能。实施兆雅老街B段改造、华严南路建设、兆雅政府至泸县四中人行道修建、兆雅大酒店旁公路硬化等项目。启动贫困村1个幸福美丽新村建设项目。

【社会事业】全镇扶持生产和就业发展731人、易地扶贫搬迁安置121人、低保政策兜底255人、医

12月16日，泸州市“五送到村”志愿服务活动专场文艺演出在兆雅镇型家村举行（赵煜璐/摄）

疗救助扶持462人次，教育扶持108人，1041名贫困人口、型家村达到脱贫摘帽标准。公共服务优化提升，全力推进兆雅中心卫生院迁建工作和泸县四中校内住户迁建工作，完成全民预防保健体检工作，新建贫困人口健康档案836人。组织开展“普二”政策宣传培训，完成孕前优生健康检查180余人次。加强食品药品安全监督管理，全镇未发生一起农村自办宴席食品安全事件。社会保障持续增强，累计发放城乡“五保”、低保资金333.78万元，发放各类救灾救济资金15.15万元，救灾救济物资折款14.78万元，城乡居民养老保险、企业职工养老保险享受待遇人数继续扩大，享受人数分别达到6987人和2047人。

【党建工作】 全镇有8个农村党总支部，1个社区党总支部，1个社区党支部，3个机关党支部，1个离退休党支部，9个非公有制企业支部，3个教育系统支部；年末党员总数1506名。“两新”组织单独建党率100%，党组织覆盖率100%。镇党委严格落实思想党建的要求，制定印发《关于进一步加强意识形态工作方案》，从严落实思想建党政治责任。全年组织镇村干部开展习近平总书记系列重要讲话精神、“两学一做”、中共十八届六中全会等专题学习教育活动60余次。印发《兆雅镇科级领导干部结对帮带年轻工作人员活动实施方案》，班子成员与28名同志结成帮扶对子。制定完善《兆雅镇党委议事决策规则》《兆雅镇机关干部管理办法》等规章制度。坚持定期述职述廉制度，落实“一把手负总责，分管领导各负其责”的原则，强化责任监督，对班子成员进行集体诫勉谈话2次。建立党风廉政建社会评价反馈问题整改台账等4本台账，及时妥善处理群众诉求170余件次。支持和保障纪委开展工作，及时落实纪委办案人员津贴和村（社区）监委会主任待遇。强化监督执纪问责，全年立案4项，办结4项，处分4人。

（撰稿人：赵煜璐）

云锦镇
Yunjin Town

【概况】 泸县云锦镇，位于泸县东部、泸州东北部，地处重庆永川与泸州的结合带，距泸州27千米，距县城福集40千米，距永川市区42千米，面积106.34平方千米。辖16个农业行政村，2个社区（其中2016年9月新成立1个石马社区），128个村（居）民小组，人口7.1万余人。有云锦、石马、青狮3个场镇，场镇建成区面积扩展到1.6平方千米，城镇居住人口1.8万余人。全镇现有各类工业、农业和商贸物流企业130余家，有各类个体工商户1000多户。泸永公路、规划建设中的泸永国道及云百路、三溪口至宝藏公路贯穿全境，是泸州连接重庆永川的重要接点城镇，也是泸县东部区域性中心场镇。云锦镇实现地区生产总值16.5亿元，规上工业增加值6.1亿元，全社会固定资产投资13.8亿元，社会消费品零售总额6.7亿元，一般公共预算收入1470万元，城镇居民人均可支配收入3.12万元，农村居民人均可支配收入14280元。

【农业产业】 农业基础设施持续改善，投资1795.6万元，实施国家

9月16日，云锦镇石马社区成立（陈泓宇/摄）

农业综合开发高标准农田建设工程，新建提灌渠、排洪渠23千米，新建、改造提灌站5座，整治山坪塘26口。示范推广水稻优良品种6000亩，免费发放水稻种9000斤、有机肥150吨。大力发展特色农业，精心培育新型经营主体，成立农业发展公司3家，农民专业合作社17个，申报市级以上示范性专合组织1个、市级龙头企业1个。

【工业产业】 以酒业、建筑业、商贸物流业、中药材种植业为基础，打造云锦产业四大经济极；抓好跟踪服务，扶持企业做大做强。狠抓招商引资，引进企业56家，其中建筑企业2家、农业企业4家、商贸企业9家、服务类企业17家、工业企业5家，成立专业合作社19家；招商引资到位资金9.5亿元，其中省外国内资金5.6亿元。

【第三产业发展】 电子商务、物流快递、乡村旅游、特色餐饮等现代服务业不断涌现,惠农家专合社冷链配送业务健康发展。云锦山风景区开发启动建设，基础设施不断完善，组建景区管理所、文物管理所；举办第七届云锦山梨花节，接待游客2万余人。

【基础设施建设】 完成3个场镇的下水管道和场镇路灯维修，安装太阳能路灯40盏。完成云锦场老街道路修整、关圣路道路升级改造，实施锦绣路、云锦老街绿化工程。成立城监队，负责场镇秩序维护、规范摊位管理。新建倒桥子公路桥梁1座，完成云锦至玄滩公路升级改造。贫困村新建水泥路7千米，建设断头路桥梁2座。各村文化广场、农家书屋、电子阅览室等建成运行。健全垃圾收运机制，实现“村收集、镇转运、县处理”的垃圾收集处理模式。完成135户改造危房，其中C级危房40户、D级危房95户，补助资金251.5万元；发放城镇住房租赁补贴43户，累计发放助资金59265元。

云锦镇云锦山百年梨园（凌亚秋/摄）

【民生工程】 投入50万元建成冯石村和天台寺村日间照料中心，发放特困人员供养金187.4万元，自然灾害临时生活救助金27.6万元，临时困难救助金29万元，救助困难群众665户，物资救助560人次。城乡居民大病医疗救助50人，救助金额达11.6万元。“双拥”工作成效显著，重点优抚对象优待金、抚恤金、生活补助标准稳步提高。老龄事业持续发展，基层组织建设明显加强。

【精准扶贫】 投入产业发展财政专项扶贫资金44万元，低保兜底642人，月发放低保金10.7万元；实现建档立卡医疗保险全覆盖，逐步实现全镇建档立卡贫困户看病治病“零花费”政策；易地扶贫搬迁31户并实现全面入住；教育资助528人，为贫困中小学生发放生活救助和书副本补助2.8万元，免去40名幼儿保教费2.4万元，实现建档立卡贫困户义务教育零辍学；募集扶贫善款67.8万元。截至年底，全镇建档立卡贫困户实现脱贫822户1612人。

【教育卫生】 公共卫生服务、基本医疗服务、卫生妇幼保健服务、免疫接种、疾病防控等工作全面落实。人口计生服务水平得到提升，积极开展生育政策调整，贯彻落实

“普遍二孩”政策。天台寺村幼儿园建成使用，中心幼儿园和石马中学综合楼扩建稳步推进，各学校硬件设施全面升级，办学条件不断改善。现代化教育管理理念、方法基本形成，教育教学质量和依法治校能力稳步提升。

【党建工作】 云锦镇有党组织83个，其中党委2个（云锦镇党委、隆庆寨生态农业园党委）、党总支20个，党支部60个（农村党支部37个、机关党支部3个、机关退休支部1个、教育党支部7个、敬老院党支部1个、卫生院党支部1个、企业党支部8个、“两新”党支部2个）；有正式党员1872名，其中农村党员1542名，占全镇党员总数的82.37%。全年邀请专家教授讲党课7场次，警示教育5场，党员干部撰写心得体会146份，指导召开全镇优秀党员先进事迹分享会1次。深化“两学一做”“走基层”活动，收集社情民意48条，化解矛盾纠纷21起，解决民生难题25件。

（撰稿人：赵鹃）

太伏镇
Taifu Town

【概况】 太伏镇位于泸县东部，距泸州27千米，距泸县县城40千米，与永川、合江相邻。全镇辖区面积114平方千米辖2个社区、18个农业行政村、207个村（居）民小组，居民户22931户，总人口76439人。其中城镇人口5219人，农村人口71220人。2016年，全镇呈现经济平稳增长、社会和谐稳定的良好态势。全镇实现地区生产总值13.8亿元；与2011年相比增长2倍，年均增长15.5%；地方财政一般预算收入1050万元；全社会固定资产投资13.45亿元，与2011年相比增长3.6倍；社会消费品零售总额6.32亿元，与2011年相比增长2倍，年均增长15.2%；农民人均纯收入13785元，城镇居民可支配收入29020元。

1月13日，人民网到太伏镇报道新村建设成效（李昌浩/摄）

【工业经济】 规模以上工业增加值实现4.2亿元，增速18%。推动醇窖酒厂开发人参养生酒等轻型升级产品，协助落实园区污水处理厂、配气站等项目用地，积极协调园区企业建设，众邦制药有限公司建成投产，完成7000余平方米的神仙桥产业园配套服务区项目建设，园区产业集聚能力进一步增强。

【扶贫攻坚】 围绕“六个精准、五个一批”要求，按照“一户一本台账、一个脱贫计划、一套帮扶措施”的工作思路，因地制宜、因户施措，集中力量打赢脱贫攻坚战。全镇建档立卡1227户3423人，2016年建档立卡贫困户低保人口876人，实施医疗救助541人，实施建档立卡户危房改造204户，建成伏龙、新石2个易地搬迁集中安置点；实施4个贫困村道路硬化15.5千米；投资近2000万元，完成沙河、照南山等村农网改造。大力发展规模化水稻制种、特色名优水果、“家禽寄养”“产业借育”等脱贫产业，扶持发展种养项目267人，发放产业扶持金47万元，安排公益性岗位78个。

2月23日，太伏镇党委政府领导与捐资助学人士合影（李昌浩/摄）

【社会事业】 持续推进沙河、伏龙、照南山、青桥、双石等村的农村饮水安全工程建设，全镇新增安全饮水约2632户；完成渔湾、五里、伏龙、沙河、大山等村农网改造工程，用电质量得到改善。完成双石小学教学楼、万定小学食堂和综合楼、良坝小学综合楼建设工程等11所村校改扩建工程。

【安全工作】 认真落实“党政同责、一岗双责”和企业主体责任，部门监管责任，防灾减灾、应急处突能力大幅提高；深入开展“百日攻坚”、打非治违等专项行动，重点抓好非煤矿山、烟花爆竹、道路交通、危险化学品、学校等方面的安全工作，与企业、驾驶员签订安全生产责任书；协助泸州白云酿酒有限公司、泸州杨家将酒业有限公司、泸州国华酒厂完成消防隐患整改销案工作；食品药品安全工作常态化开展，实现辖区内食品药品安全“零事故”。

【基础设施建设】 加大场镇环境综合整治力度，场镇垃圾清运、绿化管护到位，建成石嘉名庭等精品小区；扎实推进伏龙村幸福美丽新村和玉溪村产业基地建设，建成渔湾新村；永利村成功创建市级文明村，完成青桥等村文化院坝建设。全年完成村级道路硬化17千米，完成山坪塘整治28口，完成场镇自来水主管道铺设29千米。全面推进新农村建设，规划全镇“社社通”项目布局。新路岔路口广场绿化建设工程有序推进；场镇综合农贸市场和停车场建设前期工作稳步开展，成功争取泸州市“十三五”特色小城镇建设项目，长江百年龙眼长廊旅游专项基金项目加快推进。

【依法治理】 深入开展“法律七进”活动，联合各单位各部门开展以普法为主题的“坝坝”法律宣传咨询活动10余次，累计散发宣传资料2.4万余份。全镇接受法律援助咨询100余人次。动员开展“七五”普法工作。

【商贸文旅】 在沙田坝、涪溪口等新村示范点发展城郊型乡村旅游，进一步完善旅游道路交通等基础设施，规范农家乐，打造特色旅游项目，两港新村旅游品质得到提升；镇域内电子商务发展迅速，王湾等村级电子商务点全面运行。

【党建工作】 太伏镇党委严格履行党委主体责任，全面从严管党治党，执政水平不断提高。先后组织和选派40余名镇村干部外出考察培训，举办专题培训会10余次；签订履行党风廉政建设承诺书154张，发放纠错卡7张、提醒卡1张、纠错卡1张，查处违纪案件4件，给予党纪处分4人；着力推进服务型党组织建设，扎实开展“两学一做”主题教育，继续开展“不作为、慢作为、乱作为”专项整治，推进“走基层、解难题、办实事、惠民生”工作，扎实做好“村+社+户”三级走访全覆盖。新建成石坝村、伏龙村2个村阵地，全年发展新党员30名。进一步推进廉洁文化长廊、廉洁文化茶园建设，充分发挥其宣传和收集民情的作用。

（撰稿人：罗昊）

附　录

APPENDIX

一、统计资料

泸县2016年国民经济和社会发展统计公报

泸县统计局

2017年2月

2016年，泸县围绕建设"川南经济强县、文化旅游新县"，突出"改革创新、转型发展"工作基调，深入实施"两化互动强县、文化旅游兴城、产业新村富民"战略，强基固本，稳中求进，推动"产业优化、基础提升、民生改善"，主动适应经济新常态，始终保持专注发展定力，千方百计克服经济持续下行的巨大压力，全面贯彻落实各级稳增长政策措施，国民经济保持平稳较快增长态势。

一、综　合

国民经济平稳运行。经初步核算，2016年泸县实现地区生产总值280.32亿元，增长9.5%，增速分别快于全国、全省2.8、1.8个百分点。分产业看，第一产业实现增加值47.7亿元，增长4.1%；第二产业164.18亿元，增长11.2%；第三产业68.44亿元，增长9.3%。三次产业对经济增长的贡献率分别为7.8%、68.2%、24%，分别拉动GDP增长0.7、6.5、2.3个百分点。三次产业结构由2015年的18.0∶57.5∶24.5调整为17.0∶58.6∶24.4。人均国内生产总值32310元。

非公有制经济。全年非公有制经济（民营经济）实现增加值181.93亿元，增长9.5%，占地区生产总值的64.9%，对经济增长的贡献率66.1%。其中，第一产业14.68亿元，增长2.2%；第二产业128.67亿元，增长10.6%；第三产业38.58亿元，增长8.6%。

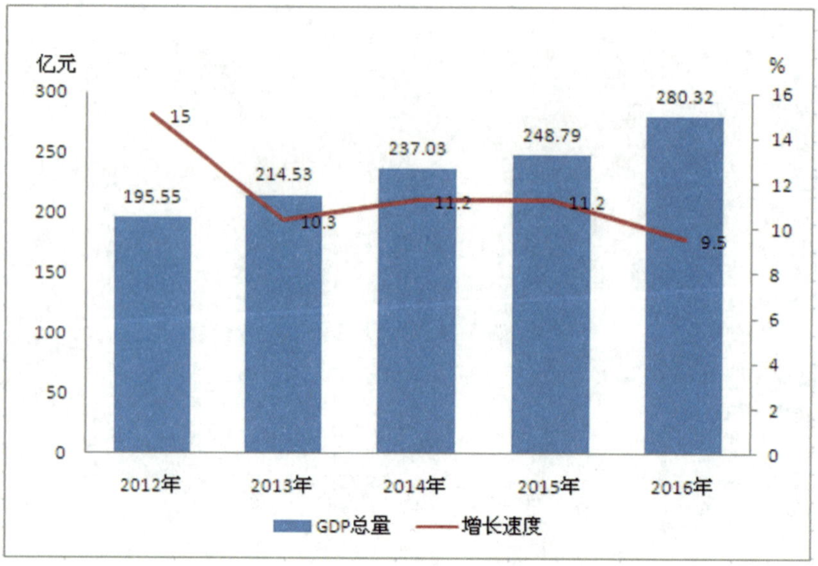

图 1：2012—2016 年 GDP 及其增长速度图

居民消费价格。全县居民消费价格总水平（CPI）涨幅为 1.4%，保持温和上涨。分类别看，食品烟酒类上涨 2.4%，衣着类下降 0.2%，居住类上涨 1.5%，生活用品及服务类上涨 0.1%。交通和通信类上涨 0.5%，教育文化和娱乐类上涨 1.7%，其他用品和服务类上涨 2.0%，医疗保健类持平。

二、农　业

农村经济平稳发展。全年实现农林牧渔业增加值 48.2 亿元，增长 4.1%。其中，农业增加值 27.42 亿元，增长 4.94%；林业增加值 1.25 亿元，增长 7.23 %；牧业增加值 16.31 亿元，增长 2.17%；渔业增加值 2.72 亿元，增长 4.74%；农林牧渔服务业增加值 0.5 亿元，增长 6.73%。

粮食产量。全年粮食播种面积 7.45 万公顷，与 2015 年持平，粮食总产量 54.34 万吨，增长 1.95%。其中，水稻播种面积 3.99 万公顷，同比略增，产量 39.59 万吨，增长 2.44%。玉米 0.6 万公顷，同比略增，产量 3.1 万吨，增长 2.8%。

畜牧渔业。全年出栏生猪 100.01 万头，下降 5.51%；出栏羊 13.39 万只，增长 0.26%；出栏家禽1334.84

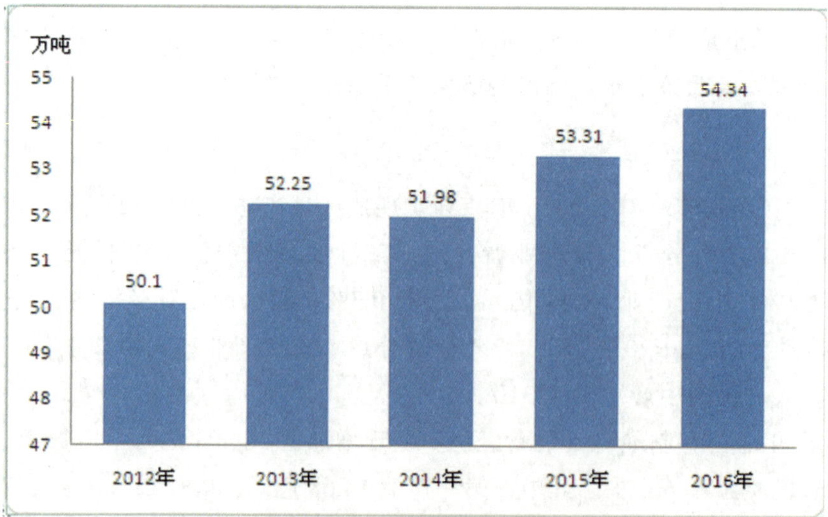

图 2：2012—2016 年粮食总产量图

万羽，增长 2.34%；全年肉类总产量 10.1 万吨，下降 3.28%。水产养殖面积 4.63 万亩，水产品产量3.44 万吨，增长 5.85%。

三、工业和建筑业

工业经济稳中向好。全部工业增加值 153.74 亿元，增长 11.2%。年末规模以上工业企业 124 户，增加值增长 11.8%，其中轻工业增长 13.1%，重工业增长 6.4%。分行业看，酒类制造业实现增长 14%，化工产业增长 11.9%，医药制造业增长 16.1%，新材料产业增长 10.1%。

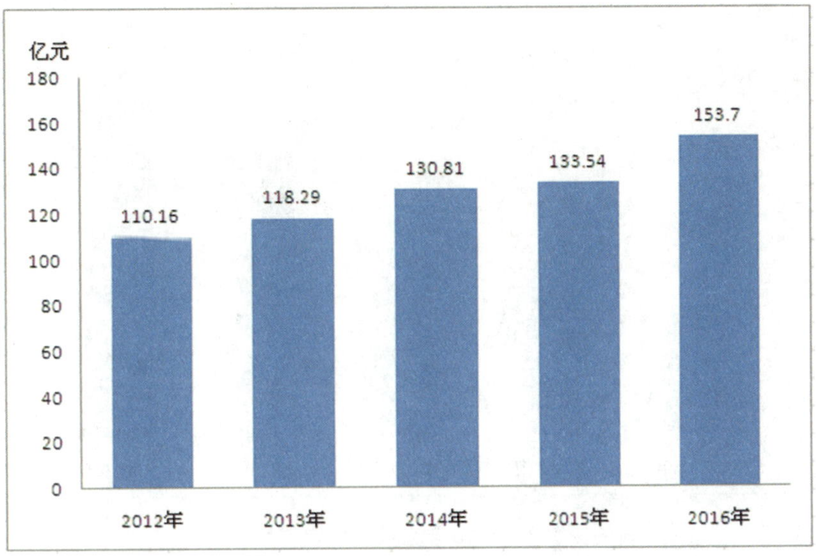

图 3：2012—2016 年全部工业增加值图

工业经济效益。规模以上工业企业实现主营业务收入 306.51 亿元，增长 15.3%。实现利税总额 30.77 亿元，增长 13.3%，盈亏相抵后实现净利润 18.17 亿元，增长 8.7%。产销率达 99.2%，比 2015 年高 0.2 个百分点。

主要产品产量。在统计监测的 9 种重点工业产品产量全部保持增长。其中，纱增长 11.6%、服装增长 10.6%、日用玻璃制品增长 10.3%、白酒增长 3.7%。

表 1：规模以上工业企业主要产品产量表

产品名称	单位	绝对数	比 2015 年增长%
白酒	万千升	48.5	3.7
玻璃包装容器	万吨	67.3	8.2
服装	万件	224.2	10.6
日用玻璃制品	吨	18650.0	10.3
水泥	万吨	156.6	1.0
鲜、冷藏肉	吨	14355.2	4.5
纱	吨	3706.0	11.6
钢材	万吨	6.7	9.7
布	万米	2489.4	10.6

建筑业。建筑业实现总产值286.02亿元，增长28.1%。完成房屋建筑施工面积1548万平方米，增长3.0%；房屋建筑竣工面积744万平方米，增长1.6%。

四、固定资产投资和房地产

投资突破300亿元。全年全社会完成固定资产投资300.02亿元，增长18.7%。其中，第一产业投资21.21亿元，增长3.8%；第二产业投资117.05亿元，下降6.6%；第三产业投资161.76亿元，增长51.0%。

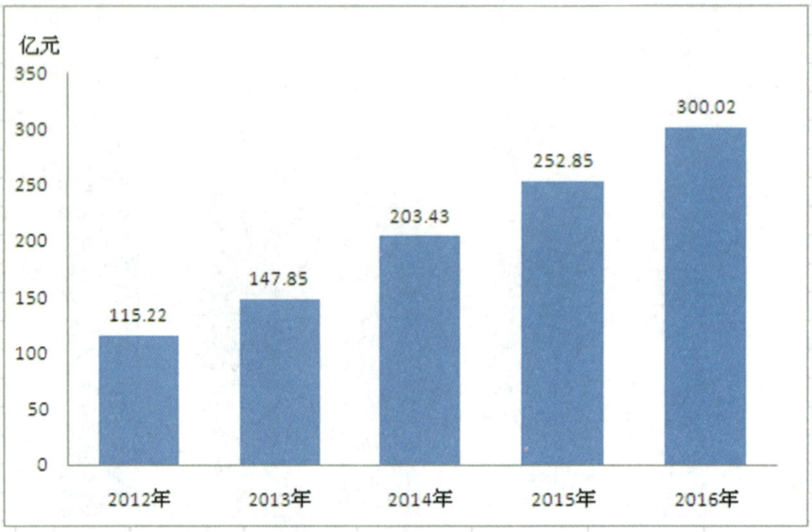

图4：2012—2016年全社会固定资产投资图

房地产。全年房地产开发投资17.5亿元，增长18.7%。房屋施工面积133.46万平方米，增长17.8%；房屋竣工面积27.88万平方米，下降49.3%；房屋销售面积55.09万平方米，增长33.3%。

五、市场贸易和对外经济

消费品市场持续旺盛。全年实现社会消费品零售总额107亿元，增长13.9%。分地区看，城镇73.02亿元，增长14.2%，乡村33.99亿元，增长13.3%。分行业看，批发零售业86.8亿元，增长13%，住宿餐饮业20.2亿元，增长17.7%。

出口和招商。全年实现外贸出口1551万美元；实际使用外资1050万美元，增长69.4%。招商引资签约项目112个，招商引资实际到位资金209.15亿元，增长17.6%。

六、交通和旅游

交通。境内公路总里程2606公里，其中等级以上公路1694千米。全县客运车辆拥有量为466辆，货运车辆8083辆。全年公路运输总周转量40.6亿吨千米，增长6%；水路运输总周转量35.4亿吨千米，增长23%；旅客周转量10.02亿人千米，下降20.1%；货物周转量74.97亿吨千米，增长13.9%。

旅游。龙桥文化生态园、玉蟾温泉国际度假区旅游功能不断提升，玉龙湖、道林沟景区、万福商业旅游综合体、龙舞庄园建设有序推进，龙桥社区创成中国乡村旅游模范村，泸县创成中国曲艺之乡，有力地推动了泸县旅游经济的发展和旅游形象的树立。全年接待国内旅游人数570万人次，增长26.7%。实现旅游总收入48.5亿元，增长25.5%。

七、财政与金融

财政。全年财政总收入30.6亿元，增长19.5%。地方公共财政收入22.89亿元，增长20.9%。其中，税收性收入7.9亿元，增长25.2%；非税收收入15亿元，增长18.8%。全年财政总支出53.96亿元，增长10%。其中，地方公共财政支出42.3亿元，增长3.8%。实现民生支出33.3亿元，占地方公共财政支出的78.7%。农林水事务支出7.17亿元，增长0.2%；教育支出9.46亿元，下降3.7%；医疗卫生支出7.5亿元，增长5.5%。

金融。全社会金融机构各项存贷款余额422.96亿元。其中，贷款余额123.77亿元，增长15%；存款余额299.19亿元，增长14.9%。居民储蓄存款余额249.28亿元，增长13.5%。

八、教育和科学技术

教育。现有普通高中5所，职业高中3所，初中50所，小学36所，特殊教育学校1所。在校学生人数15.18万人，其中小学生7.99万人，初中学生3.95万人，普通高中学生2.19万人，职高生（含中专生）1.06万人。教职工人数0.82万人，其中专任教师0.74万人。在园儿童数2.88万人，入园率达90%以上。小学学龄儿童入学率达100%。九年义务教育完成率99.03%。2016年高考本科上线3951人，本科上线人数蝉联泸州市26连冠。

科学技术。全县高新技术企业产业实现全年产值34.3亿元。全年新增专利申请581件，其中发明专利申请173件。全年实施专利57项，新增产值6.5亿元，新增利税2.1亿元。完成市级科技成果鉴定5项，成果登记5项。

九、文化、体育和卫生

文化体育。年末拥有文物保护单位111处，其中全国重点文物保护单位7处，省级、市级、县级文物保护单位分别为9处、4处、91处。年末拥有电视发射机13部，电视覆盖率85%、广播覆盖率达100%。年末图书馆藏书量11.3万册。全年举办运动会30次，参加运动员15000人。

卫生。年末全县共有医疗卫生机构1254个（包括村卫生室），医院、卫生院卫生专业技术人员2671人，其中执业医师917人、注册护士1263人。产妇住院分娩率100%，婴儿死亡率和5岁以下儿童死亡率下降至3.94%和7.88%。全年无偿献血7413人次，献血量148.26万毫升。

十、环境保护和安全生产

环境保护。全年城区环境空气质量优良以上天数238天，空气环境质量达标率为65.2%；污水处理站1个、污水处理厂20个，城镇生活污水日处理率达85%；全年三废综合利用率76%，工业粉尘排放量、氮氧排放量分别为741吨、1100吨。

安全生产。全年共发生安全生产事故16件，增长128.57%；死亡15人，增长114.29%；伤残4人；直接经济损失815.1万元，增长33.84%；水上交通、危化、烟花爆竹、农机和特种设备方面均实现了零事故。

十一、人口、人民生活

人口。年末全县户籍人口107.28万人。其中，非农业人口14.62万人，农村人口92.66万人。按性别分，男性55.33万人，女性人口51.95万人，性别比为106.5:100。当年出生人口1.14万人，死亡人口1万人。

年末常住人口86.89万人。其中，城镇常住人口33.16万人，乡村常住人口53.73万人，城镇化率

38.16 %，比 2015 年提高 1.8 个百分点。

城乡居民收入。全年城镇居民人均可支配收入 28451 元，增长 8.7%。农村居民人均可支配收入 13805 元，增长 9.8%。

十二、就业和社会保障

就业。城镇新增就业 6731 人，失业人员再就业 1635 人，就业困难人员再就业 518 人，开发公益性岗位安置农村低保、残疾、建档立卡贫困人员 1722 人，城镇登记失业率 3.56%，促进高校毕业生创业 58 人，就业登记 12.9 万人，发放创业担保贷款 2368 万元，青年劳动者技能培训 2225 人，农村建档立卡贫困者技能培训 1598 万人，品牌培训 150 人，创业培训 1937 人，农村劳动力转移就业 38.47 万人。

社会保障。养老保险参保人数 55.88 万人，基本医疗保险参保人数 100.77 万人，失业保险参保人数 2.26 万人，工伤保险参保人数 3.03 万人，生育保险参保人数 2.84 万人。

社会救助。年末各类社会福利收养性单位 37 个，床位数 5979 张。纳入城市低保人员 3803 人，发放资金 2167 万元；农村低保人数 20928 人，发放资金 4488 万元。全县集中供养“五保”老人 3570 人。

注：

1. 公报中部分数据为初步统计数，正式数据以《泸县统计年鉴（2016）》为准。

2. 公报中涉及的国内生产总值、农业增加值、规模以上工业增加值及其他各行业增加值指标绝对数按现价计算，增长速度按可比价格计算。

3. 规模以上工业企业是指年主营业务收入 2000 万元及以上法人工业企业。限额以上批发零售贸易企业（单位）是指年主营业务收入 2000 万元及以上的批发企业（单位）和年主营业务收入 500 万元及以上零售企业（单位）。限额以上住宿和餐饮业是指年主营业务收入 200 万元及以上的住宿和餐饮业企业（单位）。固定资产投资项目统计范围为计划总投资 500 万元及以上项目，全社会固定资产投资包含农户投资。

4. 公报中出口、招商引资、交通运输、旅游、财政、金融、教育、科技、文化体育、卫生、环境保护、安全生产、户籍人口和社会保障数据来源于县商务局、投资促进局、交通局、旅游局、财政局、人民银行泸县分行、教育局、科技局、文体广新局、卫生局、环保局、安监局、公安局、人社局、民政局等相关部门统计。

二、泸县2016年国民经济和社会发展统计表

各镇街地方公共财政预算收入情况表

单位：万元

单 位	本月止累计	完成任务进度	位次	增速	位次
玉蟾街道	6488	129.3	1	18.6	16
福集镇	1178	117.8	2	15.7	17
嘉明镇	2114	83.4	15	65.3	6
喻寺镇	1050	65.7	20	73.3	4
得胜镇	1793	86.2	10	61.2	8
牛滩镇	2187	85.6	11	124.3	2
兆雅镇	1790	80.1	19	50.4	11
玄滩镇	2448	90.7	7	28.1	15
太伏镇	1243	101.7	3	61.6	7
云龙镇	3883	83.5	14	60.3	9
石桥镇	904	90.4	8	2.3	18
毗卢镇	1251	92.4	6	48.8	12
奇峰镇	1168	81.2	17	59.4	10
潮河镇	970	84.7	12	73.8	3
云锦镇	1487	84.1	13	2.1	19
立石镇	1458	101.1	4	0.5	20
百和镇	880	80.3	18	33.1	14
天兴镇	1641	87.3	9	246.9	1
方洞镇	1318	82.9	16	68.1	5
海潮镇	1038	93.4	5	43.6	13
镇街合计	36289	92.1		43.4	

金融情况表

指标名称	本月末（万元）	增速（%）
全社会各项贷款余额	1237678	15
其中：短期贷款	464781	6.7
中长期贷款	744123	20.8
全社会各项存款余额	2991886	14.9
其中：单位存款	127623	64.8
居民储蓄存款	2492845	13.5

居民消费价格指数情况表

项目名称	上月=100	2015年同月=100	2015年同期=100
居民消费价格总指数	100.2	100.6	101.4
一、食品	99.8	99.5	102.4
二、烟酒及用品	100 .0	100	99.8
三、衣着	100	101.9	101.5
四、家庭设备用品及维修服务	100	100.3	100.1
五、医疗保健和个人用品	101.3	100.7	100.5
六、交通和通信	100.8	102.3	101.7
七、娱乐教育文化用品及服务	100	100	100
八、居住	100	102.6	102

2016年泸县主要经济指标与国家、省、市对比情况表

指标名称		国家	四川	泸州	泸县
地区生产总值	总量（亿元）		32680.5	1481.9	280.3
	增速（%）		7.7	9.5	9.5
规模以上工业增加值	增速（%）	6	7.9	11.7	11.8
固定资产投资额	总量（亿元）	596501	29126	1730.4	300
	增速（%）	8.1	12.1	18.2	18.7
社会消费品零售总额	总量（亿元）	332316	15501.9	637.2	107
	增速（%）	10.4	11.7	13.8	13.9
地方公共财政收入	总量（亿元）	–	3389.4	138.7	13.1
	增速（%）	–	8.3	10.2	16.2
城镇居民人均可支配收入	总量（元）	33616	28335	28959	28451
	增速（%）	7.8	8.1	8.6	8.7
农村居民人均可支配收入	总量（元）	12363	11203	12450	13805
	增速（%）	8.2	9.3	9.6	9.8

三、领导名录

泸县县级领导班子成员名录表

单 位	姓 名	性别	现任职务	任职时间
中共泸县县委	薛学深	男	书 记	2016.07—
	肖 刚	男	副书记	2016.08—
	张学彬	男	副书记	2016.08—
	喻 斌	男	常 委	2013.07—
	张文杰	男	常 委	2014.02—
	金林松	男	常 委	2014.02—
	李高和	男	常 委	2015.11—
	张国华	男	常 委	2015.11—
	李盛春	男	常 委	2016.02—
	杨双全	男	常 委	2016.08—
	陈 佳	女	常 委	2016.08—
泸县人大常委会	颜习林	男	常委会主任	2016.12—
	蔡 辉	男	常委会副主任	2016.12—
	杨开春	女	常委会副主任	2016.12—
	杨怀清	男	常委会副主任	2016.12—
	余 冰	男	常委会副主任	2016.12—
泸县人民政府	肖 刚	男	县委常委、副书记、政府县长	2016.12—
	张文杰	男	县委常委、副县长	2016.02—
	余 静	男	副县长	2011.11—
	杜作文	男	副县长	2011.12—
	宋 军	女	副县长	2015.05—
	张福荣	男	副县长	2016.12—
	叶仕良	男	副县长	2016.12—
	李晓白	男	县长助理（挂职）	2016.01—
泸县政协	李 镇	男	主席、党组书记	2015.01—
	廖兴无	男	副主席	2011.12—
	蔡 辉	男	副主席	2006.12—2016.12
	尹朝勇	男	副主席	2016.12—
	杜开卷	男	副主席	2011.12—
	杨开春	女	副主席	2006.12—2016.12
	陈志超	男	副主席	2016.12—

泸县县级各部门（单位）领导成员名录表

单位	姓名	性别	现任职务	任职时间
泸县人民法院	谢　杰	男	院长、党组书记	2011.01—
	王恩鑫	男	副院长	2007.02—
	赖　杰	男	副院长	2016.07—
	周启发	男	纪检组组长	2016.11—
	刘世良	男	政治处主任	2013.01—
	廖　斌	男	执行局局长	2016.01—
	陈　杰	女	机关党委书记	2016.01—
	孙　非	男	专职审委会委员	2011.05—
	刘文华	男	专职审委会委员	2013.01—
	郑红英	男	喻寺法庭庭长	2013.05—
	殷士楠	男	云龙法庭庭长	2013.09—
	陈明金	男	玄滩法庭庭长	2013.09—
泸县人民检察院	张胜春	男	党组书记、检察长	2016.12—
	唐建邦	男	党组成员、副检察长	2008.11—
	胡　摇	男	党组成员、副检察长	2012.05—
	毛　劲	男	党组成员、副检察长	2014.12—
	罗振远	男	党组成员、纪检组组长	2012.05—
	曾发贵	男	党组成员、政治处主任	2014.11—
	钟正文	男	党组成员、反贪局局长	2013.01—
	赖德阳	男	检委会专职委员	2011.05—
	万　俊	男	检委会专职委员	2016.01—
	郑　英	女	机关党委书记、云龙检察室主任	2016.01—
	邱　涛	男	反渎局局长	2012.02—
	叶小刚	男	工业园区检察室主任	2013.01—
	卢　棋	男	牛滩检察室主任	2013.01—
	郑　洪	男	嘉明检察室主任	2013.01—
	周　静	男	兆雅检察室主任	2013.11—
中共泸县纪委 泸县监察局	喻　斌	男	县委常委、纪委书记	2014.01—
	彭维昆	男	副书记、监察局局长	2016.04—
	李雪梅	女	副书记	2016.05—
	代　涛	男	常　委	2016.04—
	姜泽胜	男	常委、监察局副局长	2016.05—
	王昱才	男	常委、第一纪检监察室主任	2016.05—
	黄照荣	男	常委、组织部部长	2016.09—
	薛　颖	女	县监察局副局长	2015.03—

续表

单位	姓 名	性别	现任职务	任职时间
中共泸县纪委 泸县监察局	李德胜	男	宣传部部长	2014.01—
	罗常运	男	党风政风监督室主任	2015.03—
	王 杰	男	信访室主任	2016.06—
	封大文	男	第二纪检监察室主任	2016.11—
	郑小华	女	第三纪检监察室主任	2016.11—
	王 强	男	第四纪检监察室主任	2016.11—
	张海军	男	案件审理室主任	2016.06—
中共泸县县委 办公室	杨双全	男	县委常委、办公室主任	2016.04—
	杜学洪	男	副主任	2015.02—
	殷洪勇	男	副主任、县委政研室主任	2016.12—
	张明均	男	县台办主任	2016.12—
	余 萍	女	副主任	2016.12—
	王定漫	男	副主任	2016.12—
	赵守文	男	机要局局长、密码管理局局长	2008.09—
	陶金福	男	保密办主任	2009.03—
	贾定刚	男	副科级纪检员	2014.03—
	梁 杰	男	机关党委书记	2016.12—
	陈巧玲	女	机关事务管理办主任	2016.11—
	张 可	男	机关事务管理办副主任	2016.11—
中共泸县县委 群众工作局	杜学洪	男	局 长	2015.02—
	游 敏	男	副局长	2016.03—
	刁建波	男	副局长	2015.04—
	张才奇	男	副科级纪检员	2015.02—
中共泸县县委 农工办	田 伟	男	主 任	2016.04—
	李 杰	男	副主任	2016.12—
	邱 玫	女	副主任	2013.04—
中共泸县县委 组织部	张国华	男	县委常委、组织部长	2015.11—
	刘 静	女	副部长、县党建办主任	2016.01—
	罗晓玲	女	副部长	2016.04—
	李 庆	女	副部长	2015.02—
	罗 苓	男	副部长	2016.04—
	龙文灯	男	副部长	2016.1—
	张晓波	男	副科级纪检员	2015.02—
	李天容	女	党员服务中心副主任	2016.11—

续表

单位	姓名	性别	现任职务	任职时间
中共泸县县委老干局	罗　苓	男	局　长	2016.04—
中共泸县县委宣传部	陈　佳	女	县委常委、宣传部部长	2016.09—
	艾　斌	男	副部长、文联社科联主席、外宣办（新闻办）主任	2016.11—
	田希友	男	副部长、文明办主任	2016.11—
	熊开芬	女	副部长	2016.04—
	罗　云	女	副科级纪检员	2013.04—
	程祖全	男	县网络舆情中心主任	2011.03—
	向晓鸿	男	县新闻中心主任	2010.09—
	邵　鑫	男	文联、社科联副主席	2016.05—
	张　锐	女	县文明办副主任	2016.12—
中共泸县县委政法委	张文杰	男	县委常委、政法委书记	2014.03—2016.02
	李盛春	男	县委常委、政法委书记	2016.02—
	邓基祥	男	县委政法委副书记	2015.05—
	王先奎	男	县委政法委副书记	2016.02—2016.11
	邹小春	女	县委政法委政治处主任	2013.05—
	彭　琳	女	县政法纪工委书记	2013.08 —2016.10
	李　刚	男	县委维稳办专职副主任	2013.01—
	赵　明	男	县国安办专职副主任	2013.04—
	罗明泽	男	矛盾纠纷大调解协调中心副主任	2013.11—
	王　犀	男	县综治办专职副主任	2016.01—
	王大超	男	县禁毒办主任	2016.01—
泸县人武部	金林松	男	县委常委、人武部政委	2013.04—
	罗　涛	男	部　长	2014.01—
	王乾友	男	副部长兼军事科长	2011.10—
	郭　锋	男	政工科长	2016.06—
	陈世均	男	后勤科长	2016.06—
中共泸县县委统战部	蔡　辉	男	部　长	2008.01—2016.09
	杨双全	男	部　长	2016.09—
	罗庶卿	男	副部长	2013.12—
	肖驰云	男	副科级纪检员	2016.05—
	郑洪英	女	副部长	2006.10—2016.12
	杨　玲	女	副部长	2016.12—
中共泸县直属机关工委	张国华	男	县委常委、直属机关工委书记	2016.09—
	徐明琴	女	副书记	2015.04—
	王　勇	男	副书记	2015.02—
	宋　芳	女	纪工委书记	2015.02—

续表

单 位	姓 名	性别	现任职务	任职时间
中共泸县县委编办	李　庆	女	县委组织部副部长、县委编办主任	2015.02—
	黄常建	男	副主任	2015.04—
	张翼飞	男	副科级纪检员	2014.01—
泸县人大常委会各委室	熊方永	男	办公室主任	2012.05—
	谷秋晔	女	办公室副主任	2014.11—
	何光志	男	内司委主任委员	2016.12—
	黄焱超	男	内司委副主任委员	2016.12—
	张中洪	男	财经委主任委员	2016.12—
	陈志平	男	财经委副主任委员	2016.12—
	李忠显	男	教科文卫委主任委员	2016.12—
	邵胜权	男	教科文卫委副主任委员	2016.12—
	艾文平	男	农委主任委员	2016.12—
	曾永兴	男	农委副主任委员	2016.12—
	王安君	男	城环资委主任委员	2016.12—
	丁梦飞	男	城环资委副主任委员	2016.12—
	易其良	男	外侨民宗委主任委员	2016.12—
	何　利	女	外侨民宗委副主任委员	2016.12—
	罗元秀	女	人代工委主任	2013.09—
	闵思琴	女	人代工委副主任	2016.01—
	谭　奎	男	研究室主任	2016.03—
	杨　兵	男	研究室副主任	2016.03—
	罗　伟	男	副科级纪检员	2015.06—
泸县政协各委室	李正高	男	秘书长	2011.12—2016.12
	何显容	女	秘书长、办公室主任	2016.12—
	袁春江	男	办公室副主任	2016.01—2016.08
	付家红	女	办公室副主任	2016.08—
	雷兵能	男	研究室主任	2015.05—
	李泽梅	女	提案委主任	2014.02—2016.11
	陈志学	男	提案委主任	2016.11—
	王　玲	女	提案委副主任	2015.06—
	曾品湘	男	经济委主任	2011.06—
	王　强	男	经济委副主任	2013.01—2016.06
	陈志学	男	经济委副主任	2016.06—2016.11
	毛昭平	男	经济委副主任	2016.11—
	廖良书	女	社事委主任	2011.06—2016.06

续表

单 位	姓 名	性别	现任职务	任职时间
泸县政协各委室	税少于	男	社事委主任	2016.06—
	王定平	男	社事委副主任	2014.09—2016.09
	熊发贵	男	社事委副主任	2016.09—
	谢金南	男	农委主任	2012.04—
	李孝飞	男	农委副主任	2012.04—
	钟亚玲	女	学习文史委主任	2012.07—2016.08
	袁春江	男	学习文史委主任	2016.08—
	高　雅	女	学习文史委副主任	2015.01—2016.08
	钟　文	男	学习文史委副主任	2016.09—
	黄祖明	男	社法委主任	2015.04—2016.09
	朱富容	女	社法委主任	2016.09—
	郭光忠	男	社法委副主任	2013.04—
	王定春	男	副科级纪检员	2015.06—
泸县总工会	陈　红	男	党组书记、副主席	2015.05—
	周　勇	男	党组成员、副主席	2012.05—
	何彩萍	女	党组成员、副主席	2013.08—
泸县妇联	熊　霞	女	主　席	2016.09—
	张守英	女	副主席	2013.11—
	张　红	女	副主席	2016.04—
共青团泸县委员会	万　晓	女	书　记	2016.01—2016.09
	薛　莉	女	书　记	2016.10—
	许国庆	男	副书记	2016.01—2016.06
	吴　李	女	副书记	2016.06—
	黄　川	男	副书记	2016.01—
泸县科协	王先碧	女	主　席	2015.05—
	陈学兵	男	副主席	2016.03—
泸县工商联	郑尚贵	男	主　席	2016.12—
	邱　彬	男	副主席兼秘书长	2012.05—
	袁　静	女	副主席	2016.12—
泸县残联	杜然华	男	理事长	2015.05—
	曾有会	女	副理事长	2013.07—
	尹　川	男	副科级纪检员	2016.05—
中共泸县县委党校	张国华	男	校　长	2015.11—
	王　湘	男	党委书记、常务副校长	2012.11—
	廖春莲	女	副校长	2012.11—

续表

单 位	姓 名	性别	现任职务	任职时间
泸县人民政府办公室	李启富	男	主任、党组书记	2011.06—
	何碧波	男	县法制办主任	2010.12—2016.03
	周明洁	女	县法制办副主任	2010.12—2016.08
	郑尚贵	男	县金融办主任	2011.06—2016.10
	梅 燕	女	县接待办副主任	2012.09—2016.05
	周才金	男	县政策研究室主任	2012.09—2016.05
	李孝伦	男	县政府办副主任	2015.12—2016.08
	郭 建	男	县政府办副主任	2015.12—
	李 琼	女	县政府办纪检组组长	2015.03—
	熊茂材	男	县政府办机关党委书记	2015.03—2016.08
	罗国忠	男	县人防办主任	2013.12—
	王定漫	男	县目督办主任	2013.12—2016.10
	文良洪	男	县扶贫移民局副局长	2014.12—
	董峻松	男	电子政务办主任	2014.12—
	熊茂材	男	县政府办副主任	2016.08—2016.11
	黄晓冰	男	县扶贫移民局局长、县政府办副主任	2016.11—
	毕 学	男	机关党委书记	2016.12—
泸县科学技术和知识产权局	吴雪红	女	局 长	2014.01—
	刁宪彬	男	副局长	2013.04—
	黄 莉	女	副局长	2015.01—
泸县发展和改革局	邝小波	男	局 长	2016.10—
	邱有琪	男	副局长	2016.12—
	张泽泉	男	纪检组组长	2009.10—
	朱晓燕	女	机关党委书记	2012.07—
	曾万权	男	副局长	2015.02—
	郑 义	男	副局长	2015.04—
	黄 凯	男	稽察办主任	2016.12—
泸县经济和信息化局	童执全	男	党委书记、局长	2016.12—
	黎 明	男	副局长	2015.01—
	杨 一	男	副局长	2016.03—
	巫进恒	男	总经济师	2016.03—
	李 牧	男	纪委书记	2016.04—
	任 源	女	机关党委书记	2016.11—

续表

单 位	姓 名	性别	现任职务	任职时间
泸县商务局	李祖春	男	局 长	2015.01—
	杨凤英	女	局 长	2016.12—
	王洪权	男	纪检组组长	2014.03—
	李泉怡	男	副局长	2015.01—
	黄艳丽	女	副局长	2016.03—
	卢敞芬	女	副局长	2011.06—
泸县酒发局	范文龙	男	副局长	2013.04—
泸县教育局	朱大清	男	局 长	2014.11—
	张天虎	男	副局长	2011.1—
	熊娅梅	女	副局长	2016.03—
	余占敏	男	纪委书记	2016.05—
	张乃兵	男	机关党委书记	2016.04—
	吕 苹	女	招办专职副主任	2016.12—
	李志洪	男	总督学	2014.08—
泸县公安局	宋 军	男	副县长、局党委书记、局长	2015.04—
	周云波	男	局党委副书记、政委	2015.06—
	苟治权	男	局党委委员、副局长	2009.12—
	鄢书平	男	局党委委员、副局长	2012.02—
	李祥建	男	局党委委员、副局长	2015.06—
	陈 华	男	局党委委员、副局长	2015.06—
	孔朝晖	女	局党委委员、副局长	2015.11—
	张国平	男	局党委委员、政工室主任	2015.06—
	徐家祥	男	局党委委员、纪委书记	2015.06—
	邹 胜	男	局党委委员、机关党委书记	2015.06—
	熊殿业	男	局党委委员、国保大队大队长	2015.06—
	付小东	男	局党委委员、交警大队大队长	2015.06—
	梁远峰	男	网络安全监察大队大队长	2012.05—
	杨小刚	男	网络安全监察大队教导员	2015.07—
	黄祖高	男	警务保障室主任	2007.12—
	谢兴明	男	指挥中心主任	2012.05—
	唐继香	女	法制大队大队长	2012.05—
	张 敏	男	国保大队教导员	2015.06—
	龙良波	男	经侦大队大队长	2015.06—
	鲁小平	男	经侦大队教导员	2015.06—
	胡 阳	男	治安管理大队教导员	2015.06—

续表

单 位	姓 名	性别	现任职务	任职时间
泸县公安局	黄华斌	男	治安管理大队大队长	2016.01—
	钟 毅	男	刑事侦查大队大队长	2012.05—
	罗亚平	男	刑事侦查大队教导员	2012.05—
	郭 平	男	泸县看守所所长	2016.08—
	石跃斌	男	潮河所教导员	2015.06—2016.08
	王 玲	女	禁毒缉毒大队教导员	2012.05—
	张德华	男	交警大队教导员	2015.06—
	钟祥云	男	玉蟾派出所所长	2015.06—
	叶 军	男	玉蟾派出所教导员	2015.06—
	徐成前	男	福集派出所所长	2015.06—
	唐 健	男	福集派出所教导员	2015.06—
	李 茂	男	得胜派出所所长	2015.06—
	杜 江	男	喻寺派出所所长	2015.06—
	赵大清	男	玄滩派出所教导员	2015.07—
	莫乾银	男	玄滩派出所所长	2015.06—
	胡 淯	男	奇峰派出所所长	2015.06—
	胡有彬	男	云龙派出所所长	2016.01—
	周意钧	男	立石派出所教导员	2015.06—
	巫 奇	男	石桥派出所教导员	2015.06—
	曾 勇	男	毗卢派出所所长	2015.06—
	陈 旭	男	兆雅派出所教导员	2015.06—
	刘晓勇	男	兆雅派出所所长	2007.12—
	黄 宇	男	云锦派出所所长	2015.06—
	杨 舟	男	云锦派出所教导员	2015.06—
	田安军	男	太伏派出所所长	2007.12—
	李 明	男	百和派出所所长	2015.06—
	王雄杰	男	牛滩派出所所长	2015.06—
	梁 军	男	潮河派出所所长	2015.06—
	刘明杰	男	海潮派出所所长	2015.06—
	熊兴云	男	海潮派出所教导员	2012.05—
	李 楠	女	天兴派出所教导员	2015.06—
	谭 迎	男	石桥派出所所长	2015.12—
	邱有正	男	奇峰派出所教导员	2012.05—2016.04
	姜伯云	男	拘留所所长	2012.05—2016.04
	王先奎	男	治安管理大队大队长	2013.01—2016.01

续表

单位	姓名	性别	现任职务	任职时间
泸县公安局	曾雨宁	男	天兴派出所所长	2015.06—2016.12
	熊科俊	男	政府消防队队长	2014.12—2016.04
	杜明远	男	方洞派出所所长	2007.12—
	田泽平	男	得胜派出所教导员	2007.12—
	李庆忠	男	毗卢派出所教导员	2007.12—
	张月明	男	拘留所所长	2016.08—
泸县司法局	李清华	男	党组书记、局长	2016.01—
	吕彬	男	党组成员、副局长	2016.03—
	敬衍	男	党组成员、副局长	2016.04—
	郭一兵	男	党组成员、纪检组组长	2003.05—
	柯尊银	男	党组成员、副局长	2008.09—
	何传江	男	党组成员、政治处主任	2012.04—
	代志清	男	社区矫正执法大队队长	2013.07—
	冷泽树	男	云锦片区中心司法所所长	2012.09—
	林叔伦	男	兆雅片区中心司法所所长	2013.01—
	林丽	女	牛滩片区中心司法所所长	2012.09—
	温懿果	男	福集片区中心司法所所长	2012.09—
泸县民政局	秦治军	男	党组书记、局长	2015.05—
	杨金辉	男	党组成员、副局长	2016.12—
	罗立	男	党组成员、纪检组组长	2017.01—
	张兴忠	男	党组成员、救助中心主任	2012.06—
	杜晓娟	女	党组成员、机关党委书记	2014.11—
	曾燕	女	党组成员、副局长	2015.4—
	高源	女	双拥办主任	2016.12—
	王盛	男	老龄办主任	2011.07—
泸县财政局	陈进	男	局长、党组书记	2013.04—
	文中理	男	副局长	2006.09—
	金季	女	副局长	20160.4—
	艾洪	男	副局长	2013.01—
	陈燕	女	纪检组组长	2015.03—
	康莉	女	机关党委书记	2012.07—
	谢鑫	男	总会计师	2016.04—
泸县金融服务中心	张岚	女	主任	2016.11—
	叶贤虞	女	副主任	2016.11—

续表

单 位	姓 名	性别	现任职务	任职时间
泸县人力资源和社会保障局	罗晓玲	女	局 长	2016.04—
	宋代清	男	副局长、医保局局长	2011.06—
	廖险峰	男	副局长、就业局局长	2012.09—
	刘锡春	男	副局长	2016.04—
	李 华	男	纪检书记	2015.02—
	邹忠权	男	社保局副局长	2012.09—
	王泽清	男	公务员局副局长	2011.06—
	唐文丽	女	机关党委书记	2012.09—
	童在东	男	人事考试中心主任、政策法规股股长	2010.09—
	陈朝鹏	男	军转办主任	2016.12—
	罗冠英	女	就业局副局长	2012.11—
	秦剑华	男	社保局局长	2014.1—
	罗元梅	女	社保局副局长	2012.09—
	卢泽兵	男	城乡居民养老保险服务中心主任	2012.09—
	宋晓晖	男	医保局副局长	2014.01—
泸县国土资源局	张怀华	男	党委书记、局长、土地统征和储备中心主任	2015.08—
	王书源	男	党委副书记	2011.10—
	谢永珍	女	副局长	2011.10—
	叶茂扬	男	纪委书记	2013.10—
	柯 彬	男	副局长	2014.12—
	熊 健	男	副局长	2016.08—
	王奎满	男	副局长	2016.12—
	李应良	男	土地统征和储备中心副主任	2016.09—
	钟华林	男	土地整治中心主任	2016.10—
	李永树	男	不动产登记中心主任	2016.04—
	李在荣	男	执法大队大队长	2016.04—
泸县住房和城乡规划建设局	冉安健	男	党委书记、局长、泸川新城发展管理中心主任	2016.09—
	刘 刚	男	副局长	2016.12—
	宋 华	男	纪委书记	2012.05—2016.02
	黄修玉	女	副局长	2015.06—
	邹鸿燕	女	总工程师	2014.03—
	涂加明	男	副局长	2016.04—
	钟 群	女	县住房保障和房屋征收中心主任	2016.04—
	刘清华	男	泸川新城发展管理中心副主任	2016.11—
	李清华	男	党委书记、局长	2015.05—2016.09

续表

单 位	姓 名	性别	现任职务	任职时间
泸县住房和城乡规划建设局	杨绍权	男	副局长	2010.06—2016.12
	朱俊元	男	机关党委书记	2014.12—2016.12
	陈志学	男	副局长	2004.09—2016.04
泸县城管局	李祖春	男	局长、党组书记	2016.12—
	罗小平	男	副局长	2013.01—
	谢云林	男	副局长	2013.11—
	杨世贵	男	纪检组组长	2016.11—
泸县建工局	毛玉红	男	局 长	2016.08—
	熊启彬	男	副局长	2012.07—
泸县国税局	王 平	男	局 长	2013.01—
	吴晓梅	女	副局长	2005.04—
	张 劼	男	副局长	2007.01—
	童世伦	男	副局长	2010.06—
	周 洪	男	副局长	2012.01—
泸县地税局	刘榜明	男	局 长	2010.05—
	冯瑞清	女	副局长	2010.05—
	徐照鑫	男	副局长	2009.02—
	冯 毅	男	总会计师	2016.02—
	李绍基	男	机关党委书记	2011.06—
	谢帮梅	女	纪检组组长	2015.11—
	吴金明	男	稽查局局长	2014.07—
	唐登跃	男	第一税务所所长	2016.02—
	彭明文	男	第二税务所所长	2012.04—
	赵 亮	男	第三税务所所长	2016.11—
	陈身权	男	第四税务所所长	2012.04—
	李宗平	男	第五税务所所长	2014.07—
	于 静	男	第六税务所所长	2016.11—
	陈远伦	男	第八税务所所长	2010.04—
	王治宇	男	第十税务所所长	2012.04—
	黄大勇	男	第十一税务所所长	2016.02—
泸县交通运输管理局	黄修中	男	局 长	2015.04—
	毛昭平	男	机关委员会书记	2014.12—2016.10
	唐挚斌	男	副局长	2011.06—
	陶 盛	男	副局长	2016.04—
	郑 奎	男	纪委书记	2012.05—2016.11

续表

单 位	姓 名	性别	现任职务	任职时间
泸县交通运输管理局	钟 文	男	副局长	2012.12—2016.10
	张继锋	男	交战办主任	2011.09—
	文 茂	男	总工程师	2014.04—
	陈晓波	男	副局长	2016.10—
	陈雪梅	女	机关委员会书记	2016.11—
	吕有剑	男	副局长	2010.12—2016.03
	龙良平	男	运输管理所所长	2016.04—
泸县水务局	廖理洪	男	党委书记、局长	2011.06—2016.04
	唐永宏	男	党委书记、局长	2016.04—
	鲁世友	男	党委委员、副局长	2012.02—2015.07
	牟 勇	男	党委委员、副局长	2015.07—
	罗万宣	男	党委委员、副局长	2012.05—2016.12
	郭锡芳	女	党委委员、副局长	2016.12—
	雷浩兵	男	党委委员、副局长	2015.02—
	周才金	男	党委委员、机关党委书记	2016.04—
	邱里杨	男	党委委员、总工程师	2016.01—
泸县农林局	曾一浒	男	党委书记、局长	2015.01—
	廖明秀	女	党委委员、纪委书记	2016.05—
	叶长春	女	党委委员、机关党委书记	2016.05—
	王 强	男	党委委员、副局长	2015.01—
	向 德	男	副局长	2016.05—
	赵德权	男	副局长	2016.10—
	罗万宣	男	副局长	2016.11—
	冯富平	男	党委委员、森林公安局局长	2015.01—
	张庭胜	男	总经济师	2016.05—
	王孝芳	男	总农艺师	2016.11—
泸县文化体育新闻出版广电局	冯秋兰	女	局长、党委书记	2016.04—
	邱 平	女	机关党委书记	2012.09—
	周成燕	女	副局长	2013.07—
	杨华春	男	副局长	2016.12—
	卿旭东	男	副局长（挂职）	2016.09—
	李泽培	男	纪委书记	2016.11—
泸县旅游局	陈 琴	女	局 长	2016.11—
	王 芳	女	副局长	2014.04—

续表

单位	姓名	性别	现任职务	任职时间
泸县电视台	王钦友	男	台长	2010.09—
	明安兵	男	副台长	2012.12—
泸县图书馆	王胜连	女	馆长	2014.01—
泸县宋代石刻博物馆	梁杨	女	馆长	2016.10—
泸县卫计局	龙维平	男	党委书记、局长	2015.03—
	刘仁芳	女	党委委员、机关党委书记	2015.03—
	艾中林	男	党委委员、纪委书记	2015.03—
	王彬	男	党委委员、副局长	2015.05—
	赵章海	男	党委委员、副局长	2015.04—
	张明均	男	党委委员、副局长	2015.01—2016.12
泸县审计局	王小兵	男	局长	2016.04—
	田德宏	男	总审计师	2011.06—
	郭锡芳	男	副局长	2011.01—
	张华琴	女	副局长	2016.04—
	徐泽平	男	纪检组组长	2006.01—
	陈志兰	女	经责分局局长	2011.06—
泸县环保局	沈中良	男	局长	2015.01—
	黄健	男	副局长	2015.01—
	游华	男	副局长	2011.09—
	周君	男	纪检组长	2011.09—
	陈广聪	男	总工程师	2011.06—
	何利平	男	环境监察执法大队大队长	2014.01—
泸县安监局	杨成	男	局长	2016.01—
	邵龙波	男	机关党委书记	2013.06—
	林武伦	男	纪检组组长	2013.07—
	胡勇	男	副局长	2014.10—
	田力	男	副局长	2013.11—
	胡波	男	副局长	2016.01—
	屈平	男	总工程师	2016.03—
	王友才	男	矿山站站长	2015.02—
泸县统计局	周宇	女	党组书记、局长	2015.05—
	王怀勇	男	副局长	2008.07—
	杨守群	女	纪检组组长	2015.02—
	熊鹰	女	副局长	2015.12—
	余文凤	男	总统计师	2015.12—

续表

单位	姓名	性别	现任职务	任职时间
泸县食药监局	徐泽刚	男	局长	2011.05—
	谯 锋	男	副局长	2016.03—
	陈立平	女	副局长	2013.11—
	梅关蕊	女	机关党委书记	2014.01—
	万晓琴	女	纪检组组长	2016.04—
	谭周良	男	副局长	2017.02—
	刘跃辉	男	药品总监	2015.12—
	庞犍军	男	食品总监	2015.12—
	周 宇	男	食品药品稽查大队大队长	2013.07—
泸县市场质量监管局	刘光会	女	局长	2015.03—
	兰 黎	男	副局长	2005.08—
	唐 理	男	纪检组组长	2011.03—
	李 刚	男	副局长	2005.12—
	何晓波	男	副局长	2011.01—
	杜文珍	女	机关党委书记	2013.12—
	邓 刚	男	总工程师	2016.04—
泸县经济开发区	蒲云贵	男	党工委书记、管委会主任	2016.09—
	税 华	女	党工委副书记、纪工委书记	2012.10—
	刘文忠	男	党工委委员、管委会副主任	2014.10—
	周明海	男	党工委委员、管委会副主任	2016.01—
	陈二春	男	企业发展部部长	2012.12—
	盛 利	男	服务中心副主任	2014.04—
泸州医药产业园	李高和	男	党工委书记	2016.04—
	李孝伦	男	党工委副书记	2016.04—
	黄晓冰	男	党工委副书记、管委会副主任	2016.01—2016.04
	刘 静	女	党工委副书记、纪工委书记	2016.01—2016.01
	徐正能	男	党工委副书记、纪工委书记	2016.03—
	刘栋梁	男	党工委委员、管委会副主任	2015.04—
	黄玉兰	女	党工委委员、管委会副主任	2016.04—
	许国庆	男	党工委委员、服务中心主任	2016.08—
	袁 波	男	管委会副主任	2016.10—
	毛 宏	男	服务中心副主任	2015.05—
	周 伟	男	服务中心副主任	2016.04—

续表

单 位	姓 名	性别	现任职务	任职时间
泸县投资促进局	施小莉	女	党组书记、局长	2012.11—2016.05
	梅 燕	女	党组书记、局长	2016.05—
	艾光照	男	党组成员、副局长	2014.03—
	颜江洪	男	党组成员、副局长	2012.12—
	杨 玲	女	党组成员、纪检组组长	2012.10—
	邱旭光	男	党组成员、纪检组组长	2016.06—
泸县档案局	熊 霞	女	局 长	2010.09—2016.10
	段 波	女	局 长	2016.11—
	曹运菊	女	副科级纪检员	2014.03—
泸县粮食局	陈 江	男	局 长	2016.11—
	温仕超	男	纪检组组长	2016.07—
	陈宽利	男	副局长	2013.12—
	叶红英	女	机关党委书记	2012.11—
泸县供销社	梁发伦	男	党组书记、主任	2010.08—2016.03
	赵 军	男	党组书记、主任	2016.03—
	洪代富	男	党组成员、副主任	2016.06—
	杜 君	男	党组成员、副主任	2016.03—
	林少洁	女	党组成员、纪检组组长	2015.02—
泸县政务服务中心	谢多贵	男	党组书记、主任	2013.04—
	熊方金	男	党组成员、副主任	2015.12—
	李泽培	男	党组成员、纪检组组长	2008.05—
泸县投资建设工程管理中心	谭松柏	男	主任	2016.08—
	李亚平	女	副主任	2015.04—
	姜国海	男	副主任	2016.11—
	李朝辉	男	纪检组组长	2015.03—
泸县公共资源交易中心	邱有琪	男	主 任	2012.05—
	何 利	女	纪检组组长	2013.11—
	罗文树	男	副主任	2014.11—
	陈建飞	男	副主任	2015.02—
泸县邮政分公司	周启权	男	总经理	2014.08—
	张 磊	男	副总经理	2014.09—

泸县各镇（街道）领导班子成员名录

单 位	姓 名	性别	现任职务	任职时间
玉蟾街道	朱海斌	男	党工委书记	2016.09—
	魏文兰	女	党工委副书记、办事处主任	2016.12—
	熊文贵	男	党工委委员、人大工委主任	2016.04—
	熊宏宇	女	党工委副书记	2015.12—2016.12
	钟 权	男	党工委副书记	2015.04—
	黄 宁	男	党工委副书记、纪工委书记	2016.10—
	龙良学	男	党工委委员、办事处副主任	2014.10—2017.02
	陈登富	男	党工委委员、办事处副主任	2014.10—
	李 陈	男	办事处副主任	2016.03—
	叶仕良	男	党工委书记	2015.04—2016.09
	王 斌	男	党工委副书记、办事处主任	2015.04—2016.12
	赵德林	女	党工委副书记、纪工委书记	2014.10—2016.03
	熊 英	女	党工委副书记、纪工委书记	2016.03—2016.09
	张 俊	男	党工委副书记	2015.12—2016.06
	刘佐然	男	党工委委员、人大工委主任	2014.10—2016.04
福集镇	郑光明	男	党委书记	2014.01—
	李诗兵	男	党委副书记、镇长	2016.01—
	陈先彬	男	党委委员、人大主席	2016.11—
	蒋昌灵	男	党委副书记、纪委书记	2016.10—
	陈明清	男	党委委员、人武部长、副镇长	2014.10—
	任 义	男	党委委员、副镇长	2016.11—
	何国会	女	党委组织委员	2016.04—
	罗 帆	男	副镇长	2016.11—
嘉明镇	李 玲	女	党委书记	2014.10—
	先小科	男	镇党委副书记、镇长	2014.12—2016.11
	王先奎	男	镇党委副书记、镇长	2016.11—
	余 萍	女	镇党委副书记、纪委书记	2013.06—2016.04
	雷 林	男	镇党委副书记、纪委书记	2016.04—
	邹才海	男	镇人大主席	2016.04—
	李有君	男	党委委员、副镇长、武装部长	2011.12—
	万泽祥	男	党委委员、副镇长	2015.05—
	张 剑	男	党委委员	2016.04—
	祝昌明	男	副镇长	2016.04—
喻寺镇	赵德伦	男	党委书记	2014.11—
	胡洪斌	男	党委副书记、镇长	2014.01—

续表

单 位	姓 名	性别	现任职务	任职时间
喻寺镇	李元清	男	党委委员、人大主席	2016.01—2016.04
	张祖林	男	党委委员、人大主席	2016.04—
	陈学兵	男	党委副书记、纪委书记	2013.11—2016.03
	陈 超	男	党委副书记、纪委书记	2016.03—
	杨 兵	男	党委副书记	2011.06—2016.04
	王永胜	男	党委委员、副镇长	2013.11—2016.04
	李忠金	男	党委委员、副镇长	2016.04—
	游 艳	女	党委委员、组织委员	2016.04—
	李 伟	男	副镇长	2015.12—
	陈 利	男	党委委员、武装部部长、副镇长	2011.04—2016.04
	王 一	男	党委委员、武装部部长、副镇长	2016.04—
方洞镇	王学良	男	党委书记	2016.09—
	张文杰	男	党委副书记、镇长	2015.01—
	高延成	男	党委委员、人大主席	2011.12—
	赵 刚	男	党委副书记、纪委书记	2016.04—
	蹇孝雨	男	党委委员、组宣委员	2016.04—
	张 平	女	党委委员、副镇长	2013.11—
	胡绍华	男	党委委员、武装部部长兼副镇长	2016.11—
	王永胜	男	副镇长	2016.11—
天兴镇	钟成贵	男	党委书记	2016.03—
	赵德林	女	党委副书记、镇长	2016.11—
	刘运涛	男	党委委员、人大主席	2016.11—
	刘育兵	男	党委副书记、纪委书记	2014.01—
	郭巧会	女	党委委员、副镇长	2016.04—
	陈 利	男	党委委员、武装部部长、副镇长	2016.11—
	彭长江	男	党委委员、组织委员	2016.05—
	姜春利	女	副镇长	2016.11—
潮河镇	徐友群	女	党委书记	2015.12—
	徐启良	男	党委副书记、镇长	2016.11—
	黄元全	男	党委委员、人大主席	2016.11—
	陈世七	男	党委副书记、纪委书记	2016.01—
	冷 燕	女	党委委员、组织委员	2016.04—
	刘佳烊	男	党委委员、武装部部长、副镇长	2016.01—
	李元金	男	党委委员、副镇长	2016.11—
	孔凡江	男	副镇长	2016.11—

续表

单 位	姓 名	性别	现任职务	任职时间
牛滩镇	施小莉	女	党委书记	2016.04—
	钟 伟	男	党委副书记、镇长	2015.05—
	李元清	男	党委委员、人大主席	2016.11—
	贺 敏	女	党委副书记、纪委书记	2016.01—
	李春林	男	党委委员、副镇长	2016.04—
	李定才	男	副镇长	2016.04—
	邝秀锋	男	党委委员、副镇长、武装部长	2016.11—
	罗学良	男	党委组织委员	2016.04—
海潮镇	万绪友	男	党委书记	2016.04—
	张明燕	女	党委副书记、镇长	2016.12—
	张存勇	男	党委副书记、纪委书记	2013.12—
	骆明华	男	党委委员、人大主席	2016.12—
	金元平	男	党委委员、副镇长	2016.12—
	李才富	男	党委委员、武装部部长、副镇长	2015.07—
	周兴海	男	党委委员、组宣委员	2016.04—
	刘金凤	女	副镇长	2016.12—
得胜镇	黄 梅	女	党委书记	2015.12—
	陈晓波	男	党委副书记、镇长	2015.06—2016.11
	代开源	男	党委副书记、镇长	2016.12—
	税少于	男	人大主席	2011.11—2016.04
	汪长炉	男	人大主席	2016.12—
	熊方金	男	党委副书记、纪委书记	2010.06—2016.01
	邱钦华	男	党委副书记、纪委书记	2016.03—
	王谋远	男	党委副书记	2015.02—2016.04
	冯友平	男	党委副书记（挂职）	2015.12—2016.12
	泽仁青佩	男	党委副书记（挂职）	2015.6—2016.6
	佘承远	男	副镇长	2015.07—
	何显兵	男	副镇长	2016.11—
	陈建林	男	组织委员	2016.05—
云龙镇	徐 峰	男	党委书记	2015.04—
	詹定敏	女	党委副书记、镇长	2015.07—
	陈先猛	男	党委委员、人大主席	2011.12—
	熊开芬	女	党委副书记、纪委书记	2010.05—2016.04
	代开源	男	党委副书记、纪委书记	2016.04—2016.10
	熊茂才	男	党委副书记、纪委书记	2016.10—

续表

单 位	姓 名	性别	现任职务	任职时间
云龙镇	邱清海	男	党委委员、副镇长	2011.01—2016.04
	代 涛	男	党委副书记	2015.01—2016.04
	王谋远	男	党委委员、副镇长	2016.04—
	何文超	男	党委委员、武装部部长、副镇长	2006.10—2016.04
	王玉美	男	党委委员、武装部部长、副镇长	2014.01—
	孔维刚	男	党委委员、组织委员	2016.04—
	王守富	男	副镇长	2016.04—
奇峰镇	何显容	女	党委书记	2014.11—
	吕有剑	男	党委副书记、镇长	2016.03—
	陈光银	男	人大主席	2016.11—
	田 耘	男	党委副书记、纪委书记	2016.12—
	何开立	男	副镇长	2010.11—
	童 彬	男	副镇长	2015.03—
	王泽敏	男	组宣委员	2016.04—
	郭 强	男	副镇长	2016.04—
玄滩镇	先泽平	男	党委书记	2016.09—
	张 焱	男	党委副书记、镇长	2015.11—
	王先烈	男	党委委员、人大主席	2016.11—
	骆 艳	女	党委副书记、纪委书记	2016.04—
	邓晓峰	男	党委委员、武装部部长、副镇长	2016.04—
	李文明	男	组织委员	2016.06—
	杨 翼	男	副镇长	2016.11—
	游 源	男	副镇长	2016.11—
石桥镇	先泽平	男	镇党委书记	2015.04—2016.10
	郑晓波	男	镇党委书记	2016.10—
	杜良仲	男	党委副书记、镇长	2016.11—
	胡 艺	女	党委副书记、纪委书记	2015.04—
	钟 平	男	党委组织委员	2016.04—
	潘昌雄	男	党委委员、镇人大主席	2016.11—
	艾秀全	男	党委委员、武装部部长、副镇长	2016.04—
	谭周良	男	党委委员、副镇长	2014.12—
	杨伦勇	男	副镇长	2016.11—
毗卢镇	鲁焕奎	男	党委书记	2014.12—
	熊豪德	男	党委副书记、镇长	2015.03—
	陈福奎	男	镇人大主席	2015—2016.4

续表

单 位	姓 名	性别	现任职务	任职时间
毗卢镇	李春明	男	党委副书记、纪委书记	2014.12—
	李再富	男	党委副书记	2011.12—2016.4
	刘 明	男	副镇长	2011.12—
	曾 义	男	副镇长	2015.03—
	谢 鑫	男	副镇长	2015—2016
	易 静	男	组织委员	2016.04—
	曾惠利	女	副镇长	2016.11—
	李再富	男	镇人大主席	2016.04—
兆雅镇	宋东升	男	党委书记	2016.10—
	杜向峰	男	党委副书记、镇长	2016.11—
	李祥文	男	党委委员、人大主席	2015.11—
	颜江洪	男	党委副书记、纪委书记	2016.09—
	苟大莲	女	党委组织委员	2016.04—
	何文超	男	党委委员、副镇长	2016.11—
	季绪宁	男	党委委员、武装部部长、副镇长	2015.02—
	高 峰	男	副镇长	2016.11—
太伏镇	王 斌	男	党委书记	2016.11—
	雷鑫平	男	党委副书记、镇长	2015.04—
	张国琼	女	党委委员、人大主席	2012.12—
	郑 执	男	党委副书记、纪委书记	2014.09—
	邱清海	男	党委委员、副镇长	2016.04—
	易晓明	男	党委委员、武装部部长、副镇长	2015.02—
	陈 一	男	副镇长	2015.12—
	代林彬	男	党委组织委员	2016.04—
云锦镇	王 毅	男	党委书记	2016.01—
	郭武灿	男	党委副书记、镇长	2016.11—
	杨存楷	男	党委委员、人大主席	2011.12—
	彭 琳	女	党委副书记、纪委书记	2016.09—
	贺候伦	男	党委委员、武装部部长、副镇长	2011.12—
	艾富儒	男	党委委员、组宣委员	2016.03—
	李 涛	男	党委委员、副镇长	2016.01—
	陈 洪	男	副镇长	2016.11—
立石镇	税刚毅	男	党委书记	2016.10—
	曾 奎	男	党委副书记、镇长	2015.05—
	林富坤	男	人大主席	2016.12—

续表

单位	姓名	性别	现任职务	任职时间
立石镇	杨红	女	党委副书记、纪委书记	2015.03—
	周波	男	党委委员、武装部部长、副镇长	2016.12—
	刘海波	男	党委组织委员	2016.05—
	牟小锋	男	党委委员、副镇长	2016.12—
	范明泉	男	副镇长	2016.12—
百和镇	卫德远	男	党委书记	2014.01—
	刘代全	男	党委副书记、镇长	2016.03—
	何正华	男	人大主席	2016.11—
	何明江	男	党委副书记、纪委书记	2015.11—
	傅大琴	女	党委委员、副镇长	2011.12—
	胡光照	男	党委委员、副镇长	2015.02—
	任宇	男	副镇长	2016.01—
	刘桂南	女	组织委员	2016.04—

四、获奖名单

2016年泸县先进集体名录表

获奖单位	获奖称号	授奖单位
泸县	安全工作一等奖	市政府
	四川省第四轮敬老模范县	省政府办公室
	2016年度全省“三农”工作先进县	省委农村工作领导小组
	2016年度全省农民增收工作先进县	省委农村工作领导小组
	全省农民增收新产业新业态示范县	省委农村工作领导小组、省财政厅
	平安渔业示范县	农业部
	现代畜牧业重点县	省政府
	2016年度省级“四好村”31个	省委、省政府
	2016年度市级“四好村”37个	市委、市政府
	省级重型精神疾病综合防控示范区	省卫计委
	四川省2016年医疗信息化应用示范县	省卫计委
	中国曲艺之乡	中国曲艺家协会
	2011—2015年全省法治宣传教育先进集体	省委、省政府
	2016年度依法治市工作先进集体	市依法治市办
泸县人民法院	集体三等功	市中级人民法院
	“四型”机关建设先进集体	县委
	全省法院系统第十八届学术讨论会基层法院组织工作先进奖	省高级人民法院
	省法院信息工作先进集体	省高级人民法院
	2016年度全省法院网络司法拍卖工作成绩突出的集体	省高级人民法院
泸县人民检察院	四川省首届未检微电影创作评选二等奖	省检察院
	全省《检察日报》发行先进单位	省检察院
	全国青少年维权岗	共青团中央
泸县检察院刑执局	市院记三等功单项工作	市检察院
泸县检察院“2·26”侦查办案组	市院记三等功办案组	市检察院
中共泸县纪委 泸县监察局	2016年度维稳工作先进集体	县委、县政府
	2016年度“四型”机关建设先进集体	县委
中共泸县县委办公室	先进基层党组织	市委
	党委系统信息工作先进集体	市委办公室
	2011—2015年全县法制宣传教育先进集体	县委、县政府
中共泸县县委群众工作局	全省信访系统“三查三促三争当”活动先进集体	省人社厅、省信访局
	人民网网民留言办理工作先进单位	人民日报社、人民网
	群众和信访工作先进集体	市委群工局

续表

获奖单位	获奖称号	授奖单位
中共泸县县委组织部	四川省对口援藏工作先进集体	省委组织部、省委统战部、省人社厅
	2016年度组织工作调研课题	市委组织部
泸县文明办	2016年度四川省精神文明建设宣传报道工作先进集体	省文明办
泸县宣传部	泸州市第三节优秀童谣评选推广活动组织奖	市委宣传部
泸县社科联	2016年度学术研究先进区县	市社科联
中共泸县县委政法委	2011—2015年全市法治宣传教育先进集体	市委、市政府
	2016年度党建工作一等奖	县委
	2016年度目标绩效考核一等奖	县委、县政府
	2016年度开放合作突破工作目标考核一等奖	县委、县政府
	县级非重点脱贫工作先进部门	县委、县政府
泸县区段	省级平安铁道线	省综治委铁路护路联防工作领导小组
泸县人武部党委	先进旅团级单位党委	省军区党委
中共泸县直属机关工委	2016年度“四型”机关建设先进集体	县委
中共泸县县委编办	无偿献血先进单位	市政府
	机构编制系统自身建设先进单位	市委编办
	机构编制实名制统计工作先进单位	市委编办
	事业单位分类改革工作先进单位	市委编办
	县级非重点脱贫工程先进部门	泸县县委
泸县政协	2016年度反映社情民意信息工作先进单位	市政协
	泸县2016年度“四型”机关建设先进集体	县委
泸县总工会	市总工会考核一等奖	市总工会
	党建工作一等奖	县委
	安全生产工作一等奖	县政府
	党风廉政建设一等奖	县委、县政府
共青团泸县委员会	全国基层团建优秀示范县	团中央农村青年工作部
	四川省五四红旗团委	共青团四川省委
云锦镇团委	全国农村基层团建示范乡镇	团中央农村青年工作部
云锦镇团委	全国五四红旗团委	共青团中央
泸县二中外国语实验学校团委	四川省五四红旗团委	共青团四川省委
兆雅镇团委	四川省五四红旗团委	共青团四川省委
法院团支部	四川省五四红旗团支部	共青团四川省委

续表

获奖单位	获奖称号	授奖单位
玉蟾街道康桥社区团支部	四川省五四红旗团支部	共青团四川省委
云龙镇朱梅滩村团支部	四川省五四红旗团支部	共青团四川省委
泸县玄滩镇玄滩中心小学校大队部	四川省优秀少先队集体	共青团四川省委
泸县得胜镇得胜中心小学校少先队大队部	四川省优秀少先队集体	共青团四川省委
团县委	泸州市第 17 届“忠山之秋”校园文化活动节“优秀组织奖”	共青团泸州市委
泸县二中城北分校自主管理委员	泸州市优秀学生会	共青团泸州市委
泸州市电子机械学校团委	泸州市优秀学生会	共青团泸州市委
泸县二中城西学校自管会	泸州市优秀学生会	共青团泸州市委
泸县第二中学校学生会	泸州市优秀学生会	共青团泸州市委
泸县云龙镇学校学生会	泸州市优秀学生会	共青团泸州市委
泸县科协	全国科普工作先进集体	中国科协
	省科技信息服务企业创新先进集体	省科协
泸县残联	全省“量服”示范县	省残联
	四川省开放量服试点县	省残联
	全省“量服康复” 工作成绩突出单位	省残联
	全省“量服教就” 工作成绩突出单位	省残联
	全省“量服组联” 工作成绩突出单位	省残联
	全省“量服宣文”工作成绩突出单位	省残联
	市残联系统县（区）绩效考核第一名	市残联
中共泸县县委党校	无偿献血先进单位	市政府
	2016 年度党建工作一等奖	县委
泸县科学技术和知识产权局	泸州市双创服务十佳单位	市推进大众创新创业工作领导小组
	四川省科技系统先进集体	四川省人社厅、四川省科技厅
泸县价格认定局	2015—2016 年度全国价格认定工作法治建设年活动先进单位	国家发改委价格认证中心
	2015—2016 年度全省先进价格认定机构	省价格认证中心
泸县发展和改革局	四川省价格监督检查先进单位	省发展和改革委员会
	四川省物价系统先进集体	省人事厅、省发展和改革委员会
	2016 年度农产品成本调查成绩突出	省发展和改革委员会
泸县经济和信息化局	2016 年度要素保障工作先进单位	泸州市要素保障办

续表

获奖单位	获奖称号	授奖单位
泸县商务局	2016年度目标绩效考核一等奖	县委、县政府
	2016年度党建工作一等奖	县委、县政府
泸县教育局	2016年国家义务教育质量监测实施“县级优秀组织单位”	教育部基础教育质量监测中心
	教育部全国青少年学生法治知识网络大赛“杰出组织奖”	教育部全国教育普法领导小组办公室、教育部全国青少年普法网
	“文轩杯”四川省第五届中小学校安全知识网络竞赛“先进集体”	省教育厅
	2015—2016年度四川教育宣传工作先进单位	省教育厅、四川教育报刊社
	四川省2016年度招收空军飞行学员先进单位	省教育考试院、空军招飞局成都选拔中心
	2015—2016年度国家开发银行生源地助学贷款工作先进单位	省学生资助管理中心、国家开发银行四川分行
	泸州市关心下一代工作先进集体	市委办、市政府办
	泸州市2015—2016年度教育信息宣传工作先进集体	市教育局
泸县看守所	全省公安监管成绩突出集体，记集体二等功	四川省公安厅
泸县拘留所	全省公安监管成绩突出集体，记集体二等功	四川省公安厅
刑事侦查大队	公安改革工作成绩突出，记集体三等功	泸州市公安局
泸县公安局	侦办李小容等人涉嫌非法制造买卖枪支案，记集体三等功	泸州市公安局
泸县公安局纪律检查委员会	队伍政治思想工作先进集体，记嘉奖一次	泸州市公安局
石桥派出所	2016年泸州市道路交通安全综合整治先进集体	市政府办公室
泸县看守所	全省看守所“五化建设”工作成绩突出单位	省公安厅
云龙片区党支部	先进基层党组织	县委
县公安局刑事科学技术室	“两学一做”共产党员示范团队	县委
交警大队	全国优秀县级车辆管理所	公安部
法制大队	“醉美泸州·最美警察（警队）”评选活动最美警队，记集体三等功	市公安局
玄滩派出所	“醉美泸州·最美警察（警队）”评选活动最美警队提名奖，记嘉奖一次	市公安局
泸县住建局风景园林党支部	先进基层党组织	县委
泸县城管局	先进集体	省市政市容协会

续表

获奖单位	获奖称号	授奖单位
泸县国税局	第二届“赛比争”活动优胜单位	市国税局
	巾帼文明岗（纳税服务科）	市妇女联合会
	四川省国税系统法治税务示范基地（有效期3年）	省国家税务局
	泸州市学法用法示范机关	市依法治市领导小组办公室
	2011—2015年全市法治宣传教育先进集体	市委、市政府
泸县地税局	党风廉政建设考核一等奖	县委
泸县交通运输管理局	道路交通安全综合整治先进集体	县政府
泸县路政管理大队	2016年度规范执法工作先进基层单位	四川省治理公路三乱协调办
泸县水务局	四川省2016年水土保持宣传教育工作先进集体	省水土保持局
	四川省2016年县级水土保持监督检查工作先进单位	省水土保持局
	四川省2016年县级水土保持补偿费征收工作先进单位	省水土保持局
泸县顺通水务有限公司	全省文明村镇供水先进单位	省水利厅
泸县水务局机关二支部	先进基层党组织	县委
泸县农林局	2014—2016年度全国农牧渔业丰收奖三等奖	农业部
	2016年全国基层畜牧（草原）技术推广示范站	农业部畜牧生产科教站
	农村土地承包经营权确权登记颁证工作先进单位	省农业厅
	林业宣传先进集体	省林业厅
泸县文化体育新闻出版广电局	四川省新闻出版广电系统先进集体	省人社厅、省新闻出版广电局
	川南六市篮球赛亚军	川南六市“农信杯”"篮球赛组委会
	“书香天府·全民阅读”先进单位	省委宣传部、省新闻出版广电局、省精神文明办
	《辉煌龙城》诗歌散文朗诵比赛一等奖	县委、县政府
泸县图书馆	国家公共文化政策研究实验基地	武汉大学
	“童心永向党，文明我先行”电脑小报比赛优秀组织奖	市图书馆
	主题演讲三等奖	市图书情报学会
	读好书故事演讲比赛优秀组织奖	市委宣传部、市文体新广局
泸县文化馆	最佳组织奖	七彩夕阳全国中老年文化活动组委会
泸县卫计局	卫生计生综合监督行政执法微课大赛国家级二等奖	国家卫计委卫生和计划生育监督中心
	2016年度《人口与计划生育》杂志宣传工作先进集体	《人口与计划生育》杂志

续表

获奖单位	获奖称号	授奖单位
泸县环保局	全省环保系统“环境执法大练兵”县级先进集体	省环境保护厅
泸县统计局	2016年全省产粮大县粮食监测调查工作先进单位	国家统计局四川调查总队
	县级粮食产量大县抽样调查工作良好单位	国家统计局泸州调查队
	农作物面积遥感测量工作优秀单位	国家统计局泸州调查队
	主要畜禽监测调查工作优秀单位	国家统计局泸州调查队
泸县市场质量监管局	2016年党建目标目标考核二等奖	县委
	2016年脱贫攻坚工作目标考核一等奖	县委
	2016年安全生产管理工作目标考核一等奖	县政府
泸县经济开发区	泸州市法律进单位示范点	市依法治市领导小组办公室、市司法局
泸县粮食局	市粮食流通工作综合目标考核一等奖	市发展和改革委员会
	泸县综合目标考核二等奖	县政府
	安全生产目标考核一等奖	县政府
	党风廉政建设责任制考核一等奖	县委、县政府
	开发合作突破工作目标考核二等奖	县政府
粮食现代物流产业园区项目建设	2016年度重点项目建设一等奖	县政府
泸县供销社	2016年度全省供销合作社系统综合改革先进单位	省供销合作联社
	2016年度经济发展先进单位	省供销合作联社
	2016年度安全生产工作先进单位	省供销合作联社
	2016年度会计基础工作优胜单位	省供销合作联社
	泸县电子商务众创空间为第三批众创空间	国家科技部
泸县公共资源交易中心	文明单位	县委、县政府
	信息公开工作先进集体	县委、县政府
泸县人民医院	科学技术进步奖二等奖（静脉溶栓绿色通道建立应用与示范）	县政府
	科学技术进步奖三等奖（关节镜微创技术在临床中的应用）	县政府
玉蟾街道党工委	泸县先进基层党组织	县委
玉蟾街道祥和社区党委	泸州市先进基层党组织	市委
中共泸县玉蟾街道代桥村党总支	泸县先进基层党组织	县委
福集镇	2016年度综合目标绩效考评一等奖	县委
	2016年度党建目标考核一等奖	县委
	2016年度脱贫攻坚工作目标考核先进镇	县委
	2016年度开放合作突破工作目标考核一等奖	县委

续表

获奖单位	获奖称号	授奖单位
福集镇团仓村党总支	先进基层党组织	市委
福集镇李子村党总支	先进基层党组织	县委
天兴镇	2016 年度安全生产目标考核一等奖	县政府
	2016 年度党建目标考核一等奖	县委
	2016 年度综合目标绩效考核一等奖	县委、县政府
天兴镇田坝村党总支	2016 年先进基层党组织	市委
天兴镇场口村党总支	2016 年先进基层党组织	县委
潮河镇伏鱼村党总支	先进基层党组织	县委
牛滩镇	2016 年度目标绩效考核一等奖	县委、县政府
	2016 年度党建工作一等奖	县委
牛滩镇人民政府	无偿献血先进单位	市政府
牛滩镇关工委	关心下一代工作先进集体	市政府办公室
海潮镇红合村党总支	泸县先进基层党组织	县委
得胜镇	四川省卫生乡镇	省爱国卫生运动委员会
得胜镇罐顶山村党总支部	全省优秀基层党组织	省委、省政府
得胜镇大水坝村	四川省卫生村	省爱国卫生运动委员会
得胜镇得胜村	四川省卫生村	省爱国卫生运动委员会
得胜镇罐顶山村	四川省省级美丽宜居村庄示范村	省住房和城乡建设厅
得胜镇罐顶山村党总支部	四川省先进基层党组织	省委
得胜镇罐顶山村	四川省省级美丽新村	省政府
得胜镇罐顶山村	四川省卫生村	省政府
得胜镇罐顶山村党总支部	泸州市先进基层党组织	市委
云龙镇	2016 年度群众和信访工作先进集体	县委、县政府
奇峰镇人民政府	无偿献血先进单位	市政府
奇峰镇非公企业党总支	先进基层党组织	县委
奇峰镇红木村党总支	先进基层党组织	县委
玄滩镇人民政府	无偿献血先进单位	市政府
玄滩镇黄泥滩村	先进基层党组织	市委
石桥镇	民兵军事训练先进单位	县委、县武装部党委
石桥镇黄荆湾村	先进基层党组织	市委
石桥镇机关一支部	先进基层党组织	县委
石桥镇畜牧兽医站	现代新型公猪站改良体系构建与关键技术集成应用二等奖	市政府
石桥镇新屋咀村	“三农”工作先进村	市农村工作暨脱贫攻坚领导小组
毗卢镇	2016 年度目标绩效考核一等奖	县委、县政府
	2016 年度党建工作一等奖	县委

续表

获奖单位	获奖称号	授奖单位
兆雅镇	2016年度维稳工作先进集体	县委、县政府
	2016年度群众和信访工作先进集体	县委、县政府
兆雅镇杨九社区	先进基层党组织	县委
兆雅镇两河村	先进基层党组织	县委
兆雅镇安贤社区	先进基层党组织	市委
兆雅镇永和村	2016年省卫生村	省爱国卫生运动委员会
兆雅镇清泉农场	家庭农场市级示范场	市农业局
太伏镇	精神文明建设先进集体	县委
	泸州市文化科技卫生“三下乡”活动先进集体	市委宣传部
泸县太伏镇伏龙村	先进基层党组织	县委
云锦镇	四川省安全社区	省政府安全生产委员会
云锦镇人民政府	无偿献血先进单位	市政府
云锦镇斑竹林村党总支	先进基层党组织	泸县县委
云锦中学党支部	先进基层党组织	泸县县委
立石镇中咀村	县级优秀基层党组织	县委
立石镇水鸭池村	省级“四好村”	省委、省政府
立石镇中咀村	省级“四好村”	省委、省政府
立石镇人民政府	维稳工作先进集体	县委、县政府
泸县二中外国语实验学校	泸州市卫生先进单位	市爱国卫生运动委员会
	泸州市校本研修示范学校	市教育局
	泸州市青少年科技教育示范学校	市科学技术协会、市教育局
	泸州市群文阅读实验学校	市教育局
	泸州市先进基层党组织	市委
	2016年泸州市中小学生羽毛球比赛（初中组团体总分）第三名	市文体新广局、市教育局
	2016年泸州市青少年校园足球（春季）联赛（初中男子组）第五名	市文体新广局、市教育局
	2016年泸州市初中教育质量综合评价优秀学校	市教育局
	四川省第14届机器人竞赛（普及组）省一等奖	省教育厅
	泸州市首批健康学校	市教育局

2016年泸县先进个人名录表

单 位	姓 名	获奖称号	授奖单位
泸县人民法院	杨德芳	个人三等功	市中级人民法院
	王恩鑫	个人三等功	市中级人民法院
	陈明金	全省法院系统第十八届学术讨论会优秀奖	省高级人民法院
	吴俊君	全省法院系统第十八届学术讨论会优秀奖	省高级人民法院
	游晓芳、陈杰	全省法院系统第十八届学术讨论会优秀奖	省高级人民法院
	罗永霞	全省法院岗位标兵	省高级人民法院
	钟 锐	四川法警技能大比武“男警手枪实战射击”第二名	省高级人民法院
	邱宗祥	记三等功	县委、县政府
	苏 薇	记三等功	县委、县政府
	曾万军	嘉奖	县委、县政府
	刘世良	嘉奖	县委、县政府
	赖 杰	嘉奖	县委、县政府
	杨德芳	嘉奖	县委、县政府
	梁 永	嘉奖	县委、县政府
	王 强	嘉奖	县委、县政府
	杨 娟	嘉奖	县委、县政府
	呼 斌	嘉奖	县委、县政府
	王嘉诚	嘉奖	县委、县政府
	张玉兰	嘉奖	县委、县政府
	商 晟	嘉奖	县委、县政府
	叶小容	嘉奖	县委、县政府
	谢 蓉	嘉奖	县委、县政府
	张 越	嘉奖	县委、县政府
	徐盛棱	嘉奖	县委、县政府
	杨 敏	嘉奖	县委、县政府
	熊 静	嘉奖	县委、县政府
	罗永霞	嘉奖	县委、县政府
	宋 茜	嘉奖	县委、县政府
	周文莉	嘉奖	县委、县政府
	周文莉	做合格法官讨论文章评比三等奖	市中级人民法院
	罗永霞	省法院信息工作先进个人	省高级人民法院
	杨 娟	依法治县工作先进个人	县委、县政府
	杨 娟	四川省法学会刑法学研究会2016年优秀论文评选二等奖	省法学会刑法学研究会

续表

单位	姓名	获奖称号	授奖单位
泸县人民检察院	刘　源	泸县优秀共产党员	县委
	王　琳	个人三等功	市检察院
	郑　英	优秀基层党组织书记	市委
	王　琳	案件管理业务能手	市检察院
	缪　雯	案件管理业务能手	市检察院
	万　俊	案件管理业务能手	市检察院
	李祖武	司法警察集训优秀学员	市检察院
	万　俊	侦查监督业务能手	省检察院
	王　琳	全省检察机关案件管理业务标兵	省检察院
	陈　攀	第三届四川省“治蜀兴川”法治论坛优秀征文	省法学会、省“治蜀兴川”法治论坛组委会
	周兴会	第三届四川省“治蜀兴川”法治论坛三等奖	省法学会、省“治蜀兴川”法治论坛组委会
中共泸县纪委 泸县监察局	薛　颖	四川省爱国卫生先进个人	省爱国卫生运动委员会
	雷　阳	2016年依法治县先进个人	县委
中共泸县县委办公室	刁元森	党委系统信息工作先进个人	市委办公室
中共泸县县委群众工作局	杜学洪	信访系统“三查三促三争当”活动先进个人	省人社厅、省信访局
中共泸县 县委组织部	龙文灯	对口援藏工作优秀工作者	市委
	汤正东	优秀驻村第一书记	县委、县政府
	付冬梅	优秀共产党员	县委、县政府
	黄秉聪	优秀共产党员	县委、县政府
中共泸县县委宣传部	张　锐	精神文明建设宣传报道工作先进个人	省文明办
中共泸县县委政法委	李　敏	依法治市工作先进个人	市依法治市办
中共泸县直属机关工委	徐明琴	年度考核优秀	县委
泸县人大	李劲松	优秀共产党员	县委
四川省泸县建筑职业中专学校	胡方雨	全国最美中职生	团中央学校部
财政局	曾阳茜	四川省优秀共青团员	共青团四川省委
泸县梁才学校2011级1班	王子炫	四川省优秀少先队员	共青团四川省委
泸县玄滩镇关工委	刘春莲	四川省优秀少先队辅导员	共青团四川省委
方洞镇方洞初级中学校	冯　波	四川省优秀少先队辅导员	共青团四川省委
团县委	许国庆	优秀共青团干部	共青团泸州市委
泸县方洞镇雨坛初级中学校	胡发金	泸州市优秀学校团干部	共青团泸州市委
泸县建筑职业中专学校	金　雷	泸州市优秀学校团干部	共青团泸州市委
泸县二中外国语实验学校	罗莉娜	泸州市优秀学校团干部	共青团泸州市委

续表

单位	姓名	获奖称号	授奖单位
泸县九中	李相红	泸州市优秀学校团干部	共青团泸州市委
泸县五中	杨　秀	泸州市优秀学校团干部	共青团泸州市委
泸县一中	杨　林	泸州市优秀学校团干部	共青团泸州市委
泸县四中	周姝君	泸州市优秀学校团干部	共青团泸州市委
泸县玄滩镇涂场学校	李　桥	泸州市优秀学校团干部	共青团泸州市委
泸县奇峰镇学校	关小均	泸州市优秀学校团干部	共青团泸州市委
泸县云锦镇云锦初级中学校	徐明凤	泸州市优秀学校团干部	共青团泸州市委
泸县兆雅镇兆雅初级中学	宋双利	泸州市优秀学校团干部	共青团泸州市委
泸县百和初级中学校	郑二月	泸州市优秀学生干部	共青团泸州市委
泸县得胜镇顺河学校	武小明	泸州市优秀学生干部	共青团泸州市委
县福集镇龙脑桥初级中学校	刘杰富	泸州市优秀学生干部	共青团泸州市委
泸县立石中学校	张秋玲	泸州市优秀学生干部	共青团泸州市委
泸县第六中学	薛　蕊	泸州市优秀学生干部	共青团泸州市委
泸县牛滩玉峰中学	袁　梦	泸州市优秀学生干部	共青团泸州市委
泸县毗卢镇学校	梁　容	泸州市优秀学生干部	共青团泸州市委
泸县天兴镇天兴初级中学	朱　泉	泸州市优秀学生干部	共青团泸州市委
嘉明镇嘉明初级中学	刘良佳	泸州市优秀学生干部	共青团泸州市委
泸县科协	王有刚	省科普工作先进个人	省科协
	王有刚	省企事业科协工作先进个人	省科协
	王有刚	优秀共产党员	县委
泸县发展和改革局	卓贵文	2015—2016年度全省价格监测先进个人	省发展和改革委员会
	潘素萍	四川省物价系统先进个人	省人事厅、省发展和改革委员会
泸县经济和信息化局	李　彪	2016年度要素保障工作先进个人	市要素保障办
泸县公安局	梁远峰	四川省公安系统先进个人	省人社厅、省公安厅
	冯泸森	四川省公安系统先进个人	省人社厅、省公安厅
	刁逃见	侦办李小容等人涉嫌非法制造买卖枪支案，记个人三等功	市公安局
	吴亚春	全民禁毒工作，记嘉奖一次	市公安局
	游　欣	全民禁毒工作，记嘉奖一次	市公安局
	张世平	队伍思想政治工作先进个人，记个人三等功一次	市公安局
	石跃斌	队伍思想政治工作先进个人，记嘉奖一次	市公安局
	胡洪流	队伍思想政治工作先进个人，记嘉奖一次	市公安局
	李刚（辅）	有较大贡献警务辅助人员，一等奖	市公安局

续表

单位	姓名	获奖称号	授奖单位
泸县公安局	杜学奎（辅）	有较大贡献警务辅助人员，一等奖	市公安局
	丁诗奎（辅）	有较大贡献警务辅助人员，一等奖	市公安局
	陈夏（辅、女）	有较大贡献警务辅助人员，一等奖	市公安局
	杜青山（辅）	有较大贡献警务辅助人员，一等奖	市公安局
	刘彬（辅）	有较大贡献警务辅助人员，二等奖	市公安局
	蒋体洪	优秀驻村第一书记	县委
	吴文波	优秀共产党员	县委
	钟祥云	优秀基层党组织书记	县委
	莫乾银	优秀基层党组织书记	县委
	曾朝芳	“两学一做”共产党员示范岗	县委
	付晓东	2016年春运安全工作，个人三等功	市公安局
	张乃清	打侵财、治毒品、压发案专项行动有功人员，记个人三等功一次	市公安局
	韩国勇	打侵财、治毒品、压发案专项行动有功人员，记个人嘉奖	市公安局
	巫　奇	酒博会安保有功人员，记嘉奖一次	市公安局
	胡佐谊（辅）	酒博会安保有功人员，二等奖	市公安局
	邓　涛	侦办国保支队“603”系列案，记嘉奖一次	市公安局
	储海涛	“醉美泸州·最美警察（警队）”评选活动最美警察，记个人三等功	市公安局
	许　程	“醉美泸州·最美警察（警队）”评选活动最美警察提名奖，记嘉奖一次	市公安局
	陈　楠	全省公安机关外国人管理“两个专项行动”成绩突出个人	省公安厅出入境管理总队
	唐亮（消防）	“先锋2016”全国公安应急保障演练有功个人，记个人嘉奖	市公安局
	陈　楠	公安出入境管理2016年度“业务能手”	省公安厅出入境管理总队
泸县司法局	温懿果	2011—2015年全省法治宣传教育先进个人	省委、省政府
	林　丽	四川省人民调解能手	省司法厅
泸县民政局	王　丽	法治宣传先进个人	市委、市政府
泸县人力资源和社会保障局	陈友洪	全市组织系统网络宣传优秀网宣员	市委组织部
	雷　俊	“两学一做”共产党员示范岗	市委党建领导小组

续表

单 位	姓 名	获奖称号	授奖单位
泸县住房和城乡规划建设局	吕世春	优秀驻村第一书记	县委
	杨绍权	记三等功	县委、县政府
	黄 梅	记三等功	县委、县政府
	宋 华	记三等功	县委、县政府
	王治贵	记三等功	县委、县政府
	彭忠礼	嘉奖	县委、县政府
	詹 飏	嘉奖	县委、县政府
	易遵国	嘉奖	县委、县政府
	黄 婷	嘉奖	县委、县政府
泸县城管局	马泽英	先进个人	省市政市容协会
泸县国税局	黄祖权	国税系统岗位能手	市国家税务局、市总工会
	许有全	优秀共产党员	县委
	聂昌俊	“素质提升‘115’工程—专业骨干项目”人员	省国家税务局办公室
	付 梅	优秀基层党组织书记	市委
泸县地税局	龙 蕊	对参加 2016 年公招集中审核有关工作人员的表扬	省地税局
泸县公路运输管理所	龙良平	道路交通安全综合整治先进个人	县政府
泸县路政管理大队	胡孝军	道路交通安全综合整治先进个人	县政府
泸县水务局	罗万宣	水资源管理先进个人	省政府办公室
	桂来福	水土保持宣传教育工作先进个人	省水土保持局
	陈玉兰	优秀共产党员	县委
泸县水务局水保办	向 前	第一届中国水保学会突出贡献奖	中国水土保持学会
泸县水务局防办	杨德文	防汛抗旱先进个人	省政府防汛抗旱指挥部、省人社厅
泸县水务局供水站	罗禄辉	文明村镇供水先进个人	省水利厅
泸县文体新广局	王胜连	优秀会员	省图书馆学会
	胡学良	“扫黄打非”先进个人个人	省人社厅
	周 健	四川省第一次全国可移动文物普查工作先进个人	省人社厅、省文化厅
	李莉娅	电视现场直播优秀奖（《“6·27”煤矿透水事故》）	市文体广视局、市广播影视艺术家协会
	蔡昔予	电视现场直播优秀奖（《“6·27”煤矿透水事故》）	市文体广视局、市广播影视艺术家协会
	蔡昔予	“清廉家风伴我行“主题演讲比赛”一等奖	市直属机关工委
	王胜连	优秀基层党组织书记	县委

续表

单 位	姓 名	获奖称号	授奖单位
泸县卫计局	张明均	先进个人	全国计划生育协会
	梅杨桢	2016年度《人口与计划生育》杂志宣传工作先进个人	《人口与计划生育》杂志
泸县红十字会	龙维平	2016年度中国红十字会总会报刊宣传先进个人	中国红十字会总会
泸县环保局	孙冬瑶	优秀共产党员	县委
	罗在蓉	优秀驻村第一书记	县委
	邹由国	2016年全市环境执法大练兵业务考试成绩优秀人员	市环境保护局
泸县统计局	熊 鹰	2016年优秀盟员	民盟泸州市委
泸县食药监局	徐泽刚	食品药品监督管理系统先进个人省	食药监局
泸县市场质量监管局	李 刚	2016年四川省工商行政管理系统先进个人	省人社厅、省工商局
	邓德云	2016年安全生产工作先进个人	县政府
	徐号莲	2016依法治县工作先进个人	县委、县政府
泸县供销社	李 静	优秀共产党员	县委
泸县熟龙眼专业合作联社	武万琼	三八红旗手	省妇女联合会
泸县政务服务中心	罗纪芬	优秀共产党员	县委
玉蟾街道	叶仕良	优秀党务工作者	省委
	叶仕良	优秀基层党组织书记	市委
	王 斌	优秀共产党员	县委
玉蟾街道白龙塔村党总支	罗在蓉	优秀驻村第一书记	县委
玉蟾街道康桥社区	陈 清	优秀共产党员	县委
玉蟾街道玉蟾村	张 军	优秀共产党员	县委
玉蟾街道建设社区	陈 剑	优秀基层党组织书记	县委
玉蟾街道白龙塔村	肖 健	优秀基层党组织书记	县委
福集镇	刘利贵	优秀基层党组织书记	市委
	郑光明	优秀基层党组织书记	县委
	杜向峰	优秀共产党员	县委
	贾定莉	优秀共产党员	县委
	杨柱凯	优秀驻村第一书记	县委
	陈宇龙	优秀共产党员	县委
嘉明镇	兰荣辉	优秀教育工作者	县政府
	王 利	泸州市第十六届优秀教育技术与实验教学科研成果三等奖	市教育局
	陈富光	农业系统先进个人	省人社厅、省农业厅
	赖先洪	优秀共产党员	县委

续表

单 位	姓 名	获奖称号	授奖单位
喻寺镇	刘治华	农业系统先进个人	省人社厅、省农业厅
	郑益华	优秀共产党员	市委
	黄革平	无偿献血促进奖	市政府
	徐忠良	优秀驻村第一书记	县委
	王德兵	优秀共产党员	县委
	刘治华	优秀共产党员优秀共产党员	县委
	刘忠发	优秀共产党员	县委
	余 丽	“两学一做”共产党员优秀示范岗	县委
	邱 艳	优秀教育工作者	县政府
天兴镇	赵德林	2016 年度先进个人	县委
	郭巧会	2016 年优秀共产党员	县委
	杜开顺	五一劳动奖章获得者	市总工会
	邝德华	2016 年优秀共产党员	县委
	庞家友	2016 年优秀基层党组织书记	县委
	郑国梁	2016 年优秀基层党组织书记	县委
	袁国桂	2016 年优秀共产党员	县委
潮河镇	冷 燕	优秀共产党员	县委
	陈雪梅	优秀共产党员	县委
	张 雪	优秀共产党员	县委
	唐学成	优秀基层党组织书记	县委
	李孝刚	优秀基层党组织书记	县委
	张 婷	优秀调查员	市统计局
牛滩镇	邓晓峰	先进教育工作者	县政府
	林 丽	四川省人民调解能手	省司法厅
	林 丽	依法治县工作先进个人	县委、县政府
	曾羽涛	先进统计工作者	县政府
海潮镇	骆明华	优秀共产党员	县委
	彭鸿斌	优秀共产党员	县委
	杨 健	优秀共产党员	县委
	邱元发	优秀基层党组织书记	县委
	刘 斌	优秀基层党组织书记	县委
	刘定欣	优秀共产党员	市委
	李世珍	优秀基层党组织书记	市委
	刘定欣	优秀共产党员	省委
	施德成	地质灾害防治工作先进个人	省人社厅

续表

单 位	姓 名	获奖称号	授奖单位
得胜镇	徐建波	优秀基层党组织书记	省委
	皮发全	优秀共产党员	县委
	冯楷	优秀共产党员	县委
	汪伟	泸州市优秀网格员	市社会治安综合治理委员会办公室
	张杨	优秀基层党组织书记	县委
云龙镇	佘静	泸县优秀共产党员	县委
	周迎庆	征兵工作先进个人	县委、人武部党委
	刘元奎	泸县优秀共产党员	县委
奇峰镇	何显容	优秀共产党员	中共泸州市委
	吕有剑	安全生产先进个人	县政府
	王泽敏	对口援藏工作优秀个人	市委
	陈光银	优秀共产党员	县委
	李泽远	优秀共产党员	县委
	郭庆	优秀共产党员	县委
	曾品树	优秀基层党组织书记	县委
	贾国才	优秀教师	县政府
	张定权	优秀教师	县政府
	刘 霞	优秀教师	县政府
	何 丽	优秀教师	县政府
	刘登瞻	优秀教师	县政府
	陈方敏	优秀班主任	县政府
	宋庆梅	优秀班主任	县政府
	胡锡敏	优秀班主任	县政府
	黄友平	先进教育工作者	县政府
	龙治平	师德标兵	县政府
	王万玲	教坛新秀	县政府
玄滩镇	赵纯良	优秀共产党员	市委
石桥镇	卢桥江	优秀共产党员	县委
	黄 川	法治宣传教育先进个人	县委、县政府
	付善超	法治宣传教育先进个人	县委、县政府
	邱有亮	法治宣传教育先进个人	县委、县政府
	胡 艺	2016 年度依法治县工作先进个人	县委、县政府
	苟泽均	生猪标准化人工授精技术集成与示范推广	县政府

续表

单 位	姓 名	获奖称号	授奖单位
兆雅镇	雷志坚	优秀教育工作者	县政府
	游红梅	优秀党组织书记	市新经济组织委员会
	李福奎	优秀基层党组织书记	市委
	徐春梅	市级优秀普查员	市统计局
	周宗才	优秀基层党组织书记	县委
	詹旺	优秀驻村第一书记	市委
	陈安定	优秀基层党组织书记	县委
	胡运权	优秀共产党员	县委
	邹兴成	优秀共产党员	县委
	舒守银	优秀共产党员	县委
	薛山	优秀教师	县政府
	李旭	优秀教师	县政府
	曾春联	优秀教师	县政府
	余朝友	优秀教师	县政府
	王学荣	优秀班主任	县政府
	关丽平	优秀班主任	县政府
	余先惠	优秀班主任	县政府
	雷志坚	先进教育工作者	县政府
	王世江	师德标兵	县政府
太伏镇	李仁发	维稳工作先进个人	县委
	叶飞	优秀共产党员	县委
	何洁	优秀共产党员	县委
	袁静	优秀共产党员	县委
	任圣军	优秀共产党员	县委
	罗永康	优秀基层党组织书记	县委
	任树彬	优秀基层党组织书记	县委
立石镇	曾 奎	维稳工作先进个人	县委、县政府
	郭永强	市级优秀基层党组织书记	市委
	陈伦敏	优秀共产党员	县委
	马谷能	县级优秀共产党员	县委
	马长卿	优秀基层党组织书记	县委
	高红开	优秀共产党员	县委
	高泽清	优秀共产党员	县委

续表

单 位	姓 名	获奖称号	授奖单位
泸县一中	梁家元	优秀教师	市政府
	罗代金	先进教育工作者	市政府
	胡玉霞	优秀教师	县政府
	陈从香	优秀教师	县政府
	张劲松	优秀教师	县政府
	罗 娟	优秀教师	县政府
	陈 静	优秀教师	县政府
	胡贵超	优秀教师	县政府
	刘存刚	优秀教师	县政府
	陈 艳	优秀教师	县政府
	张 未	优秀教师	县政府
	何晓琴	优秀教师	县政府
	杨再勇	优秀班主任	县政府
	荀跃其	优秀班主任	县政府
	梅治洪	优秀班主任	县政府
	冯跃英	优秀班主任	县政府
	李贤洪	优秀班主任	县政府
	张雪平	先进教育工作者	县政府
	杜晓宇	师德标兵	县政府
	贺武军	教坛新秀	县政府
泸县六中	刘德才	优秀教师	市教育局
	刘涌涛	优秀教师	县委、县府
	刘昭良	先进教育工作者	县委、县府
	卢孝容	优秀班主任	县委、县府
	石琼	优秀班主任	县委、县府
泸县九中	唐伟英	四川省乡村优秀教师	省教育厅
	周玉贵	优秀教师	市教育局
	辛基明	优秀教育工作者	市教育局
	胥世南	优秀教师	县政府
	代冠华	优秀教师	县政府
	杨春华	优秀教师	县政府
	余霞	优秀教师	县政府
	熊一江	优秀教师	县政府
	黄坤继	优秀教师	县政府

续表

单 位	姓 名	获奖称号	授奖单位
泸县九中	许才凤	优秀班主任	县政府
	石玉	优秀班主任	县政府
	郑凤梅	优秀班主任	县政府
	李兵	先进教育工作者	县政府
	徐泽燕	师德标兵	县政府
	何明慧	教坛新秀	县政府
泸县教师进修校	张永贵	优秀教师	县政府
	周佐能	优秀教师	县政府
	彭刚	优秀教师	市政府
实验学校	陈 勇	优秀教师	市政府
	徐春利	优秀班主任	市政府
	梁佳惠	先进教育工作者	县政府
	李永宏	优秀教师	县政府
	邓小红	优秀教师	县政府
	张存礼	优秀教师	县政府
	甘 霞	优秀班主任	县政府
	刘 敏	优秀班主任	县政府
	唐 君	师德标兵	县政府
	曾朝莉	教坛新秀	县政府
泸县城北初级中学校	游小灵	优秀教师	市政府
	陈英	优秀教师	县政府
	唐恺	优秀教师	县政府
	王少琼	优秀教师	县政府
	胡启琼	优秀班主任	县政府
	游小平	优秀班主任	县政府
	林远致	师德标兵	县政府
	罗运英	先进教育工作者	县政府
	徐洁	教坛新秀	县政府

五、企业名单

2016年泸县规模以上工业企业名录

序　号	单位详细名称	序　号	单位详细名称
1	泸州陈年窖酒厂	34	泸州神仙桥酒业有限公司
2	泸州世家酒业有限公司	35	泸州市天池酒厂
3	四川天之骄子实业有限公司	36	四川省泸州兴业玻璃有限公司
4	泸州联源实业有限公司	37	泸县吉龙食品有限公司
5	四川科瑞德制药有限公司	38	四川宝利沥青有限公司
6	四川泸州唐人酒业有限公司	39	泸州自然香实业有限公司
7	泸州市高宏玻璃制品有限公司	40	四川省泸州禧事达酒业有限公司
8	泸州酒业玻璃有限公司	41	泸州观宇玻璃制品有限公司
9	四川酿王酒业有限公司	42	泸州靠得住食品有限公司
10	泸州大洲化工有限公司	43	泸县明胜纺织有限公司
11	泸州龙源玻璃有限公司	44	四川泸州酒仙生物制曲有限公司
12	四川省泸州造酒厂	45	四川省泸县精选石英砂厂潮河分厂
13	泸州金钰水泥有限公司	46	泸县新兴陶瓷有限公司
14	四川省泸州富升酒业有限公司	47	四川泸县天洋金峰硅砂有限公司
15	四川省泸州江阳钢铁有限责任公司	48	四川省泸州泸石曲酒厂
16	泸州醇窖酒厂	49	泸县万事兴玻璃有限公司
17	四川省泸州江泉酒业有限公司	50	四川省福滨服装有限公司
18	泸州凯乐名豪酒业有限公司	51	泸县蜀龙酒厂
19	四川泸州五斗粮酒业有限公司	52	四川省泸州蜀光酒业有限公司
20	泸州鑫杰玻璃有限公司	53	泸州鼎旺酒业有限公司
21	国网四川泸县供电有限责任公司	54	四川省泸州贵庆酒厂
22	泸州中龙柴配制造有限公司	55	泸州沱江液压件有限公司
23	四川省泸州市中和曲酒厂	56	泸州市万发橡胶厂
24	四川泸汉老窖集团有限公司	57	泸州华诞酿酒股份有限公司
25	泸县流滩坝水力发电有限公司	58	四川泸州国华酿酒有限公司
26	迪邦（泸州）化工有限公司	59	四川省泸州朝发皮具有限公司
27	泸州池窖酒业有限公司	60	泸州开士乐工程技术有限责任公司
28	四川泸州国宾泉老窖酒厂	61	泸州兰良水泥有限公司
29	泸州天蜀玻纤有限公司	62	泸县鑫福煤业有限公司
30	泸州市凤凰老窖曲酒厂	63	泸州奇奇食品有限公司
31	四川泸州龙城粮油购销有限公司	64	四川锦云堂中药饮片有限公司
32	四川乾通动物药业有限公司	65	泸州茂源陶瓷制作有限公司
33	四川省泸州龙脑曲酒厂	66	泸州水源液压机械有限责任公司

续表

序 号	单位详细名称	序 号	单位详细名称
67	四川索斯特电子有限公司	96	泸州树清酒庄酒业有限公司
68	泸县兴隆包装有限责任公司	97	泸州市海福印铁制罐有限公司
69	泸州市美酒源酒业有限公司	98	泸州鹏腾钢结构工程有限公司
70	四川利信消防工程有限责任公司	99	泸州天兴玻纤有限公司
71	四川省泸州川酒仙酒业有限公司	100	泸州拓力源塑胶制品有限公司
72	泸州和谐酒业有限公司	101	泸县吉祥新型墙材厂
73	四川烽塬线材有限公司	102	泸州正发新材料有限公司
74	泸州泸特酒业有限公司	103	泸州恒力工程机械有限公司
75	泸州古蜀窖酿酒有限公司	104	泸州市晶盛玻璃制品有限公司
76	泸州晏氏机械厂	105	泸州源泰制衣有限公司
77	泸州群煜玻璃有限公司	106	泸州天合化纸有限公司
78	泸州川府窖酒厂	107	泸州利新塑业有限公司
79	泸州玉龙粮油有限公司	108	泸州酒园春酒业有限公司
80	泸州九曲河酿酒有限公司	109	四川集福源玻璃有限公司
81	泸州酒城玻璃厂	110	泸州合成液压件有限公司
82	泸县富银煤矿有限公司	111	泸州立高丝业有限公司
83	四川泸州富源酿酒厂	112	泸州琼液酒厂
84	泸州恒昌混凝土有限责任公司	113	泸州胜鑫陶业有限公司
85	泸县玄滩长沙庙煤矿	114	四川省藏喜酒业有限公司
86	泸州韩尚艺术贴花有限公司	115	泸县恒昌化纤有限公司
87	四川泸荣酒业有限公司	116	泸州博艺玻璃有限公司
88	四川省泸州制酒厂	117	四川奥盾门业有限公司
89	泸州宇森玻陶有限公司	118	四川奥盾门业有限公司
90	四川金邦防伪材料有限公司	119	四川翔宇物资有限公司
91	泸州瑞兴生物工程有限公司	120	四川省泸州市五州醉酒业有限公司
92	泸州永宏发制衣有限公司	121	四川阿斯特医疗器械有限公司
93	泸州恒茂制盖有限公司	122	泸州环都烤花纸有限公司
94	泸州名泉酒业有限公司	123	四川省新康意新材料科技有限公司
95	泸州和鑫陶业有限公司	124	四川科瑞德凯华制药有限公司

索 引

INDEXES

C

D

F

G

H

J

K

L

M

N

P

Q

R

S

T

W

X

Y

Z